2021年度河南省软科学研究计划项目（212400410272)最终成果

河南省教育厅哲学社会科学基础理论重大项目（2021-JCZD-29）阶段性成果

新兴知识产权论

XINXING ZHISHI CHANQUAN LUN

东村仁◎著

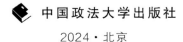

中国政法大学出版社

2024·北京

图书在版编目（ＣＩＰ）数据

新兴知识产权论/东村仁著. —北京：中国政法大学出版社，2024.4
ISBN 978-7-5764-1265-9

Ⅰ.①新… Ⅱ.①东… Ⅲ. ①知识产权法 Ⅳ.①D913.4

中国国家版本馆 CIP 数据核字(2023)第 234605 号

出　版　者	中国政法大学出版社
地　　　址	北京市海淀区西土城路 25 号
邮寄地址	北京 100088 信箱 8034 分箱　邮编 100088
网　　　址	http://www.cuplpress.com (网络实名：中国政法大学出版社)
电　　　话	010-58908285(总编室) 58908433 （编辑部） 58908334(邮购部)
承　　　印	北京鑫海金澳胶印有限公司
开　　　本	720mm×960 mm　1/16
印　　　张	19.75
字　　　数	323 千字
版　　　次	2024 年 4 月第 1 版
印　　　次	2024 年 4 月第 1 次印刷
定　　　价	88.00 元

半生学术路半部知产法
——作者自序

一、半生学术路

人生有求学、工作、退休三部曲。笔者将于 2023 年 12 月中旬唱完人生前两部曲，开唱第三部曲。回想前半生，感慨万千，既取得了一定的成绩，也有不少遗憾。

1963 年腊月，诞生在河南省武陟县的一个婴儿，成为生在红旗下、长在红旗下的一代：度过了贫穷但充满幸福感的孩童时代，一帆风顺地完成了小学、初中、高中的学习任务，1980 年 9 月进入了郑州大学经济系（现郑州大学商学院）求学，于 1984 年 6 月完成学业被分配到河南财经学院工业经济系（现河南财经政法大学工商管理学院）任教。1984 年 7 月 5 日到河南财经学院报到后，秋季开学便被送到湖北财经学院工业经济系（现中南财经政法大学工商管理学院）进修学习一年。此后，便开始了笔者的教学和学术生涯。

笔者的学术生涯大致可分为两个阶段：

第一个阶段以工业经济管理学为主要方向的研究阶段。这一阶段大致从 1985 年起至 2003 年。本阶段讲授的课程主要有《工业经济管理学》《工业经济效益学》《现代企业经营战略》《管理学》等。1985 年 10 月发表了平生第一篇学术论文《略论工业品的理论价格》并被中国人民大学书报资料中心《工业经济》全文转载，正式开始了学术生涯。此后 1988 年独著出版了我国第一部《工业经济效益学》专著。本阶段以独著、合著、主编、副主编、参编的形式共参与出版了与工业经济管理学相关等学术著作 17 部，在《数量经济与技术经济研究》《经济问题探索》《人民日报》等发表学术论文 20 余篇，其中被人大报刊复印资料全文转载的有 7 篇次。参加了国家社科基金项目、河南省科技厅软科学项目等研究工作。

第二个阶段是以知识产权法学为主要方向的研究阶段。这一阶段大致从2004年开始至今。本阶段讲授的课程主要有《知识产权法学》《著作权法学》《知识产权法总论》《网络著作权保护》《新型知识产权保护》《知识产权贸易》等。笔者从事知识产权法学研究，首先是从著作权法研究开始的。其原因在于笔者1982年即知道版权是传统知识产权的重要内容，1985年开始对传统知识产权进行粗浅思考并初步掌握版权要义，1987年签署平生第一份版权合同且开始对著作权实践问题的关注和思考，1996年在河南财经学院被评为经济学副教授后，1997年3月至2002年2月跨界到人民中国出版社，2002年3月至2003年8月跨界到浦东电子出版社从事出版工作，2000年又成立文化公司主要从事出版工作，2001年开始著作权自我维权工作。著作权实践推动了著作权理论思考，跨界到人民中国出版社期间曾在新闻出版署主办的《新闻出版报》发表一篇有关著作权方面的短文，正式开启了对著作权法的理论研究。2012年6月重返教坛后开始从事知识产权法学教学和研究工作。迄今为止，以本名、笔名、不署名的方式在《法学杂志》《学术界》《科技与出版》《出版发行研究》《现代出版》《编辑之友》等CSSCI来源期刊发表学术论文40余篇，在《河南财经政法大学学报》《三峡大学学报（人文社会科学版）》《创新科技》《河南科技》等非CSSCI来源期刊发表学术论文80余篇，合计约120篇，其中有4篇被人大报刊复印资料全文转载。此外还出版了两部独著著作权类专著，副主编一部知识产权问答类工具书，参编2部中国知识产权蓝皮书，完成了3项省级研究项目，3项河南省知识产权局软科学研究项目。此外，还为《国际金融报》等报纸撰写评论性文章20余篇，作为职务作品以本名、笔名主编汇编学术著作25部。

概言之，半生学术路有160余篇学术文章，47部图书奉献给学术界和读者。毫无夸张地说，除主编的汇编作品外，笔者署名并撰写的学术著作，除无法改变的规范性文件和依法引用外，没有复制他人只言片语，敢对文章负责。其中或有谬误，自有学界评说。

二、我的基本知识产权观

自2000年前后正式开始研究著作权法后，特别是2012年重返教坛开始系统研究、讲授知识产权法学后发现，几无例外，学者们一致认为知识产权是专有权。该主流观点被《中华人民共和国民法总则》（已废止）、《中华人民共和国民法典》（吸收了《民法总则》的基本内容）第 123 条所采纳。笔者经过对知识产权法学较为深入地研究，特别是对知识产权定义的思考与探索，于 2013 年开始讲授《知识产权法学》时遂扬弃了该主流观点。

我国已故著名知识产权法学家刘春田（1949 年~2023 年）教授早在 2000 年就提出，关于知识产权的概念，主要有列举知识产权主要内容、下定义和完全列举知识产权保护对象或者划分的三种形式，并认为《WIPO 公约》等是完全列举知识产权保护对象的方法表述知识产权概念的代表，[1]此种观点至少持续到 2019 年。[2]吴汉东教授大致从 2004 年就提出了知识产权定义主要有"列举主义"和"概括主义"两种方法，并认为《WIPO 公约》等国际公约采用"列举主义"方法对知识产权进行定义。[3]在笔者收集的吴汉东教授的最新著作中仍持该观点。[4]笔者研究认为，首先，《WIPO 公约》对知识产权的定义并非完全属于"列举主义"。这是因为《WIPO 公约》第 2 条第 8 项的规定是，"知识产权"包括有关下列项目的权利：文学、艺术和科学作品，表演艺术家的演出以及录音和广播，人类一切活动领域内的发明，科学发现，工业品式样，商标、服务商标以及厂商名称和标记，制止不正当竞争，以及在工业、科学、文学或艺术领域内由于智力活动而产生的一切其他权利。在该定义中，既有具体项目如文学、艺术和科学作品，又有一般性兜底项目或一般条款如在工业、科学、文学或艺术领域里因一切其他来自知识活动的权利。因此，该定义是"列举主义"和"概括主义"相结合的定义方式。而且笔者认为，该定义的一般条款揭示了知识产权的概括主义定义，即知识产权是在工业、科学、文学或艺术领域内由于智力活动而产生的一切权利，这既是《WIPO 公约》对知识产权的最权威的定义，也是笔者 2013 年来讲授知识产权法所使用或引用的定义，这一定义在最近出版的作品中被正式提出奉献于学术界。[5]其次，《WIPO 公约》对知识产权的定义是权利，而非专有权。该定义中的"知识产权"包括有关下列项目的权利之导引文和兜底条款

---

〔1〕　参见刘春田主编：《知识产权法》，高等教育出版社、北京大学出版社 2000 年版，第 1~2 页。

〔2〕　参见《知识产权法学》编写组：《知识产权法学》，高等教育出版社 2019 年版，第 7~8 页。

〔3〕　参见吴汉东主编：《知识产权法》，法律出版社 2003 年版，第 1~2 页。

〔4〕　参见吴汉东：《知识产权法》，法律出版社 2021 年版，第 2 页。

〔5〕　参见刘怀章主编：《知识产权简明问答》，郑州大学出版社 2023 年版，第 1 页。本书作者在该书中署名排序为第二副主编，该观点是该作品出版前笔者在第二次审改时提出并补充进来的。

均将知识产权仅仅视为是权利。特别是其"项目"中的"制止不正当竞争"就不可能成为专有权,只能是禁止权。当然,在其他国际公约中,曾出现将著作权、专利权等知识产权界定为专有权的做法,因此,《WIPO 公约》对知识产权定义中的"权利"和兜底条款中的"一切权利"自然包含专有权和非专有权两类权利。笔者的该粗浅认知曾在课堂上多次讲述。我曾想或许这仅是笔者的一得之见,不期于 2023 年 9 月 2 日通过二手书市场购得中南大学何炼红教授之《工业版权研究》后获悉,该作提出了知识产权所带来的财产性利益并不都是具有垄断属性,《WIPO 公约》等具体列举的知识产权也并非仅限于专有权,并对该观点进行了较为详尽的论证。[1]在这一观点上,笔者作为半路出家研究知识产权问题的学者,终于找到了一个科班出身的知识产权专家知音,才敢斗胆提出自己的知识产权观,即知识产权是在工业、科学、文学或艺术领域内由于智力活动而产生的一切权利,是专有权和非专有权的综合、统一。单纯的知识产权是专有权观存在以偏概全的缺陷,不利于全面提高我国知识产权保护水平和知识产权强国建设。

三、国际视野的知识产权分类观与半部知识产权法

为了更好学习和研究的需要,根据不同标准对知识产权进行分类。研究发现,认为知识产权分类最多的是陶鑫良教授和袁真富,提出了包括工业产权与著作权、智力成果类知识产权与商业标识类知识产权等 9 种知识产权分类。[2]其他学者言及之分类不出其右。刘春田、吴汉东、王迁等教授认为,狭义的知识产权,即传统意义上的知识产权,应当包括著作权(含邻接权)、专利权、商标权三个部分[3]或三个主要部分[4]或大致分为三个部分[5]。窃以为,其狭义、广义知识产权分类,作为一种理论分类方法并无实质性问题,但将狭义知识产权和传统知识产权画上等号则存在重大问题。从逻辑分析看,狭义和传统不是具有对应关系的概念。与狭义相对应的是广义,与传统相对应的是现代或新兴(以下通用新兴)。广义狭义是范围概念,传统和新

---

〔1〕 参见何炼红:《工业版权研究》,中国法制出版社 2007 年版,第 33~38 页。
〔2〕 参见陶鑫良、袁真富:《知识产权法总论》,知识产权出版社 2005 年版,第 69~74 页。
〔3〕 参见《知识产权法学》编写组:《知识产权法学》,高等教育出版社 2019 年版,第 8 页。
〔4〕 参见吴汉东:《知识产权法》,法律出版社 2021 年版,第 41 页。
〔5〕 参见王迁:《知识产权法教程》,中国人民大学出版社 2021 年版,第 4 页。

兴是时间概念。两者划分的依据不同，不能混同。广义可以包含狭义，但传统不能包含新兴。如果将狭义的知识产权视为传统知识产权，广义的知识产权则应视为新兴知识产权。基于广义的知识产权包括著作权、相邻权（邻接权）、商标权、商号权、商业秘密权、专利权、集成电路布图设计权等各种权利〔1〕，这一方面造成著作权（含邻接权）、专利权、商标权既是传统知识产权又是新兴知识产权自相矛盾的困境，另一方面又造成了自 1883 年即被纳入《巴黎公约》的地理标志、商号权被纳入新兴知识产权的尴尬境地。笔者认为，广义、狭义知识产权和传统、新兴知识产权是根据不同标准对知识产权进行的不同分类，各具不同意义。在研究广义、狭义知识产权时嵌入传统知识产权的分类及其内容，必然造成理论上的混乱。

笔者认为，从国际视野看，知识产权的基本分类有：（一）文学产权和工业产权（分类依据为《巴黎公约》和《伯尔尼公约》）；（二）创造性智力成果权和商业标记权［国际保护工业产权协会（AIPPI）1992 年东京大会］；（三）与贸易有关的知识产权和与贸易无关的知识产权（分类依据为《WIPO公约》和《TRIPS 协定》）；（四）传统知识产权和新兴知识产权（传统和新兴知识产权的范围划分因选取的时间点不同会有差别，笔者认为其分类依据应以 1883 年《巴黎公约》和 1886 年《伯尔尼公约》缔结为划分时间点）。其中（一）（三）是国际法分类方法，（二）（四）系理论分类方法。对于（一）（二）分类方法，学术界基本达成共识，对（三）（四）分类方法，在学术界尚未达成共识。关于（三）分类方法，是笔者自《TRIPS 协定》生效后即主张的观点，也是笔者自 2013 年讲授《知识产权法学》起一贯阐述的学术观点和主张，只是 2023 年才形成公之于众的文字奉献给读者〔2〕。关于（四）分类方法，是在前述刘春田教授等的传统知识产权观基础上，将传统知识产权和新兴知识产权分类方法，从其广义、狭义知识产权分类方法中独立出来而形成的一种新的分类方法。这种新的分类方法提出于 2017 年 9 月笔者讲授《新型知识产权保护》课程之时，作为公之于众的文字则是在 2018 年奉献给读者和学界同仁的。〔3〕所以将此分类方法纳入从国际视野看的四种分类

---

〔1〕 参见吴汉东：《知识产权法》，法律出版社 2021 年版，第 41 页。

〔2〕 参见刘怀章主编：《知识产权简明问答》，郑州大学出版社 2023 年版，第 2、4 页。该分类方法是在对第一章进行第二次审改过程笔者增补的内容。

〔3〕 参见詹启智：《新兴知识产权的诞生、扩张与挑战》，载《河南科技》2018 年第 9 期。

方法之一，在于它应是以《巴黎公约》《伯尔尼公约》缔结为时间点，以两大公约缔结时在国际上是否已经得到普遍保护的知识产权为依据进行划分传统与新兴知识产权的范围。笔者分别以（三）（四）分类方法为基石，讲授和研究《知识产权贸易》《新型知识产权保护》课程并形成拙著《知识产权贸易论》《新兴知识产权论》，作为退休前学术总结成果，奉献于读者和学界同仁。

作为半路出家者，接触知识产权包含的主要内容已有近 40 年，主要涉猎知识产权研究已有 20 余年，虽有《著作权论》《信息网络传播权论》面世，但因才疏学浅始终未有更好的研究成果拿得出手。《新兴知识产权论》是基于笔者心得之作，未延及包括著作权（含邻接权）、专利权、商标权、地理标志权、商号权在内的传统知识产权，只能算是半部知识产权法著作。因此，作为一个知识产权法学研究工作者，退休前只能奉献出半部知识产权法，是一种无奈与遗憾。其中，难免有错漏之处，恳请学界同仁不吝赐教。

暂且以此拙著和同时出版的《知识产权贸易论》为笔者退休前的人生画上一个"；"吧。

四、半部知识产权法之后

人生不以退休而终结。退休前由于承担教学任务会在一定程度上限制进行学术研究的时间和精力的投入，不能真正实现学术自由，许多学术观点难以成文奉献学界。

人生还要唱完第三部曲。退休是真正学术自由的开始。奉献给学界的《新兴知识产权论》既是河南省软科学研究计划项目的最终成果之一，又是河南省教育厅哲学社会科学基础研究重大项目"马工程知识产权法学观点辨正"的阶段性成果，马工程知识产权法学观点辨正的最终成果尚未完成；在《著作权论》中提出的《邻接权论》创作计划亦未完成；另半部知识产权法尚未完成；还有其他学术观点尚未形成文字奉献于学界……此等未竟事业，都留待"；"之后完成吧。

五、致谢

拙著得以完成，其基础工作是为完成河南财经政法大学历时五年的知识产权专业本科课程《新型知识产权保护》教学和实践任务而撰写的每个章节的讲义，并经数易其稿而成。在教学工作中得到了校、院领导的大力支持；

拙著创作过程中，参考、引用了学界许多同仁的研究成果。这些成果为拙著的最终完成提供了丰富的精神食粮；

拙著既是河南省软科学研究计划项目的最终成果，又是河南省教育厅哲学社会科学基础研究重大项目的阶段性成果，得到了河南省科技厅、河南省教育厅有关领导的大力支持；

拙著的创作任务繁重，能够顺利完成得益于与我风雨同舟一路走过37年人生历程的爱妻的鼎力支持和关爱；

拙著得以顺利出版，得益于中国政法大学出版社总编室柴云吉主任和编辑的大力支持。

成就拙著，他们的支持和帮助不可或缺。在此，一并对他们衷心地道一声：谢谢。

东村仁
2023 年 9 月 8 日于河南财经政法大学

主要规范名称及缩略语

一、国际要约

规范名称	缩略语
保护工业产权巴黎公约	《巴黎公约》
保护文学艺术作品伯尔尼公约	《伯尔尼公约》
建立世界知识产权组织公约	《WIPO 公约》
与贸易有关的知识产权协定	《TRIPS 协定》
国际植物新品种保护公约	《UPOV 公约》
关于集成电路的知识产权条约； 保护集成电路知识产权的华盛顿公约	《华盛顿公约》
保护录音制品制作者防止未经许可复制其录音制品公约	《唱片公约》

二、法律

规范名称	缩略语
中华人民共和国反不正当竞争法	《反不正当竞争法》
中华人民共和国著作权法	《著作权法》
中华人民共和国商标法	《商标法》
中华人民共和国专利法	《专利法》
中华人民共和国民法总则（已废止）	《民法总则》
中华人民共和国民法典	《民法典》
中华人民共和国侵权责任法（已废止）	《侵权责任法》
中华人民共和国民法典	《民法典》
中华人民共和国消费者权益保护法	《消费者权益保护法》
中华人民共和国环境保护法	《环境保护法》

续表

规范名称	缩略语
中华人民共和国水污染防治法	《水污染防治法》
中华人民共和国公司法	《公司法》
中华人民共和国劳动法	《劳动法》
中华人民共和国劳动合同法	《劳动合同法》
中华人民共和国保险法	《保险法》
中华人民共和国证券法	《证券法》
中华人民共和国商业银行法	《商业银行法》
中华人民共和国旅游法	《旅游法》
中华人民共和国政府采购法	《政府采购法》
中华人民共和国电影产业促进法	《电影产业促进法》
中华人民共和国行政强制法	《行政强制法》
中华人民共和国民事诉讼法	《民诉法》
中华人民共和国行政诉讼法	《行诉法》
中华人民共和国建筑法	《建筑法》
中华人民共和国个人信息保护法	《个人信息保护法》
中华人民共和国保守国家秘密法	《保守国家秘密法》
中华人民共和国种子法	《种子法》
中华人民共和国文物保护法	《文物保护法》
中华人民共和国广告法	《广告法》

三、法规和规章

规范名称	缩略语
中华人民共和国彩票管理条例	《彩票管理条例》
中华人民共和国电信条例	《电信条例》
中华人民共和国植物新品种保护条例	《植物新品种保护条例》
中华人民共和国植物新品种保护条例实施细则（农业部分）	《农业细则》

续表

规范名称	缩略语
中华人民共和国植物新品种保护条例实施细则（林业部分）	《林业细则》
中华人民共和国植物新品种保护条例	《新品种条例》
集成电路布图设计保护条例	《布图设计条例》
集成电路布图设计保护条例实施细则	《布图设计条例细则》
中国互联网络信息中心域名注册实施细则	《中国域名注册细则》

四、司法解释

规范名称	缩略语
最高人民法院关于适用《中华人民共和国反不正当竞争法》若干问题的解释	《反不正当竞争法解释》
最高人民法院关于适用《中华人民共和国公司法》若干问题的规定（四）	《公司法规定》
最高人民法院关于第一审知识产权民事、行政案件管辖的若干规定	《一审管辖规定》
最高人民法院关于审理专利纠纷案件适用法律问题的若干规定	《专利规定》
最高人民法院关于审理侵犯专利权纠纷案件应用法律若干问题的解释（二）	《专利解释》
最高人民法院关于审理涉及计算机网络域名民事纠纷案件适用法律若干问题的解释法释	《域名解释》
最高人民法院关于适用《中华人民共和国民事诉讼法》的解释	《民诉法解释》
最高人民法院关于审理不正当竞争民事案件应用法律若干问题的解释（已废止）	《反不正当竞争法废止解释》
最高人民法院关于审理侵犯商业秘密民事案件适用法律若干问题的规定	《商业秘密规定》
最高人民法院关于审理侵害知识产权民事案件适用惩罚性赔偿的解释	《惩罚性赔偿解释》
最高人民法院关于审理商标民事纠纷案件适用法律若干问题的解释	《商标解释》
最高人民法院关于审理植物新品种纠纷案件若干问题的解释	《植物新品种解释》
最高人民法院关于审理侵犯植物新品种权纠纷案件具体应用法律问题的若干规定	《植物新品种规定》

目 录
CONTENTS

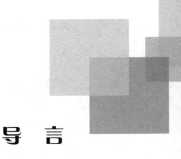

导　言

　　学术界通说认为，狭义的知识产权，即传统意义上的知识产权，应当包括著作权（含邻接权）、专利权、商标权三个部分[1]或三个主要部分或大致分为三个部分[2]。笔者基本认可通说观点，但该观点并没有完整回答传统知识产权除了著作权、专利权、商标权三个主要部分以外，其次要部分还有哪些内容。新兴知识产权和传统知识产权是相对应的概念。不回答或界定传统知识产权的完整含义，就无法回答或界定新兴知识产权的含义。本书将在《巴黎公约》和《伯尔尼公约》签署时，已经被国际上得到较为普遍保护的知识产权意义上界定传统知识产权的概念，将在两个国际公约签署之后产生的知识产权界定为新兴知识产权。在此基础上，我们界定国际传统知识产权和新兴知识产权、国际新兴知识产权产生根源以及我国新兴知识产权的内涵，提出不同于现有学者提出的新兴知识产权观。

第一节　传统知识产权与新兴知识产权的诞生

一、知识产权制度的诞生与扩张：传统知识产权范围的形成

　　从世界范围来看，西方现代专利制度起源于 14 世纪早期的威尼斯。1421 年威尼斯授予著名建筑设计师 Brunelleschi 设计的配备有起重机的石料运输船以专利。1474 年威尼斯元老院颁布法案《威尼斯专利法》，对专利进行规范，这是世界上第一部最接近现代专利制度的法律，是西方专利保护制度的起源。

---

〔1〕　参见《知识产权法学》编写组：《知识产权法学》，高等教育出版社 2019 年版，第 8 页。
〔2〕　参见王迁：《知识产权法教程》，中国人民大学出版社 2021 年版，第 4 页。

据记载，依照该法，1594年曾经授予著名科学家伽利略发明的扬水灌溉机以专利权。该法只有一条，即：任何人制造了本城市前所未有的机械装置，一旦能够应用，即应向市政机关登记。本城其他任何人在10年内没有得到发明人的许可，不得制作相似的产品；否则，发明人告发后，本城市任何机关可以命令侵权者赔偿100金币，并且把仿制的装置立即销毁。[1]

虽只有一条，但也是一部体系完备、设计周全的专利法，它在顾及国家公共利益的同时，以法律形式确认了最先发明人的获得专利权的资格。这无疑稳固了发明人的专利权，避免了因封建君王滥发专利权而招致的危险。这部历史上最早的专利法，被认为是现代意义上的专利法的雏形，具有现代专利法的一些特点，为现代专利制度的建立奠定了基础。但因为该部法律制定的动机在于发展本国的经济，尽管它保护发明人的权利，但那不过是为了国家利益而对发明授予专利权。因此，不能说当时已有了发明就是财产权的观念。由于突尼斯在15世纪后为了争夺地中海的商业控制权，一直处于战争状态中，所以这部法律并未得到充分有效地实施。[2]

同样在14世纪，英国国王开始为外国技工颁发专利证书，授予垄断权利。英国专利制度发展到17世纪，终成现代意义的专利保护制度，其标志为1623年英国议会颁布的《垄断法规》，这是世界上第一部具有现代意义的专利法。该法废除了英王已经授予的全部垄断权，并禁止国王今后再授予此类垄断权，仅准许国王对新产品的第一个发明者授予专利权。该部法律确定的许多基本原则和定义沿用至今。英国专利制度的实施，保护和激励了技术创新，发明了大量大机器，为英国资本主义产业革命奠定了物质技术基础，使英国成为"日不落"帝国。继英国之后，美国在1790年、法国在1791年、俄国在1814年、德国在1877年相继颁布了专利法，并于1883年签订《巴黎公约》，专利制度走向了全球化进程。我国于1985年3月19日始加入该公约。

19世纪中叶，现代专利制度的思想始传入中国。1898年的戊戌变法时，光绪皇帝颁布了中国历史上第一个具有现代意义的专利法《振兴工艺给奖章

〔1〕 参见马忠法、王全弟：《知识产权的历史成因、法定主义及其法律特征》，载《河南省政法管理干部学院学报》2009年第2期。

〔2〕 参见王锋主编：《知识产权法学》，郑州大学出版社2010年版，第29页。

程》，但由于变法失败仅依据该章程授予国人几件专利基本未付诸实行。1912年12月中华民国政府颁布《奖励工艺品暂行章程》，1944年5月，中国国民党政府颁布了中国历史上第一部以专利法命名的比较完整的具有资本主义性质的专利法。虽然清政府之后这两部法律均在中国实施，但由于中国半封建半殖民地的经济基础和上层建筑，加上西方列强殖民统治、日本的侵华战争及国内军阀割据、内战不断，并没有产生应有的效果和积极意义。

西方现代著作权制度以英国颁布《安娜女王法》为标志诞生于1709年，开始保护作者的著作财产权。1793年法国颁布的著作权法，不仅保护作者的著作财产权，而且开创了保护作者人格权的先河，成为欧洲大陆著作权法的典范。19世纪多数欧洲国家都制定颁布了著作权法。为了加强著作权的国际保护，1886年签署了《伯尔尼公约》，现代著作权制度走上了国际化道路。中国实施的具有现代意义的著作权制度始于1910年，其主要标志是同年制定颁布的《大清著作权律》。

现代商标制度起源于19世纪。1803年法国制定的《关于工厂、制造场和作坊的法律》，是世界上最早的包含商标保护规定的法律。世界上最早的全国性商标法也诞生在法国，即1857年颁布的《关于以使用原则和不审查原则为内容的制造标记和商标的法律》。随后，英国1862年颁布了《商品标记法》，1885年颁布《商标注册法》，1905年通过新商标法；1870年美国制定《联邦商标条例》，同年8月制定对侵犯商标权行为适用刑事制裁的法规，1881年颁布新商标法等，西方国家的商标法在实践中不断进行修订完善。我国的第一部现代意义的商标法当为1904年清朝政府颁布的《商标注册试办章程》。此后，1923年北洋政府制定《商标法》及《商标法施行细则》；1930年中国国民党政府制定新的《商标法》。

综上所述，中国的现代专利思想比西方国家晚约500多年（14世纪早期~19世纪中叶），现代专利制度晚275年（1623年~1898年）；现代著作权制度比西方晚近200年（1709年~1910年）；现代商标制度比西方晚约100年（1803年~1904年）。中国的现代专利制度、著作权制度、商标权制度虽多抄袭西方国家有关法律制度，但一开始并没有像在其他国家那样产生应有的积极意义，要么在许多情况下蜕变为保护西方列强在华利益、盘剥中国人民的工具，如1904年~1923年注册有"海关挂号"商标25 900件，几乎都是外国商标；1928年~1934年有注册商标约24 000件，其中外国商标占68%；要么有关制度几乎对国人没有产生什么影响，如 1898 年清光绪帝颁布《振兴工艺给奖章程》后，仅在兵工、纺织、造船等行业颁发了几项专利。

知识产权制度从被誉为世界上第一部专利法的突尼斯《垄断法》（1474年）算起，迄今不过 650 年历史。但是，因为突尼斯专利法并未将发明视为财产权，并不是真正的现代意义上的专利法。因此，世界知识产权制度并未从此开始计算。真正考察知识产权的产生与发展，必须自十七、十八世纪的英国工业革命开始。机器生产要求科学技术打破原来的师徒相传和封闭的作坊式作业，生产规模的扩大和经营者竞争的压力，商品生产者迫切需要获得最新的技术成果，以此来提高商品的竞争力。[1]

世界知识产权制度的起算时间，通常是从 1624 年英国制定第一部《垄断法》算起，迄今不足 400 年；世界著作权制度迄今仅 310 余年；世界商标制度迄今仅仅 200 余年历史。世界知识产权制度就是在专利、著作权、商标、地理标志、字号保护基础上逐渐走向国际化，形成了世界知识产权制度。其代表性事件就是 1883 年 3 月 20 日以法国为首的 11 个欧洲国家经过长期协商达成的《巴黎公约》，成立了国际保护工业产权巴黎联盟。该公约开创了国际上对专利、商标即工业产权保护的先河。该公约 1979 年 10 月 2 日修订文本第 1 条第（2）款规定，工业产权的保护对象有专利、实用新型、工业品外观设计、商标、服务标记、厂商名称、货源标记或原产地名称并制止不正当竞争。该条第（3）款规定，对工业产权应作最广义的理解，它不仅应适用于工业和商业本身，而且也应同样适用于农业和采掘业，适用于一切制成品或天然产品，例如：酒类、谷物、烟叶、水果、牲畜、矿产品、矿泉水、啤酒、花卉和谷类的粉。同时，制止不正当竞争，作为工业产权并不是《巴黎公约》开始之初的文本即有的产权内容。

最基本的原因在于：虽然不正当竞争法律最初诞生于 19 世纪的欧洲，当时法国法官为了保护诚实的商人，创造性地将 1804 年的《拿破仑民法典》第 1382 条和第 1383 条中关于侵权法的一般规定用于制止经济生活中的不正当行为，后来逐渐发展而成为一项独立的法律制度。所以，法国的不正当竞争法是典型的判例法。而欧洲的另一个主要国家，德国则采取了成文法的形式，

---

[1] 参见余海燕：《论科学技术对知识产权立法价值目标的影响》，载《科技与法律》2011 年第 2 期。

于 1896 年制定了世界上第一部专门的《反不正当竞争法》。今天，德国沿用的是其于 1909 年 6 月 7 日重新制定的《制止不正当竞争法》，该法对瑞士、奥地利和日本等诸多国家的不正当竞争法有着深远的影响。英美法系国家对不正当竞争行为的打击主要是通过制止假冒、制止虚假广告以及著作权法、商标法等法律中的有关规定来实现的。[1]

同样，韦之的研究证明，《巴黎公约》的最初文本中并没有关于制止不正当竞争的内容。1900 年布鲁塞尔修约会议上增订的第 10 条之二规定成员国国民在制止不正当竞争方面应享受国民待遇，但是该条并没有使成员国负有建立不正当竞争法律制度的义务。在 1911 年华盛顿会议上上述禁止歧视内容被移到了公约第 2 条之中，而新的第 10 条之二明文规定成员国应有效地制止不正当竞争行为。1925 年的海牙文本不仅对不正当竞争作了定义，而且首次在公约中列举了不正当竞争的具体表现形式。这些内容在后来的伦敦（1934年）和里斯本（1958 年）修约会议上都得到了充实。[2]从这些研究来看，制止不正当竞争明确作为工业产权，列入第 1 条，应当在 1925 年之后。[3]

在著作权方面，基本在同期经过磋商，英国、法国、德国、意大利等 10 国于 1886 年 9 月 9 日签订了《伯尔尼公约》，成立文学艺术作品保护伯尔尼联盟。

《巴黎公约》和《伯尔尼公约》管理的知识产权，依照我国法律规定和学术界称谓，有专利权（包含专利、实用新型、工业品外观设计）、商标权（包括商标、服务标记）、商号权（厂商名称）、地理标识（货源标记或原产地名称）、制止不正当竞争、著作权。其中，制止不正当竞争在 1925 年修订国际《巴黎公约》海牙外交会议上被写进了《巴黎公约》第 1 条，成为工业产权第三大组成部分。[4]不属于传统知识产权的范畴。所以，按照前述对传统知识产权的界定，国际上传统知识产权系指著作权、专利权、商标权、商号权、地理标识权。其中商号权和地理标识权是传统知识产权的非主要部分。

---

[1]　参见韦之：《论不正当竞争法与知识产权法的关系》，载《北京大学学报（哲学社会科学版）》1999 年第 6 期。
[2]　参见韦之：《试论巴黎公约与制止不正当竞争》，载《知识产权》1992 年第 4 期。
[3]　参见文希凯：《制止不正当竞争与工业产权》，载《知识产权》1991 年第 3 期。
[4]　参见文希凯：《制止不正当竞争与工业产权》，载《知识产权》1991 年第 3 期。

二、其他国际公约管理的知识产权：新兴知识产权扩张之路

除了《伯尔尼公约》和《巴黎公约》管理的国际知识产权外，其他综合性国际公约或区域性公约等管理的知识产权范围，是确定新兴知识产权的重要依据。

（一）成立世界知识产权组织时期的传统知识产权与新兴知识产权

1967 年 7 月 14 日颁布、1970 年 4 月 26 日实施的《WIPO 公约》第 2 条第 8 款规定，"知识产权"包括：①关于文学、艺术和科学作品的权利；②关于表演艺术家的演出、录音和广播的权利；③关于人类一切活动领域内的发明的权利；④关于科学发现的权利；⑤关于工业品式样的权利；⑥关于商标、服务商标、厂商名称和标记的权利；⑦关于制止不正当竞争的权利；⑧以及在工业、科学、文学或艺术领域里由于智力活动而产生的一切其他权利。

上述知识产权的范围，第①项被我国称为著作权；第②项被称为邻接权或相关权；第③项被称为发明权；第④项被称为科学发现权；第⑤项被称为外观设计权；第⑥项被称为商业标志权或商标权；第⑦项被称为制止不正当竞争权；第⑧项是一个兜底条款，或"其他权利"条款。该条款是一个概括式的知识产权定义。

上述权利中，其第①②项在国际上被称为广义的著作权；第③项和第⑤项属于广义的专利权；第⑧项被称为其他权利。

概括起来，《WIPO 公约》管理和涵盖的知识产权包括著作权、专利权、商标权、科学发现权、反不正当竞争权和"其他权利"。其中，对科学发现权的可知识产权性问题，我国学术界有不同看法。如我国已故著名知识产权法学家刘春田教授认为科学发现，既不能成为著作权的客体，也不是工业产权的客体，各国法律或国际条约也未将科学发现作为知识产权加以保护。[1]吴汉东教授等认为科学发现由科技进步法调整，不属于知识产权范畴。笔者认为，至少刘春田教授提出的国际公约未将科学发现作为知识产权加以保护，是以偏概全的，因此是不当或错误的。确实，在《TRIPS 协定》中，确未将科学发现纳入知识产权进行保护，但并不等于国际公约中未将科学发现作为知识产权保护。包括刘春田教授在内的许多学者，如吴汉东教授等以《TRIPS

---

〔1〕 参见《知识产权法学》编写组：《知识产权法学》，高等教育出版社 2019 年版，第 13 页。

协定》序言之"知识产权是私权"为据，认为知识产权是以私权名义强调知识财产私有的法律性质，[1]知识产权是私权，即是一种无体财产权。科学发现是以非市场机制的奖励制度来换取社会对科学成果的公有产权，不具有私有财产属性，不是知识产权。[2]对于此种认识，笔者并不赞同，这是因为：其一，知识产权是经济权利，在知识产权领域并不是绝对的。总体而言，知识产权是精神权利（人身权）和经济权利的统一，但在不同的知识产权领域，精神权利和经济权利各有不同的地位。既有精神权利占主导地位的知识产权，如科学发现权；又有精神权利和经济权利并重的知识产权，如著作权；还有经济权利占主导地位的知识产权如工业产权。其二，市场机制并非知识产权实现其价值的唯一形式。从世界范围看，被世界范围内所有学者、业界可接受的知识产权有两种分类方法：一是工业产权和文学产权分类方法。这种分类方法已被我国学术界普遍接受，其分类依据为工业产权《巴黎公约》和《伯尔尼公约》；二是与贸易有关的知识产权和与贸易无关的知识产权。经比较，《WIPO 公约》和《TRIPS 协定》规定的知识产权范围，并不相同。其中，《TRIPS 协定》规定的知识产权范围，仅仅是《WIPO 公约》规定的知识产权范围的一部分，即与贸易有关的知识产权部分。因此，从科学研究方法论上看，《TRIPS 协定》本质上是将《WIPO 公约》规定的知识产权以是否具有可贸易性为标志创立了知识产权新的分类方法。这是笔者自《TRIPS 协定》生效后的一贯观点，也是自 2012 年起在教学实践中经常阐述的观点，但将此观点以学术成果形式发表则是最近的事情。[3]该种分类方法，从目前掌握资料看，除笔者外还无其他学者提出类似观点。其分类方法的依据即《TRIPS 协定》。《TRIPS 协定》第一次从贸易视域将知识产权进行了分类，该公约规定了与贸易有关的知识产权国际保护事宜，并大致将《WIPO 公约》规定的制止不正当竞争权（在商业秘密被部分国家作为制止不正当竞争客体的除外）和科学发现归入了与贸易无关的知识产权之中。因此，知识产权是私权并不否定科学发现的可知识产权性，学术界部分学者以市场机制否定科学发现可

---

〔1〕　参见吴汉东：《知识产权法》，法律出版社 2021 年版，第 12 页。
〔2〕　参见吴汉东：《知识产权法》，法律出版社 2021 年版，第 14 页。
〔3〕　参见刘怀章主编：《知识产权简明问答》，郑州大学出版社 2023 年版，第 2、4 页。本书作者在该书中署名为排序为第二副主编，该分类方法是在对第一次审改稿完成后对第一章第二次审改过程笔者增补的内容。

知识产权性有失偏颇。其三，知识产权经济价值有不同的实现形式。在知识产权制度中，从总体上看，知识产权价值的实现形式以市场机制为主要形式，以奖励制度为辅助形式。如在我国著作权法律中即建立了职务作品奖励制度，[1]我国专利法也建立了职务发明专利奖励制度[2]等。因此，奖励制度是知识产权创造人（非知识产权所有者或知识产权人）实现创造知识产权消耗的劳动补偿的重要制度，并非科学发现所独有。科学发现人主要通过奖励制度实现其劳动耗费的补偿，是由于其通常难以具有市场属性造成的，并不能作为否定科学发现具有可知识产权性的依据。其四，对于知识产权是私权理解过于狭隘。知识产权是私权，该私权包括但不限于无形财产权。从吴汉东教授的知识产权是私权论出发，著作权等包括可市场机制实现知识产权价值的财产权属于私权，著作权中的人身权不具有可市场机制实现知识产权价值，难道就不是私权？可以肯定的是，著作权中的不具有可市场机制实现其价值的人身权，同样属于私权。同样，科学发现权需要保护的发现人的身份权等权利也属于私权范畴。因此，排斥科学发现的知识产权性，在理论上是有失偏颇的。

还应当说明的是，《伯尔尼公约》与《巴黎公约》规定的知识产权范围之和，与《WIPO 公约》的范围大致相当。差别在于《WIPO 公约》比前述公约之和多了科学发现权和"其他权利"。

这就是 50 余年前成立世界知识产权组织时全世界范围内关于知识产权的基本概念。

与前述传统知识产权相比，新兴知识产权扩张将科学发现权纳入知识产权客体之中，"其他权利"的内涵不明确。这就是世界范围内新兴知识产权的最初概念。

（二）《TRIPS 协定》扩展了新兴知识产权的范围

第 1 条就本协定而言，"知识产权"一词指作为第二部分第一节至第七节主题的所有类别的知识产权。第一节版权和相关权利；第二节商标；第三节地理标识；第四节工业设计；第五节专利；第六节集成电路设计（拓扑图）；第七节对未披露信息的保护。

---

〔1〕 参见《著作权法》第 18 条第 2 款。
〔2〕 参见《专利法》第 15 条。

《TRIPS 协定》中的知识产权包括著作权（第一节）、商标权（第二节）、地理标识（第三节）、专利权（第四节、第五节）、集成电路布图设计权（第六节）和商业秘密权（第七节）。

《TRIPS 协定》拓展了知识产权范畴，使集成电路布图设计权和商业秘密进入了新兴知识产权范畴之列，拓展与明确了《WIPO 公约》中"其他权利"的部分内涵。

（三）《UPOV 公约》

国际上现行的植物新品种保护模式是 1961 年通过的第一个保护植物新品种国际公约《UPOV 公约》规定的，以此开始在世界范围内对植物品种权提供知识产权保护。该公约规定，成员国可以选择对植物种植者提供特殊保护或给予专利保护，但两者不得并用。多数成员国均选择给予植物品种权保护。随着生物技术的发展，植物新品种保护要求用专利法取代该专门法的保护，强化培育者的权利。1991 年，《UPOV 公约》进行了第三次修订，增加了一些条款供成员国选择适用，从而加大了对植物新品种的保护力度。该公约修订后规定，如果成员国认为有必要，可以将保护范围扩展至生殖物质以外部分，任何从受保护的品种获得的产品未经权利人同意，均不得进入生产流通。这显然明确许可成员国对植物品种提供专利保护，从而放弃了 1978 年《UPOV 公约》禁止双重保护的立场。我国 1998 年 8 月 29 日全国人大常委会第四次会议决定，加入《UPOV 公约》（1978 年文本），但暂不适用于香港特别行政区。植物新品种权是新兴知识产权的新成员。

（四）《欧盟数据库指令》

《欧盟数据库指令》（1996）是一个区域性国际公约，该公约为适应数字时代对数据商投资保护的需要，在欧盟范围内设置一项数据库特殊权利或数据库特别权[1]，成为一种新兴知识产权。但这种新兴知识产权目前仅仅是区域性（欧盟或个别国家）知识产权，还没有成为全球标准。

（五）统一域名争议解决政策（UDRP）

统一域名争议解决政策（UDRP）是由互联网名称与数字地址分配机构

---

　　[1]　世界知识产权组织发布的《数据库公约（草案）》提出了与欧盟数据库指令基本相同的特别权利或特殊权利；美国 H・R・354 法案提出了基于反不正当竞争法性质的两项特殊权利。详见导言部分第四节的相关论述。

（ICANN）颁布的。ICANN 是 1998 年 10 月成立的一个集合了全球网络界商业、技术及学术各领域专家的非营利性国际组织。目前大多数国家都以 UDRP 为蓝本制定本国域名纠纷机制。域名因具有专有性、时间性、地域性，域名持有者基于域名享有的使用、收益并排除他人干扰的权利，被称为域名权，是国际互联网界、理论界、司法界认可的新兴知识产权。

三、国际知识产权的范围与新兴知识产权的界定

从国际上看，知识产权是一个大家族，它包括著作权、专利权、商标权、商号权、地理标识权、制止不正当竞争、科学发现权、集成电路布图设计权、商业秘密权、植物新品种权、数据库特别权、域名权等 12 种权利。

其中，传统知识产权包括著作权、专利权、商标权、商号权、地理标识权等 5 种。新兴知识产权包括制止不正当竞争权、科学发现权、集成电路布图设计权、商业秘密权、植物新品种权、数据库特别权、域名权等 7 种。

第二节　新兴知识产权诞生与扩张：基本动因与成就

随着经济社会科技的进步与发展，知识产权的范围在逐渐增加。有学者将知识产权法的变迁因素归纳为商品经济的发展、科技进步、文化、政治四大因素。[1]应当说，在知识产权制度诞生之初，这四大因素确实都是影响知识产权制度的重要的不可或缺的因素。也有学者认为知识产权法是近代商品经济和科学技术发展的产物。但是，新兴知识产权的产生是在商品经济极大发展和人们权利意识空前高涨的时代，新兴知识产权的诞生是以发达的商品经济和文化需求为基础的。因此，新兴知识产权的诞生主要是科技进步与政治两大因素。政治因素表现为法律规范或知识产权法定主义。科技进步对实践提出了现实权利需求，知识产权法定主义将这种权利保护需求变成法律权利，以推动科技进步和社会全面发展。

一、新兴知识产权产生的科学技术因素：提出权利保护需求

科学技术的发展促成、推动了新兴知识产权制度的产生与发展。从世界

---

〔1〕　参见王锋主编：《知识产权法学》，郑州大学出版社 2010 年版，第 35～40 页。

范围看，自二十世纪三四十年代以来，由于原子能技术、空间技术、电子计算机技术、生物技术等为代表的新的科学技术的发展，导致了新兴的"知识工业"部门的产生和大量的高技术含量的知识商品的涌现，使得知识产权制度得到了空前的发展。著作权制度就是科学技术发展的产物，并在科学技术的不断进步中完善。著作权法因传播技术的普及而生，随着传播技术的发展而变。

科学技术的进步不断对现有知识产权制度提出挑战，知识产权制度在应对挑战的过程中不断完善充实自己。这种挑战与应对，主要表现在两个方面：一是科学技术的发展催生了一些新的被保护的客体。如19世纪后半叶的摄影技术、20世纪初电影技术以及20世纪中叶以降的电子计算技术的发展，产生了著作权法保护的新客体摄影作品、视听作品、计算机软件。专利、商标、字号、地理标志等传统知识产权无不受到科学技术进步的影响。二是科学技术的发展产生了一些新的对作品的使用方式。如随着无线广播技术、录音技术、摄影技术、电视技术和卫星传播技术的发展及其对作品的利用，产生了表演权和展览权；互联网技术的发展，产生了向公众提供权（我国为适应国际公约的要求，赋予了作者信息网络传播权）控制交互式网络传播行为，著作权法逐渐将之纳入由著作权人控制的作品使用方式之中，赋予著作权人专有权，成为著作权的新权能。随着科学技术的发展和人们对作品的利用方式的深入认识，还会有新的利用作品方式产生，成为应当受到保护的新权利或"其他权利"。

新兴知识产权主要是应对第一个方面的科学技术进步的挑战而产生的。

（一）制止不正当竞争与科技进步

哪里有竞争，哪里就有不正当竞争。世界知识产权组织的前身——保护知识产权联合国际局局长博登浩森教授指出，"制止不正当竞争也包括在工业产权的保护以内，因为在许多情况下，侵犯工业财产权利，……同时也是不正当竞争行为。"[1]"一方面被认为属于纯正的工业产权内容，另一方面又被看作其他财产权利的补充。"[2]制止不正当竞争和知识产权之间"深刻的联

---

[1]　[荷兰] 博登浩森：《保护工业产权巴黎公约解说》，汤宗舜、段瑞林译，专利文献出版社1984年版，第18页。

[2]　[德] 弗诺克·亨宁·博德维希主编：《全球反不正当竞争法指引》，黄武双等译，法律出版社2015年版，第28页。

系源于其共同的目标和原则。这个目标就是维护企业、个人对其智力成果及相关成就的财产利益和人身利益，维护健康的经济关系特别是公平的竞争关系。而共同的原则就是诚信原则和利益平衡原则。"[1]知识产权从静态角度明确规定智力成果所有人的专有权利和他人的义务，制止不正当竞争则在特定的竞争关系中约束经营者的行为，为智力成果和工商业成果开发者提供一种有限且相对的，不具有排他性的利益。对于那些未提供知识产权保护的客体，如知识产权法不保护的装潢、作品名称、未获得知识产权保护的新型智力成果等，都可以由制止不正当竞争提供必要的保护，避免挫伤科技开发者的积极性。知识产权与制止不正当竞争"这两套制度互相依赖，不可割舍。抛开其中任何一项制度，智力和工商业成果的保护机制都是不完善的。"[2]因此，它们是一枚硬币的两面。制止不正当竞争在我国学术界和司法界也被称为知识产权保护的附加保护，[3]或知识产权保护的补充。[4]制止不正当竞争，无论是作为知识产权保护的附加保护还是补充保护，同样是应对科技进步挑战的客观要求。

（二）商业秘密与科技进步

在我国商业秘密保护是《反不正当竞争法》调整的范围。因此，我们将制止不正当竞争和商业秘密与科技进步的关系，一并进行简要探讨。

商业秘密包含未披露的经营信息和技术秘密等商业信息。根据《WIPO公约》的规定，在工业、科学、文学或艺术领域里一切来自知识活动的权利，都是知识产权的应有范围。技术秘密的知识产权保护，它和专利权保护是互相对立的。在司法实践中，往往可以将技术秘密和专利纠纷合并进行审理。[5]这是因为它们都是在科学技术发展中提出的对智力成果或知识商品的保护要求。商业秘密中的未披露的经营信息，也是来自未披露经营信息持有人的知识积累，已被《TRIPS协定》和我国《反不正当竞争法》所保护。

---

[1]　韦之：《知识产权论》，知识产权出版社2002年版，第343页。

[2]　韦之：《知识产权论》，知识产权出版社2002年版，第345页。

[3]　参见曹建明：《全面加强知识产权审判工作 为建设创新型国家和构建和谐社会提供强有力的司法保障——在全国法院知识产权审判工作座谈会上的讲话》，载曹建明主编：《知识产权审判指导》（2006年第2辑），人民法院出版社2007年版，第60页。

[4]　参见刘维：《论反不正当竞争法对知识产权补充保护之边界》，载王先林主编：《竞争法律与政策评论》（第3卷），法律出版社2017年版，第75页。

[5]　最高人民法院民事裁定书（2019）最高法知民终672号。

　　技术和信息作为商业秘密来保护有它独到的优势。商业秘密权的法律保护既有利于促进科技创新成果的研究开发，推动社会进步和经济发展，又有利于维护健康有序的市场竞争秩序。[1]

　　商业秘密应不为社会公众所知悉，但因为人员流动等都会造成秘密流失，从而失去价值，给商业秘密持有人带来巨大损失。因此，竞业禁止就是为了维护雇主包括商业秘密在内的正当商业利益，[2]是鼓励市场创新主体赢得竞争优势的需要，也是科技进步的需要。学术界对商业秘密法的性质认定上，就有科技法学说，认为受专利法和商业秘密法所保护的专利技术和技术秘密对一个国家或地区的科技开发与生产力提高的作用非常明显。无论将其定位科技法，还是知识产权法的下位法，都体现出了商业秘密保护是科技进步的要求。

　　（三）集成电路布图设计权与微电子科技的发展

　　集成电路是一种微型电子器件或部件，是 20 世纪 50 年代后期~20 世纪 60 年代发展起来的一种新型半导体器件。它是经过氧化、光刻、扩散、外延、蒸铝等半导体制造工艺，把构成具有一定功能的电路所需的半导体、电阻、电容等元件及它们之间的连接导线全部集成在一小块硅片上，然后焊接封装在一个管壳内的电子器件。

　　集成电路是大型计算机微型化发展的需要。它使电子元件向着微小型化、低功耗、智能化和高可靠性方面迈进了一大步。1942 年在美国诞生的世界上第一台电子计算机，它是一个占地 150 平方米、重达 30 吨的庞然大物，里面的电路使用了 17 468 只电子管、7200 只电阻、10 000 只电容、50 万条线，耗电量 150 千瓦。占用面积大、无法移动的大型计算机，限制了产业的发展。如何把这些电子元件和连线集成在一小块载体上实现小型化成了发展的瓶颈。英国雷达研究所的科学家达默在 1952 年提出了初期集成电路的构想，晶体管的发明使其想法成为可能。1947 年在美国贝尔实验室制造出来了第一个晶体管，克服了要实现电流放大功能只能依靠体积大、耗电量大、结构脆弱的电子管的缺点。

----

　　[1]　参见杨健：《科技创新与我国商业秘密的法律保护》，载《科技创新导报》2008 年第 35 期。
　　[2]　参见邓恒、周园：《论商业秘密保护中竞业禁止的适用范围》，载《知识产权》2017 年第 3 期。

晶体管发明后，很快就出现了基于半导体的集成电路的构想并发明出来了集成电路。杰克·基尔比（Jack Kilby）和罗伯特·诺伊斯（Robert Noyce）在1958年~1959年期间分别发明了锗集成电路和硅集成电路。当今半导体工业大多数应用的是基于硅的集成电路。

集成电路在各行各业中发挥着非常重要的作用，是现代信息社会的基石。集成电路中，对电阻、电容、晶体管等进行安排——这是集成电路的布局。模拟电路和数字电路分开，处理小信号的敏感电路与翻转频繁的控制逻辑分开，根据集成电路使用目的不同，将集成电路器件进行有目的性的安排——这是集成电路器件设计或布图设计。布图设计是根据微电子技术电路及其制造工艺的要求进行的掩模设计。它一般包含布局（电路元件、器件的安置）和布线（电路元件、器件的互连）两个相互关连的设计步骤。

集成电路布图设计权就是微电子技术发展对权利保护提出的需求。1989年5月26日订于华盛顿的《集成电路知识产权条约》，使集成电路布图设计保护走上国际化保护道路。

（四）植物新品种权与农业科学技术

植物新品种权是随着农业科技、育种技术、遗传技术、生物科学技术的不断进步而产生与发展起来的知识产权制度。

据学者李秀丽[1]的研究证明，在17世纪以来生物科学的不断进步和西方列强的殖民地扩张下，植物新品种权就萌芽于欧洲强国建立的各种植物园从世界各地收集奇异植物样本的活动中。植物园资助植物猎手在世界各地进行疯狂的采集植物样本行为，同时影响政府出台相关法律保护植物新品种收集者与改良者。届时，农业技术发明已成为欧洲一种较有影响的社会现象，欧洲在植物新品种的开发上和法律制度保护的探索上均具有巨大优势，社会统治阶层已经意识到对农业发明进行奖励的必要性。1853年9月3日罗马教皇颁布了在农业和技术领域给予所有权的宣言，被学术界普遍认为是植物新品种权保护的制度起源。

18世纪至20世纪初，欧洲产生了一系列的基础理论和生物技术成果，为植物新品种权法律保护制度奠定了重要的理论与思想基础。

这些理论与生物技术成果以罗马教皇颁布的宣言为时间界限进行划分，

---

[1] 参见李秀丽：《植物品种法律保护制度国际比较研究》，知识产权出版社2014年版，第1~5页。

在宣言之前的理论成果主要包括：1719 年 T. 菲尔柴尔德最早进行植物人工杂交获得杂种；1823 年 T. A. 奈特在豌豆上发现父母本对杂种一代的贡献均等，二代有分离现象；1838 年~1839 年间德国植物学家施莱登和动物学家施旺提出细胞学说。这些事实说明，罗马教皇颁布的宣言除了是应对欧洲植物新品种社会实践的需要外，还有一定的理论基础。

在宣言颁布之后的理论与技术成果主要有：1856 年 I. 德威尔莫兰明确提出用"后裔鉴定"检查甜菜的选择效果；1865 年奥地利天主教神甫、遗传学家孟德尔经过 8 年对豌豆遗传特性的研究，发现了遗传学的基本规律——孟德尔定律，从而产生了遗传学；1859 年和 1876 年，达尔文分别在《物种起源》《植物界异花受精和自花受精的效应》中阐明了选择、杂交等与进化的关系，深刻影响了后世的植物育种工作；1903 年 W. L. 约翰森提出纯系学说，为遗传变异、环境变异提供了有力证据，为纯系育种奠定了理论基础。

20 世纪初期，孟德尔定律被重新发现，使植物育种进入新阶段。1899 年7 月 11 日~12 日，以"植物杂交工作国际会议"之名义，在英国伦敦召开的第 1 届国际遗传学大会上，英国遗传学家贝特森宣读了《作为科学研究方法的杂交和杂交育种》的论文，提醒人们注重研究生物单个性状的遗传原理，指出："如果要使实验结果具有科学价值，那就一定要对这种杂交后产生的子代，从统计学上加以检验。"早在两年前，贝特森通过对家鸡的冠形和羽色等性状进行杂交研究生物进化问题的实验中，就发现了与孟德尔定律类似的分离比率，其研究方法、实验结果，都很接近 30 多年前的孟德尔，初步证明了孟德尔遗传理论，被学术界接受的时机已经成熟。

1900 年的 3 月 14 日德弗里斯创作的《杂种的分离律》、4 月 24 日科伦斯创作的《关于品种间杂种后代行为的孟德尔定律》以及同年 6 月 2 日丘歇马克创作的《豌豆的人工杂交》等三篇论文，相继在《柏林德国植物学会》杂志第 18 卷上发表。三位不同国度的植物学家通过各自独立的植物杂交实验，并在研究论文发表的前夕查阅有关文献，几乎同时重新发现了孟德尔早在1866 年发表的论文——"植物杂交试验"。科学史上把这一重大事件称为孟德尔定律的重新发现。[1]

---

〔1〕 参见冯永康：《孟德尔定律的重新发现与遗传学的诞生——纪念孟德尔定律重新发现 100 周年》，载《生物学教学》2001 年第 2 期。

20世纪20年代~20世纪30年代植物育种逐渐发展成为具有系统理论和科学方法的一门农业应用科学。美国学者Hays和Garber于1927年出版了《作物育种》，这是第一部系统论述作物育种的专著。1935年苏联科学家Vavilov出版了《植物育种的科学基础》；1942年Hays和Immer出版了《植物育种方法》等，奠定了植物育种学的基础。

育种实践的成功、专业育种机构诞生与发展，对植物品种保护提出了现实法律需求。

1907年，美国培育出了世界首个杂交玉米品种。该杂交种以其难以留种的技术特性有效克服了常规种的非排他性，在当时西方国家健全的知识产权制度下，为种子企业提供了天然的技术屏障，为自身创造了持续的市场需求，刺激了资本对育种企业的投资，推动了20世纪30年代后杂交种广泛的商业化。[1]与此相应，农业生产开始越来越依赖专业育种机构和育种者提供的作物种子，并推动了育种业的兴起与专业育种组织的建立。

世界上第一家专业育种机构Vilmorin诞生于1743年的法国，1785年Tezier诞生，1813年Groot诞生，1829年Comstock诞生，1835年Takii诞生。19世纪50年代之后，陆续出现了一些新的种子机构，诞生了具有现代意义的植物育种业。如1856年的KWS，1865年的Asgrow，1867年的Sluis，1868年的Royal Sluis，1879年的Vander Have等。20世纪之后，种子机构开始进入转型期，私人育种机构和公共种业部门不断扩大。植物育种业的发展使人们逐渐认识到系统性商业育种的潜在商业利益以及建立对育成植物品种进行有效保护制度的必要性，即出现了对植物品种进行法律保护的社会需求。于是一些国家开始了对植物品种法律保护制度的探索。1895年，德国农民组织建立了一种种子控制制度后，捷克斯洛伐克和法国也相继建立了种子控制制度。1930年德国制定了《种子和种苗法》草案，同期美国国会通过了《植物专利法》。德国《种子和种苗法》因受到国内政治影响而挫败，美国因《植物专利法》成为世界上第一个用法律形式对植物品种进行保护的国家，它的颁布也极大地推动了欧洲植物品种权保护制度的发展进程。20世纪20年代~20世纪50年代，法国、德国、比利时、荷兰、捷克斯洛伐克等都在用工业产权或

---

[1] 参见闫书颖：《国际种子企业并购对中国种子产业发展的启示》，载《财经问题研究》2007年第7期。

其他方法来保护育种者权利，并取得了一定的成功。其中，荷兰 1941 年通过法律保护育种者权利，德国 1955 年建立了与专利类似的植物育种者保护权，成为 1961 年诞生的《UPOV 公约》中植物新品种权的基础。随后，农业生物技术又在国际公约指导规范下，得到了新的发展。转基因种子就是一个生动的例子。因此，植物品种权保护是农科科技、育种科技、遗传技术、生物基因技术等发展而提出的社会需求。

（五）科学发现、数据库、域名与科技进步

科学发现是基础科学研究的重要成果，这些发现可能并不会在短期内对人类经济社会进步产生直接的影响，但是这些发现是进行短期或长远商业开发的重要理论基石。因此，对科学发现赋予知识产权保护是科技进步长远利益的权利要求。数据库特别权是电子信息技术发展对数据库提出的知识产权法律保护要求；域名权是互联网技术发展提出的知识产权法律保护的要求。

总之，新兴知识产权或者直接是科学技术进步提出的法律保护要求，或者是反映了保护科技进步长远利益的法律保护要求。

二、知识产权法定主义：成就新兴知识产权

知识产权法定主义，在学术界和司法界一般被称为知识产权的法定性，[1]或权利法定原则，[2]科学技术进步提出的权利保护需求，能否成为新兴知识产权就取决于国内或国际法律授权。知识产权法定主义包括国际知识产权法定主义和国家知识产权法定主义。

（一）知识产权保护的国际法定主义：成就新兴知识产权国际化之路

如前所述，有关知识产权的所有国际公约，规定的都是联盟国家对知识产权保护的范围或保护程度的标准，这是知识产权保护的国际法定主义的第一重含义。国际公约是知识产权国际法定主义的表现形式，它成就了新兴知识产权的国际化保护之路，同时加速了新兴知识产权在国际上的勃兴。在此含义之下，前述被称为新兴知识产权的数据库特别权因其具有区域性特征，还不能成为全球统一的新兴知识产权种类；域名权因并非国际法确认的知识产权种类，在世界范围也不能被称为新兴知识产权。

---

〔1〕　参见张玉敏主编：《知识产权法学》，法律出版社 2016 年版，第 15~16 页。
〔2〕　北京市第一中级人民法院民事判决书（2013）一中民终字第 3142 号。

联盟成员国对本国知识产权的授予和保护，在不低于国际公约要求保护的范围与保护程度的标准情况下，知识产权保护的范围、种类、程度由国内法确定。这是知识产权国际法定主义的第二重含义。如《巴黎公约》第 1 条第 4 项之 "专利应包括本联盟国家的法律所承认的各种工业专利，如输入专利、改进专利、增补专利和增补证书等" 规定，就证明了联盟国家的法律对专利的保护状况并不统一，这就是知识产权保护的国际法定主义的表现。

（二）国家知识产权法定主义：成就新兴知识产权国内法赋权之路

知识产权国际法定主义的第二重含义，在某个联盟国家内表现为国家知识产权法定主义

知识产权法定主义概念，在我国最早是由郑胜利教授提出来的，并将之概括为知识产权的种类、权利的内容以及诸如获得权利的要件及保护期限等关键内容必须由成文法确定，除立法者在法律中特别授权外，任何机构不得在法律之外创设知识产权。[1]（应当说明的是，知识产权法定主义的除外情形，除《著作权法》第 10 条第 1 款第 17 项外，我国其他单行知识产权法再无无例外授权。）李扬教授提出知识产权法定主义不仅仅是一种关于知识产权的基本观念，而且是知识产权法应当坚持的一项最基本的立法原则和司法原则，应当贯穿于整个知识产权立法和司法过程当中。[2]此后，我国学术界从知识产权的历史成因、[3]知识产权法与反不正当竞争法关系、[4]与公共利益维护的关系、[5]与劳动价值论在司法实务中的运用[6]等对之进行深化研究。其实，知识产权法定主义自知识产权制度诞生之时就充分体现出来了。知识商品的无形性决定了只有法律以其强制力授予之专有权才能有效保护智力劳动者的合法权益。此外，任何人都无权创设知识产权，自创知识产权也不会

〔1〕 郑胜利：《论知识产权法定主义》，载《中国发展》2006 年第 3 期。

〔2〕 参见李扬：《知识产权法定主义及其适用——兼与梁慧星、易继明教授商榷》，载《法学研究》2006 年第 2 期。

〔3〕 参见马忠法、王全弟：《知识产权的历史成因、法定主义及其法律特征》，载《河南省政法管理干部学院学报》2009 年第 2 期。

〔4〕 参见袁荷刚：《知识产权法与反不正当竞争法关系之检讨——以知识产权法定主义为视角》，载《法律适用》2011 年第 4 期。

〔5〕 参见王宏军：《知识产权法定主义与公共利益维护》，载《知识产权》2012 年第 5 期。

〔6〕 参见袁荷刚：《知识产权法定主义和劳动价值理论在司法实务中的交汇与运用》，载《郑州大学学报（哲学社会科学版）》2013 年第 2 期。

得到社会承认。

（三）国际知识产权法定主义与国家知识产权法定主义的关系

从世界知识产权发展历史看，知识产权首先是在科技发达国家国内法赋权基础上产生的，为了平衡知识产权国际关系，国家知识产权法定主义走向了国际知识产权法定主义。因此，从发达国家看，国家知识产权法定主义是国际知识产权法定主义的前提与基础。

世界科技发展在不同国家和地区之间总是不平衡的。发达国家推动国家知识产权法定主义国际化之后，以国际知识产权法定主义和经济技术贸易为手段，要求落后国家实行知识产权法定主义，加入知识产权国际公约，加速新兴知识产权在世界范围的发展，实现国家利益最大化。

落后国家的知识产权法定主义多是为了适应国际公约的要求而被迫产生的，其知识产权制度属于对西方知识产权制度的移植，多有水土不服情况。

国际知识产权法定主义和国家知识产权法定主义之间的关系，在不同国家之间并不完全相同。发达国家在国家知识产权法定主义之下积极推动国际化，落后国家是在国际知识产权法定主义之下被动实行国家知识产权法定主义。期间，就必然产生发达国家与落后国家之间在知识产权保护上的不同思路与矛盾，这也是遗传资源、民间文化艺术等被落后国家进行保护的基本原因。

（四）国家知识产权法定主义下的我国新兴知识产权

我国知识产权实行严格的法定主义原则。《民法典》第123条对我国知识产权范围进行了严格界定，即知识产权是权利人依法就下列客体享有的专有的权利：①作品；②发明、实用新型、外观设计；③商标；④地理标志；⑤商业秘密；⑥集成电路布图设计；⑦植物新品种；⑧法律规定的其他客体。由此可知，在知识产权法定主义原则下，我国知识产权的范围包括著作权、专利权、商标权、商业秘密权、集成电路布图设计权、植物新品种权和"其他知识产权"。根据《民法典》第123条第2款第8项规定，依照我国法律规定和国际公约规定的知识产权种类，《民法典》的"其他知识产权"包括制止不正当竞争（《反不正当竞争法》）、域名权（《反不正当竞争法》）、商号权（《民法典》第58条，《商标法》）、地理标识权（《商标法》）。科学发现权、数据库特别权因不是我国现行民事法律确定的客体，在我国并未被纳入知识产权范畴之中。

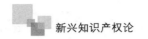

三、中国新兴知识产权的界定

与此相应，我国新兴知识产权包括制止不正当竞争权、商业秘密权、域名权、植物新品种权、集成电路布图设计权等 5 种。这就是本书作者主要研究的内容。本书主要从立足国际法和国内法相结合的角度，以国内法定主义确认的知识产权为研究对象，研究我国新兴知识产权保护的理论与实践问题。

第三节　其他知识产权与新兴知识产权

一、《WIPO 公约》的"其他知识产权"与《民法典》的"其他知识产权"

《WIPO 公约》中的"其他知识产权"是指著作权、专利权、商标权、科学发现权、制止不正当竞争权之外的知识产权。根据现代科技发展和知识产权法定原则，其内容包括商号权、地理标识权、集成电路布图设计权、商业秘密权、植物新品种权、数据库特别权、域名权等 7 种知识产权。

我国《民法典》中的"其他知识产权"是指除著作权、专利权、商标权、商业秘密权、集成电路布图设计权、植物新品种权、地理标识权之外的知识产权，仅包括制止不正当竞争权、域名权、商号权等 3 种知识产权。

《WIPO 公约》中的"其他知识产权"与《民法典》中的"其他知识产权"相比，既有共同之处，又有不同之处。其共同之处有二：一是它们具有部分相同的内涵，即商号权、地理标识权，且都属于传统知识产权范畴。二是它们都是传统知识产权与新兴知识产权的统一。其不同之处有三：一是《WIPO 公约》中的"其他知识产权"要比《民法典》"其他知识产权"的内涵丰富得多。前者包含 7 种知识产权，后者只有 3 种知识产权。二是《WIPO 公约》中的"其他知识产权"，传统知识产权与新兴知识产权的比例为 2∶5，《民法典》的"其他知识产权"中传统知识产权和新兴知识产权的比例为 1∶2。《WIPO 公约》比《民法典》"其他知识产权"多出集成电路布图设计权、商业秘密权、植物新品种权、数据库特别权、域名权等 5 种，它们都属于国际新兴知识产权的种类。《WIPO 公约》中新兴知识产权数量大比例小，《民法典》中的新兴知识产权数量少比例大。三是《民法典》"其他知识产权"中的制止不正当竞争权，属于国际国内新兴知识产权种类，不属于《WIPO 公约》中的"其他知识产权"。

二、国内理论界对"其他知识产权"的运用与《WIPO 公约》《民法典》的"其他知识产权"

我国知识产权学界对"其他知识产权"概念的使用主要有两种方式或观点。

一是大多数知识产权法论著都使用"其他知识产权"称谓著作权、专利权、商标权以外的知识产权。或将地理标志、厂商名称、域名与数据库、植物新品种、集成电路布图设计、商业秘密、制止不正当竞争权称谓"其他知识产权";[1]或将集成电路布图设计权、商业秘密权、地理标志权、植物新品种权、商号权、制止不正当竞争权称谓"其他知识产权";或将集成电路布图设计权、植物新品种、反不正当竞争权（包含制止不正当竞争、商业秘密）称谓"其他知识产权";[2]或将反不正当竞争权（包括不正当竞争，商业秘密，知名商品特有名称、包装和装潢）、集成电路布图设计、植物新品种称谓"其他知识产权"等[3]。这些学者虽然对"其他知识产权"定性相同，但其包含的知识产权种类则不相同，由此折射出了我国理论界对"其他知识产权"并无一个权威统一的界定之现状。

二是将"其他知识产权"称谓除著作权、专利权、商标权、商号权、地理标识权之外的知识产权，将商业秘密、植物品种权、集成电路布图设计专有权称谓"其他知识产权"等。[4]

总之，我国学术界对"其他知识产权"的界定，尽管五花八门但都与《WIPO 公约》中的"其他知识产权"或与《民法典》中的"其他知识产权"并不一致。由此可见，我国知识产权理论研究存在着与国家知识产权法定主义相脱节、甚至更倾向于国际知识产权法定主义的问题。

---

〔1〕　参见王锋主编：《知识产权法学》，郑州大学出版社 2010 年版，第 11~13 页。
〔2〕　参见张平：《知识产权法》，北京大学出版社 2015 年版，第 5 页。
〔3〕　参见丁丽瑛：《知识产权法》，厦门大学出版社 2016 年版，第 3~4 页。
〔4〕　参见张玉敏主编：《知识产权法学》，法律出版社 2016 年版，第 5 页。

三、"其他知识产权"与新兴知识产权的关系

（一）"其他知识产权"是新兴知识产权之源

世界知识产权的发展经历了《巴黎公约》《伯尔尼公约》《WIPO 公约》《TRIPS 协定》等，证明了其发展具有不断扩张的趋势，具有强烈的扩张性。《巴黎公约》1925 年对其原有保护范围的两大部分扩张到三大部分，增加了制止不正当竞争客体；《WIPO 公约》扩张了科学发现权、《TRIPS 协定》将之扩张至集成电路布图设计权和商业秘密，《UPOV 公约》、欧盟数据库法令、UDRP 将之扩张至植物新品种权、数据库、域名权。知识产权的每次扩张，都为新兴知识产权增添新兵。随着科技进步与发展，"其他知识产权"还会不断扩张，再为新兴知识产权增添新兵，扩大知识产权和新兴知识产权阵容。

（二）"其他知识产权"范围大于新兴知识产权

"其他知识产权"不是新兴知识产权的代名词。"其他知识产权"中除了为新兴知识产权增添新兵成为新兴知识产权扩张之源外，还包括传统知识产权的内涵。如《WIPO 公约》中的商号权、地理标识权和我国民法典中的地理标识权就不属于新兴知识产权范畴。因此，总体上"其他知识产权"包含的知识产权种类大于新兴知识产权包含的范围。

"其他知识产权"中既有传统知识产权，又有新兴知识产权。在理论研究与实际工作中不能将"其他知识产权"视同新兴知识产权，不能混淆两者之间存在的重大差别。

第四节　科技进步的新挑战：知识产权扩张正在进行时

科学技术的进步是知识产权扩张的不竭动力，知识产权法定主义使知识产权扩张或成为现实。《知识产权强国建设纲要（2021-2035 年）》指出，加快大数据、人工智能、基因技术等新领域新业态知识产权立法。适应科技进步和经济社会发展形势需要，依法及时推动知识产权法律法规立改废释，适时扩大保护客体范围。21 世纪以来，数据技术的发展，人工智能技术和基因技术的发展，都从不同侧面提出了扩张知识产权的新需求。

一、数据库知识产权保护

根据欧盟数据库保护指令和世界知识产权组织《数据库公约（草案）》等规定，数据库是指由有序排列的作品、数据或其他材料组成的，并且能以电子或非电子方式单独访问的信息集合体，包括用于操作或者查询特定数据库所必需的辞库、索引方式。电子或非电子数据库具有集合性、有序性、可访问性的共同特征，此外电子数据库还具有信息容量的庞大性和信息传输的交互性的独有特征。基于数据库具有经济价值和投资需求的巨大性，且复制和侵权具有简便性的特征，使对数据库给以严格保护具有必要性。

从世界范围看，对作品、数据或其他材料进行具有独创性的选择和编排使之构成汇编作品，可以获得著作权保护，已成为国际社会的共识。但通过著作权对数据库进行保护，并不能为数据库提供充分的保护，特别是对于难以具有独创性的数据库，著作权保护就显得力不从心。因此，欧盟数据库保护指令和世界知识产权组织的《数据库公约（草案）》提出了对数据库特别或特殊权利保护，为数据库制作者提供或配置一种新的财产权利，并通过欧盟数据库保护指令在欧盟各国落地。

数据库特殊权利保护客体是电子数据库和非电子数据库。但特殊权利保护不延及于数据库中单个的作品、数据或者其他材料，不延及于用于制作或者驱动电子数据库的计算机程序，不影响数据库中单个作品的著作权和具有独创性的数据库构成汇编作品的著作权。特殊权利保护的数据库不以是否公开为前提。

数据库特殊权利的保护突破了数据库著作权保护严苛独创性的羁绊，但数据库特殊权利保护并非没有任何条件。数据库受到特殊权利保护的条件是在内容的获得、校正、表现或在内容的收集、整合、校正、组织、表现等方面进行了质量上或者数量上的实质性投资。这里的投资包括金钱、时间、技术、人力、物力或者其他资源的投入。其中观念、创意等足以影响数据库质量的因素，包含在人力资源范畴之内。

数据库特殊权利归属于数据库制作者。数据库制作者享有的数据库特殊权利大致有提取权、再利用权、提取权或再利用权。提取权即数据库制作者有权禁止他人未经许可，永久或暂时地将数据库全部内容或数量上以及（或）

质量上的实质内容转移到另一种介质上（不包括公开出借）的行为。再利用权即数据库制作者有权禁止他人未经许可，以发行、出租、在线或其他方式传输等（不包括公开出借）向公众提供数据库全部内容或者在数量上以及（或）质量上的实质性内容的行为。提取权或再利用权即数据库制作者有权禁止他人未经许可，重复地和系统地提取以及（或）再利用数据库的非实质性的内容，与数据库的正常利用相冲突或者不合理地损害数据库制作者的合法利益的行为。

数据库特殊权利是一种效力极强的对世权，这种对世权突破了作为知识产权重要补充保护的制止不正当竞争行为的限制，无论是否构成不正当竞争甚至是否具有竞争关系，数据库制作者都有权禁止他人的提取或再利用行为。数据库特殊权利保护追求效率和公平，效率优先成为数据库特殊权利保护追求的主要价值目标，公平价值目标居于次要地位。

基于数据库特殊权利和公众利益具有紧密关系，数据库特殊权利的保护也有一些限制，这些限制主要包括权利用尽原则、基于合法使用者权利的限制和保护公共利益的限制等。数据库特殊权利保护期较著作权保护期为短，通常仅有 15 年的期限。[1]

数据技术，特别是大数据的发展，为社会进步提供了新动力，对数据的知识产权保护已被提到日程之上。我国学者研究数据库法律保护，曾提出了我国数据库特殊权利保护的立法框架，[2]对特殊权利或专门权利保护制度的构建提出了极具创见性的学术主张，[3]但目前除了欧盟数据库保护指令和美国 H·R·354 法案（该法案与欧盟数据库保护指令不同，具有强烈的反不正当竞争法性质，赋予数据库制作者禁止他人未经许可，向公众提供数据库内容的全部或其实质性部分的行为和提取数据库的全部或其实质性部分的行为两项特殊权利[4]）外，其他地区对数据库的保护尚无明显进展。世界知识产权组织的《数据库公约（草案）》何时达成国际社会共识，还有相当长一段路子要走。但从《知识产权强国建设纲要（2021–2035 年）》规划来看，或我国会率先或较早在世界上建立国家大数据（包括数据库）知识产权

---

〔1〕 参见李扬：《数据库法律保护研究》，中国政法大学出版社 2003 年版，第 124～169 页。

〔2〕 参见李扬：《数据库法律保护研究》，中国政法大学出版社 2003 年版，第 312 页。

〔3〕 参见孙洁：《中国数据库法律保护制度研究》，中国计量出版社 2009 年版，第 177 页。

〔4〕 参见李扬：《数据库法律保护研究》，中国政法大学出版社 2003 年版，第 177 页。

保护立法。

二、人工智能知识产权保护

人工智能技术的发展，对人类社会的法律制度提出了全面挑战，也对知识产权制度提出了全新挑战。目前的知识产权保护体系，还无法对人工智能信息产出物提供知识产权保护。

但学术界基于人工智能对知识产权的挑战，国内外有截然不同的两种观点。

（一）人工智能可知识产权性的国际争议

在国际上，人工智能生成物的可知识产权性具有重大争议。英国《版权、外观设计和专利法》第 9（3）条对计算机生成物的版权归属做了具体的规定：“对于由计算机生成的文学，戏剧，音乐或者艺术作品，其作者应该是做出了进行作品创作所必需的安排的个人。”这里的“作者”通常被解读为是创建算法的程序员或软件工程师。此条文也被英国法院视为处理人工智能案件的法律依据。美国、欧盟以及澳大利亚立法虽然都不承认机器可以成为版权法保护的作者，但是其各自的侧重点不同：美国立法更倾向于对人工智能生成物的原创性的质疑；而欧盟和澳大利亚立法则是认为机器缺乏作为受版权保护的作者应该必备的人格属性。2019 年 9 月，国际保护知识产权协会 AIPPI 伦敦大会发布《人工智能生成物的版权问题》决议。该决议未对人工智能可否成为适格作者直接表态，其针对的核心问题是什么样的人工智能生成物可以成为著作权保护的客体，即成为适格的作品。该决议确定的原则包括：“AI 生成物只有在其生成过程有人类干预的情况下，且在该生成物符合受保护作品应满足的其他条件的情况下，才能获得版权保护。对于生成过程无人类干预的 AI 生成物，其无法获得版权保护。”人工智能独自完成的生成物不可能成为适格作品；仅当该生成物在生成过程中有人的干预时，才有这种可能。[1] 笔者认为，人工智能只有成为人类创作与发明创造的笔或工具时，经过人类的智力干预或可具有可知识产权性。在人工智能产出物可专利性司法

---

〔1〕　参见《科学将人工智能拖下神坛　外三篇：人工智能作品知识产权保护辨伪》，载 https://zhuanlan. zhihu. com/p/103559065。

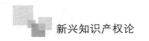

实践中，英国裁判表明，其不能获得专利权保护，不能授予专利权。[1]

（二）人工智能可知识产权性的国内争议

1. 人工智能可知识产权性的国内理论争议

国际上的不同观点，同样映射到我国知识产权理论界和司法界。我国理论与司法上也存在两种截然不同的观点。

一种观点以著名知识产权专家吴汉东教授为代表。吴汉东教授在《人工智能时代的制度安排与法律规制》中认为人工智能产出物包括人工智能的生成物可以具有独创性，可以获得著作权保护。[2]该文成为人工智能产出物可以获得著作权保护的经典性代表作品，截至 2023 年 7 月 10 日，知网下载量近 46 603 次，被引用达 1573 次。

另一种观点以著名知识产权专家王迁教授为代表。王迁教授在《论人工智能生成的内容在著作权法中的定性》中认为人工智能产出物包括人工智能的生成物不具有独创性，不能获得著作权保护。[3]该文成为人工智能产出物不能获得著作权保护的经典性代表作品，截至 2023 年 7 月 10 日，知网下载量近 25 948 次，被引用达 684 余次。

在人工智能产出物可专利性上，与其可版权性类似，也存在两大对立的观点。争执不休，短期内学术界难以达成共识。

2. 人工智能可知识产权性的国内司法冲突

在我国司法实践上，早在 2018 年就已经通过司法判例确认人工智能产出物不具有可知识产权性。[4]该判决认为，人工智能生成物不构成著作权法意义上的作品，但并不等于可以未经许可自由使用。该生成物的权利人即软件使用者，软件的使用者通过投入一定的资源，对生成物享有控制权和传播权。该案判决主要吸取了王迁教授的观点。该案被认为是全国首例人工智能生成的文章不构成作品的判例。笔者认为，司法实践中将人工智能生成物的不可

[1] 参见《人工智能可以作为专利发明人吗？英国法院最新判决：不能》，载 https://xw.qq.com/cmsid/20210924A09GH500。

[2] 参见吴汉东：《人工智能时代的制度安排与法律规制》，载《法律科学（西北政法大学学报）》2017 年第 5 期。

[3] 参见王迁：《论人工智能生成的内容在著作权法中的定性》，载《法律科学（西北政法大学学报）》2017 年第 5 期。

[4] 北京互联网法院民事判决书（2018）京 0491 民初 239 号；北京知识产权法院民事判决书（2019）京 73 民终 2030 号。

知识产权性和使用权结合起来进行思考和审判，是符合笔者主张的其生成物不具有知识产权属性，是与著作权法意义上的不享有著作权的不构成作品的数据或其他材料〔1〕是一致的。这种审判思路是值得肯定的。

我国司法实践中也存在不同的声音，认为人工智能生成物构成作品，〔2〕该案判决汲取了吴汉东教授的观点，该案被称为全国首例认定人工智能生成的文章构成作品的判例。认定人工智能生成物构成作品，这是对现有国际和国内知识产权法的突破。该突破主要表现在对智力活动主体即创作者、发明创造者的突破，具而言之，就是将知识产权人从自然人、拟制人（法人、非法人组织）向虚拟人的突破。严格来说，该认定与判决并非依法判决，至少在当今世界是没有国际法依据、更是没有国内法依据的。

3. 本书对人工智能可知识产权性的认识

司法裁判结果不仅不是人工智能产出物是否可知识产权性争论的终结，它还是新争论的起点。

在人工智能产出物可知识产权性的争论中，从赞成与反对者人数上看，目前赞成者多于反对者。但笔者赞同王迁教授的基本观点，是少数派，认为人工智能产出物包括生成物、技术方案等不具有可知识产权性，不能获得著作权或专利权。这是因为，知识产权法保护的是自然人的智力活动成果。人工智能目前依然是自然人控制的智能化装备，它毕竟是物不是自然人。与知识产权保护人的智能创造物（作品、发明创造等）具有完全不同的性质，不能获得著作权、专利权的保护。但王迁教授的论述，并没有明确人工智能生成物不能获得著作权保护，那么，它在著作权法上的意义上是什么？对于这个问题，如前所述，笔者认为，它属于不具有著作权（作品属性）不构成作品的数据或其他材料。人工智能生成的技术方案，不具有可专利性，它是不构成发明创造的人工智能生成的信息商品。

笔者认为，在知识产权时代，知识产权保护的人机关系，是人控制机器；机器永远只能是人类的奴隶。人工智能产出物如获得知识产权保护，则会彻底改变现有知识产权保护体系下的人机关系，最终必然会彻底颠覆现行的人机关系，变成真正的机人关系，人类或将成为机器的奴隶，这不应是知识产

---

〔1〕　参见詹启智：《著作权中"洗稿"问题探析》，载《河南科技》2020年第21期。
〔2〕　深圳市南山区人民法院民事判决书（2019）粤0305民初14010号。

权保护的最终归宿。知识产权制度在迎接人工智能信息产出物知识产权挑战中，预示了知识产权制度新的扩张之路或有了新起点，但这个起点应当是人造智能设备本身，而不应当是人工智能设备的自动产出物。尽管我国《知识产权强国建设纲要（2021—2035年）》提出加快人工智能知识产权立法，但真正实现人工智能知识产权立法还有很长的路子要走，还有很多的理论问题需要研究，人工智能知识产权立法的路子，会比大数据知识产权立法更长。

三、基因技术知识产权

基因技术是根据生物的遗传原理，采用类似工程设计方法，把一种生物的基因转移到另一种生物中，实现基因转移和重新组合，从而改变生物的遗传性状和功能的技术。利用基因技术可使某些生物增加产量、改善品质，或者创造出新的物种。军事上可用于定向培育新的生物战剂等。

我国对基因、转基因、基因技术知识产权的研究，大致开始于1996年。[1]学术界的研究，主要集中于知识产权综合研究[2]，专利法保护研究[3]，还

---

〔1〕 参见刘保明等：《转基因动物的应用价值及其知识产权保护》，载《中国行为医学科学》1996年第3期。

〔2〕 参见李长健、徐海萍：《我国转基因植物知识产权法律保护问题研究——从技术视角到法律思维》，载《电子知识产权》2008年第6期；刘旭霞、耿宁：《美日欧转基因生物知识产权保护发展趋势及对我国的启示》，载《知识产权》2011年第1期；刘银良：《转基因论争中的知识产权问题》，载《法学》2012年第3期；高茜：《转基因植物知识产权的法律分析》，载《天津大学学报（社会科学版）》2015年第4期；邓昕、徐振伟：《转基因知识产权的南北博弈》，载《鲁东大学学报（哲学社会科学版）》2016年第3期；徐振伟、周志发：《国际社会对转基因问题的争论及中国的对策——以"试错权作为母权论与相互赋权论"为核心的考察》，载《厦门大学学报（哲学社会科学版）》2017年第2期；刘旭霞、周燕：《转基因生物技术知识产权共享制度的反思与完善》，载《中国发明与专利》2018年第6期；韦敏：《转基因作物知识产权法哲学及全球知识监管》，载《自然辩证法研究》2019年第6期。

〔3〕 参见高建伟、须建楚：《论基因的专利法律保护》，载《政法论坛》2000年第4期；冯兴俊：《基因技术与专利权》，载《科技与法律》2002年第1期；密启娜、王岩：《论基因技术的专利法律保护》，载《当代法学》2002年第6期；管荣齐、薛智胜：《从TPP知识产权规则审视植物新品种的可专利性》，载《知识产权》2016年第3期；华静、王玉斌：《转基因技术专利保护制度体系的探究》，载《西北工业大学学报（社会科学版）》2016年第2期；董晋瑜：《论我国基因专利池的构筑困局及破解路径》，载《科技与法律》2020年第2期；刘鑫：《基因技术专利化的问题、争议与应对》，载《电子知识产权》2021年第8期。

涉及植物新品种[1]，更有学者提出了一种新型权利即基因权[2]和科学发现权[3]等。总之，基因技术知识产权是一个非常复杂的问题，有赖于知识产权学术界、实务界、立法界在《知识产权强国建设纲要（2021-2035年）》指引下通力合作，揭示基因技术知识产权本质。

　　现代科技进步挑战之下，知识产权扩张正在进行时。但人类知识产权保护的扩张之路还很漫长。从《知识产权强国建设纲要（2021-2035年）》看，我国知识产权扩张，或从大数据、人工智能、基因技术方向上实现突破和扩张。

　　但，知识产权扩张之路并未止步于此……

---

　　[1]　参见陈超、展进涛：《转基因技术对我国植物新品种保护制度的挑战》，载《知识产权》2006年第6期；杨冠锋：《转基因技术对植物新品种保护之影响及对我国立法模式之启示》，载《广东行政学院学报》2007年第3期。

　　[2]　参见王少杰：《论基因权》，载《青岛科技大学学报（社会科学版）》2008年第1期。

　　[3]　参见葛淼：《论人类基因发现权的不可专利性》，载《行政与法》2018年第10期。

第一章
制止不正当竞争权

　　竞争与不正当竞争，就是一枚硬币的正反两面。在市场经济发展过程中，自由竞争是其基本特征，但哪里有竞争，哪里就有不正当竞争。竞争的发展，击破了以竞争自由确保竞争公平的期望，单纯期望市场力量自身来解决不正当竞争问题，成了资本主义自由市场竞争的一个幻想。在 19 世纪末出现了不正当竞争这一自由贸易和工业化发展的副产品。[1]于是普遍认为有必要设计某些法律措施来预防不正当竞争行为，将市场行为置于交易自由的旗帜下，使其符合商业正当性。[2]反不正当竞争法的概念大致在 1850 年出现在法国，法国法院根据《法国民法典》第 1382 条的侵权行为条款，发展出了一套制止不正当竞争的规则。荷兰、意大利在此方面也跟随法国的步伐。1892 年德国修订《德国商标法》，将"仿冒商品装潢"以及"不正确标示商品来源的行为"列入禁止范围。但因以商标法制止不正当竞争行为具有局限性，德国在 1896 年颁布了世界上第一部反不正当竞争的成文法——《反不正当竞争法》。英国的反不正当竞争在 19 世纪主要是通过反假冒（包括冒充他人产品、虚假标示商品或服务来源）制度制止恶意竞争（在学理上英国认为反假冒之诉系侵权之诉）。美国最初反不正当竞争制度也主要依据普通法的反假冒制度和侵权法原理。《巴黎公约》是国际知识产权法的主要基石。随着竞争的发展，

---

　　[1]　参见［德］弗诺克·亨宁·博德维希主编：《全球反不正当竞争法指引》，黄武双等译，法律出版社 2015 年版，第 1~2 页。

　　[2]　我国有学者认为，反不正当竞争制度的历史可追溯到中世纪。参见刘春田主编：《知识产权法》，高等教育出版社、北京大学出版社 2000 年版，第 312 页。

1900 年制止不正当竞争被纳入了《巴黎公约》,[1] 1925 年被正式列入《巴黎公约》第 1 条第 2 项,制止不正当竞争权成为工业产权客体的第三部分内容,构成了国际知识产权法的基石。随着《巴黎公约》将制止不正当竞争纳入工业产权的客体以及世界贸易国内外竞争的发展,制止不正当竞争权与制止不正当竞争法在世界范围得到了极大发展。我国在 1993 年制定的《反不正当竞争法》赋予了经营者制止不正当竞争权,并在 2017 年和 2019 年对之进行了修改。本章我们主要基于《巴黎公约》和我国《反不正当竞争法》与知识产权有关的规定进行研究。

第一节　《巴黎公约》对不正当竞争的法律规制及其新发展

一、不正当竞争行为

资本主义条件下的不正当竞争行为,大致产生于 1789 年。[2] 不正当竞争术语在国际公约上的使用已经有 120 余年的历史。制止不正当竞争制止的就是不正当竞争行为。因此,在《巴黎公约》中,首先就需要对不正当竞争行为进行界定。《巴黎公约》第 10 条之二第 1 款要求本联盟国家有义务对各该国国民保证给予制止不正当竞争的有效保护,紧接着在第 2 款规定"凡在工商业事务中违反诚实的习惯做法的竞争行为构成不正当竞争的行为。"因此,不正当竞争行为系指在工商业事务中违反诚实的习惯做法的竞争行为。该定义可以简化为违反诚实的习惯做法的竞争行为。这既是一个不正当竞争行为的定义,又是一个兜底条款,还是不正当竞争行为的一般条款。该定义在国际上的使用,已经有近一个世纪了。

不正当竞争行为首先是一种竞争行为。理解和把握不正当竞争,首先需要把握"竞争"的含义。但《巴黎公约》对竞争的含义并未界定,由每个国家以其自己的观念进行界定。国家可以将不正当竞争概念扩及狭义(即在工

---

〔1〕《WIPO 公约》第 2 条第 8 款知识产权定义中包含了"关于制止不正当竞争的权利",但该公约是在"《巴黎公约》"系指 1883 年 3 月 20 日签订的保护工业产权公约及其一切修订本基础上建立的,并没有对"制止不正当竞争"及其"权利"有更多界定与发展。

〔2〕参见[德]弗诺克·亨宁·博德维希主编:《全球反不正当竞争法指引》,黄武双等译,法律出版社 2015 年版,第 19 页。

业或商业的同一部门内）地讲不是竞争的行为，但这些行为从另一部门确立的名誉中不适当的得到利益，从而削弱了这种名誉。任何竞争行为，如果它违背了工业、商业中诚实的习惯做法，必须认为是不正当竞争。该标准不限于一个国家内存在的诚实的习惯做法，还包括国际贸易中形成的诚实的习惯做法。

竞争行为必须是商业性的，且以参与贸易竞争为目的。由此在制止不正当竞争发展的初期排除了非商业性的个人、社会或政治行为和自由表达的交流。不正当竞争仅适用于标榜为"商业"的交流，这就通常排除了媒体或消费者测试组织遭遇不正当竞争之诉。为了有效提供保护，对竞争行为应做广义理解，至少不能做过于狭窄的解释，通常包括贸易、商业、市场行为等，甚至应将垄断者的销售行为纳入其中，扩张至可能不合理地妨碍对其他部门、行业竞争者优势。竞争要求存在可供消费者或其他市场参与者选择的某种自由市场机制。被责难的企业、个人与其他企业、个人具有竞争关系，是不正当竞争存在的前提。但具体对竞争行为的解释，则在于各成员国。

不正当竞争行为是与"诚实的商业行为"相反的术语。不正当竞争行为被认为是与"诚实的商业行为"相反，并引起混淆、诋毁竞争者、对自己的产品进行欺骗性宣传的行为。[1]诚实行为成为判断竞争行为正当性的基准。国际反不正当竞争法的核心在于制止不诚实的交易行为。反违反"诚实"的竞争行为，即制止不正当竞争行为。但各国对什么是交易中的"诚实"界定并不一致。定义"诚实的交易行为"主要取决于被寻求制止不正当竞争的国家的观点，只有在具有显著的国际影响时，在理论上该国内观点才会吸收其他国家的评价商业公平性的不同方法。

诚实行为或公平行为，作为判断竞争行为正当性的基准，属于纠偏要素，它是一个规范的道德标准，须在现实的商业交易惯例框架内进行讨论。一方面应对之进行开放式解释，另一方面不得与一般的道德要求相混淆。世界知识产权组织认为，不正当或不诚实，主要取决于一定时间和地点条件下的经济和社会现实。这就要求不正当竞争法特别需要适应不断变化的环境和现实。[2]

---

〔1〕 参见［德］弗诺克·亨宁·博德维希主编：《全球反不正当竞争法指引》，黄武双等译，法律出版社 2015 年版，第 4 页。

〔2〕 参见世界知识产权组织编：《知识产权纵横谈》，世界知识出版社 1992 年版，第 19 页。

"诚实的商业行为"的主体，被称为"诚实企业主"。这是所有制止不正当竞争法关注的共同点。这是制止不正当竞争法保护的主体，即关注诚实企业主的利益，防止他们受到不诚实的竞争对手的商业攻击。这是最初的制止不正当竞争法"严格的个体视角，只保护经营者的特定利益"。公共利益、消费者在商业活动的评价中，仅仅是一个参考因素，消费者的保护，只是一个副产品。[1]

但是，公共利益尤其是消费者利益的保护在 20 世纪 60 年代~20 世纪 70 年代，随着消费者运动的出现和消费者对"不知悉市场情况"越来越不满意，对制止不正当竞争法的共同基础产生了巨大冲击。为迎接这种挑战，人们有两种思路：一是对消费者的法律保护通过特定法律来调整。这种思路对于法国、英国等从侵权法一般条款中规定不正当竞争类型，或对经营者保护并未超出仿冒之诉范畴的国家，通过制定消费者保护专门法进行调整。二是将消费者保护植入制止不正当竞争法一般条款进行保护。这种思路主要适用于那些颁布了专门制止不正当竞争法律的国家，它们通常在法律中设置较宽的规制不正当竞争的一般条款，将消费者的法律保护植入其法律制度之中。此种情况下，制止不正当竞争法演变成为一般的"市场法"，制止不正当竞争法由最初基础源于司法，逐渐向反垄断延伸，即制止不正当竞争法已发生了明显的转向：最初阶段与侵权法和知识产权法的关系明显，后体现为与反垄断法的联系。[2]

制止不正当竞争法属于经济法领域。其宗旨不是为了保护"良好的道德风尚"本身，而是为了给所有企业主构建公平的竞争环境，防止竞争者获得不正当竞争优势。竞争的公平性往往限定于商业道德，而商业道德的贯彻通常包含但不限于关心单个企业主的利益，往往还关注公共利益。消费者运动与公共利益相契合。自由竞争是市场以低价向消费者提供优质商品，实现消费者福利的最佳保证途径。竞争是满足所有市场参与者利益的共同基础。竞争既不能被垄断、歧视等扭曲，也不能被误导、贬损竞争者、导致混淆、不当占有以及其他类似不正当行为扭曲。这些不正当商业行为对竞争的负面影响，有害于所有市场参与者。因此，所有商业行为都必须依据它们对竞争的负面影响或正面影响程度进行评估。因此，反不正当竞争法无法提供一个诚

---

〔1〕 参见［德］弗诺克·亨宁·博德维希主编：《全球反不正当竞争法指引》，黄武双等译，法律出版社 2015 年版，第 4 页。

〔2〕 参见［德］弗诺克·亨宁·博德维希主编：《全球反不正当竞争法指引》，黄武双等译，法律出版社 2015 年版，第 4 页。

实竞争的准确答案。只能说，不能为竞争者公平竞争和做出不受扭曲的决策提供会，就不会有良好的竞争。未被前述行为扭曲的竞争，或未扭曲的竞争，成为制止不正当竞争法的新的共同基础。

二、制止不正当竞争和知识产权的关系

（一）制止不正当竞争与知识产权的一般关系

1. 制止不正当竞争成为工业产权法的组成部分

制止不正当竞争法尽管在不少国家是从侵权法发展而来的。但是《巴黎公约》在1925年海牙修订会议通过扩张"工业产权"，即将制止不正当竞争权作为工业产权的第三部分客体，成为工业产权法的组成部分，是建立在个人权利概念基础上的，强调了制止不正当竞争与知识产权的关系。

工业产权法之所以将制止不正当竞争引入其客体中，其直接动因在于20世纪初主要发达国家的企业在国际贸易中遭遇到了不正当竞争，特别是发展中国家的国内竞争者被给予了优惠待遇。由此人们认识到仅靠知识产权自身是难以制止这种贸易歧视的。为此需要确立一种更具弹性的保护方式，对无法援引工业产权或者现存的知识产权未能对模仿予以制止的情况下，对权利人提供保护。为了补充与展开现存的工业产权，明确禁止不正当竞争成了一个符合逻辑的选择。

同时，为本国企业在国外的贸易提供更好的保护的设想，被证明对克服不正当竞争也是具有诱惑力的。自资本主义条件下的不正当竞争产生之后，主要工业和贸易国家采取不同的方案解决不正当竞争问题。或如法国通过对《法国民法典》第1382条在司法实践中引申与发展出了一个特殊的未以文字形式体现的"不正当竞争"侵权种类，为诚实企业主制止混淆可能性、模仿、诋毁、披露商业秘密、寄生性竞争行为等提供一般保护；或如德国、奥地利通过反不正当竞争单行法进行规制；或如英国聚焦于普通法之反"仿冒"和自我调整。为了解决国际保护问题，在法国、英国等国的推动下，主要发达国家在1900年布鲁塞尔修订会上根据法国的提案，认为有必要将制止不正当竞争引入工业产权概念，会议通过了的补充文件规定了一个新条款，即第10条之二（现规定第10条之二之（1）但无"有效"字样），将国民待遇原则适用于反不正当竞争，并创建了制止不正当交易行为的最低保护标准。在1911年华盛顿修订会议上，针对确保"有效"制止不正当竞争的基本义务达

成协议，最终形成了现规定第 10 条之二之（1）增加了"有效"字样。1925
年海牙修订会议加强了该项义务（将工业产权扩张到了制止不正当竞争客体
之上即第 1 条第 2 款扩张了第三部分客体），引入了不正当竞争的定义（即现行
规定第 10 条之二之（2）） 和实例（第 10 条之二之（3）之 1、2 项），实现了
对制止不正当竞争国际保护的突破。1934 年伦敦修订会议使这些规定更趋完善。
1958 年里斯本修订会议，补充了不正当竞争的第三例，即第 3 款第 3 项。

2. 侵害工业产权行为同时也是不正当竞争行为

世界知识产权组织的前身——保护知识产权联合国际局的局长博登浩森
教授指出，制止不正当竞争也包括在工业产权的保护以内，因为在许多情况
下，侵犯工业财产权利，同时也是不正当竞争行为。[1]由此从理论上证明了
制止不正当竞争与知识产权的紧密关系。但实际上，从国际上看，还有着更
近的连接点或关系：商标法在有些国家就是作为制止不正当竞争法的组成部
分的。在制止不正当竞争法和商标法中，均有涉及混淆、仿冒问题。由此出
发，笔者认为，不仅侵害工业财产权利同时是不正当竞争行为，而且侵害文
学财产权利，也是不正当竞争行为。从世界范围看，至少我国就有不少提起
著作权权属侵权纠纷和不正当竞争纠纷的案例。[2]

基于二者有着不扭曲竞争并促成有效竞争的共同目标，制止不正当竞争
法与知识产权法的关系密切。[3]我国学者也提出，制止不正当竞争和知识产
权之间深刻的联系源于其共同的目标和原则。这个目标就是维护企业、个人
对其智力成果及相关成就的财产利益和人身利益，维护健康的经济关系特别
是公平的竞争关系。而共同的原则就是诚信原则和利益平衡原则。[4]

3. 制止不正当竞争是知识产权法保护的补充

我们知道，工业产权是一个传统的但不完全精确的概念。《巴黎公约》第
1 条第 3 款明确规定，"对工业产权应作最广义的理解，它不仅应适用于工业
和商业本身，而且也应同样适用于农业和采掘业，适用于一切制成品或天然

---

〔1〕 参见［奥地利］博登浩森：《保护工业产权巴黎公约指南》，汤宗舜、段瑞林译，中国人民
大学出版社 2003 年版，第 12 页。
〔2〕 最高人民法院民事裁定书（2020）最高法民终 1293 号。
〔3〕 参见［德］弗诺克·亨宁·博德维希主编：《全球反不正当竞争法指引》，黄武双等译，法
律出版社 2015 年版，第 10 页。
〔4〕 参见韦之：《知识产权论》，知识产权出版社 2002 年版，第 343 页。

产品，例如：酒类、谷物、烟叶、水果、牲畜、矿产品、矿泉水、啤酒、花卉和谷类的粉。"这一概括使工业产权涵盖的范围包括了工业、商业、农业、采掘业等制成品或天然产品的权利。从当时世界发展来看，服务业尚依附于工业、商业、农业、采掘业之中。因此，从发展的观点看，工业产权是一个涵盖人类一切制成品、天然产品、服务的权利。工业产权作为一个不精确的概念，从《巴黎公约》第 1 条第 2 款看，它是指工商业领域里的创造性构思或区别性标志或记号的类似财产权的某些排他性权利，加上同一领域里制止不正当竞争行为的某些规则。工业产权的不精确性表现在三个方面：一是工业产权通常是财产的一种类推；二是它包括的范围超过了工业上的对象；三是制止不正当行为的规则，往往不一定和财产有关系。[1]

从工业产权是某些排他性权利加上制止不正当竞争行为的某些规则来看，制止不正当竞争和知识产权的关系，并不单纯。它们基于共同目标或原则维护不扭曲竞争并促成有效竞争，存在一个如何划界的问题。[2]一方面被认为属于纯正的工业产权内容，另一方面又被看作其他财产权利的补充。[3]

知识产权从静态角度明确规定智力成果所有人的专有权利和他人的义务，制止不正当竞争则在特定的竞争关系中约束经营者的行为，为智力成果和工商业成果开发者提供一种有限且相对的，不具有排他性的利益。对于那些未提供知识产权保护的客体，如知识产权法不保护的装潢、作品名称、未获得知识产权保护的新型智力成果等，都可以由制止不正当竞争提供必要的保护，避免挫伤科技开发者的积极性。知识产权与制止不正当竞争这两套制度互相依赖，不可割舍。抛开其中任何一项制度，智力和工商业成果的保护机制都是不完善的。[4]因此，它们是一枚硬币的两面。制止不正当竞争成为知识产权法的补充。

民法上所有受到法律保护的利益，即法益的保护主要有设权模式和侵权行为法模式。设权模式，或称预先创设权利模式，即法律事先规定权利的取

〔1〕 参见 [奥地利] 博登浩森：《保护工业产权巴黎公约指南》，汤宗舜、段瑞林译，中国人民大学出版社 2003 年版，第 9~10 页。

〔2〕 参见 [德] 弗诺克·亨宁·博德维希主编：《全球反不正当竞争法指引》，黄武双等译，法律出版社 2015 年版，第 9 页。

〔3〕 参见 [德] 弗诺克·亨宁·博德维希主编：《全球反不正当竞争法指引》，黄武双等译，法律出版社 2015 年版，第 28 页。

〔4〕 参见韦之：《知识产权论》，知识产权出版社 2002 年版，第 345 页。

得条件、权利范围、使符合法定条件的利益成为权利的客体。权利内容确定，公众可以预先知晓权利范围是设权模式的优点。但其局限性在于仅仅适用于法律关系较为稳定、法律有能力事先确定保护范围的领域。但对于法律关系不稳定、法律没有能力事先确定保护范围的领域，法律并不能预先设权，只能消极禁止某些行为，于是消极的禁止某些行为，客观上保护了该行为所侵害的利益，使之成为权利（设权）之外的法益。制止不正当竞争法的出现，也是因应设权模式对法益保护存在局限的结果。不正当竞争属于违反善良风俗或违反"诚实的习惯做法"的侵权类型，这是知识产权保护的另一种模式。

　　存在或进入知识产权法保护范围（设权模式）的，优先适用知识产权法；知识产权法无法保护的客体，适用制止不正当竞争法。因此，我们也可以说，知识产权基于工业、科学、文学或艺术领域内其他一切来自知识活动的权利（利益），包含设权模式和制止不正当竞争模式。设权模式的知识产权法，我们可称为"狭义的知识产权法"，包含制止不正当竞争在内的知识产权法，我们可称为"广义的知识产权法"。〔1〕因此，制止不正当竞争作为知识产权的客体，是广义知识产权的一部分，又是狭义知识产权的补充。对知识产权与制止不正当竞争的关系，世界知识产权组织曾将其概括为：制止不正当竞争它可以对其他特殊的工业产权所提供的保护进行补充，这样，在这些法律都不能适用的某些情况下，可以起到一种补救作用。无论如何，通过限制不正当竞争行为，可以在其他工业产权法不能提供保护的情况下提供保护。〔2〕

---

　　〔1〕　在我国学术界通常认为，狭义的知识产权范围通常包括著作权、商标权和专利权三个部分。广义的知识产权范围则主要由国际公约《WIPO 公约》界定。《WIPO 公约》指出，知识产权应包括以下权利：（1）文学、艺术和科学作品；（2）表演艺术家的演出以及录音和广播；（3）人类努力在一切领域的发明；（4）科学发现；（5）工业品式样设计；（6）商标、服务商标以及厂商名称和标记；（7）制止不正当竞争；（8）在工业、科学、文学艺术领域里一切其他来自知识活动的权利。学术界也有广义知识产权的范围界定，包含《TRIPS 协定》的规定的观点。1995 年 1 月 1 日成立的世贸组织（WTO）的《TRIPS 协定》规定知识产权的范围包括：（1）版权及相关权利；（2）商标权；（3）地理标志权；（4）工业设计外观设计权；（5）专利权；（6）集成电路的外观设计权（分布图）；（7）未公开的信息专有权，主要是商业秘密。我们经比较，《WIPO 公约》和《TRIPS 协定》规定的知识产权范围，并不相同。其中，《TRIPS 协定》规定的知识产权范围，仅仅是《WIPO 公约》规定的知识产权范围的一部分，即与贸易有关的知识产权部分。因此，《TRIPS 协定》界定的知识产权范围不能构成广义的知识产权范围。参见刘怀章主编：《知识产权简明问答》，郑州大学出版社 2023 年版，第 3～4 页。该书中的观点是笔者作为署名第二副主编和审改者（对全书进行增删、修改等）增补的内容和观点。
　　〔2〕　参见世界知识产权组织编：《知识产权纵横谈》，世界知识出版社 1992 年版，第 19 页。

4. 制止不正当竞争涵盖的范围包含但不限于知识产权

制止不正当竞争虽然受到迄今为止唯一的知识产权国际公约《巴黎公约》的明确规制，但制止不正当竞争历史上在不少国家是从侵权法发展来的，知识产权侵权仅仅是侵权法规制的一个方面。由此就为制止不正当竞争超越知识产权法规制范围提供了法律空间。特别是随着知识产权的扩张，竞争关系的复杂化与演变，不正当竞争行为在知识产权之外也广泛存在，或者说，不正当竞争行为的发展早已超越出了知识产权范畴。[1]制止不正当竞争法一方面继续与知识产权法保持密切关系，另一方面又超越了知识产权法范围，向更宽广的领域扩展。因此，只有一部分不正当竞争与知识产权有关，知识产权法应当研究与知识产权有关的不正当竞争。[2]不正当竞争行为及其制止不正当竞争法都是一个发展中的行为与法律，目前的发展已超越了与知识产权有关的不正当竞争，因此，我们不能笼统地将制止不正当竞争法归入知识产权法体系，这样不仅过于绝对，[3]也与制止不正当竞争法的实际相脱节。

（二）制止不正当竞争与具体知识产权的关系

1. 制止不正当竞争与著作权法的关系

学术界通常认为，在制止不正当竞争与各知识产权单行法的关系中，其与著作权法的关联性较弱。[4]笔者认为，《WIPO 公约》的兜底条款，即知识产权是包含一切知识活动的权利，这是揭示各知识产权法与制止不正当竞争关系的国际法基础。我们知道，狭义著作权对作品赋予版权的可版权性基本要件是独创性。但有些人类智力创作物虽然需要付出资本和劳力，但并达不到著作权法保护要求的独创性标准，如电话号码簿、电视节目表、作品的标题（从理论上不排除个别作品的标题可以达到独创性标准，但现实中因作品标题较为简短，通常无法体现独创性，难以被司法当局认定具有独创性）、作品署名等都达不到著作权法要求的独创性标准，不构成作品，难以获得著作权法保护，但是对这些不构成作品的表达，违反诚实信用商业习惯的使用，或恶意使用他人作品标题，或故意以他人具有高度知名度的本名、笔名作为自己的笔名，或将本名改为具有高知名度的他人的本名或笔名在作品上署名，

---

〔1〕 参见刘春田主编：《知识产权法》，高等教育出版社 2015 年版，第 337~338 页。

〔2〕 参见李琛：《论知识产权法的体系化》，北京大学出版社 2005 年版，第 171 页。

〔3〕 参见吴汉东主编：《知识产权法》，法律出版社 2014 年版，第 364 页。

〔4〕 参见种明钊主编：《竞争法》，法律出版社 2016 年版，第 97 页。

有意引起混淆的行为，通过制止不正当竞争进行调整。

广义著作权中的邻接权制度形成之前，对由他人投资而形成的独创性达不到作品要求的客体，如录音制品，有的国家就是通过制止不正当竞争法对录音制作者进行保护的。《唱片公约》第 3 条规定，执行本公约的方式应当由各缔约国国内法律规定并应当包括以下一种或多种：通过授予版权或其他专项权利的方式保护；通过有关不正当竞争的法律保护；通过刑事制裁的方式保护。可见，通过反不正当竞争法对邻接权进行保护，是国际上的一种通行做法。我国对于部分客体采用邻接权即 "其他专项权利的方式" 进行保护，但对于未被纳入邻接权的客体或投资者的保护，则通常应归入反不正当竞争法进行保护。数据库大致分为两类，一类是具有独创性的数据库，被纳入汇编作品进行著作权保护；第二类是非独创性数据库，在没有建立数据库特别保护制度的国家或地区，只能受到制止不正当竞争法的保护。

此外，由于著作权作品与虚假宣传、商业诋毁的关系密切，可以成为各种不正当竞争行为的载体，往往会有在著作权纠纷案件中出现虚假宣传、商业诋毁等不正当竞争案，也有不涉及著作权纠纷的基于著作权作品构成虚假宣传、商业诋毁的不正当竞争纠纷案的产生，[1]制止不正当竞争法发展初期的媒体被排除在不正当竞争之诉的主体之外，早已成为 "昨日黄花" 了。[2]

2. 制止不正当竞争与商标法的关系

通常认为，商标权是知识产权中与制止不正当竞争关系最为密切的绝对权类型。[3]我国学者研究表明，商标权的禁用权大于使用权，吸收了较多的竞争法模式。其表现在相同商品上使用近似商标、在类似商品上使用相同商标、在类似商品上使用近似商标都可能引起消费者或公众的误认。对此，根据国内法立法状况，或由商标法进行规制，或由制止不正当竞争法的反混淆行为进行规制。再如假冒他人注册商标行为（包括擅自制造或者销售他人注册商标标识的），曾被列为反不正当竞争行为之首，但《商标法》始终都有对假冒他人注册商标的行为的规制，如《商标法》（1982）第 40 条规定，假冒他人注册商标，包括擅自制造或者销售他人注册商标标识的，除赔偿被侵权

---

〔1〕　广州市越秀区人民法院民事判决书（2023）粤 0104 民初 32021 号。

〔2〕　北京市朝阳区人民法院民事判决书（2004）朝民初字第 13002 号。

〔3〕　参见刘春田主编：《知识产权法》，高等教育出版社 2015 年版，第 341 页。

人的损失，可以并处罚款外，对直接责任人员由司法机关依法追究刑事责任。《商标法》（2013）第 67 条第 2 款第 3 款规定，伪造、擅自制造他人注册商标标识或者销售伪造、擅自制造的注册商标标识，构成犯罪的，除赔偿被侵权人的损失外，依法追究刑事责任。销售明知是假冒注册商标的商品，构成犯罪的，除赔偿被侵权人的损失外，依法追究刑事责任。我国修改后的《反不正当竞争法》删除了"假冒他人的注册商标"，该行为由《商标法》独立进行规制，《反不正当竞争法》主要规制除驰名商标外的非注册商标等擅自使用与他人有一定影响的商品名称、包装、装潢等相同或者近似的标识。因此，《商标法》和《反不正当竞争法》在一定意义上都属于竞争法的范畴，但在保护范围、功能上是有区分的。《商标法》基本上是根据设权模式构建的，赋予主体以商标权，并确定商标权的范围。接近实质公正但不利于权利公示、交易安全、易生争端的使用主义和有利于权利安定但同时容易造成恶意抢注、伴生僵化的注册主义是商标权取得与范围确定的两种模式。但越来越多的国家采用注册主义模式进行商标赋权与范围确定。《反不正当竞争法》就对商标法注册主义下的不足进行弥补。

3. 制止不正当竞争与专利法的关系

制止不正当竞争与专利法也有较为紧密的联系。一是权利人对技术信息的保护模式享有选择权。包含在商业秘密权中的技术信息客体，权利人可以选择专利权保护，也可以选择商业秘密权保护。对构成外观设计的商品包装、装潢也可以选择专利权或不正当竞争保护。两种保护模式对权利人各有利弊，需要权利人权衡后进行决策。选择商业秘密模式进行保护，则根据国内立法或进行较强的专有权保护［我国《民法总则》（已废止，下同），特别是《民法典》生效后］，或进行非绝对权保护（我国《民法总则》生效前）。根据知识产权法定主义原则，对商业秘密不进行绝对权保护，则通常由反不正当竞争法对以不正当手段获取的技术秘密进行保护。因此，在对技术信息保护方面，二者是互相配合的。二是制止不正当竞争法可以对申请专利的技术信息，在授权前援引反不正当竞争法给予"临时保护"。[1]但在我国《专利法》亦对发明专利的临时保护进行规制。《专利法》第 13 条规定，发明专利申请公布后，申请人可以要求实施其发明的单位或者个人支付适当的费用。三是对

---

〔1〕 参见种明钊主编：《竞争法》，法律出版社 2016 年版，第 97 页。

专利权进行补充保护。技术信息和构成外观设计的包装、装潢权利人依法都可以申请发明、实用新型和外观设计专利权，但是，发明或实用新型专利权授权，根据《专利法》第 22 条规定，需要符合"授予专利权的发明和实用新型，应当具备新颖性、创造性和实用性。新颖性，是指该发明或者实用新型不属于现有技术；也没有任何单位或者个人就同样的发明或者实用新型在申请日以前向国务院专利行政部门提出过申请，并记载在申请日以后公布的专利申请文件或者公告的专利文件中。创造性，是指与现有技术相比，该发明具有突出的实质性特点和显著的进步，该实用新型具有实质性特点和进步。实用性，是指该发明或者实用新型能够制造或者使用，并且能够产生积极效果。"条件，外观设计根据《专利法》第 23 条规定，需要符合"授予专利权的外观设计，应当不属于现有设计；也没有任何单位或者个人就同样的外观设计在申请日以前向国务院专利行政部门提出过申请，并记载在申请日以后公告的专利文件中。授予专利权的外观设计与现有设计或者现有设计特征的组合相比，应当具有明显区别。授予专利权的外观设计不得与他人在申请日以前已经取得的合法权利相冲突"等条件。但申请发明、实用新型、外观设计专利权也不等于经审查一定授予相关专有权。对此未获得外观设计权或未申请专利权保护的，即受到反不正当竞争法的保护。他人违背诚实商业习惯获得的技术信息、他人恶意模仿权利人的外观设计造成误认或混淆的，构成不正当竞争。

（三）制止不正当竞争法的规制对象与知识产权客体的关系

我国有学者将《反不正当竞争法》的规制对象与知识产权客体关系归纳为四种情况：[1]

1. 不正当竞争行为所涉及的客体是智慧创作物，包括假冒他人注册商标（现在非指我国），混淆他人商品包装、装潢，恶意抢注他人的未注册商标以及侵犯商业秘密等。

2. 不正当竞争行为有损知识产权主体权益的，包括擅自使用他人的企业名称或姓名，损害他人商业信誉或商品声誉的行为。擅自使用通常系使用人无权使用、滥用或未经权利人许可或同意而自行使用的行为。但对于认定注册商标权与在先企业名称权是否构成不正当竞争，通常应根据诚实信用原则

---

[1] 参见吴汉东主编：《知识产权法》，法律出版社 2014 年版，第 365~366 页。

及商标权人是否规范使用以及是否擅自使用进行综合判断。[1]只有虽擅自使用而无造成混淆或损害他人商誉的后果，才不构成不正当竞争。

3. 不正当竞争行为可导致对商品来源、品质、质量等误解的，包括虚假宣传、诋毁行为。

4. 当出现新的与智慧创作物有关的民事利益需要法律保护时，往往可以先行对相关侵害行为按照反不正当竞争法的一般条款为依据作为不正当竞争行为进行认定并对相关利益进行保护。待到条件成熟后上升为新的知识产权类型。如知名人物形象、声音利益、商品化权等。

在我国司法实践中，对反不正当竞争法与知识产权法的关系，有着清醒的认识。《反不正当竞争法解释》有两条涉及他们之间的关系，其第 1 条规定，经营者扰乱市场竞争秩序，损害其他经营者或者消费者合法权益，且属于违反《反不正当竞争法》第二章及专利法、商标法、著作权法等规定之外情形的，人民法院可以适用《反不正当竞争法》第 2 条予以认定。《反不正当竞争法解释》第 24 条规定，对于同一侵权人针对同一主体在同一时间和地域范围实施的侵权行为，人民法院已经认定侵害著作权、专利权或者注册商标专用权等并判令承担民事责任，当事人又以该行为构成不正当竞争为由请求同一侵权人承担民事责任的，人民法院不予支持。两条规定的实质在于，凡知识产权法有规定的侵权行为，适用知识产权法给予保护；知识产权法没有具体规定且符合《反不正当竞争法》第 2 条和第二章规定的，适用《反不正当竞争法》给予保护。

三、《巴黎公约》规制的与知识产权有关的不正当竞争行为

《巴黎公约》第 10 条之二第 3 款规定了需要特别应予制止的三种不正当竞争行为。三种不正当竞争行为被称为是"几个尤其应认为是不正当竞争行为因而必须予以制止的行为的例子"。[2]这是联盟成员国的一项共同法律规范，必须作为成员国本国法的一部分，或者必须由其司法机关、行政机关直接适用。三个例子并非穷尽性或限制性的，而是一个最低限度。

---

〔1〕 黑龙江省高级人民法院民事判决书（2017）黑民终 55 号。

〔2〕 参见［奥地利］博登浩森：《保护工业产权巴黎公约指南》，汤宗舜、段瑞林译，中国人民大学出版社 2003 年版，第 97 页。

（一）混淆行为

或混淆可能性，即具有采用任何手段对竞争者的营业所、商品或工商业活动产生混淆性质的一切行为。这是《巴黎公约》特别禁止的第一种不正当竞争行为。这种混淆或是因为使用了相同的商标或近似的厂商名称（字号、商号）而造成的，此种情况下，首先由规制这些客体的特别法律如商标法所禁止；否则，非由特别法律所禁止的混淆行为或造成混乱的行为，包括但不限于包装方式、宣传材料的名称、企业所在地、其他细节的提及等而产生的混淆，须由制止不正当竞争法予以制止。造成混淆的行为是否出于善意，仅仅对适用的制裁手段会有一定影响，不会对是否构成不正当竞争造成实质影响。

基于《巴黎公约》的上述规定，多数国家认定制造混乱、混淆是一种"不正当"竞争行为。从《巴黎公约》第 10 条之二第 3 款的上述规定及其权威解释中可知，可能产生混淆的所有竞争形式原则上都可以被纳入该不正当竞争行为之中，通过标识产生的混淆问题也并未排除在外。混淆或制止不正当竞争与商标法如何划界，是一个重要的问题。商标法更加关注于标示，有时也关注企业名称之间的混淆。制止不正当竞争法则更关注商标法之外的混淆。混淆术语，应当根据公约上下文进行自主解释。反不正当竞争法的混淆可能性的判断，与轮廓相对准确的商标法的混淆的判断类似。外国人在某公约国寻求制止混淆的保护，通常需要所在地域内具有相关法律规定。

（二）贬损行为

或诋毁行为、诋毁竞争者，即在经营商业中，具有损害竞争者的营业所、商品或工商业活动的信用性质的虚伪说法。这是《巴黎公约》特别禁止的第二种不正当竞争行为。

贬损、诋毁是损害竞争者的营业场所、商品或商业信用的虚假陈述。以损害竞争者的前述客体损害竞争者的信用的事实，无论陈述人有无中伤意图，都构成《巴黎公约》规定的诋毁行为。《巴黎公约》中的诋毁规则构成要件为在竞争中所做的表达和虚假性。对于比较广告等因使用攻击性语言，尽管不假但有诋毁效果等客观真实（或未证明属于不真实）的陈述，也并未被排除在《巴黎公约》保护的诋毁之外。只要争议的表达易于诋毁竞争者且属于客观不实即可，既无须提供造成竞争者声誉有效损害的证据，也无需专门具有主观意图。但虚假的损害信用的陈述，是否以及在何种条件下可以构成不

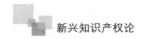

正当竞争，由联盟国的国内法或判例进行决定。

（三）误导行为

或误导性表达，即在经营商业中使用会使公众对商品的性质、制造方法、特点、用途或数量易于产生误解的表示或说法。这是《巴黎公约》特别禁止的第三种不正当竞争行为。这是 1958 年才进入公约的不正当竞争条款。

误导行为的表示或说法的不正当竞争行为，是基于做出该表示或说法者即做出该陈述的人的商品，不是关于竞争者的商品。这是误导行为与诋毁行为的重要区别。误导行为的规定适用于在经营商业中使用会使公众对商品的性质、制造方法、特点、用途或数量易于产生误解的一切表示、说法或陈述。

误导性表达损害的对象包括消费者和产品被错误拒绝的竞争者。但误导性表达主要基于"公众"即消费者保护的考虑，而不是主要基于竞争者保护的考虑。虽然《巴黎公约》将竞争者保护置于核心地位，但误导性表达同时损害了消费者和竞争者，制止误导性表达所保护的消费者和竞争者利益不可切割的交织在一起。[1]

四、国家义务、执法与诉讼权利

（一）国家义务

《巴黎公约》第 10 条之二第 1 款规定，本联盟国家有义务对各该国国民保证给予制止不正当竞争的有效保护。该规定赋予了联盟国家对制止不正当竞争行为的义务性和保护的有效性。同时，《巴黎公约》建立在国民待遇原则上，即基于《巴黎公约》给予保护的工业产权种类，其他签署国的公民须当作所在国的本国公民对待，适用最低保护原则，即凡《巴黎公约》提供了实质保护，就应当给予所有签署国公民以特定的最低保护标准。

（二）执法与诉讼权利

《巴黎公约》第 10 条之三商标、厂商名称、虚伪标记、不正当竞争。救济手段，起诉权规定：（1）本联盟国家承诺保证本联盟其他国家的国民获得

---

〔1〕 参见［德］弗诺克·亨宁·博德维希主编：《全球反不正当竞争法指引》，黄武双等译，法律出版社 2015 年版，第 35 页。

有效地制止第 9 条、[1] 第 10 条 [2] 所述一切行为的适当的法律上救济手段。（2）本联盟国家承诺规定措施，准许不违反其本国法律而存在的联合会和社团，代表有利害关系的工业家、生产者或商人，在被请求给予保护的国家法律允许该国的联合会和社团提出控诉的范围内，为了制止第 9 条、第 10 条所述的行为，向法院或行政机关提出控诉。

这是 1925 年海牙修订会议上定入该条约并在 1934 年伦敦修订会议上对条文的措辞稍作改动形成的。

各成员国有义务保证本联盟其他国家的国民获得有效的法律上的救济手段，以制止所涉条款叙述的一切行为。该条款应当理解为成员国有制定、完善或保持有效地制止包括不正当竞争行为在内的相关行为的法律的义务。在海牙修订会议上取得同意，本国在保证有效制止所涉条款叙述的行为时，可以有区分两种不同的规定：一是准许提起损害赔偿之诉；二是禁止被控告的行为。对于善意所作的行为会被禁止，但有可能不承担损害赔偿责任。

联盟国应承诺通过立法，允许代表有利害关系的生产者、工业家或商人的联合会和社团在发生所涉条款叙述的行为时提出控告，即起诉权。但承认其起诉权，必须遵守两个条件：一是它们的存在不应违反其本国法律；二是它们的控诉只有在被请求给予保护的国家法律允许该国的联合会和社团提出此种控诉的范围内才能被允许。

---

[1] 第 9 条 商标、厂商 对非法标有商标或厂商名称的商品在进口时予以扣押：（1）一切非法标有商标或厂商名称的商品，在进口到该项商标或厂商名称有权受到法律保护的本联盟国家时，应予以扣押。（2）在发生非法粘附上述标记的国家或在该商品已进口进去的国家，扣押应同样予以执行。（3）扣押应依检察官或其他主管机关或利害关系人（无论为自然人或法人）的请求，按照各国本国法的规定进行。（4）各机关对于过境商品没有执行扣押的义务。（5）如果一国法律不准许在进口时扣押，应代之以禁止进口或在国内扣押。（6）如果一国法律既不准许在进口时扣押，也不准许禁止进口或在国内扣押，则在法律作出相应修改以前，应代之以该国国民在此种情况下按该国法律可以采取的诉讼和救济手段。

[2] 第 10 条 虚伪标记 对标有虚伪的原产地或生产者标记的商品在进口时予以扣押：（1）前条各款规定应适用于直接或间接使用虚伪的商品原产地、生产者、制造者或商人的标记的情况。（2）凡从事此项商品的生产、制造或销售的生产者，制造者或商人，无论为自然人或法人，其营业所设在被虚伪标为商品原产的地方、该地所在的地区，或在虚伪标为原产的国家、或在使用该虚伪原产地标记的国家者，无论如何均应视为利害关系人。

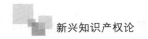

五、制止不正当竞争行为的新发展

为了帮助发展中国家建立现代商标保护制度，发挥工业产权在发展中国家发展商业和工业方面的作用，1966 年 11 月在日内瓦会议上通过了《发展中国家商标、商号和不正当竞争行为示范法》。该示范法是一个范本而非统一法，发展中国家有权根据自己的需要、传统和法律，决定是否遵循该示范法来进行本国立法。示范法反映了发展中国家的特别需要，是这些国家立法的有益范本。该示范法主要在第 50 条至第 52 条等对不正当竞争行为进行规范，发展了制止不正当竞争行为。根据世界知识产权组织的概括，主要有 12 种行为被认为构成不正当竞争。它们是：

1. 贿赂竞争对手的买主，以获得或保持他们的惠顾。

2. 通过间谍活动或贿赂其雇员，获得竞争对手的商业秘密或交易秘密。

3. 未经授权而使用或公开竞争对手的"技术秘密"。

4. 引诱竞争对手的雇员，以破坏他们的雇佣合同或使他们离开其雇主。

5. 以提起专利或商标侵权诉讼威胁竞争对手，而这种威胁是欺诈性的，并以减少竞争对手的交易量和阻止竞争为目的。

6. 联合抵制以妨碍或阻止竞争。

7. 倾销，即以低于成本的价格销售，并成就阻止或压制竞争后果。

8. 给消费者造成一种印象，即他正在获得一个以优惠条件买卖商品的机会，而事实并非如此。

9. 依样模仿竞争对手的商品、服务、广告或其他交易特点。

10. 鼓励或利用竞争对手的违约行为。

11. 在制作广告时，拿竞争对手的商品或服务做比较。

12. 违反不直接涉及竞争的法律，以获得超过竞争对手的不合理的利益。[1]

第二节　我国与知识产权有关的制止不正当竞争

一、我国的不正当竞争行为的内涵

如前所述，基于《巴黎公约》并未就"诚实行为"这一判定竞争行为正

---

〔1〕　参见世界知识产权组织编：《知识产权纵横谈》，世界知识出版社 1992 年版，第 18~19 页。

当性的基准作出明确界定，而是留给联盟国域内法进行界定。由此造成了世界各国对不正当竞争行为及其种类等界定的不同。

我国《反不正当竞争法》第2条第2款对不正当竞争行为的界定为：不正当竞争行为是指经营者在生产经营活动中，违反《反不正当竞争法》规定，扰乱市场竞争秩序，损害其他经营者或者消费者的合法权益的行为。该规定即为我国制止不正当竞争行为的一般条款。判断正当竞争与不正当竞争的基准在于经营者在生产经营活动中，应当遵循自愿、平等、公平、诚信的原则，遵守法律和商业道德。这里的经营者，是指从事商品生产、经营或者提供服务（以下所称商品包括服务）的自然人、法人和非法人组织；其他经营者系指与经营者在生产经营活动中存在可能的争夺交易机会、损害竞争优势等关系的市场主体；商业道德系指特定商业领域普遍遵循和认可的行为规范。判断经营者是否违反商业道德，应当结合案件具体情况，综合考虑行业规则或者商业惯例、经营者的主观状态、交易相对人的选择意愿、对消费者权益、市场竞争秩序、社会公共利益的影响等因素进行综合判断。司法实践中认定经营者是否违反商业道德时，可以参考行业主管部门、行业协会或者自律组织制定的从业规范、技术规范、自律公约等。

根据我国《反不正当竞争法》第1条之"鼓励和保护公平竞争，制止不正当竞争行为"立法宗旨，在我国将"诚实行为"解读为"公平竞争"，这是我国竞争法鼓励与保护的行为。优胜劣汰是市场经济条件下市场竞争的必然结果。在学理上，竞争法中的竞争，系指经济竞争，抑或市场竞争，是在商品经济条件下，经营者之间为了实现自身经济利益的最大化，在投资、生产、营销、管理、技术、服务等市场行为中的相互争胜的行为。[1]但我国竞争法（包括《反不正当竞争法》和《中华人民共和国反垄断法》）都未对之进行界定，在世界上只有少数国家和地区比如日本等对"竞争"进行了法律界定。市场竞争主要表现为各市场主体对交易机会的争夺。市场主体为了在竞争中胜出，往往采取各种手段参与竞争。在这些各种竞争手段中，有些属于正当的、诚实的、公平的竞争手段；有些属于非正当的、违背诚实原则和商业道德的竞争手段。《反不正当竞争法》鼓励和保护的是以正当合理公平的手段进行竞争的公平竞争，反对和禁止的是违反诚实信用原则和商业道德的

---

[1] 参见种明钊主编：《竞争法》，法律出版社2016年版，第5页。

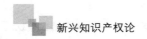

手段进行的不正当竞争。

（一）公平竞争

公平竞争是不正当竞争的准星。因此，研究不正当竞争需要把握公平竞争这一基准。公平竞争是符合公平竞争原则的竞争行为。根据我国《反不正当竞争法》第 2 条的规定，公平竞争的原则是"自愿、平等、公平、诚信"的原则，遵守法律和商业道德。公平竞争行为就是符合"自愿、平等、公平、诚信"原则和"遵守法律和商业道德"的竞争行为。

自愿是公平竞争的首要原则。自愿原则是民法的基本原则之一，自愿原则也称或相当于意思自治原则，[1]是指民事主体依照自己的理性判断（意愿），自主自愿参与民事活动，按照自己的意思自主决定与管理自己的私人事务，自觉承受相应的法律后果。自愿原则是民法意思自治的充分体现或另种表达，是民法平等原则的表现和延伸。自愿原则在民法中包含四个方面：一是民事主体有权自愿从事民事活动；二是民事主体有权自主决定民事法律关系的内容；三是民事主体有权自主决定民事法律关系的变更；四是民事主体应自觉接受相应的法律后果。在竞争法中，该原则要求经营者尊重交易方按照自己的意思行使权利。与此相应，经营者不得以胁迫或者利用对方处于危困状态等手段迫使交易相对方接受违背自己意愿的交易。在自愿原则下，尊重交易相对方的意思与不得为之禁止性行为，是正当竞争的要求、规则和竞争秩序；为之禁止性行为，则构成不正当竞争。

平等是公平竞争的重要原则。民法上的平等原则，包含公民的民事权利能力一律平等；不同的民事主体参与民事关系，适用同一法律，具有平等的地位；民事主体在产生、变更和消灭民事法律关系时必须平等协商；民事主体的合法权利平等受法律保护等多重含义，但最基本的含义是民事主体之间在法律地位上都是平等的，他们的合法权益受到法律的平等保护。平等原则是民法的前提与基础，是民事立法规范民事法律关系的逻辑起点。在竞争法上，该原则要求经营者尊重交易相对方的平等地位，在平等协商的基础上达成交易条款，不得利用自己的优势地位向对方施加不当压力。没有平等就没有自由，同样，没有自由也就没有平等。

公平是公平竞争的基本原则。公平原则体现了促进社会公平正义的基本

---

〔1〕 参见李适时主编：《中华人民共和国民法总则释义》，法律出版社 2017 年版，第 17、19 页。

价值，是法所追求的基本价值之一。公是公共，指大家，平是指平等，意指为大家平等存在。民法上的该原则要求民事主体从事民事活动时要秉持公平理念，公正、平允、合理确定各方的权利和义务，并依法承担相应的民事责任。由于人之差异而没有绝对的公平，只有相对的公平。公平是指处理事情合情合理，不偏袒某一方或某一个人，即参与社会合作的每个人承担着他应承担的责任，得到他应得的利益。即公平在于责任与利益相平衡。竞争者的追求和价值是主观的、不稳定的和相对的。人们的主观的价值标准在大多数情况下是趋同的、一致的、相差不大的。合同法中的公平，对我们理解和把握反不正当竞争中的公平，具有相当的借鉴意义。合同作为交易的法律手段，应当深刻反映交易的公平本质。通常，当事人出于真正自愿的交易才是平等的，只有平等的交易才可能是公平的。或者，合同双方完全出于真意而达成的合同，尽管以通常的、普遍的价值标准和公平标准来评价，双方利益出现了失衡，但对合同当事人来讲，只要他认为是公平的，法律就应该尊重当事人的意思自治，而不应加以干涉。在合同关系中，公平可以理解为当事人自愿作出利益上的选择。即使一方对另一方付出的代价是低廉的，如果当事人自愿接受也是一种公平和对价。显失公平原则中所讲的"显失公平"应该是指当事人并不是完全出于真意签约而导致的利益的失衡；其之所以签约，是因为其欠缺交易经验、欠缺判断力，过于草率或在对方有某些方面的明显优势的情况下做出的，否则，他是不会与对方达成这样内容的合同。显失公平原则追求的应该是程序公平，而非结果公平。笔者认为，反不正当竞争中的公平，既要求程序公平，又要求结果公平。该原则要求经营者公正、平允地确定自身及交易相对方的权利、义务、责任，双方或多方对等，不能相差悬殊，即不能出现显失公平的结果。但程序公平是结果公平的前提，结果公平是程序公平的反映。

诚信，即诚实信用，是公平竞争的帝王原则。诚信原则在司法领域尤其是在民法债权理论中被视为"帝王条款""最高行为准则"，其基本语意是要求人们在民事活动中行使民事权利和履行民事义务时应当讲究信用，严守诺言，诚实不欺，在不损害他人利益的前提下追求自己的利益，否则将获得不利的法律评价。该原则要求经营者秉持善意，讲诚信、重承诺、守信用，不弄虚作假、不欺骗他人。诚信原则，也是正当竞争的帝王条款和最高行为准则。

遵守法律与商业道德原则，即守法与公序良俗原则。竞争行为属于民事活动，守法原则即竞争者的竞争行为，不得违反法律，特别是不得违反法律的强制性规定。法律是道德的底线。守法原则要求经营者遵法、信法、自觉守法，依法从事生产经营活动，依法维护自身的合法权益。商业道德是商业领域的公序良俗。商业道德是经营者从事商业活动应当遵循的道德规范，所有经营者都要受到商业道德规范的约束，形成良好的经营作风，树立良好的商业信誉。在竞争法中，竞争者既不得违背法律，也不得违犯商业道德。在守法与商业道德原则的不同要求中，首当其冲的是不得违反法律，遵守法律的强制性规定。随后，在法律不能预见所有不正当竞争行为损害社会公共利益、公共道德秩序时，适用商业道德的要求，以弥补法律禁止性规定的不足，实现对竞争者竞争行为的必要限制，实现经营者利益与社会公共利益的平衡。基于不正当竞争行为损害的是一种商业上的利益，必须遵循公认的商业道德标准来进行判断当事人是否构成不正当竞争。当事人的行为具有明显的不诚信、不正当性，同时该行为对权利人所具有的法律上值得保护的合法权益造成损害的，才可以运用一般条款的商业道德标准来维护市场公平竞争。[1]

（二）不正当竞争

根据前述《反不正当竞争法》第 2 条第 2 款对不正当竞争行为的界定，准确理解我国法律中的不正当竞争概念，应当把握下列基本要件：

1. 不正当竞争的主体。即经营者，指从事商品生产、经营或提供服务的自然人、法人和非法人组织。认定反不正当竞争法中的经营者，关键在于是否作为法律上和经济上独立的行为主体参与市场活动，不在于具体的组织形式。反不正当竞争法意义上的经营者有两个构成要件，一是行为的性质，即经营者从事的行为必须是商业生产、经营或提供服务；二是主体类型，即包括自然人、法人、非法人组织。反不正当竞争法仅明确规定了主体类型，并未强调主体的法定经营资格，因此，凡是从事商品生产、经营或提供服务的自然人、法人、非法人组织，都是经营者，这是根据其经营行为的客观性质进行界定的。无论是以经营为业的行为，还是一次性的经营行为，无论有无经营资格，只要从事的行为是经营行为，都是反不正当竞争法规制的经营者。反不正当竞争法意义上的经营者，或者不正当竞争行为的实施主体，实质上

---

〔1〕 江苏省南京市中级人民法院民事判决书（2012）宁知民终字第 24 号。

应当包括参与或影响市场竞争的任何人。[1]需要强调的是，2017年前我国《反不正当竞争法》规制的经营者，是指从事商品经营或者营利性服务的法人、其他经济组织和个人。2017年《反不正当竞争法》第一次修订以来，经营者的界定对服务提供者删除了"营利性"的限定条件，从而使《反不正当竞争法》规制的服务提供者不再限于营利性服务提供者，使之延及到了非营利性服务提供者，囊括了所有服务提供者，扩大了《反不正当竞争法》规制的经营者主体范围，不仅使教育服务、医疗服务等非营利性服务提供者受到了《反不正当竞争法》的规制，而且特别是自然人作为不正竞争的主体，包括提供作品创作服务的作者或著作权人等，也可以成为不正当竞争行为如混淆行为主体[2]。根据文化产业分类标准，从事人文社会科学研究一种文化服务行为，出版者、创作者依法可以成为不正当竞争行为的主体。但在不正当竞争纠纷案件中，当事人诉讼主体资格的确定，不能仅依据当事人之间是否为具有直接竞争关系的产品经营者来判断。反不正当竞争法之诉的主体要件，并不以具有直接竞争关系为前提。只要当事人认为他人的行为侵害了其合法权益，构成不正当竞争，即可提起反不正当竞争之诉。[3]或者说，对《反不正当竞争法》的适用无需以双方当事人处于完全相同的行业或存在狭义的竞争关系为前提，只要被诉行为有可能属于经营者在生产经营活动中，违反《反不正当竞争法》规定扰乱市场竞争秩序，损害其他经营者或者消费者的合法权益之行为，即可适用该法予以评判。[4]

2. 不正当竞争的表现形式。即违反《反不正当竞争法》规定，扰乱市场竞争秩序的行为。这里的"违反本法规定"主要指《反不正当竞争法》第2条第1款规定的竞争原则的规定，即前述正当竞争原则，同时也包括第二章规定的各种不正当竞争行为。第2条第2款关于不正当竞争定义的规定，属于"一般条款"，第二章规定的各种不正当竞争行为，都是对"一般条款"具体运用的非穷尽式列举行为。如上节论证和引述的"制止不正当竞争行为

---

〔1〕　参见李为帆、张稳稳：《徐州市合浩商贸有限公司诉李某某等商业诋毁案——非同业竞争者恶意差评行为的认定》，载最高人民法院中国应用法学研究所编：《人民法院案例选》（总第169辑），人民法院出版社2022年版，第19~26页。

〔2〕　湖南省长沙市中级人民法院民事判决书（2004）长中民三初字第221号。

〔3〕　最高人民法院民事裁定书（2015）民提字第38号。

〔4〕　北京市海淀区人民法院民事判决书（2019）京0108民初63253号。

的新发展"所列举的 12 种情形的不正当竞争行为中未进入第二章列举的不正当竞争行为的,可以适用"一般条款"进行规制。随着竞争形式的发展,还会有更多的不在第二章中列举的不正当竞争行为。对此,需要人民法院根据案情和《反不正当竞争法解释》第 1 条确定的原则适用一般条款进行审理。经营者的竞争行为,在没有法律明确予以规制,但其他经营者确因该竞争行为受到了实际损害,且该行为因为违背诚实信用原则和公认的商业道德具有不正当性,可以适用一般条款予以规制。[1]适用一般条款,通常可从"经营行为""合法权益受损害""行为不正当性"三项要件进行评判。[2]

3. 不正当竞争的后果。即损害其他经营者或者消费者的合法权益的行为。损害其他经营者的合法权益行为,构成不正当竞争行为,在学术界不存在争论。但我国将《巴黎公约》对消费者利益保护的副产品,直接纳入了不正当竞争法之中,成为判断是否构成不正当竞争的一个重要因素。但在此我们需要区分"损害消费者的合法权益"与《消费者权益保护法》中的"消费者的权益"是不同的。此处的"损害消费者的合法权益"系指经营者实施了不正当竞争行为,扰乱了公平竞争的市场秩序,增加了其他经营者的经营成本和消费者的选择成本,从而造成的消费者的福祉和权益减损。《消费者权益保护法》中的保护消费者的合法权益,系指不涉及竞争关系、竞争秩序的经营者实施的损害消费者的合法权益行为。因此,认定行为是否构成不正当竞争,关键在于该行为是否违反了诚实信用原则和公认的商业道德并损害了其他竞争者的合法权益。[3]

但权利人于侵权认定前发送侵权警告维护自身权益的行为,不构成不正当竞争,但侵权警告的发送应限于合理范围,并善尽注意义务。[4]若超出了合理范围,借竞争而打压对手、以维权而实施损害,以及在私力维权中超出法律容忍度的不当或过当行为,会被认定为构成商业诋毁行为。[5]内容真实全面的侵权警告即便造成损害也不构成商业诋毁。[6]

---

〔1〕 上海知识产权法院民事判决书（2015）沪知民终字第 728 号。

〔2〕 浙江省高级人民法院民事判决书（2021）浙民终 601 号。

〔3〕 最高人民法院民事判决书（2013）民三终字第 5 号。

〔4〕 最高人民法院民事判决书（2014）民三终字第 7 号。

〔5〕 贵州省贵阳市中级人民法院民事判决书（2020）黔 01 民初 1054 号。

〔6〕 参见宋宗明:《内容真实全面的侵权警告即便造成损害也不构成商业诋毁》,载《人民司法》2021 年第 2 期。

二、我国与知识产权有关的不正当竞争行为

《巴黎公约》规制的与知识产权有关的三种不正当竞争行为，已全部进入我国《反不正当竞争法》之中。此外，我国《反不正当竞争法》规制的与知识产权有关的不正当竞争行为还有侵害商业秘密权和域名权行为。制止不正当竞争法的发展，我国《反不正当竞争法》还规制与知识产权具有密切关系的网络不正当竞争行为。

因此，我国《反不正当竞争法》规范的与知识产权有关的不正当竞争行为，包括侵害商业秘密、域名权和混淆行为、虚假宣传、商业诋毁、网络领域的不正当竞争。这里需要特别说明的是，一般条款也可以调整和规制与此六种与知识产权有关的不正当竞争行为之外的与知识产权有关的不正当竞争行为。侵害商业秘密和域名权不正当竞争行为，我们将分别作为各自独立的一章进行研究。

（一）混淆行为

1. 我国混淆行为对《巴黎公约》混淆行为的解读

混淆行为是《巴黎公约》和我国《反不正当竞争法》规制的首要的与知识产权有关的不正当竞争行为。《反不正当竞争法》第6条规定，经营者不得实施下列混淆行为，引人误认为是他人商品或者与他人存在特定联系：（一）擅自使用与他人有一定影响的商品名称、包装、装潢等相同或者近似的标识；（二）擅自使用他人有一定影响的企业名称（包括简称、字号等）、社会组织名称（包括简称等）、姓名（包括笔名、艺名、译名等）；（三）擅自使用他人有一定影响的域名主体部分、网站名称、网页等；（四）其他足以引人误认为是他人商品或者与他人存在特定联系的混淆行为。《反不正当竞争法》中的"使用"，系指商业使用。根据《反不正当竞争法解释》第10条规定，"使用"系在中国境内将有一定影响的标识用于商品、商品包装或者容器以及商品交易文书上，或者于广告宣传、展览以及其他商业活动中，用于识别商品来源的行为。经营者擅自使用与他人有一定影响的主体标识和特殊标识等近似的标识，引人误认为是他人商品或者与他人存在特定联系，才能受到《反不正当竞争法》的规制。

这里的"有一定影响的"标识是指具有一定的市场知名度并具有区别商品来源的显著特征的标识。是否具有一定的市场知名度，应当综合考虑中国境内相关公众的知悉程度，商品销售的时间、区域、数额和对象，宣传的持续时间、程度和地域范围，标识受保护的情况等因素。在对被控商业标识与

权利人商业标识是否构成近似进行判断时，应当全面考虑权利人商业标识的显著性及其在公众中的市场影响力，对具有较高显著性和市场影响力的商业标识应当给予更高程度的保护。[1]

是否具有区别商品来源的显著特征，通常采用三项排除性规定和特别性规定进行认定。三项排除性规定为：一是有下列情形之一的，应当认定其不具有区别商品来源的显著特征，包括"①商品的通用名称、图形、型号；②仅直接表示商品的质量、主要原料、功能、用途、重量、数量及其他特点的标识；③仅由商品自身的性质产生的形状，为获得技术效果而需有的商品形状以及使商品具有实质性价值的形状；④其他缺乏显著特征的标识。但①②④规定的标识经过使用取得显著特征，并具有一定的市场知名度，即获得了第二种含义，应当给予《反不正当竞争法》保护"。二是因客观描述、说明商品而正当使用含有本商品的通用名称、图形、型号；直接表示商品的质量、主要原料、功能、用途、重量、数量以及其他特点；含有地名标识，《反不正当竞争法》不予保护。三是《反不正当竞争法》反混淆的标识或者其显著识别部分属于商标法第10条第1款规定的不得作为商标使用的标志，《反不正当竞争法》不予保护。可见，我国《反不正当竞争法》规制的混淆行为，是对《巴黎公约》混淆行为的中国式解读。中国式解读与《巴黎公约》之"具有采用任何手段对竞争者的营业所、商品或工商业活动产生混淆性质的一切行为。"相比，具有下列重要特色：

（1）《巴黎公约》的"任何手段……的一切行为"模式在我国被"下列混淆行为+其他混淆行为"模式所替代。《巴黎公约》模式与《反不正当竞争法》模式虽有不同，但都包含了可能存在的所有混淆行为，因此，二者规制的范围应当说在理论上是基本相同的。

（2）《巴黎公约》的"竞争者的营业所"被《反不正当竞争法》解读为"企业名称（包括简称、字号等）、社会组织名称（包括简称等）、姓名（包括笔名、艺名、译名等）"。这种解读在于我国《反不正当竞争法》对经营者的界定为自然人、法人、非法人组织。

（3）《巴黎公约》的"商品"被《反不正当竞争法》解读为"商品名称、包装、装潢等"。《巴黎公约》的"任何手段对竞争者的商品产生的混淆

---

〔1〕 安徽省高级人民法院民事判决书（2015）皖民三终字第65号。

性质的一切行为"被我国的"商品名称、包装、装潢等"所取代。从《巴黎公约》基于"竞争者的商品"产生的一切混淆行为，在我国被明确为"商品名称、包装、装潢等"混淆行为。我国的解读在司法实践中更具有可操作性。

（4）扩展了《巴黎公约》规制的混淆行为。网络技术的发展，不仅出现了域名权这种新型知识产权，而且出现了与互联网技术相适应的新的混淆行为，包括域名混淆、网站名称混淆和网页混淆等。这些混淆行为，从广义上看，被《巴黎公约》中的"任何手段"的混淆性质所涵盖，但从《巴黎公约》至1958年增加第三种类型的不正当竞争行为看，这种基于互联网技术的混淆行为，并不完全在于原设定的混淆行为之中，是对《巴黎公约》混淆行为的新扩展，是对"任何手段"混淆行为内涵的新扩充。

（5）《巴黎公约》的"混淆性质"被我国《反不正当竞争法》赋予了"足以引人误认为是他人商品或者与他人存在特定联系"的内涵。包括但不限于"相同或者近似的标识""擅自使用他人有一定影响"的营业所或域名等从而引起误认，从而使"混淆性质"的概念更为明确，便于司法保护。关于特定联系，根据《反不正当竞争法解释》规定，"引人误认为是他人商品或者与他人存在特定联系"，包括误认为与他人具有商业联合、许可使用、商业冠名、广告代言等特定联系。在相同商品上使用相同或者视觉上基本无差别的商品名称、包装、装潢等标识，应当视为足以造成与他人有一定影响的标识相混淆。至少有三种情形构成"特定联系"：①经营者擅自使用与他人有一定影响的企业名称（包括简称、字号等）、社会组织名称（包括简称等）、姓名（包括笔名、艺名、译名等）、域名主体部分、网站名称、网页等近似的标识，引人误认的，可以构成是他人商品或者与他人存在特定联系。②经营者擅自使用《反不正当竞争法》第6条规定的商品与服务标识、主体标识、特殊标识以外"有一定影响的"标识；将他人注册商标、未注册的驰名商标作为企业名称中的字号使用，误导公众，足以引人误认的，可构成是他人商品或者与他人存在特定联系。③经营者销售带有违反《反不正当竞争法》第6条规定的标识的商品，引人误认的，可以构成是他人商品或者与他人存在特定联系，但销售不知道是侵权商品，能证明该商品是自己合法取得并说明提供者，不承担赔偿责任。因此，特定联系是指包括但不限于与有一定影响的商品的经营者具有许可使用、关联企业关系等。在相同商品上使用相同或者视觉上基本无差别的商品名称、包装、装潢，应当视为足以造成和他人有一定影响或知名商品（这是《反不正当竞争法》2017 年修订前的用语）相混淆。认定与"有一定影响的"标识相同或者近似，可以参照商标相同或者近似的判断原则和方法。这一点与《巴黎公约》的混淆行为有所不同。笔者认为，《巴黎公约》是以保护竞争者的在先标识权利为前提的。凡与他人的在先标识权利相同或近似，导致引人误认是他人的商品、服务或与他人存在特定联系，都构成混淆行为，据此，并未要求达到"一定影响"的程度或要求。我国"一定影响"要求使我国对制止混淆行为的保护低于《巴黎公约》的保护标准。所以有此要求在于，一是部分意见认为，经营者要达到"搭便车""傍名牌"目的，所选择的被混淆对象一般都是在相关领域有一定影响的标识，否则，也不能造成混淆；二是司法实践中已有共识，形成了比较成熟的判断标准。[1]因此，笔者认为，对"一定影响"的标准把握不宜过高。凡是与竞争者在先标识权利造成混淆者，通常应推定被混淆对象具有"一定影响"，否则，在司法实践中就会扩大其与《巴黎公约》的差距。这也是笔者前述提出的"有一定影响"保护标准低于"有一定市场知名度"保护标准的重要理论基础和思想根源。

应当说明的是，"有一定影响的"标识，在 2017 年《反不正当竞争法》修改之前，被称为知名商品特有名称、包装、装潢。此处的"特有性"即足以使一个商业标识与另一个商业标识区别开来的显著特征。[2]笔者同时认为，"特有性"是与经营者的固有联系紧密结合在一起的。如"小度"经过百度在线公司的广泛使用与推广，已与该公司的智能音箱产品建立起了明确、稳定的对应关系，成为其智能音箱的商品名称。从 2018 年以来小度智能音箱被媒体所报道的数量、范围以及市场销售和获奖情况看，"小度"显然已在市场上具有了较高知名度和较大影响力，被认定为是"有一定影响的商品名称"。[3]再如，具有区别商品来源的作用，并在我国内地具有较高的知名度，应认定为有一定影响的商品名称。如"喜剧之王"已具有区别商品来源的作用，并在我国内地具有较高的知名度，即认定为有一定影响的商品名称。[4]因此，"知名度"和"有一定影响"既可以视为是同义语，又可以将"知名度"和"有一

---

〔1〕 参见王瑞贺主编：《中华人民共和国反不正当竞争法释义》，法律出版社 2018 年版，第 16~17 页。

〔2〕 云南省高级人民法院民事判决书（2020）云民终 875 号。

〔3〕 北京市海淀区人民法院民事判决书（2019）京 0108 初 63253 号。

〔4〕 广州知识产权法院民事判决书（2020）粤 73 民终 2289 号。

定影响"视为互为因果关系的不同术语。

2. 我国《反不正当竞争法》对混淆行为的界定

混淆行为在我国学术界亦称为商业假冒行为,[1]或市场混同行为[2],市场混淆行为,[3]也有直接称为"侵害商业标记的不正当竞争"[4]等。

经营者在生产经营活动中通过自己的努力,提高其商品、服务的质量,增强影响力和美誉度,提高市场核心竞争力是其本分。但是现实中有不少经营者不做其本分工作,而是通过"搭便车""傍名牌"等非本分方式,即通过模仿他人主体标识、商品标识,引人将自己的商品、服务误认为是他人的商品、服务,使人误解其商品、服务与他人存在特定联系,试图借助他人商品、服务的影响力、美誉度提高其商品、服务的市场竞争力。这种混淆行为同时侵害了被混淆对象或竞争者的合法权益,欺骗与误导了消费者(侵害消费者权益)、扰乱了市场竞争秩序(侵害了公共利益),是《巴黎公约》等国际公约,是包括我国在内的各国竞争法重点规制的典型不正当竞争行为。

我国《反不正当竞争法》对混淆行为进行了修改。一是澄清混淆行为的概念,明晰混淆行为的判断标准。混淆行为是经营者运用不正当手段仿冒他人的商业标识从事市场交易,损害竞争对手的行为。是否构成混淆行为,基于被仿冒的标识在相关领域具有一定的影响,以"引人误认为是他人商品或者与他人存在特定联系"为判断标准。该标准是仿冒者追求的结果,也是混淆行为的判别标准。二是如前所述,以"下列混淆行为+其他混淆行为"模式或"列举加兜底"方式对混淆行为进行规制,以适应未来实践发展之需要。三是以"其他混淆行为"包含但不限于"假冒他人注册商标"(已有《商标法》规制)、"在商品上伪造或者冒用认证标志、名优标志等质量标志,伪造产地,对商品质量作引人误解的虚假标示"(已有《产品质量法》《消费者权益保护法》《认证认可条例》等规制;"对商品质量作引人误解的虚假标示"与《反不正当竞争法》的禁止虚假宣传的规定存在交叉重叠)。《反不正当竞争法》第一次修改后表面上是删除了这些原规定,并不是这些规定内容不属于不正当竞争,而是基于前述原因而删除。被仿冒者既可以以其他法律规定

〔1〕 参见吴汉东主编:《知识产权法》,法律出版社 2014 年版,第 366 页。

〔2〕 参见种明钊主编:《竞争法》,法律出版社 2016 年版,第 102 页。

〔3〕 参见来小鹏:《知识产权法学》,中国政法大学出版社 2008 年版,第 363 页。

〔4〕 参见刘春田主编:《知识产权法》,高等教育出版社 2015 年版,第 346 页。

进行规制侵权行为，也可以借助"其他混淆行为"相规制。同时"其他混淆行为"的外延要大于原规定，更能适合实践发展的需要。

把握《反不正当竞争法》的混淆行为，需要注意以下几点：

（1）实施混淆行为的主体是经营者，即正当经营者的对手或正当经营者的竞争者。

从《反不正当竞争法》对经营者的最一般界定中，我们可知混淆行为实施者一定是从事商品生产、经营或者提供服务的包括自然人、法人和非法人组织在内的经营者。但还应进一步明确该经营者系正当经营者的对手或竞争者。

（2）混淆行为的对象是具有一定影响的标识。

混淆行为的标识主要有四类：

一是商品与服务标识。包括商品与服务名称、商品包装、商品装潢明示标识、未明示的冒用他人商标、商品形状等。其混淆行为表现为使用与他人相同或近似的标识。此类标识属于商品或服务的具有不同内涵与功能的外部标志。商品或服务名称系指称呼同一种商品、服务的语言标记，能够区分不同种类的商品、服务；商品包装系指为了识别商品以及方便携带、储运而使用在商品上的辅助物或容器；商品装潢是指为了识别和美化商品于其包装上附加的文字、图案、色彩及其组合。根据《反不正当竞争法解释》第8条规定，"装潢"还包括由经营者营业场所的装饰、营业用具的式样、营业人员的服饰等构成的具有独特风格的整体营业形象。笔者认为，整体营业形象作为装潢主要适用于服务业如饭店、旅店等。在同业竞争中，在后装修的旅店使用在前装修的旅店近似的装潢，构成不正当竞争行为。[1]凡具有美化商品作用，外部可视的装饰，都属于装潢，通常包括文字图案类和形状构造类两种类型；与外在于商品之上的文字图案类装潢相比，内在于商品之中的形状构造类装潢，与商品本体不可分割。

商品或服务名称、商品包装、装潢具有区分商品、保护商品的使用价值、实现商品价值增值、创造商品形象、开拓市场等重要功能，反映经营者的商业信誉、商品声誉，体现经营者的智力成果，是有一定影响或知名、特定商品、服务的象征和吸引消费者的法宝，也是混淆者不正当竞争的仿冒对象。[2]

---

〔1〕 广西壮族自治区桂林市叠彩区人民法院民事判决书（2017）桂 0303 民初 214 号。

〔2〕 参见种明钊主编：《竞争法》，法律出版社 2016 年版，第 107~108 页。

"有一定影响的商品"，在《反不正当竞争法》2017 年第一次修改之前，被称为知名商品。《反不正当竞争法废止解释》[1]第 1 条曾规定，在中国境内具有一定的市场知名度，为相关公众所知悉的商品，应当认定为《反不正当竞争法》第 5 条[2]第 2 项[3]规定的"知名商品"。人民法院认定知名商品，应当考虑该商品的销售时间、销售区域、销售额和销售对象，进行任何宣传的持续时间、程度和地域范围，作为知名商品受保护的情况等因素，进行综合判断。原告应当对其商品的市场知名度负举证责任。因此，知名商品是在中国境内具有一定的市场知名度，为相关公众所知悉的商品。知名，即为相关公众所知悉。应当说明的是，《反不正当竞争法》的修改扬弃了知名商品的术语，改为"有一定影响的商品"。根据权威解释，在相关领域有一定影响，即为相关公众所知悉，即知名；[4]同时，借鉴《反不正当竞争法解释》第 4 条之"具有一定的市场知名度并具有区别商品来源的显著特征的标识，人民法院可以认定为《反不正当竞争法》第 6 条规定的'有一定影响的'标识。"规定，"有一定影响的商品"与"知名商品"之间，并不存在本质上的差异。它们主要是根据《反不正当竞争法》修改历程的不同阶段对相关法律术语进行调整而发生的用语变化，因此，本书下文或引文中使用的"知名商品"和"有一定影响的商品"系同义语。基于引文的需要，原使用"知名商品"的，通常仍使用该术语。知名商品（有一定影响的商品）和特有包装装潢之间具有互为表里、不可割裂的关系，只有使用了特有包装装潢的商品，才能成为《反不正当竞争法》调整的对象，"商品"与"包装装潢"应当具有特定的指向关系。抽象的商品名称或无确定内涵的商品概念，脱离于包装装潢所依附的具体商品，缺乏可供评价的实际使用行为，不具有依据《反不正当竞争法》第 6 条第 2 款规定进行评价的意义。[5]但由此我们可以感到，"有一定影响的

---

〔1〕　该司法解释被废止的依据为《最高人民法院关于适用〈中华人民共和国反不正当竞争法〉若干问题的解释》第 29 条之规定。但本书认为，该司法解释的废止是基于新的司法解释所替代，且基于本解释施行以前已经终审的案件，不适用本解释再审的规定，废止并不一定意味着废止解释的有关观点就是错误的。

〔2〕　新《反不正当竞争法》改为第 6 条。

〔3〕　新《反不正当竞争法》改为第 1 项。

〔4〕　参见王瑞贺主编：《中华人民共和国反不正当竞争法释义》，法律出版社 2018 年版，第 16 页。

〔5〕　最高人民法院民事判决书（2015）民三终字第 2 号、第 3 号。

商品"或"知名商品"对其影响度或知名度需要限制在"一定"的程度内，不能作无限扩大解释。"一定"究竟有多大，需要根据案情由司法裁定。但一定影响力究竟应当如何把握，是一个值得思考的问题，根据以往司法实践经验，其影响力的空间范围无需及于全国，但通常应当在中国境内。[1]

"有一定影响的商品名称、包装、装潢"在《反不正当竞争法》第一次修改之前，被称为"知名商品特有的名称、包装、装潢"。"知名商品特有的名称、包装、装潢"，根据《反不正当竞争法废止解释》第 2 条的规定，系指具有区别商品来源的显著特征的商品的名称、包装、装潢。应当说明的是，自《反不正当竞争法》第一次修改即扬弃了"特有"的术语，将之改称为"他人有一定影响"。基于前引解释第 4 条第 1 款的规定，从本质上看，二者并不存在实质性差别，但对"特"的程度似有一定降低，从而体现了我国知识产权法律保护水平的提升。因此，我们可以借助我国司法实践中对商品特有的名称、包装、装潢等理解和把握，大致把握"他人有一定影响"的法律意义。在包装装潢混淆认定过程中，如果因侵权商品仅是对知名商品或具有一定影响力的商品特有的名称、包装、装潢的部分进行模仿，则需要从整体视觉效果的差别进行判断。如可造成相关公众误认或混淆的，则构成不正当竞争。[2]

对商品与服务标识的混淆构成侵权，是以竞争对手具有过错为条件的。因此，在不同地域范围内使用相同或者近似的有一定影响商品特有的名称、包装、装潢，在后使用者能够证明其善意使用的，不构成不正当竞争行为。但是，因后来的经营活动进入相同地域范围而使其商品来源足以产生混淆，可构成不正当竞争行为，在先使用者请求责令在后使用者附加足以区别商品来源的其他标识的，通常会得到支持。

有一定影响的商品名称、包装、装潢或知名商品特有的名称、包装、装潢的保护在于其具有"区别商品来源的显著特征"。有一定影响商品的包装装潢属于《反不正当竞争法》保护的财产权益，依法可以转让和承继。[3]在确定特有包装装潢的权益归属时，既要在遵循诚实信用原则的前提下鼓励诚实劳动，也应当尊重消费者基于包装装潢本身具有的显著特征而客观形成的对

---

〔1〕 广东省高级人民法院民事判决书（2014）粤高法民三终字第 100 号。

〔2〕 吉林省长春市中级人民法院民事判决书（2016）吉 01 民初 310 号。

〔3〕 最高人民法院民事判决书（2013）民提字第 163 号。

商品来源指向关系的认知。[1]

具有描述商品功能和用途的商品名称，需要证明其通过使用获得了区别商品来源的第二含义，才能构成有一定影响的商品名称。[2]获得外观设计专利的商品外观在专利权终止后，该设计并不当然进入公有领域，在符合条件时还可以依据《反不正当竞争法》关于有一定影响商品的包装、装潢的规定得到《反不正当竞争法》的保护。构成有一定影响商品装潢需要满足更严格的条件。这些条件包括：1. 该形状应该具有区别于一般常见设计的显著特征。2. 通过市场上的使用，相关公众已经将该形状与特定生产者、提供者联系起来，即该形状通过使用获得了第二种含义。一种形状构造要成为知名商品的特有装潢，仅有新颖性、独创性并对消费者产生了吸引力是不够的，它还必须能够起到区别商品来源的作用，才可以依据有一定影响商品装潢获得保护。[3]但以具有不良影响的标志作为显著识别部分的包装装潢不能作为有一定影响商品的包装装潢得到《反不正当竞争法》的保护。[4]

正确把握有一定影响的商品名称、包装和装潢的特有性与新颖的关系是需要强调的。有一定影响的商品的名称、包装和装潢的特有性是指该商品名称、包装和装潢能够起到区别商品来源的作用，而不是指该商品名称、包装和装潢具有新颖性或独创性，即使不具有新颖性或独创性，也不意味着其必然不具有特有性。基于相关公众而言，只要该商品名称、包装和装潢由于商业使用已经客观上起到了区别商品来源的作用，其便具有了特有性；虽然其新颖性或独创性并不重要，但特有性与新颖性、独创性之间具有一定的联系。一方面，如果商品名称、包装和装潢具有新颖性或独创性，将其运用于商业活动能够起到区别商品来源的作用而具有特有性；另一方面，不具有新颖性或独创性也不意味着其必然不具有特有性。在经营者将其运用于商业活动的情况下，如果经过使用，该商品名称、包装和装潢具有一定的知名度，成为相关公众区别商品来源的标识之一，其同样具有特有性。[5]

特有性和通用性是相对立的。如通用称谓或通用名称，包括法定的或者

---

〔1〕　最高人民法院民事判决书（2015）民三终字年第 2 号、第 3 号。

〔2〕　最高人民法院民事判决书（2011）民提字第 60 号。

〔3〕　最高人民法院民事裁定书（2010）民提字第 16 号。

〔4〕　最高人民法院民事裁定书（2019）最高法民申 4847 号。

〔5〕　最高人民法院民事裁定书（2013）民申字第 371 号。

约定俗成的情况，前者是指法律规定、国家标准、行业标准等规范性文件确定的通用名称，后者是指相关公众普遍认可和使用的通用名称。相关公众根据商品或服务的受众、影响力等因素可为全国范围内的相关公众或相关市场的公众。通用名称本身不具有区别商品来源的功能。如在判断"行业（或商品）+姓氏"的称谓是否属于通用名称时，应当考虑该称谓是否属于仅有的称谓方法、该称谓所指的人物或商品的来源是否特定、该称谓是否使用了文学上的比较手法等因素。据此，最高人民法院认为，"泥人张"并非通用名称。[1]

二是主体标识。《反不正当竞争法》第 6 条第 2 项保护的标识系主体标识。主体标识包括自然人标识，如姓名、笔名、艺名、译名等；法人标识，如企业名称及其简称、字号，部分社会组织的名称、简称等；非法人组织标识，包括部分社会组织名称、简称等。《反不正当竞争法解释》第 11 条规定，经营者擅自使用与他人有一定影响的企业名称（包括简称、字号等）、社会组织名称（包括简称等）、姓名（包括笔名、艺名、译名等）、……等近似的标识，引人误认为是他人商品或者与他人存在特定联系，当事人主张属于《反不正当竞争法》第 6 条第 2 项……规定的情形的，人民法院应予支持。在此，《反不正当竞争法解释》进一步释明了《反不正当竞争法》保护的主体标识。"企业名称"包括市场主体登记管理部门依法登记的企业名称，以及在中国境内进行商业使用的境外企业名称和有一定影响的个体工商户、农民专业合作社（联合社）以及法律、行政法规规定的其他市场主体的名称（包括简称、字号等）。这是依照《民法典》等法律、法规经营者依法享有的姓名权、名称（字号、商号）权等民事权利、知识产权（笔名、艺名、译名属于著作权中的署名权）而设定的禁止混淆的标识。它们是交易行为中的经营者营业标志和区分商品、服务来源的标志，是经营者通过努力和资本投资获得的无形资产和商业信誉、商品声誉，也是混淆者盗用他人商业信誉、商品声誉的对象。对于企业字号与注册商标之间的冲突，应当区别情况，按照诚实信用、保护在先权利、维护公平竞争和避免混淆等原则依法处理与认定。如不正当地将他人具有较高知名度的在先注册商标作为字号注册登记为企业名称，即使规范使用仍容易产生市场混淆的，可按不正当竞争处理。[2]但善意的在先使用

---

[1] 最高人民法院民事判决书（2010）民提字第 113 号。
[2] 最高人民法院民事判决书（2020）最高法民再 380 号。

行为不构成擅自使用他人企业名称，[1]不构成混淆行为。

《反不正当竞争法废止解释》第6条曾规定，具有一定的市场知名度、为相关公众所知悉的企业名称中的字号，可以认定为《反不正当竞争法》规定的"企业名称"。结合《反不正当竞争法》第一次修订前后保护主体标识的规定可知，《反不正当竞争法》修订之前，在我国企业"字号"可以视为"企业名称"。"字号"是企业名称的简称依据，在《反不正当竞争法》修订之后，企业名称包含了简称、字号等。受《反不正当竞争法》保护的企业名称，特别是字号，不同于一般意义上的人身权，是区别不同市场主体的商业标识，可以承继。登记使用与他人注册商标相同的文字作为企业名称中的字号，生产经营相类似的商品，倘若足以使相关公众对商品的来源产生混淆，即使他人的商标未被认定为驰名商标，仍可构成不正当竞争行为。[2]注册商标侵犯他人在先企业名称中的字号权益，也构成不正当竞争。[3]具有一定市场知名度、为相关公众所熟知并以实际具有商号作用的企业或企业名称的简称，可以视为企业名称，获得《反不正当竞争法》的保护。[4]但具有特殊地理因素的商号之间，基于互不享有专有权或专用权的地理因素可以共存，[5]不构成不正当竞争。但明知他人企业字号在行业内具有较高的知名度和影响力仍恶意攀附的行为，构成不正当竞争。[6]在经营变更不再具有股权从属关系的情况下，当事人仍擅自使用原股东企业名称，在企业名称具有一定知名度或影响力、原股东未同意继续使用、业务范围重合、造成相关公众混淆误认的情况下，亦可构成不正当竞争行为。[7]

《反不正当竞争法》修订之后对主体标识的保护还扩张到了社会组织名称（包含简称等）和姓名（笔名、艺名、译名）之上，《反不正当竞争法》对主体标识的保护范围有了新提高。以姓名为例，公民享有合法的姓名权，可以合理使用自己的姓名，但公民将其姓名作为企业字号使用时，不得违反诚实

---

〔1〕 最高人民法院民事判决书（2013）民提字第102号。
〔2〕 最高人民法院民事裁定书（2005）民三监字第15-1号。
〔3〕 最高人民法院民事判决书（2008）民提字第113号。
〔4〕 最高人民法院民事裁定书（2008）民申字第758号。
〔5〕 最高人民法院民事裁定书（2012）民申字第14号。
〔6〕 山东省高级人民法院民事判决书（2014）鲁民三终字第98号。
〔7〕 最高人民法院民事裁定书（2021）最高法民申3888号。

信用原则，不得侵害他人的在先权利。自然人的姓名经权利人的商业性使用，在特定商品或服务已经具有区分来源的标示性作用，他人无正当理由，在相同商品与服务和宣传用语上使用与该姓名相同的文字标识，客观上易于造成相关公众混淆的，构成不正当竞争行为。[1]明知他人字号具有较高知名度和影响力，仍然注册与他人字号相同的企业字号，在同类商品或服务上突出使用与他人字号相同或近似的字号，明显具有攀附他人字号的知名度、影响力的恶意，易使相关公众产生误认构成不正当竞争。[2]

《反不正当竞争法废止解释》第 6 条第 2 款规定，在商品经营中使用的自然人的姓名，应当认定为《反不正当竞争法》第 5 条第 3 项[3]规定的"姓名"。具有一定的市场知名度、为相关公众所知悉的自然人的笔名、艺名等，可以认定为《反不正当竞争法》第 5 条第 3 项规定的"姓名"。结合《反不正当竞争法》第一次修订前后对姓名的保护规定可知，《反不正当竞争法》修订之前，在我国《反不正当竞争法》中"笔名、艺名等"可以视为"姓名"。在《反不正当竞争法》修订之后，姓名包含了笔名、艺名、译名等。对自然人主体标识的保护范围更明确且更宽更广。需要说明的是，《反不正当竞争法》的姓名是指在商品经营和提供服务中使用的自然人的姓名。与此相应，未在商品经营和提供服务中使用的自然人的姓名，就不在《反不正当竞争法》规制之中。同时，《反不正当竞争法》保护的自然人主体标识的前提条件是"有一定影响"。笔者认为，现行《反不正当竞争法》对自然人主体标识保护要求具有的"一定影响"比修订之前要求的"具有一定知名度"或有一定程度的降低，从而使《反不正当竞争法》对自然人标识保护水平有了进一步提高。

三是特殊标识。主要指网络活动的标识，包括域名的主体部分、网站名称、网页等。这是互联网经济发展过程中产生的特殊或特有标志。同样是网络服务的信誉、服务声誉的凝结与体现，是网络领域混淆的主要对象。在先注册的域名与有一定影响的服务名称产生冲突时，在先注册的域名可以继续使用，但域名的使用者应当在与域名相关的搜索链接及网站上加注区别性标识，以便于相关公众区分，避免混淆。[4]行为人将他人的商标、企业名称、

---

[1]　福建省高级人民法院民事判决书（2016）闽民终第 563 号。

[2]　最高人民法院民事判决书（2016）最高法民再 238 号。

[3]　现《反不正当竞争法》第 6 条第 2 项。

[4]　广东省高级人民法院民事判决书（2013）粤高法民三终字第 565 号。

字号在百度推广账号中设置为其自身商品或服务的搜索关键词，是否构成不正当竞争，需要综合考虑权利标识的影响力、行为人是否攀附他人商誉或者不当利用他人商誉吸引客户资源的意图、在客观上是否导致他人受损等因素进行认定。若利用他人标识吸引公众注意，以有悖于诚实信用原则和公认的商业道德的方式攫取他人客户资源，对他人的合法权益造成了损害，则构成不正当竞争行为。[1]

四是其他标识。这是混淆行为的兜底条款所涉及的商品与服务、主体等标识。如已经实际具有区别商品来源功能的特定产品型号，应当受到《反不正当竞争法》的保护。[2]具有很高知名度的指代特定人群及其技艺或作品的特定称谓，可以获得《反不正当竞争法》的保护。[3]该款中的"足以"表明，适用兜底混淆行为当慎重。再如，某经营者在制作、宣传、影销其影视作品的过程中，如市场上已有与其名称相近似的、具有一定知名度（影响）的其他影视作品，在后影视作品的经营者不恰当的利用两者的相似性，在宣传营销中采取各种行为有意使相关公众产生误认，将两者混淆或使公众认为两者之间存在特定联系，就属于不公平的利用在先影视作品以开拓的市场成果，增加自己的交易机会并获取市场竞争优势，违背诚信原则和商业道德，构成不正当竞争。[4]再如某中学在没有许可和授权关系情况下，通过宣传试图使他人误认为与另一有相当影响力的百年名校具有某种特定关系，构成混淆行为和不正当竞争关系。[5]

理解和把握《反不正当竞争法》规定的混淆行为，我们需要特别注意，被混淆的标识包含但不限于商业标识。经营者混淆的标识，在《反不正当竞争法》中主要涉及用于生产经营活动中的商业标识，但该法并未将被混淆的标识限定为商业标识。经营者既不得仿冒商业标识，也不得仿冒非商业标识。

（3）"擅自使用"是认定混淆行为成立的前提。

这是区分授权或同意使用以及是否构成混淆行为的前提。授权或同意使用行为，无论在何种情况下都不构成混淆行为。"擅自使用"即未经标识权利

---

[1] 最高人民法院民事裁定书（2015）民申字第3340号。
[2] 最高人民法院民事裁定书（2012）民申字第398号。
[3] 最高人民法院民事判决书（2010）民提字第113号。
[4] 北京市高级人民法院民事判决书（2014）高民（知）终字第3650号。
[5] 四川省高级人民法院民事判决书（2020）川知民终202号。

人授权或同意使用。只有在"擅自使用"情况下，才有可能构成混淆行为。

同时，还应注意，授权或同意使用情况下，经营者的使用方式应与授权或同意使用方式相适应。否则，有可能构成混淆行为。如将授权或同意使用的商品名称用于自己的字号，即可能构成混淆行为。

（4）结果判断。

混淆的结果即引人误认是他人的商品、服务或者与他人存在特定联系。混淆的结果包括来源混淆，即将混淆者的商品、服务误认为是他人的商品、服务；还包括特定联系混淆，即误认为混淆者的商品、服务与被混淆对象存在商业联合、许可使用、商业冠名、广告代言等特定关系。两类混淆主要是混淆者不正当的运用他人的商业信誉或商品声誉，混淆来源与特定联系，使消费者无法辨别商品或服务的真正来源。

同时，还要注意"引人误认"之人，系相关领域的普通消费者，排除专业人士、无关人员；"引人误认"应从相关领域的普通消费者以与商品价值相应的一般注意力对商品、服务形成的整体印象来判断。[1]

总之，我国《反不正当竞争法》的混淆行为需要从混淆主体、混淆对象和混淆方式两个前提出发，从混淆的结果上进行把握和认定。混淆行为以标识为混淆对象，在我国以标识的"一定影响"为基础，以引人误认为目的和结果（判断标准），涉及混淆者（混淆行为的实施者）、被混淆者（被混淆的经营者；经营者的竞争对手）、消费者（商品或服务的购买者）三方当事人，对被混淆者、消费者的合法权益造成损害。

（二）虚假宣传

1. 我国虚假宣传对《巴黎公约》误导行为的解读

在我国，被学术界称为虚假宣传行为，系指虚假或者引人误解的商业宣传行为。我国《反不正当竞争法》第 8 条，概为《巴黎公约》1958 年创设并规定的第 10 条之二第 3 款的第三种不正当竞争行为，即误导行为的中国式解读。《反不正当竞争法》第 8 条规定，经营者不得对其商品的性能、功能、质量、销售状况、用户评价、曾获荣誉等作虚假或者引人误解的商业宣传，欺骗、误导消费者。经营者不得通过组织虚假交易等方式，帮助其他经营者进行虚假或者引人误解的商业宣传。

───────────

〔1〕 参见王瑞贺主编：《中华人民共和国反不正当竞争法释义》，法律出版社 2018 年版，第 17 页。

《巴黎公约》的误导行为或误导性表达，即在经营商业中使用会使公众对商品的性质、制造方法、特点、用途或数量易于产生误解的表示或说法。由此可见，中国式解读的"虚假宣传"和《巴黎公约》的误导性表达，都是经营者或误导性表达的实施者基于自己商品的不实性表达，造成消费者对其商品、服务质量、性能等的误解，从而促使消费者做出不当决策，其影响的主要是消费者的知情权和消费者权益。中国式解读与《巴黎公约》之误导行为相比，具有下列重要特色：

（1）《巴黎公约》的"使公众……产生误解的表示或说法"被解读为"作虚假或者引人误解的商业宣传"。《巴黎公约》之"表示或说法"本质上就是经营者通过各种途径、渠道对其商品的性质等的商业宣传。与此相关的主体就包括实施误导性表达或虚假宣传的实施者、商业宣传的参与者（广告商、广告代言人）、消费者。该种不正当竞争行为是虚假宣传的实施者和商业宣传的参与者有意、无意或进行合谋产生的故意对消费者进行的误导行为，侵害的是消费者权益，影响了正当经营者的市场交易机会。

（2）《巴黎公约》之有限的误导内容被解读为"列举加等"模式。《巴黎公约》对"公众"误导内容包括商品的性质、制造方法、特点、用途或数量四个方面，在我国被解读与扩充为商品的性能、功能、质量、销售状况、用户评价、曾获荣誉。但这些解读和扩充并不能穷尽所有的误导性表达，因此，我国《反不正当竞争法》在列举这些虚假宣传的内容后，采用"等"的立法技术，兜底其他虚假宣传行为。因此，我国制止虚假宣传的法律保护范围比《巴黎公约》更为全面、便于操作。

（3）将对消费者权益保护直接作为反虚假宣传的目的，直接保护消费者的权益。《巴黎公约》中，对消费者权益的保护仅仅是反不正当竞争的副产品，而在我国，《反不正当竞争法》不仅在立法宗旨中将消费者作为保护的对象，而且在于知识产权有关的不正当竞争行为即虚假宣传中，将保护对象的落脚点放在消费者身上。从而使消费者权益保护在制止不正当竞争法中得到了实质性提高。

（4）《反不正当竞争法》将虚假交易纳入了虚假宣传行为之中。根据不正当竞争行为发展状况，扩张了虚假宣传或误导性表达新方式。

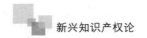

2. 我国《反不正当竞争法》对虚假宣传的界定

虚假宣传，在我国学术界又被称为虚假商业宣传行为、[1]引人误解的虚假宣传行为[2]等。

宣传是市场经济中经营者向消费者传递商品及服务的基本信息，刺激消费者购买欲望，将消费者的潜在需求转变成具体、现实需求的重要途径。宣传是经营者通向市场的媒介，是展示经营者及其商品、服务良好形象的手段，也是经营者争夺消费者的竞争手段。

恰当的宣传是扩大经营者知名度、美誉度、展示良好形象，提升竞争力的重要基础性措施，是企业竞争的重要手段。但哪里有竞争，哪里就有不正当竞争。在宣传方面，就有经营者不能如实进行宣传，对其商品、服务的品质、性能和优势作扩大性宣传；对其商品的缺陷、副作用不披露或缩小宣传，侵害消费者的合法权益，降低诚实经营者的市场交易机会，构成不正当竞争。

我国《反不正当竞争法》始终对虚假宣传进行规制。现行法律对虚假宣传行为进行了修改。主要有四点：一是将《广告法》已存在的禁止虚假广告删除；二是扩张了经营者误导、欺骗消费者的方式或手段，如"销售状况""用户评价"等虚假宣传；三是增加一款规定，即经营者不得通过虚假交易等方式，帮助其他经营者进行虚假或引人误解的商业宣传。四是明确了虚假宣传的形式是虚假或引人误解的商业宣传，结果是欺骗、误导消费者。

虚假宣传指经营者在商业宣传过程中，欺骗、误导相关公众提供不真实的商品相关信息的情形。

根据《反不正当竞争法解释》第17条的规定，"引人误解的商业宣传"系指经营者具有对商品作片面的宣传或者对比；将科学上未定论的观点、现象等当作定论的事实用于商品宣传；使用歧义性语言进行商业宣传；其他足以引人误解的商业宣传行为，欺骗、误导相关公众的情形。是否构成"引人误解的商业宣传"应当根据日常生活经验、相关公众一般注意力、发生误解的事实和被宣传对象的实际情况等因素，对引人误解的商业宣传行为进行判断和认定。

把握制止虚假宣传行为，需要注意以下几个问题：

---

[1] 参见种明钊主编：《竞争法》，法律出版社2016年版，第114页。

[2] 参见刘春田主编：《知识产权法》，高等教育出版社2015年版，第332页。

（1）反虚假宣传规范的是经营者的商业宣传活动。

经营者以营利为目的进行的宣传活动，属于商业宣传。市场经济条件下的经营者的宣传，主要有商品上的宣传，即在商品及其包装上通过文字、图形或其组合来宣传商品的有关信息；通过广告宣传和其他方式的宣传。其他方式的宣传，是除商品上和广告以外的宣传方式，如在营业场所内对商品进行展示、演示、说明、上门推销、召开宣传会、推介会等商业宣传。修改后的反虚假宣传并非规制所有的商业宣传活动。《反不正当竞争法》第20条第2款规定，"经营者违反本法第8条规定，属于发布虚假广告的，依照《广告法》的规定处罚。"因此，《反不正当竞争法》规制的商业宣传活动，主要包括商品上的宣传和其他方式的宣传，不包括商业广告。虚假的商业广告由《广告法》进行规制。

（2）虚假宣传的对象是经营者自己的商品或服务的相关信息。

从《反不正当竞争法》规制的虚假商业宣传而言，我们需要把握这样几点：一是虚假宣传的对象是经营者自己的商品与服务的相关信息。虚假包括扩大宣传或缩小宣传两种形式，对其商品瑕疵或缺陷、副作用的掩饰宣传是缩小宣传的特定形式。二是从"不得对其商品的性能、功能、质量、销售状况、用户评价、曾获荣誉等作虚假或者引人误解的商业宣传"规定看，虚假宣传的信息是广义的信息，包括商品或服务的自然信息，如商品的性能、功能、质量等明示的信息和用途、成分、有效期限，服务的标准、质量、时间、地点等未明示的信息；包括商品或服务的经营者、提供者的信息，如曾获荣誉之明示信息和资质、资产规模、与知名企业、人士的关系等未明示的信息；包括商品或服务的市场信息，如销售状况、用户评价之明示的信息和销售价格、投招标的等未明示的信息。应当说明的是，运用虚假销售状况、用户评价信息主要发生在电子商务领域，如"刷单炒信"[1]较为普遍，但并不排除其他领域同样会存在运用虚假销售状况、用户评价欺骗、误导消费者的情况。

---

〔1〕　刷单炒信即指网店通过虚假交易给自己虚构成交量、交易额、用户好评以吸引消费者点击、购买，不当谋取交易机会或者竞争优势。据上海市发展和改革委员会等九部门2018年2月9日签署发布的《上海市"炒信"联合惩戒行动计划》规定，"炒信"是指在电子商务及分享经济领域以虚构交易、好评、删除不利评价等形式为自己或他人提升信用水平，包括但不限于因恶意注册、刷单炒信、虚假评价、刷单骗补以及泄露倒卖个人信息、合谋寄递空包裹等违法违规行为。因此，刷单炒信不仅存在于电子商务领域，至少还存在于分享经济领域，笔者认为，类似虚假交易行为还会在其他领域扩张或渗透。

因此，将之解释为"针对电子商务领域……特别强调，经营者不得对其商品的'销售状况''用户评价'作虚假宣传"[1]似不周延。

（3）商业宣传内容呈现虚假或引人误解。

竞争法鼓励诚实宣传行为，制止或反对不诚实即内容虚假或引人误解的商业宣传行为。

内容虚假，即内容不真实，与实际情况不符，这是对诚实宣传的反对，是必须制止的不正当竞争行为。一切扩大其词，违背真实性原则的商业宣传行为，都属于虚假宣传，如医药领域的"包治百病"；将小作坊及其产品夸大为"国内外知名企业或产品"、将提供服务的普通工人夸大为"国家高级工程师"、将"三无"产品夸张为"获得国内外大奖"等。但内容不实且片面的宣传行为，并不必然构成不正当竞争行为。其是否构成不正当竞争行为，需要考虑该宣传的内容是否会引起相关公众的误解、有无损害其他经营者的合法权益等因素作出综合认定。[2]

内容引人误解，即宣传内容中使用含糊不清、有多重语义的表达，或者表达内容真实，但仅仅表达了部分事实，使人引发错误联想或误解。如宣传内容为"瑞士进口全机械机芯手表"，即存在"机芯是瑞士进口的"和"手表是瑞士进口的"两种理解；再如宣传内容"产品中含有珍贵物质，该物质对人体特别有益"，但实际上该产品中珍贵物质含量极低，不足以使消费者获得所宣传的益处。如在民间艺术领域"传人"称谓的使用，如果有相应的事实基础，且不足以引人误解，则不构成虚假宣传行为。[3]

（4）存在造成欺骗、误导消费者的可能性或后果。

欺骗、误导消费者的可能性是基于潜在的消费者，造成欺骗、误导消费者的后果是基于实际的消费者。但在司法实践中，认定欺骗、误导消费者时应注意两个问题。一是虚假宣传对消费者购买行为有无实质影响。对消费行为没有实质影响的虚假宣传行为，不宜认定为《反不正当竞争法》的虚假宣传。二是要与夸张的艺术表达相区分。夸张的艺术表达中虽然有虚假成分，但正常的消费者能够理解其含义，不会造成欺骗、误导消费者的可能性或后

---

〔1〕 王瑞贺主编：《中华人民共和国反不正当竞争法释义》，法律出版社 2018 年版，第 24 页。

〔2〕 江苏省高级人民法院民事判决书（2012）苏知民终字第 0219 号。

〔3〕 天津市高级人民法院民事判决书（2012）津高民三终字第 0016 号。

果。也就是说，引人误解的虚假宣传行为，并不都是经营者可以主张民事权利的行为。基于虚假宣传，当事人主张民事权利应当符合经营者之间具有竞争关系、有关宣传内容足以造成相关公众误解、对经营者造成了直接损害三个基本条件。当事人对于引人误解和直接损害的后果有举证责任。[1]

《反不正当竞争法废止解释》第 8 条曾有前述《反不正当竞争法解释》第 17 条类似规定，其差别在于后者删除了《反不正当竞争法废止解释》中的"以明显的夸张方式宣传商品，不足以造成相关公众误解的，不属于引人误解的虚假宣传行为"，增加了"其他足以引人误解的商业宣传行为"。据此，笔者认为，适用《反不正当竞争法》反虚假宣传行为，以明显的夸张方式宣传商品，会在较大程度上触发反虚假宣传保护消费者的合法利益。《反不正当竞争法解释》与《反不正当竞争法废止解释》重大差别还在于，《反不正当竞争法解释》并未明确要求虚假宣传达到《反不正当竞争法废止解释》"足以"的程度，仅要求造成"欺骗、误导相关公众的"程度，将欺骗、误导消费者的各种可能性均包含在内了。这也是我国《反不正当竞争法》立法水平有所提高的表现。

（5）组织虚假交易等方式，帮助其他经营者进行虚假或引人误解的商业宣传，被提到了新高度。

此处的组织虚假交易是指经营者为其他经营者组织虚假交易，此经营者是专门为他人进行不正当竞争提供便利或帮助者。《反不正当竞争法》该规定一方面扩张了虚假宣传的侵权主体，即除了虚假宣传自己的商品、服务的经营者外，扩大至帮助他人组织虚假交易者。两类主体都是不正当竞争者，二者之间存在实质上的分工合作或帮助关系，依法构成共同侵权。前述"刷单炒信"是经营者为自己的商品、服务运用虚假交易如"销售状况""用户评价"欺骗、误导消费者。某公司以营利为目的组织刷手刷单炒信，提供针对"大众点评"平台的店铺点赞、上门好评、人工店铺收藏、增加店铺访客量和浏览量等有偿服务，进行虚假交易、好评、炒作信用，帮助其他经营者进行虚假的商业宣传，被认定为虚假宣传。[2]认定《反不正当竞争法》的虚假宣传行为，应当根据日常生活经验、相关公众一般注意力、发生误解的事实、被宣传对象的实际情况和是否占用他人良好商誉等因素进行综合判定，以是否易

---

〔1〕　最高人民法院民事判决书（2007）民三终字第 2 号。
〔2〕　山东省青岛市中级人民法院民事判决书（2020）鲁 02 民初 2265 号。

使公众产生误解为立足点。[1]同时还要注意，"等"字主要为包含但不限于电子商务领域，为今后可能出现的其他帮助其他经营者进行虚假宣传留出了空间。

（三）商业诋毁

1. 我国商业诋毁对《巴黎公约》贬损行为的解读

我国立法机关对《反不正当竞争法》第 11 条的权威解读为"商业诋毁"，它是我国对《巴黎公约》第 10 条之二第 3 款第二个例子的中国式解读。《反不正当竞争法》第 11 条规定，经营者不得编造、传播虚假信息或者误导性信息，损害竞争对手的商业信誉、商品声誉。与《巴黎公约》之在经营商业中，具有损害竞争者的营业所、商品或工商业活动的信用性质的虚伪说法相比具有下述特色。

（1）将《巴黎公约》之"虚伪说法"解读为中国式的"虚假信息或者误导性信息"。

我国之"虚假信息"和《巴黎公约》之"虚伪说法"基本系同义语。"虚假信息"或"虚伪说法"的目的在于对竞争者的商品或服务的基本信息给消费者以误导，因此，"误导性信息"是"虚假信息"或"虚伪说法"实现的后果性信息，"虚假信息""虚伪说法"的目的在于误导消费者，以不正当手段剥夺竞争对手的市场交易机会。"或"字在我国法律语言中，具有类同、相等等含义。从《反不正当竞争法》将"误导性信息"放在"或"之后，多少包含着一种倾向对商业诋毁行为应更加注意诋毁的结果的认定，即达到了"误导"目的（可能性、实际后果）是认定商业诋毁的重要标准。但虚假信息、误导性信息又有一定的区别。虚假信息，一般为没有根据、无中生有的或者虽有但已然被歪曲的信息；误导性信息，一般则指信息虽然真实，但未得以完整陈述，或者经断章取义、宣传渲染、误导性解读等，致人引发错误联想的信息；[2]误导性信息主要针对真实或真伪不明的信息，这些信息导致消费者产生了错误认识，不仅包括对于事实的评价，还包括不涉及事实的商业评论。误导性信息包含真实但片面的信息、真实但无关的信息以及真伪不明的信息等三种类型。[3]这是目前对误导性信息的较为被理论界

---

〔1〕 最高人民法院民事判决书（2017）最高法民再 150 号。

〔2〕 贵州省贵阳市中级人民法院民事判决书（2020）黔 01 民初 1054 号。

〔3〕 参见陈健淋：《论商业诋毁诉讼中的误导性信息》，载《电子知识产权》2018 年第 1 期。

和司法界接受的认知。

（2）将《巴黎公约》之"信用性质"解读为中国式的"商业信誉、商品声誉"。

"商业信誉"是基于经营者或竞争者在社会或市场中的信誉而言的，"商品声誉"是基于经营者或竞争者的商品、服务本身而言的。从"商业信誉"和"商品声誉"二者的关系看，"商业信誉"对于经营者或竞争者具有整体性、全局性，"商品声誉"基于经营者的商品、服务而言，对竞争者具有部分性、局部性。但整体性与部分性是一种大于等于关系，即整体性≥部分性、全局性≥局部性。我国《反不正当竞争法》从大的、整体、全局与小的、部分、局部相结合，完整的制止了基于经营者及其商品、服务的诋毁行为，实现了《巴黎公约》对诚信竞争者的保护目的。

（3）将《巴黎公约》之"具有损害"解读为中国式的"编造、传播"。

"编造、传播"既可以是同一竞争者的行为，既编造又传播，又可以是仅编造，不传播或未编造、仅传播。只有竞争者存在编造、传播竞争对手的虚假信息，才会存在对竞争对手"具有损害"的后果。《巴黎公约》之"具有损害"与我国之"误导性信息"之"误导性"同样具有结果、后果的意蕴和含义。因此，从"损害"这一结果对贬损行为进行认定，和我国的"误导性"的结果认定是相通的。

（4）将《巴黎公约》之"制止"不正当竞争解读为中国式的"不得"不正当竞争。

《巴黎公约》将制止不正当竞争作为知识产权的客体，并在第 10 条之二第 3 款列举三个例子，目的在于特别需要制止例子中所示不正当竞争行为。我国法律中，"不得"为禁止性规范，与《巴黎公约》之"制止"属于同义规范。

2. 我国《反不正当竞争法》对商业诋毁的界定

商业诋毁在我国学术界亦被称为"商业诽谤行为"。反商业诋毁行为在于保护诚实竞争者的商誉。

商誉，即指《巴黎公约》之"具有信用性质的说法"，是商业领域或市场领域竞争者信誉与声誉的合称，是指人们对经营者及其提供的商品、服务的一种总的社会评价，是人们在观念上对该经营者及其提供的商品、服务的认识与看法。商誉既有积极的社会评价，通常可被称为美誉度（指一个经营者获得公众信任、好感、接纳和欢迎的程度），又有消极的社会评价，通常可称为恶评度（美誉度的反义词）。因此，商誉能够影响经营者的市场交易机会，具有价值性。经营者对其他经营者的商誉故意贬低，目的在于以不正当竞争手段提升自己的交易机会，剥夺他人的交易机会。通常，具有美誉度或良好商誉的经营者及其提供的商品，是具有驰名商标、具有专利保护的商品、服务，其品质优良，其他经营者为了自己的不当利益，贬损具有竞争优势、享有知识产权的经营者及其商品，以获得交易机会。因此，商业诋毁或贬损行为是与知识产权有关的不正当竞争行为，依法应予制止或反对、禁止。

我国《反不正当竞争法》第一次修订之后，对商业诋毁行为进行了一定的修改。主要是将原"捏造、散布虚伪事实"修改为"编造、传播虚假信息或者误导性信息"，从而使商业诋毁的界定更加明确、内容更为丰富，更具有可操作性。当事人主张经营者实施了商业诋毁行为的，应当举证证明其为该商业诋毁行为的特定损害对象。经营者传播他人编造的虚假信息或者误导性信息，损害竞争对手的商业信誉、商品声誉的，也属于商业诋毁。

把握我国《反不正当竞争法》中的商业诋毁，需要注意如下几点：

（1）注意区分与"虚假宣传"经营者的不同。

制止不正当竞争法主要是调整经营者或竞争者之间竞争关系的法律制度。"虚假宣传"之"经营者"是指经营者自己，经营者抬高自己及其商品、服务而进行虚假或误导性宣传。商业诋毁行为的经营者，诋毁的是其竞争对手及其商品、服务的社会信誉、商品声誉。即经营者诋毁的对象是竞争对手及其商品、服务。因此，传播与实际情况不符的商业信息可能构成虚假宣传或商业诋毁。如果行为人传播的信息不是对自身商品或服务的宣传，则不能认定为虚假宣传。对自身商品进行虚假宣传之时，又损害了竞争对手的商誉，同时构成虚假宣传和商业诋毁，是两种不正当竞争行为的竞合，权利人可选择其中一种行为主张权利。[1]

虚假宣传和商业诋毁都有一个共同的结果，即提供虚假或者引人误解的信息，欺骗、误导消费者。此外，商业诋毁的可责难性还在于它损害竞争对手的商业信誉、商品声誉。作为商业言论，它们有着共同的言论界限，即经营者在发表言论时尚未诉讼或者诉讼悬而未决的，应以案件最终的裁判结果

---

[1] 参见欧阳福生：《片面发布未生效判决书内容误导公众的认定》，载《人民司法》2021年第11期。

来审查言论内容在客观上是否虚假或者引人误解。相关言论与生效裁判一致，并未欺骗、误导相关公众的，不构成虚假宣传或商业诋毁。虚假宣传或商业诋毁以经营者存在主观过错为构成要件。经营者根据生效裁判作出相关言论，该生效裁判事后被再审改判的，不构成虚假宣传或商业诋毁。[1]发布未生效判决书损害同业竞争者商誉，属于传播误导性事实，应当认定构成商业诋毁。[2]因此，生效裁判认定的事实与结论，是判断言论正当性的界限。

（2）商业诋毁行为的表现形式是编造、传播虚假信息或误导性信息。

"虚假信息""误导性信息"与"虚假宣传"中的"虚假""引人误解"含义相同。编造虚假信息，即编造竞争对手根本不存在的、与实际情况不符的信息，编造的手段包括无中生有、指鹿为马、无限夸张等。编造误导性信息，即编造的信息虽有部分真实的成分，但仅仅提供了部分事实，容易引起错误联想的信息。认定误导性信息应以一般消费者的认知为标准，可从信息的内容、表述的方式及传播的特点等因素综合分析。对于行为人主观过错的判断，可综合考虑被诉言论性质、被诉行为特点、行为人认知能力等因素。被诉言论足以误导相关受众产生认知偏差而影响其消费选择，削弱竞争对手商品或服务竞争力，而行为人对此未尽到谨慎注意义务的，构成商业诋毁。[3]

编造是商业诋毁的前提，传播是商业诋毁的手段或实现条件。编造的虚假信息或者误导性信息，只有通过传播才能对竞争对手造成不利影响。因此，编造+传播，涉嫌构成商业诋毁；未编造、仅传播，也涉嫌构成商业诋毁；但仅编造、未传播，一般不构成商业诋毁。但仅编造、未传播是指没有向包括编造者、传播者在内的任何人进行传播。如果某经营者编造，另一经营者传播，则涉嫌编造者、传播者共同构成商业诋毁。

（3）商业诋毁的后果是损害竞争对手的商业信誉、商品声誉。

作为竞争法的制止不正当竞争法，规制的是各种不正当竞争行为，这种行为须在市场竞争关系中体现出来。不正当竞争必然对竞争对手造成影响或损害。损害的后果不同，构成了不同的不正当竞争行为。商业诋毁损害的后

---

〔1〕　参见王晓明、张婷：《虚假宣传、商业诋毁与正当商业言论的界限》，载《人民司法》2021年第11期。

〔2〕　参见欧阳福生：《片面发布未生效判决书内容误导公众的认定》，载《人民司法》2021年第11期。

〔3〕　参见陈中山、廖慈芳：《商业诋毁的判定》，载《人民司法》2022年第8期。

果就是损害竞争对手的商业信誉、商品声誉。如前所述，商业信誉、商品声誉是整体与局部的关系等，商业诋毁损害的后果，既包括独立损害商业信誉，又包括独立损害商品声誉，还包括既损害商业信誉又损害商品声誉。在竞争对手生产经营多品种、多系列产品与服务的情况下，包括对其系列、品种及其与商业信誉、商品声誉的各种组合的损害。同时，损害还包括造成实际损害、造成损害的可能性，包括造成直接利益损失、造成潜在利益损失等。

总之，商业诋毁行为，是指经营者针对竞争对手的营业活动、商品或服务进行虚假陈述而损害其商业信誉或者商品声誉的行为。认定某行为是否构成商业诋毁，应当判断是否具有故意捏造、散布虚伪事实的行为，并造成其他经营者商誉损害的后果。构成商业诋毁需满足以下构成要件：①主体要件，行为人系经营者，且双方具有竞争关系；②行为要件，行为人实施了编造、传播虚假信息或者误导性信息的行为；③主观要件，行为人具有不正当竞争的主观故意；④结果要件，该行为损害了竞争对手的商业信誉、商品声誉。[1]

判断某一行为是否构成商业诋毁，其判断标准是该行为是否属于编造、传播虚伪事实，对竞争对手的商业信誉或者商品声誉造成了损害。正当的市场竞争是竞争者通过必要的劳动和智力付出而进行的诚实竞争。认定是否构成商业诋毁，其根本要件是相关经营者之行为是否以误导方式对竞争对手的商业信誉或者商品声誉造成了损害。经营者对于他人的产品、服务或者其他经营活动并非不能评论或者批评，但评论或者批评必须是基于正当目的，评论或批评的内容应当具有合法依据，必须客观、真实、公允和中立，不能误导公众和损人商誉。[2]或者说，经营者对他人的产品、服务或者其他经营活动的评论或者批评必须有正当目的，必须客观、真实、公允和中立，不能误导公众和损人商誉。经营者为竞争目的对他人进行商业评论或者批评，尤要善尽注意义务。超出正当商业评价、评论的范畴，突破了法律界限，构成商业诋毁。[3]再如比较广告，带有与生俱来的针对性、比较性、对抗性，应当更加注意秉持善意，遵循一般商业伦理道德，避免贬损他人商誉。在比较广告中发表了不当言论贬低其商誉，构成商业诋毁。[4]

---

〔1〕 新疆维吾尔自治区高级人民法院民事判决书（2022）新民终 81 号。

〔2〕 最高人民法院民事裁定书（2021）最高法民申 6512 号。

〔3〕 最高人民法院民事判决书（2013）民三终字第 5 号。

〔4〕 陕西省高级人民法院民事判决书（2021）陕民终 392 号。

（四）网络领域不正当竞争行为（互联网专条）

互联网产品和服务提供者应当和平共处、自由竞争，网络服务提供者应信守诚信原则，原则上不同网络服务提供者的产品和服务间不得相互干扰。[1]《反不正当竞争法》第 12 条规定，经营者利用网络从事生产经营活动，应当遵守该法的各项规定。经营者不得利用技术手段，通过影响用户选择或者其他方式，实施下列妨碍、破坏其他经营者合法提供的网络产品或者服务正常运行的行为：①未经其他经营者同意，在其合法提供的网络产品或者服务中，插入链接、强制进行目标跳转；②误导、欺骗、强迫用户修改、关闭、卸载其他经营者合法提供的网络产品或者服务；③恶意对其他经营者合法提供的网络产品或者服务实施不兼容；④其他妨碍、破坏其他经营者合法提供的网络产品或者服务正常运行的行为。

1. 信息网络与知识产权

网络知识产权并不是一个法律概念，但因信息网络与知识产权之间具有的密切联系，人们将由数字网络发展引起的或与其相关的各种知识产权称为网络知识产权。在学术界，传统上人们将知识产权的范围，一般看作是包括著作权（版权和邻接权）、工业产权（专利、发明、实用新型，外观设计、商标、商号等）在内的人们的一切智力活动的权利。网络的产生与发展，网络知识产权除了包括传统知识产权的内涵在网络领域的延伸外，还产生了与网络相适应的包括数据库、计算机软件、网络域名、数字化作品及其电子数据版权等。知识产权概念的外延在网络环境中得到了扩张。

信息网络产生之后，知识产权包含领域如下：（1）传统领域（线下）的商标权、专利权、著作权等。（2）互联网领域的地址资源（线上）如英文域名、中文域名、中文网址（通用网址/无线网址）等。（3）传统领域在网络领域的延伸，如网络著作权、网络数据库、网络商标、网络专利等。

网络知识产权的侵权行为方式按照传统的知识产权的分类方式，可以分为以下几种：

（1）网上侵犯著作权主要方式。

根据我国《著作权法》第 53 条共八项，其中第（一）（三）（四）（六）（七）共五项明确规定，除著作权法另有规定的外，未经著作权人许可，复

---

[1]　北京市高级人民法院民事判决书（2013）高民终字第 2352 号。

制、发行、表演、放映、广播、汇编、通过信息网络向公众传播其作品的；未经表演者许可，复制、发行录有其表演的录音录像制品，或者通过信息网络向公众传播其表演的；未经录音录像制作者许可，复制、发行、通过信息网络向公众传播其制作的录音录像制品的；除法律、行政法规另有规定的外，未经著作权人或者与著作权有关的权利人许可，故意避开或者破坏权利人为其作品、录音录像制品等采取的保护著作权或者与著作权有关的权利的技术措施的；未经著作权人或者与著作权有关的权利人许可，故意删除或者改变作品、录音录像制品等的权利管理电子信息的。这些涉及与著作权保护有关的客体有作品、表演、录音录像制品、技术措施、权利管理电子信息。在我国，目前赋予了作品、表演、录音录像制品、广播、电视信息网络传播权。信息网络传播权、技术措施权、权利管理电子信息构成网络著作权保护的主要内容。但非交互式信息网络传播行为的权利属性，在世界范围内还存在争议。

此外，在理论和司法实务中，对其他网页内容完全复制、对其他网页的内容稍加修改，但严重损害被抄袭网站的良好形象；侵权人通过技术手段盗取其他网站的数据，非法做一个和其他网站一样的网站，严重侵犯其他网站的权益等行为，都可以受到著作权的规制。

（2）网上侵犯商标权主要方式。

《域名解释》第4条规定，人民法院审理域名纠纷案件，对符合以下各项条件的，应当认定被告注册、使用域名等行为构成侵权或者不正当竞争：被告域名或其主要部分构成对原告驰名商标的复制、模仿、翻译或音译；或者与原告的注册商标、域名等相同或近似，足以造成相关公众的误认。第5条规定，被告的行为被证明具有下列情形之一的，人民法院应当认定其具有恶意：（一）为商业目的将他人驰名商标注册为域名的；（二）为商业目的注册、使用与原告的注册商标、域名等相同或近似的域名，故意造成与原告提供的产品、服务或者原告网站的混淆，误导网络用户访问其网站或其他在线站点的。《域名解释》规定的三种情况都是与域名有关的商标侵权行为。此外，还有对于明知是假冒注册商标的商品仍然在网络上进行销售，或者利用注册商标用于商品、商品的包装、广告宣传或者展览自身产品等行为也属于对商标权的侵犯。网络与商标的关系，还表现在域名可以注册为注册商标。

（3）网上侵犯专利权主要方式。

互联网上侵犯传统专利权主要有下列四种表现行为：未经许可，在其制造或者销售的产品、产品的包装上标注他人专利号的；未经许可，在广告或者其他宣传材料中使用他人的专利号，使人将所涉及的技术误认为是他人专利技术的；未经许可，在合同中使用他人的专利号，使人将合同涉及的技术误认为是他人专利技术的；伪造或者变造他人的专利证书、专利文件或者专利申请文件的。此外，网络经济的发展，网络技术也是专利权的客体。

国际社会目前对信息开发者权益保护的手段主要有两种：一是法律手段；二是技术手段或技术措施等。

2. 信息网络中的不正当竞争行为

网络领域不正当竞争行为既是不正当竞争行为在网络领域的延伸（如混淆行为、虚假宣传、侵害商业秘密、商业诋毁等），又有不正当竞争行为在网络领域的特有表现。《反不正当竞争法》规制所有网络领域内的不正当竞争行为。

基于网络领域与知识产权具有紧密联系，网络领域的不正当竞争行为与知识产权保护具有直接关系，是与知识产权有关的不正当竞争行为在网络领域的新反映。我国《反不正当竞争法》对网络领域不正当竞争行为的明确规制，超出了目前《巴黎公约》第 10 条之二第 3 款明示必须制止的与知识产权有关的不正当竞争的保护范围，是我国与时俱进保护知识产权的体现。笔者也相信，未来《巴黎公约》的修订，或将网络领域的不正当竞争，列为第 10 条之二第 3 款之第四例子。从世界范围看，我国对网络领域不正当竞争行为的法律规制，走在了《巴黎公约》保护之前，在世界范围内也是领先的。

把握网络领域的不正当竞争行为，需要注意下列几个问题：

（1）对传统不正当竞争行为在网络领域内的延伸。

传统不正当竞争在网络领域内的延伸，除了因网络领域的特点呈现出不同的表现形式外，并无本质差别。因此，对此类传统不正当竞争行为，根据《反不正当竞争法》（除第 12 条第 2 款外）的相关规定进行规制。《反不正当竞争法》第 12 条第 1 款对此进行了明确规定，即经营者利用网络从事生产经营活动，应当遵守该法的各项规定。如某网络服务提供者向用户提供具有过滤广告功能的浏览器行为，对竞争者正常经营行为进行直接破坏，又不当利用了竞争者的经营利益，就违反了诚实信用原则，可根据一般条款认定该行为构成不正当竞争行为。[1]再如在互联网领域竞价排名中使用他人的企业名

---

[1]　新疆维吾尔自治区高级人民法院民事判决书（2022）新民终 81 号。

称或简称作为关键词，利用他人的知名度或商誉，使公众产生混淆误认，达到宣传推广自己的目的，即可根据反虚假宣传条款认定该行为构成不正当竞争行为。[1]此等情形就属于传统不正当竞争行为在网络领域内的延伸情况。

在理论界有人认为，此处的"本法各项规定"包括三个方面，即该法第二章第 6 至第 11 条关于传统类型的不正当竞争行为规制的规定；该法第 12 条第 2 款的规定；该法第 2 条关于不正当竞争行为的定义的规定。[2]笔者认为，此说并不完善和准确。笔者认为，对基于利用网络从事经营活动，或网络领域的不正当竞争行为，包括传统不正当竞争行为在网络领域内的延伸和网络领域内特有的、利用技术手段实施的不正当竞争行为，"本法各项规定"的含义，并不相同。[3]

把握和研究网络领域的不正当竞争行为，首先需要从不正当竞争行为认定的基本规则出发。经营者在市场交易中，应当遵循自愿、平等、公平、诚实信用原则，遵循公认的商业道德。这一基本认定原则同样适用于互联网领域。同时还要把握互联网市场领域技术创新、自由竞争和不正当竞争的界限。互联网领域鼓励自由竞争和创新，但这并不等于互联网领域是一个可以为所欲为的法外空间。竞争自由和创新自由必须以不侵犯他人的合法权益为边界，互联网的健康发展需要有序的市场环境和明确的市场竞争规则作保障。是否属于互联网精神鼓励的自由竞争和创新，需要以是否有利于诚信、平等、公平的竞争秩序、是否符合社会公众的一般利益和社会公共利益为标准来进行评判，而不是仅有某些技术上的进步即应认为属于自由竞争和创新。否则任

---

〔1〕 天津市高级人民法院民事判决书（2012）津高民三终字第 3 号。

〔2〕 参见王瑞贺主编：《中华人民共和国反不正当竞争法释义》，法律出版社 2018 年版，第 43~44 页。

〔3〕 （1）网络领域内的不正当竞争行为之"本法各项规定"。网络领域内的不正当竞争行为包括传统不正当竞争行为在网络领域内的延伸和网络领域内特有的、利用技术手段实施的不正当竞争行为，其"本法各项规定"系指《反不正当竞争法》全法 32 条规定。因为，《反不正当竞争法》是一个完整的体系，不能人为割裂。经营者利用网络从事生产经营活动，应当遵守《反不正当竞争法》的全部规定。按照《反不正当竞争法》的立法目的、原则进行经营，还要依法接受各级执法机构的执法检查和调查，依法承担不正当竞争的法律责任。（2）基于传统不正当竞争行为在网络领域内的延伸之"本法各项规定"。对于此类不正当竞争行为，其"本法各项规定"系指除本法第 12 条第 2 款外的其他全部规定。（3）基于网络领域内特有的、运用网络技术手段实施的不正当竞争行为之"本法各项规定"。此类网络领域内特有的、运用网络技术手段实施的不正当竞争行为，本法第 12 条第 2 款是专门的规制法条，第二章中的其他各条并不适用，因此，基于该类不正当竞争行为，"本法各项规定"的内涵包括第一章、第二章中第 12 条第 2 款、第三章、第四章、第五章。

何人均可以技术创新、技术进步为借口，对他人的技术产品或者服务进行任意干涉，就将导致借技术进步、创新之名行"丛林法则"之实。技术创新可以刺激竞争，竞争又可以促进技术创新。技术本身虽然是中立的，但技术也可能成为不正当竞争的工具。技术革新应当成为公平竞争的工具，而非干涉他人正当商业模式的借口。[1] 如安全软件在计算机系统中拥有有限权限，其应当审慎运用这种"特权"，对用户及其他网络服务提供者的干预应以实现其功能所必须为前提。在缺乏合理性与必要性的情况下，未经许可对他人搜索结果实施的干扰行为，构成不正当竞争。[2]

（2）网络领域特有的、利用技术手段实施的不正当竞争行为。

诚实信用原则和商业道德是网络服务竞争的基石。违背该诚信原则和商业道德，利用技术手段，妨碍、限制、破坏使其他网络服务提供者合法提供网络产品或网络服务不能正常、平稳或不能运行等，都属于网络领域内特有的不正当竞争行为。即特有的网络不正当竞争行为系指经营者利用技术手段，通过影响用户选择或者其他方式，实施妨碍、破坏其他经营者合法提供的网络产品或者服务正常运行的行为。《反不正当竞争法》第 12 条第 2 款明确界定了三种网络领域特有的不正当竞争行为，同时规定了兜底条款，以适应网络领域竞争发展的需要。

1）未经其他经营者同意，在其合法提供的网络产品或者服务中，插入链接、强制进行目标跳转。其中，强制进行目标跳转是指未经其他经营者和用户同意而直接发生的目标跳转。仅插入链接，目标跳转由用户触发的，应当综合考虑插入链接的具体方式、是否具有合理理由以及对用户利益和其他经营者利益的影响等因素，认定该行为是否属于强制进行目标跳转。网络运行是基于互联网协议而互联互通的。未经其他经营者同意，即未与其他经营者建立链接和目标跳转协议。如网页快照将他人享有合法权益的信息，通过爬虫技术复制、存储到其服务器内，然后通过建立"快照"链接按钮，用户点击"快照"按钮，进入快照者存储的网页之中。就属于一种不正当竞争行为，又是一种扩大的著作权侵权行为。

2）误导、欺骗、强迫用户修改、关闭、卸载其他经营者合法提供的网络

---

[1]　最高人民法院民事判决书（2013）民三终字第 5 号。
[2]　最高人民法院民事裁定书（2014）民申字第 873 号。

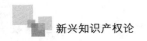

产品或者服务。

经营者事前未明确提示并经用户同意，以误导、欺骗、强迫用户修改、关闭、卸载等方式，恶意干扰或者破坏其他经营者合法提供的网络产品或者服务，属于此种情形。

此种情况主要发生在网络服务提供者对其他竞争对手提供的网络产品、服务的基本信息进行误导性、欺骗性提示，或接受该经营者服务，即以不得接受其他经营者服务为条件，强迫用户修改、关闭、卸载竞争对手的网络产品与服务。

3）恶意对其他经营者合法提供的网络产品或者服务实施不兼容。

互联互通是互联网的技术基础，共享、共治、开放、包容是互联网的共同精神。经营者恶意对竞争对手合法提供的网络产品或服务实施不兼容，破坏的是互联网的共同精神，构成对竞争对手网络产品或服务的妨碍、破坏，甚至使其不能正常运行，属于特有的网络不正当竞争行为。

4）其他妨碍、破坏其他经营者合法提供的网络产品或者服务正常运行的行为。如有偿提供虚假刷量服务行为，即可归入此种情形。[1]如经营者利用网络领域的专业技术手段，妨碍其他经营者合法提供的网络产品或服务正常、顺利运行，或者进行破坏使其不能运行（包括产品或服务的安装、使用等），即可属于此种不正当竞争行为。[2]

前三种特有的网络不正当竞争行为，是目前比较普遍比较突出的网络领域内的不正当竞争行为，在司法实践中都有不少反映。但网络技术的发展，并不会穷尽其不正当竞争的形式，因此，为了适应网络技术进步与发展的需要，《反不正当竞争法》规定了这一兜底条款，以因应未来需要，实现法律的稳定性与开放性相结合。可以预料的是，随着网络领域内特有的前三种明确规定的不正当竞争行为的实施和明令禁止，这些明示的不正当竞争行为将会逐渐减少，第四种"其他网络不正当竞争行为"将会逐渐产生并增多起来。法律随时都在面临技术进步的挑战！

---

〔1〕 重庆市第五中级人民法院民事判决书（2019）渝 05 民初 3618 号。
〔2〕 北京市海淀区人民法院民事判决书（2020）京 0108 民初 8661 号。

第三节　违反与知识产权有关的不正当竞争的调查与法律责任

一、违反与知识产权有关的不正当竞争行为的调查

（一）调查行为的发起：以职权调查与对不正当竞争行为的举报并举

根据《反不正当竞争法》第 4 条的规定，县级以上人民政府履行工商行政管理职责的部门对不正当竞争行为进行查处；法律、行政法规规定由其他部门查处的，依照其规定。据此，县级以上市场监督部门或法律、行政法规规定的其他部门，系不正当竞争行为的监督检查部门。

检查监督部门履行法定职责，除了相关部门以职权进行检查监督外，还需要发挥社会监督的作用。为此，《反不正当竞争法》第 16 条设置了对涉嫌不正当竞争行为的举报制度。该条规定，对涉嫌不正当竞争行为，任何单位和个人有权向监督检查部门举报，监督检查部门接到举报后应当依法及时处理。监督检查部门应当向社会公开受理举报的电话、信箱或者电子邮件地址，并为举报人保密。对实名举报并提供相关事实和证据的，监督检查部门应当将处理结果告知举报人。

该制度赋予了对不正当竞争行为广泛的举报权。此处的"任何单位和个人"既包括受到涉嫌与知识产权有关的不正当竞争行为损害的单位和个人，又包括未受到涉嫌与知识产权有关的不正当竞争行为损害但对涉嫌不正当竞争行为知情的单位和个人。即包括受害人在内的全体社会公众都享有广泛的举报权。特别是涉嫌与知识产权有关的不正当竞争行为的受害人，因不正当竞争给其造成了损害，但相关损害程度的部分证据，受害人通常难以掌握。因此，应充分运用依法享有的举报权，采用公力救济模式制止侵权行为，固定侵权证据，实现有效维权。

该制度赋予了监督检查部门应当依法及时处理的法定职责。在举报制度下，监督检查部门履行法定职责的条件是"接到举报后"。无论是否实名举报，监督检查部门都必须对举报的涉嫌不正当竞争行为进行处理。此处的"处理"，包括接受举报的监督检查部门直接依法进行处理，还包括依法移交其他有权部门处理。监督检查部门在举报工作中，具有公开举报联系方式的义务和为举报人保密的义务，同时具有对实名举报人告知处理结果的义务。

因此，对于涉嫌与知识产权有关的不正当竞争行为的受害人依法举报，应采用实名举报制。实名举报者如对监督检查部门的处理决定不服的，可以作为与该具体行政行为有利害关系的公民、法人或者组织，依法申请行政复议或提起诉讼。

（二）调查措施、程序与规则

《反不正当竞争法》第 13 条对监督监察部门对涉嫌不正当竞争行为的调查措施、程序和规则进行了明确规定。

1. 调查措施

根据《反不正当竞争法》第 13 条第 1 款的规定，监督检查部门调查涉嫌不正当竞争行为，可以采取下列措施：

（1）进入涉嫌不正当竞争行为的经营场所进行检查；

（2）询问被调查的经营者、利害关系人及其他有关单位、个人，要求其说明有关情况或者提供与被调查行为有关的其他资料；

（3）查询、复制与涉嫌不正当竞争行为有关的协议、账簿、单据、文件、记录、业务函电和其他资料；

（4）查封、扣押与涉嫌不正当竞争行为有关的财物；

（5）查询涉嫌不正当竞争行为的经营者的银行账户。

2. 调查程序

《反不正当竞争法》第 13 条第 2 款规定监督检查部门对涉嫌不正当竞争行为的调查程序。对于不同的调查措施，则有不同的调查程序。

（1）采取所有调查措施，应当向监督检查部门主要负责人书面报告，并经批准。目前全国共有（不包括港澳台）三级行政区（县级行政区）2847 个（977 个市辖区、1303 个县、393 个县级市、120 个自治县、49 个旗、3 个自治旗、1 个特区、1 个林区）。采取调查措施，应当向这些县级监督检查部门主要负责人书面报告并经批准。

（2）采取第 4 项、第 5 项规定的措施，应当向设区的市级以上人民政府监督检查部门主要负责人书面报告，并经批准。目前全国共有（不包括港澳台）二级行政区（地级行政区）333 个（293 个地级市、7 个地区、30 个自治州、3 个盟）。地级市可分为以下 3 种情况：a. 既设市辖区，又管辖县、自治县、旗、自治旗，亦代管县级市等县级行政区；此类地级市占绝大多数。b. 只设市辖区，不管辖县、自治县、旗、自治旗，亦不代管县级市等县级行政区；如乌海市、南京市、厦门市、莱芜市、武汉市、鄂州市、广州市、深圳市、珠海市、佛山市、海口市、三亚市、克拉玛依市。c. 既不设市辖区，又不管辖县、自治县、旗、自治旗，亦不代管县级市等县级行政区；这些地级市下面直接辖乡级行政区，俗称"直筒子市"；如东莞市、中山市、三沙市、儋州市、嘉峪关市。因此，"设区的市级以上"应做扩大理解，一是应将地区、自治州、盟视为"设区的市级以上"；二是将"直筒子市"视为"设区的市级以上"。应当注意，不应扩大到"副地级市"。我国目前大致有 42 个副地级市，它们是中国市级行政区的非正式行政级别，是党政领导干部的职级、党政机构（如部、委、办、局）都配套对应为副厅级的市。副地级市的城市级别位于第二地级市地位，非县级市、但行政级别为副厅级，多数情况下由县级市扩权而来，行政级别比地级市低半格，比县级市高半格，与县级市略有差别，副地级市下设镇、办事处、居委会、建制村等，不设区。

3. 调查规则

根据《反不正当竞争法》第 13 条第 3 款的规定，监督检查部门调查涉嫌不正当竞争行为，应遵循两大规则：

（1）遵守《行政强制法》和其他有关法律、行政法规的规定。

监督检查部门调查涉嫌不正当竞争行为，应当依法行政，防止权力滥用，损害被调查者的合法权益。根据调查措施是否具有强制性，依法行政之法，具有不同内涵。一是监督检查部门对在调查中属于行政强制性措施的，均应按照《行政强制法》的实体性、程序性规范其的调查行为。二是监督检查部门对于不属于强制性措施的调查措施，也应当遵守其他相关法律、行政法规的规定。

（2）处理结果及时公开。

监督检查部门调查涉嫌不正当竞争行为，应当根据调查获得材料，依据法律规定的标准对涉嫌不正当竞争行为是否构成不正当竞争进行判断、认定，并对认定的不正当竞争行为依法作出处理决定，并应当将查处结果及时向社会公开，这是规范行政的要求。

（三）被调查者的配合调查义务与法律责任

监督检查部门依职权或举报对涉嫌不正当竞争行为进行监督检查或调查，被调查者有配合调查的义务。《反不正当竞争法》第 14 条规定，监督检查部

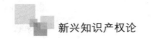

门调查涉嫌不正当竞争行为，被调查的经营者、利害关系人及其他有关单位、个人应当如实提供有关资料或者情况。

故此规定，被调查者包括经营者、利害关系人及其他有关单位、个人。经营者系指涉嫌不正当竞争者；利害关系人主要是受到不正当竞争行为侵害的经营者，如举报者等；其他有关单位、个人系指与涉嫌不正当竞争行为有一定关系的、为案件调查所必须的单位和个人。

提供"有关资料或者情况"，对于不同的被调查者有不同含义。对于被调查的经营者，主要指与涉嫌不正当竞争行为有关的协议、账簿、单据、文件、记录、业务函电和其他业务资料或情况；对于利害关系人，主要是其权益受到不正当竞争行为损害的相关证据材料或者情况；对于其他有关单位、个人，主要是系指和涉嫌不正当竞争行为直接相关的资料或情况。

被调查者提供"有关资料或情况"的要求是如实，提供的资料或情况应当真实、客观、全面，不得隐瞒事实，不得夸大或缩小，不得编造、不得转移、隐匿、销毁证据材料。

对于不如实提供资料或情况、拒不配合调查者，应当根据《反不正当竞争法》第 28 条追究其法律责任。该条规定，妨害监督检查部门依照该法履行职责，拒绝、阻碍调查的，由监督检查部门责令改正，对个人可以处 5 千元以下的罚款，对单位可以处 5 万元以下的罚款，并可以由公安机关依法给予治安管理处罚。

（四）调查者的保密义务与法律责任

监督检查部门在对涉嫌不正当竞争行为调查过程中，或会接触并知悉被调查者的商业秘密，对此，调查者即监督检查部门根据《反不正当竞争法》第 15 条的规定，依法负有保密义务。

调查者违反对商业秘密的保密义务，根据《反不正当竞争法》第 30 条的规定，依法承担法律责任。该条规定，监督检查部门的工作人员泄露调查过程中知悉的商业秘密的，依法给予处分。

二、违反与知识产权有关的不正当竞争行为的法律责任

经营者违法从事与知识产权有关的不正当竞争行为，依法应当承担民事责任、行政责任，构成犯罪的，依法承担刑事责任。

（一）民事责任

从《反不正当竞争法》第 17 条规定的民事责任看，与知识产权有关的不正当竞争行为应当承担的法律责任主要有：

1. 停止侵害

这是所有不正当竞争行为都要依法承担的责任。

2. 损失赔偿

即因不正当竞争行为受到损害的经营者的赔偿数额，按照其因被侵权所受到的实际损失确定；实际损失难以计算的，按照侵权人因侵权所获得的利益确定。还应当包括经营者为制止侵权行为所支付的合理开支。

《反不正当竞争法》对法定赔偿的赋权，仅适用于两种不正当竞争行为，即有经营者违反该法第 6 条即混淆行为、第 9 条即商业秘密规定，权利人因被侵权所受到的实际损失、侵权人因侵权所获得的利益难以确定的，由人民法院根据侵权行为的情节判决给予权利人 500 万元以下的赔偿。也就是说，法律并未赋权除混淆行为和侵害商业秘密权的不正当竞争行为的法定赔偿权。

由此可知，除混淆行为和商业秘密外，其他与知识产权有关的不正当竞争行为，并不存在直接适用法定赔偿的法律依据。那么，其他不正当竞争行为是否可以参照适用法定赔偿呢？根据《反不正当竞争法解释》第 23 条的规定，基于一般条款认定的不正当竞争行为，基于虚假宣传、商业诋毁、互联网专条的不正当竞争行为，在权利人因被侵权所受到的实际损失、侵权人因侵权所获得的利益难以确定的，当事人主张依据法定赔偿确定赔偿数额的应予支持。因此，《反不正当竞争法解释》扩大了法定赔偿适用范围。目前，除商业贿赂和有奖销售两种不正当竞争行为不适用于法定赔偿外，其他不正当竞争行为均可适用法定赔偿。由此也可以证明，与知识产权有关的不正当竞争行为，均可适用法定赔偿规则确定赔偿数额，与知识产权无关的不正当竞争行为，原则上不适用法定赔偿规则。这也是本书在《反不正当竞争法》第一次修订之时开始创作即选定的与知识产权有关的不正当竞争行为并向历届学生释明的基本思考，《反不正当竞争法解释》则证明了笔者选定的与知识产权有关的不正当竞争行为和最高人民法院扩大了的适用法定赔偿规则的不正当竞争行为范围是一致的，从而证明了笔者的不正当竞争行为分类思路和未来制止不正当竞争实践是一致的，因而笔者的基本思路也是正确的，经得起

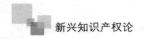新兴知识产权论

实践的检验。

还应说明的是，商标专利损害赔偿，可以参照许可使用费的合理倍数确定，但与知识产权有关的不正当竞争行为，除商业秘密外（这是我们另章独立研究的内容）通常不存在许可情况，因此，笔者认为，许可使用费的合理倍数适用空间较窄。损失数额、侵权所得均可参照《商标法》《专利法》和相关司法解释进行确定。

3. 消除影响

经营者通过商业诋毁对其他经营者进行的不正当竞争，影响了他人公司商业信誉、商品声誉，除了停止侵权外，还应当承担消除影响的法律责任。这是人民法院根据受害人的请求，责令商业诋毁行为人在一定的范围内采取适当的方式、措施消除对受害人信誉、商品声誉的不利影响，使受害人的名誉、商品声誉得到恢复。适用该责任方式的基本原则是行为人应根据造成不良影响的大小、范围采取与之相适应的措施给受害人消除不良影响。如在与造成不良影响的报刊、网站上发表书面声明，对错误内容进行更正。为此所需要的费用由商业诋毁人承担。消除影响、恢复名誉一般是通过公开方式进行。

（二）行政责任

《反不正当竞争法》对四种与知识产权有关的不正当竞争行为，分别规定了不同的行政责任。为简明起见，列表如下：

四种与知识产权有关的不正当竞争行为的行政责任

不正当竞争行为	责令停止违法行为	没收违法商品	消除影响	罚款		变更登记	吊销执照
				一般情节	严重情节		
混淆行为①	√	√	×	25万元以下	违法经营额5万元以上的，并处违法经营额5倍以下	√	√
虚假宣传②	√	×	×	20万元~100万元	100万元~200万元	×	可以
商业诋毁③	√		√	10万元~50万元	50万元~300万元	×	×

续表

不正当竞争行为	责令停止违法行为	没收违法商品	消除影响	罚款		变更登记	吊销执照
				一般情节	严重情节		
网络领域不正当竞争④	√	×	×	10 万元~50 万元	50 万元~300 万元	×	×

注：①《反不正当竞争法》第 18 条。名称变更前，由原企业登记机关以统一社会信用代码代替其名称。②《反不正当竞争法》第 20 条。经营者违反该法第 8 条规定，属于发布虚假广告的，依照《广告法》的规定处罚。③《反不正当竞争法》第 23 条。④《反不正当竞争法》第 24 条。

（三）刑事责任

经营者违反《反不正当竞争法》规定，构成犯罪的，依法还应承担刑事责任。但经营者违反反不正当竞争法规定，应当承担民事责任、行政责任和刑事责任，其财产不足以支付的，优先承担民事责任。从罪刑法定角度看，制止不正当竞争行为涉及刑事责任的主要是侵害商业秘密、商业诋毁行为。商业秘密刑事责任我们将在下章进行研究。

《中华人民共和国刑法》第 221 条规定了损害商业信誉、商品声誉罪和刑事责任，即捏造并散布虚伪事实，损害他人的商业信誉、商品声誉，给他人造成重大损失或者有其他严重情节的，处二年以下有期徒刑或者拘役，并处或者单处罚金。

三、对涉嫌不正当竞争行为的行政救济

《反不正当竞争法》第 29 条规定，当事人对监督检查部门作出的决定不服的，可以依法申请行政复议或者提起行政诉讼。监督检查部门依职权或举报对涉嫌不正当竞争行为进行调查，并根据调查结果对被调查的行为进行是否构成不正当竞争行为认定。对于被监督检查部门认定为不正当竞争行为，监督检查部门依法应做出处理决定并将处理结果向社会公开。对于提供相关事实和证据的实名举报人还应将处理结果告知举报人。举报人如系涉嫌不正当竞争行为的受害人，属于与行政决定有利害关系的利害人。该行政行为的相对人即被调查者、利害关系人根据《中华人民共和国行政复议法》和《行诉法》依法可以提起行政复议、行政诉讼。

第四节 我国制止不正当竞争法发展的新动态

我国《反不正当竞争法》自 1993 年 9 月 2 日公布施行了 24 余年后迎来了 2017 年 11 月 4 日进行的第一次修订；约一年半后又迎来了 2019 年 4 月 23 日的修正。从我国法律修改速度看，在不足两年的时间完成两次修改工作，一方面彰显了我国社会主义市场经济发展竞争业态与反不正当竞争业态的快速发展；另一方面又彰显了我国对于以法律手段维护市场公平竞争，营造良好营商环境的高度重视，同时又是我国知识产权理论界、司法界、实务界共同努力奋斗取得的重大法律成果。

为了营造公平竞争的市场环境，维护经营者、消费者的合法权益和社会公共利益，切实解决监管实践中的突出问题，加快完善反不正当竞争法律制度，国家市场监管总局起草并于 2022 年 11 月 22 日公布了《中华人民共和国反不正当竞争法（修订草案征求意见稿）》（以下简称《反不正当竞争法征求意见稿》），制止不正当竞争法在不远的将来，又将迎来一次修订成果，这必将是我国制止不正当竞争法（包括与知识产权有关的制止不正当竞争行为）发展的新阶段，迎来我国竞争法发展的新局面。虽然该征求意见稿征求意见期已结束，国家市场监督管理总局根据征求的建议修订情况尚未公布，但笔者认为，该稿反映了我国《反不正当竞争法》不远的将来修改发展的新动态。

一、《反不正当竞争法征求意见稿》对《反不正当竞争法》的总体修改情况

为较为准确地把握修法新动态，我们根据现行《反不正当竞争法》和《反不正当竞争法征求意见稿》的内容，将其主要修改内容列对比表并进行简要备注说明如下：

《反不正当竞争法》与《反不正当竞争法征求意见稿》对比表

《反不正当竞争法》	《反不正当竞争法征求意见稿》	备注说明
第一章 总则	第一章 总则	
第 1 条 为了促进社会主义市场经济健康发展，鼓励和保护公平竞争，制止不正当竞争行为，	第 1 条 为了预防和制止不正当竞争行为，鼓励和保护公平竞争，维护经营者、消费者的合法权益	预防和制止不正当竞争，保护社会公共利益被纳入

《反不正当竞争法》	《反不正当竞争法征求意见稿》	备注说明
保护经营者和消费者的合法权益，制定本法。	和社会公共利益，促进社会主义市场经济健康发展，制定本法。	了反不正当竞争法保护的法益和立法目的。
第2条　经营者在生产经营活动中，应当遵循自愿、平等、公平、诚信的原则，遵守法律和商业道德。 本法所称的不正当竞争行为，是指经营者在生产经营活动中，违反本法规定，扰乱市场竞争秩序，损害其他经营者或者消费者的合法权益的行为。 本法所称的经营者，是指从事商品生产、经营或者提供服务（以下所称商品包括服务）的自然人、法人和非法人组织。	第2条　经营者在生产经营活动中，应当遵循自愿、平等、公平、诚信的原则，遵守法律和商业道德，不得实施或者帮助他人实施不正当竞争行为。 本法所称的不正当竞争行为，是指经营者在生产经营活动中，违反本法规定，扰乱市场竞争秩序，损害其他经营者、消费者的合法权益或者社会公共利益的行为。 本法所称的经营者，是指从事商品生产、经营或者提供服务（以下所称商品包括服务）的自然人、法人和非法人组织。	将帮助他人实施不正当竞争行为纳入公平竞争的禁止性内容予以制止； 将损害社会公共利益纳入一般条款之中。
第3条　各级人民政府应当采取措施，制止不正当竞争行为，为公平竞争创造良好的环境和条件。 国务院建立反不正当竞争工作协调机制，研究决定反不正当竞争重大政策，协调处理维护市场竞争秩序的重大问题。	第3条　反不正当竞争工作坚持中国共产党的领导。 国务院建立反不正当竞争工作协调机制，研究决定反不正当竞争重大政策，协调处理维护市场竞争秩序的重大问题。 各级人民政府应当采取措施，制止不正当竞争行为，为公平竞争创造良好的环境和条件。	增补与强调反不正当竞争须坚持党的领导； 调整条文由低向高为由高向低顺次表达。
	第4条　国家健全数字经济公平竞争规则。 经营者不得利用数据和算法、技术、资本优势以及平台规则等从事不正当竞争行为。	增补保护数字经济公平竞争规则。
第4条　县级以上人民政府履行工商行政管理职责的部门对	第5条　县级以上市场监督管理部门对不正当竞争行为进行	增补反不正当竞争法行政执法应当坚持的原则。

《反不正当竞争法》	《反不正当竞争法征求意见稿》	备注说明
不正当竞争行为进行查处；法律、行政法规规定由其他部门查处的，依照其规定。	查处。 反不正当竞争执法工作坚持依法、公正、平等、统一的原则。本法没有作出规定的，可以适用其他法律、行政法规的规定。	
第5条　国家鼓励、支持和保护一切组织和个人对不正当竞争行为进行社会监督。国家机关及其工作人员不得支持、包庇不正当竞争行为。 行业组织应当加强行业自律，引导、规范会员依法竞争，维护市场竞争秩序。	第6条　国家鼓励、支持和保护一切组织和个人对不正当竞争行为进行社会监督。国家机关及其工作人员不得支持、包庇不正当竞争行为。 行业组织应当加强行业自律，引导、规范会员依法竞争，维护市场竞争秩序。	
第二章　不正当竞争行为	第二章　不正当竞争行为	
第6条　经营者不得实施下列混淆行为，引人误认为是他人商品或者与他人存在特定联系： （一）擅自使用与他人有一定影响的商品名称、包装、装潢等相同或者近似的标识； （二）擅自使用他人有一定影响的企业名称（包括简称、字号等）、社会组织名称（包括简称等）、姓名（包括笔名、艺名、译名等）； （三）擅自使用他人有一定影响的域名主体部分、网站名称、网页等； （四）其他足以引人误认为是他人商品或者与他人存在特定联系的混淆行为。	第7条　经营者不得实施下列混淆行为，引人误认为是他人商品或者与他人存在特定联系： （一）擅自使用与他人有一定影响的商品名称、包装、装潢等相同或者近似的标识或者包装、装潢； （二）擅自使用与他人有一定影响的市场主体名称（包括简称、字号等）、社会组织名称（包括简称等）、姓名（包括笔名、艺名、译名等）等相同或者近似的标识； （三）擅自使用与他人有一定影响的域名主体部分、网站名称、页面设计、自媒体名称、应用软件名称或者图标等相同或者近似的标识或者页面； （四）擅自将他人有一定影响的商业标识设置为搜索关键词，误导相关公众； （五）其他足以引人误认为是他	将直接使用他人的包装、装潢明确纳入商品或服务标识反混淆条款之中； 将企业改为市场主体，明确主体标识混淆包括擅自使用相同或近似的主体标识； 将原法之"等"明确为页面设计、自媒体名称、应用软件名称或者图标等相同或者近似的标识； 增补第4项网络混淆款项； 增补第2款将销售和实施帮助行为纳入反混淆规制行为，提高了反混淆保护强度。

续表

《反不正当竞争法》	《反不正当竞争法征求意见稿》	备注说明
	人商品或者与他人存在特定联系的混淆行为。 经营者不得销售构成本条第1款规定的混淆商品，不得为实施混淆行为提供仓储、运输、邮寄、印制、隐匿、经营场所等便利条件。	
第7条 经营者不得采用财物或者其他手段贿赂下列单位或者个人，以谋取交易机会或者竞争优势： （一）交易相对方的工作人员； （二）受交易相对方委托办理相关事务的单位或者个人； （三）利用职权或者影响力影响交易的单位或者个人。 经营者在交易活动中，可以以明示方式向交易相对方支付折扣，或者向中间人支付佣金。经营者向交易相对方支付折扣、向中间人支付佣金的，应当如实入账。接受折扣、佣金的经营者也应当如实入账。 经营者的工作人员进行贿赂的，应当认定为经营者的行为；但是，经营者有证据证明该工作人员的行为与为经营者谋取交易机会或者竞争优势无关的除外。	第8条 经营者不得自行或者指使他人采用财物或者其他手段贿赂下列单位或者个人，以谋取交易机会或者竞争优势： （一）交易相对方或者其工作人员； （二）受交易相对方委托办理相关事务的单位或者个人； （三）利用职权或者影响力影响交易的单位或者个人。 经营者在交易活动中，可以以明示方式向交易相对方支付折扣，或者向中间人支付佣金。经营者向交易相对方支付折扣、向中间人支付佣金的，应当如实入账。接受折扣、佣金的经营者也应当如实入账。 经营者的工作人员进行贿赂的，应当认定为经营者的行为；但是，经营者有证据证明该工作人员的行为与为经营者谋取交易机会或者竞争优势无关的除外。 任何单位和个人不得在交易活动中收受贿赂。	明确商业贿赂行为实施主体包括经营者自行或指使他人； 明确被贿赂方包括交易相对方或其工作人员； 在第3款后增补第4款禁止任何单位和个人在交易中收受贿赂的强制性规定。
第8条 经营者不得对其商品的性能、功能、质量、销售状况、用户评价、曾获荣誉等作虚假或者引人误解的商业宣传，欺骗、误导消费者。	第9条 经营者不得对商品或者商品经营者的性能、功能、质量、类别、来源、销售状况、用户评价、曾获荣誉、交易信息、经营数据、资格资质等相关信息	将商品经营者纳入虚假宣传规制主体，扩大了规制客体范围； 增补第2款，明

《反不正当竞争法》	《反不正当竞争法征求意见稿》	备注说明
经营者不得通过组织虚假交易等方式，帮助其他经营者进行虚假或者引人误解的商业宣传。	作虚假或者引人误解的商业宣传，欺骗、误导相关公众。 前款所称商业宣传主要包括通过经营场所、展览活动、网站、自媒体、电话、宣传单等方式对商品进行展示、演示、说明、解释、推介或者文字标注等不构成广告的商业宣传活动。 经营者不得通过组织虚假交易、虚构评价等方式，帮助其他经营者进行虚假或者引人误解的商业宣传，不得为虚假宣传提供策划、制作、发布等服务。	确界定虚假宣传的具体方式，增强执法的可操作性； 原第2款改为第3款，将虚构评价明确纳入帮助虚假宣传范围，并禁止为虚假宣传提供前后期的策划、制作、发布等帮助行为。
第9条　经营者不得实施下列侵犯商业秘密的行为： （一）以盗窃、贿赂、欺诈、胁迫、电子侵入或者其他不正当手段获取权利人的商业秘密； （二）披露、使用或者允许他人使用以前项手段获取的权利人的商业秘密； （三）违反保密义务或者违反权利人有关保守商业秘密的要求，披露、使用或者允许他人使用其所掌握的商业秘密； （四）教唆、引诱、帮助他人违反保密义务或者违反权利人有关保守商业秘密的要求，获取、披露、使用或者允许他人使用权利人的商业秘密。 经营者以外的其他自然人、法人和非法人组织实施前款所列违法行为的，视为侵犯商业秘密。 第三人明知或者应知商业秘密权利人的员工、前员工或者其他单位、个人实施本条第1款所	第10条　经营者不得实施下列侵犯商业秘密的行为： （一）以盗窃、贿赂、欺诈、胁迫、电子侵入或者其他不正当手段获取权利人的商业秘密； （二）披露、使用或者允许他人使用以前项手段获取的权利人的商业秘密； （三）违反保密义务或者违反权利人有关保守商业秘密的要求，披露、使用或者允许他人使用其所掌握的商业秘密； （四）教唆、引诱、帮助他人违反保密义务或者违反权利人有关保守商业秘密的要求，获取、披露、使用或者允许他人使用权利人的商业秘密。 经营者以外的其他自然人、法人和非法人组织实施前款所列违法行为的，视为侵犯商业秘密。 第三人明知或者应知商业秘密权利人的员工、前员工或者其他单位、个人实施本条第1款所列违法行为，仍获取、披露、使用或	在原法第4款后增补第5款，明确国家推动建立健全商业秘密自我保护、行政保护、司法保护一体的商业秘密保护体系。

续表

《反不正当竞争法》	《反不正当竞争法征求意见稿》	备注说明
列违法行为，仍获取、披露、使用或者允许他人使用该商业秘密的，视为侵犯商业秘密。 本法所称的商业秘密，是指不为公众所知悉、具有商业价值并经权利人采取相应保密措施的技术信息、经营信息等商业信息。	者允许他人使用该商业秘密的，视为侵犯商业秘密。 本法所称的商业秘密，是指不为公众所知悉、具有商业价值并经权利人采取相应保密措施的技术信息、经营信息等商业信息。 国家推动建立健全商业秘密自我保护、行政保护、司法保护一体的商业秘密保护体系。	
第10条　经营者进行有奖销售不得存在下列情形： （一）所设奖的种类、兑奖条件、奖金金额或者奖品等有奖销售信息不明确，影响兑奖； （二）采用谎称有奖或者故意让内定人员中奖的欺骗方式进行有奖销售； （三）抽奖式的有奖销售，最高奖的金额超过5万元。	第11条　经营者进行有奖销售不得存在下列情形： （一）所设奖的种类、兑奖条件、奖金金额或者奖品等有奖销售信息不明确，影响兑奖； （二）采用谎称有奖、虚假设置奖项内容或者故意让内定人员中奖的欺骗方式进行有奖销售； （三）抽奖式的有奖销售，最高奖的金额超过5万元。 有奖销售活动开始后，经营者不得变更前款第1项规定的有奖销售信息，有利于消费者的除外。	增补原法第2项谎称内容包括虚假设置奖项内容；增补第2款，除有利于消费者外，禁止在有奖销售活动开始后变更第1项规定的有奖销售信息。
第11条　经营者不得编造、传播虚假信息或者误导性信息，损害竞争对手的商业信誉、商品声誉。	第12条　经营者不得编造、传播或者指使他人编造、传播虚假信息或者误导性信息，损害竞争对手或者其他经营者的商业信誉、商品声誉。	扩张了商业诋毁行为主体包括经营者自己和他人，明确被诋毁对象包括竞争对手或其他经营者。
	第13条　具有相对优势地位的经营者无正当理由不得实施下列行为，对交易相对方的经营活动进行不合理限制或者附加不合理条件，影响公平交易，扰乱市场公平竞争秩序：	增补相对优势地位经营者不正当竞争行为。

续表

《反不正当竞争法》	《反不正当竞争法征求意见稿》	备注说明
	（一）强迫交易相对方签订排他性协议； （二）不合理限定交易相对方的交易对象或者交易条件； （三）提供商品时强制搭配其他商品； （四）不合理限定商品的价格、销售对象、销售区域、销售时间或者参与促销推广活动； （五）不合理设定扣取保证金，削减补贴、优惠和流量资源等限制； （六）通过影响用户选择、限流、屏蔽、搜索降权、商品下架等方式，干扰正常交易； （七）其他进行不合理限制或者附加不合理条件，影响公平交易的行为。	
	第14条　经营者不得为了牟取不正当利益，实施下列恶意交易行为，妨碍、破坏其他经营者的正常经营： （一）故意通过短期内与其他经营者进行大规模、高频次交易、给予好评等，引发相关惩戒，使其他经营者受到搜索降权、降低信用等级、商品下架、断开链接、停止服务等处置； （二）恶意在短期内拍下大量商品不付款； （三）恶意批量购买后退货或者拒绝收货； （四）其他利用规则实施恶意交易，不当妨碍、破坏其他经营者正常经营的行为。	增补恶意交易行为。

续表

《反不正当竞争法》	《反不正当竞争法征求意见稿》	备注说明
第12条　经营者利用网络从事生产经营活动，应当遵守本法的各项规定。 经营者不得利用技术手段，通过影响用户选择或者其他方式，实施下列妨碍、破坏其他经营者合法提供的网络产品或者服务正常运行的行为： （一）未经其他经营者同意，在其合法提供的网络产品或者服务中，插入链接、强制进行目标跳转； （二）误导、欺骗、强迫用户修改、关闭、卸载其他经营者合法提供的网络产品或者服务； （三）恶意对其他经营者合法提供的网络产品或者服务实施不兼容； （四）其他妨碍、破坏其他经营者合法提供的网络产品或者服务正常运行的行为。	第15条　经营者利用网络从事生产经营活动，应当遵守本法的各项规定。 经营者不得利用数据和算法、技术以及平台规则等，通过影响用户选择或者其他方式，扰乱市场公平竞争秩序。 前款所称影响用户选择，包括违背用户意愿和选择权、增加操作复杂性、破坏使用连贯性等。	将原法第12条第1款独立为一条，并增补第二、三两款，作为网络领域不正当竞争行为的在原法第2条一般条款之外的二级通用条款，特别适用于传统不正当竞争行为在网络领域的延伸情况。
	第16条　经营者不得利用技术手段，实施下列流量劫持、不当干扰、恶意不兼容等行为，影响用户选择，妨碍、破坏其他经营者合法提供的网络产品或者服务正常运行： （一）未经其他经营者同意，在其合法提供的网络产品或者服务中，插入链接、强制进行目标跳转、嵌入自己或者他人的产品或者服务； （二）利用关键词联想、设置虚假操作选项等方式，设置指向自身产品或者服务的链接，欺骗或者误导用户点击； （三）误导、欺骗、强迫用户修改、关闭、卸载其他经营者合法提供的网络产品或者服务； （四）恶意对其他经营者合法提供的网络产品或者服务实施不兼容； （五）无正当理由，对其他经营者合法提供的产品或者服务的内容、页面实施拦截、屏蔽等； （六）其他妨碍、破坏其他经营者合法提供的网络产品或者服务正常运行的行为。	将原法第12条第2款独立规定为一条，将原法之"其他方式"明确为实施流量劫持、不当干扰、恶意不兼容等行为； 扩张第1项不正当竞争行为的内容； 增补第（二）（五）项网络领域特有的不正当竞争行为。 该条主要适用于交互式网络传播领域。 将原法第4项不正当竞争行为独立为第20条，并做完善与修改。

《反不正当竞争法》	《反不正当竞争法征求意见稿》	备注说明
	第17条　经营者不得利用技术手段、平台规则等，违反行业惯例或者技术规范，不当排斥、妨碍其他经营者合法提供的产品或者服务的接入和交易等，扰乱市场公平竞争秩序。	增补网络领域不正当竞争行为。
	第18条　经营者不得实施下列行为，不正当获取或者使用其他经营者的商业数据，损害其他经营者和消费者的合法权益，扰乱市场公平竞争秩序： （一）以盗窃、胁迫、欺诈、电子侵入等方式，破坏技术管理措施，不正当获取其他经营者的商业数据，不合理地增加其他经营者的运营成本、影响其他经营者的正常经营； （二）违反约定或者合理、正当的数据抓取协议，获取和使用他人商业数据，并足以实质性替代其他经营者提供的相关产品或者服务； （三）披露、转让或者使用以不正当手段获取的其他经营者的商业数据，并足以实质性替代其他经营者提供的相关产品或者服务； （四）以违反诚实信用和商业道德的其他方式不正当获取和使用他人商业数据，严重损害其他经营者和消费者的合法权益，扰乱市场公平竞争秩序。 本法所称商业数据，是指经营者依法收集、具有商业价值并采取相应技术管理措施的数据。 获取、使用或者披露与公众可以无偿利用的信息相同的数据，不属于本条第1款所称不正当获取或者使用其他经营者商业数据。	

续表

《反不正当竞争法》	《反不正当竞争法征求意见稿》	备注说明
	第19条　经营者不得利用算法，通过分析用户偏好、交易习惯等特征，在交易条件上对交易相对方实施不合理的差别待遇或者进行不合理限制，损害消费者、其他经营者的合法权益和社会公共利益，扰乱市场公平竞争秩序。	增补算法不正当竞争行为。
	第20条　经营者不得违反本法规定，实施其他网络不正当竞争行为，扰乱市场竞争秩序，影响市场公平交易，损害其他经营者或者消费者合法权益和社会公共利益。	将原法第12条第4项独立为专条并进行修改，扩张了适用范围。
	第21条　判断是否构成本法第13条至第20条规定的不正当竞争行为，可以综合考虑以下因素： （一）对消费者、其他经营者合法权益以及社会公共利益的影响； （二）是否采取强制、胁迫、欺诈等手段； （三）是否违背行业惯例、商业伦理、商业道德； （四）是否违背公平、合理、无歧视的原则； （五）对技术创新、行业发展、网络生态的影响等。	增补拟修订的新法第13条至第20条规定的不正当竞争行为的认定因素和判断标准，增强法律的可操作性。
	第22条　平台经营者应当加强竞争合规管理，积极倡导公平竞争。 平台经营者应当在平台服务协议和交易规则中明确平台内公平竞争规则，引导平台内经营者依法竞争。	增补平台应当加强竞争合规管理条款。

续表

《反不正当竞争法》	《反不正当竞争法征求意见稿》	备注说明
第三章 对涉嫌不正当竞争 行为的调查	第三章 对涉嫌不正当竞争 行为的调查	
第13条 监督检查部门调查涉嫌不正当竞争行为，可以采取下列措施： （一）进入涉嫌不正当竞争行为的经营场所进行检查； （二）询问被调查的经营者、利害关系人及其他有关单位、个人，要求其说明有关情况或者提供与被调查行为有关的其他资料； （三）查询、复制与涉嫌不正当竞争行为有关的协议、账簿、单据、文件、记录、业务函电和其他资料； （四）查封、扣押与涉嫌不正当竞争行为有关的财物； （五）查询涉嫌不正当竞争行为的经营者的银行账户。 采取前款规定的措施，应当向监督检查部门主要负责人书面报告，并经批准。采取前款第4项、第5项规定的措施，应当向设区的市级以上人民政府监督检查部门主要负责人书面报告，并经批准。 监督检查部门调查涉嫌不正当竞争行为，应当遵守《中华人民共和国行政强制法》和其他有关法律、行政法规的规定，并应当将查处结果及时向社会公开。	第23条 监督检查部门调查涉嫌不正当竞争行为，可以采取下列措施： （一）进入涉嫌不正当竞争行为的经营场所进行检查； （二）询问被调查的经营者、利害关系人以及其他有关单位、个人，要求其说明有关情况或者提供与被调查行为有关的其他资料； （三）查询、复制与涉嫌不正当竞争行为有关的协议、账簿、单据、文件、记录、业务函电和其他资料； （四）查封、扣押与涉嫌不正当竞争行为有关的财物； （五）查询涉嫌不正当竞争行为的经营者的银行账户和第三方支付账户以及支付记录。 采取前款第4项、第5项规定的措施，应当向县级以上监督检查部门主要负责人书面报告，并经批准。 监督检查部门调查涉嫌不正当竞争行为，应当遵守《中华人民共和国行政强制法》和其他有关法律、行政法规的规定，并依法将查处结果及时向社会公开。	原法第5项查询经营者的账户扩张至"第三方支付账户以及支付记录"；修改第2款，删除"采取前款规定的措施，应当向监督检查部门主要负责人书面报告，并经批准。"将"设区的市级以上人民政府"修改为"县级以上"。

续表

《反不正当竞争法》	《反不正当竞争法征求意见稿》	备注说明
第 14 条　监督检查部门调查涉嫌不正当竞争行为，被调查的经营者、利害关系人及其他有关单位、个人应当如实提供有关资料或者情况。	第 24 条　监督检查部门调查涉嫌不正当竞争行为，被调查的经营者、利害关系人以及其他有关单位、个人应当如实提供有关资料或者情况。	
第 15 条　监督检查部门及其工作人员对调查过程中知悉的商业秘密负有保密义务。	第 25 条　监督检查部门及其工作人员对调查过程中知悉的商业秘密、个人隐私和个人信息负有保密义务。	行政执法者保密义务扩展至"个人隐私和个人信息"。
第 16 条　对涉嫌不正当竞争行为，任何单位和个人有权向监督检查部门举报，监督检查部门接到举报后应当依法及时处理。 监督检查部门应当向社会公开受理举报的电话、信箱或者电子邮件地址，并为举报人保密。对实名举报并提供相关事实和证据的，监督检查部门应当将处理结果告知举报人。	第 26 条　对涉嫌不正当竞争行为，任何单位和个人有权向监督检查部门举报，监督检查部门接到举报后应当依法及时处理。 监督检查部门应当向社会公开受理举报的电话、信箱或者电子邮件地址，并为举报人保密。对实名举报并提供相关事实和证据的，监督检查部门应当将处理结果告知举报人。	
第四章　法律责任	第四章　法律责任	
第 17 条　经营者违反本法规定，给他人造成损害的，应当依法承担民事责任。 经营者的合法权益受到不正当竞争行为损害的，可以向人民法院提起诉讼。 因不正当竞争行为受到损害的经营者的赔偿数额，按照其因被侵权所受到的实际损失确定；实际损失难以计算的，按照侵权人因侵权所获得的利益确定。 经营者恶意实施侵犯商业秘密行为，情节严重的，可以在按	第 27 条　经营者违反本法规定，给他人造成损害的，应当依法承担民事责任。 经营者的合法权益受到不正当竞争行为损害的，可以向人民法院提起诉讼。 因不正当竞争行为受到损害的经营者的赔偿数额，按照其因被侵权所受到的实际损失确定；实际损失难以计算的，按照侵权人因侵权所获得的利益确定。赔偿数额还应当包括经营者为制止侵权行为所支付的合理开支。	将原告施行惩罚性赔偿仅适用恶意侵害商业秘密扩展至适用全部不正当竞争行为；将原法适用法定赔偿仅适用于第 6 条、第 9 条即混淆行为和侵害商业秘密行为扩展至适用全部不正当竞争行为；

续表

《反不正当竞争法》	《反不正当竞争法征求意见稿》	备注说明
照上述方法确定数额的 1 倍以上 5 倍以下确定赔偿数额。赔偿数额还应当包括经营者为制止侵权行为所支付的合理开支。经营者违反本法第 6 条、第 9 条规定，权利人因被侵权所受到的实际损失、侵权人因侵权所获得的利益难以确定的，由人民法院根据侵权行为的情节判决给予权利人 500 万元以下的赔偿。	经营者违反本法规定，情节严重的，可以在按照上述方法确定数额的 1 倍以上 5 倍以下确定赔偿数额。 经营者因被侵权所受到的实际损失、侵权人因侵权所获得的利益难以确定的，由人民法院根据侵权行为的情节判决给予权利人 500 万元以下的赔偿。	全面提高了制止不正当竞争的保护水平。
第 18 条　经营者违反本法第 6 条规定实施混淆行为的，由监督检查部门责令停止违法行为，没收违法商品。违法经营额 5 万元以上的，可以并处违法经营额五倍以下的罚款；没有违法经营额或者违法经营额不足 5 万元的，可以并处 25 万元以下的罚款。情节严重的，吊销营业执照。 经营者登记的企业名称违反本法第 6 条规定的，应当及时办理名称变更登记；名称变更前，由原企业登记机关以统一社会信用代码代替其名称。	第 28 条　经营者违反本法第 7 条规定实施混淆行为的，由监督检查部门责令停止违法行为，没收违法所得以及违法商品和生产工具。违法经营额 5 万元以上的，可以并处违法经营额五倍以下的罚款；没有违法经营额或者违法经营额不足 5 万元的，可以并处 25 万元以下的罚款；情节严重的，吊销营业执照。 知道或者应当知道他人实施混淆行为，仍销售混淆商品，或者故意为实施混淆行为提供便利条件的，帮助他人实施混淆行为的，适用前款规定处理。销售不知道是混淆商品，能证明该商品是自己合法取得并说明提供者的，由监督检查部门责令停止销售。 经营者登记的市场主体名称违反本法第 7 条规定的，应当自处理决定作出之日起三十日内办理名称变更登记；名称变更前，由原登记机关以统一社会信用代码代替其名称。	修改扩大了行政处罚力度，将没收违法商品修改为"没收违法所得以及违法商品和生产工具"； 增补第 2 款，规定知道他人实施混淆仍销售混淆商品或帮助他人实施混淆行为的行政处罚措施和合法来源抗辩事由； 将原法第 2 款改为第 3 款，并将"及时"修改为"自处理决定作出之日起三十日内"，增强了法律的可操作性。

《反不正当竞争法》	《反不正当竞争法征求意见稿》	备注说明
第19条　经营者违反本法第7条规定贿赂他人的，由监督检查部门没收违法所得，处10万元以上300万元以下的罚款。情节严重的，吊销营业执照。	第29条　经营者违反本法第8条规定贿赂他人的，由监督检查部门没收违法所得，处10万元以上500万元以下的罚款；情节严重的，吊销营业执照。 经营者或者其工作人员在交易活动中收受贿赂的，法律、行政法规有规定的，依照其规定；法律、行政法规没有规定的，依照前款规定处罚。	修改提高了商业贿赂行政处罚罚款上限，由300万元提高至500万元； 增补了第2款规定，实现了法律、行政法规之间的有效衔接。
第20条　经营者违反本法第8条规定对其商品作虚假或者引人误解的商业宣传，或者通过组织虚假交易等方式帮助其他经营者进行虚假或者引人误解的商业宣传的，由监督检查部门责令停止违法行为，处20万元以上100万元以下的罚款；情节严重的，处100万元以上200万元以下的罚款，可以吊销营业执照。 经营者违反本法第8条规定，属于发布虚假广告的，依照《中华人民共和国广告法》的规定处罚。	第30条　经营者违反本法第9条规定对其商品以及商品生产经营主体作虚假或者引人误解的商业宣传，或者通过组织虚假交易、虚构评价等方式帮助其他经营者进行虚假或者引人误解的商业宣传的，由监督检查部门责令停止违法行为，没收用于违法行为的物品和违法所得，处10万元以上100万元以下的罚款；情节严重的，处100万元以上200万元以下的罚款，可以吊销营业执照。 经营者知道或者应当知道为虚假宣传行为，仍提供策划、制作、发布等服务的，依照前款规定处罚。 经营者违反本法第9条规定，属于发布虚假广告的，依照《中华人民共和国广告法》的规定处罚。	增加"没收用于违法行为的物品和违法所得"的虚假宣传的行政处罚手段； 增补第2款帮助虚假宣传的行政责任。
第21条　经营者以及其他自然人、法人和非法人组织违反本法第9条规定侵犯商业秘密的，由监督检查部门责令停止违法行为，没收违法所得，处10万元以上100万元以下的罚款；情节严重的，处50万元以上500万元以下的罚款。	第31条　经营者以及其他自然人、法人和非法人组织违反本法第10条规定侵犯商业秘密的，由监督检查部门责令停止违法行为，没收违法所得，处10万元以上100万元以下的罚款；情节严重的，处100万元以上500万元以下的罚款。	

续表

《反不正当竞争法》	《反不正当竞争法征求意见稿》	备注说明
第 22 条 经营者违反本法第 10 条规定进行有奖销售的，由监督检查部门责令停止违法行为，处 5 万元以上 50 万元以下的罚款。	第 32 条 经营者违反本法第 11 条规定进行有奖销售的，由监督检查部门责令停止违法行为，处 5 万元以上 50 万元以下的罚款。	
第 23 条 经营者违反本法第 11 条规定损害竞争对手商业信誉、商品声誉的，由监督检查部门责令停止违法行为、消除影响，处 10 万元以上 50 万元以下的罚款；情节严重的，处 50 万元以上 300 万元以下的罚款。	第 33 条 经营者违反本法第 12 条规定损害竞争对手商业信誉、商品声誉的，由监督检查部门责令停止违法行为、消除影响，处 10 万元以上 100 万元以下的罚款；情节严重的，处 100 万元以上 500 万元以下的罚款。	修改提高了商业诋毁行政罚款的上限，将"处 10 万元以上 50 万元以下的罚款；情节严重的，处 50 万元以上 300 万元以下的罚款。"修改为"处 10 万元以上 100 万元以下的罚款；情节严重的，处 100 万元以上 500 万元以下的罚款"。
	第 34 条 经营者违反本法第 13 条规定实施不合理限制或者附加不合理条件的，由监督检查部门责令停止违法行为，没收违法所得，处 10 万元以上 100 万元以下的罚款；情节严重的，处 100 万元以上 500 万元以下的罚款。	增补相对优势地位经营者不正当竞争行为行政责任。
	第 35 条 经营者违反本法第 14 条规定实施恶意交易，妨碍、破坏其他经营者正常经营的，由监督检查部门责令停止违法行为，没收违法所得，处 10 万元以上 100 万元以下的罚款；情节严重的，处 100 万元以上 500 万元以下的罚款。	增补恶意交易不正当竞争行为行政责任。

续表

《反不正当竞争法》	《反不正当竞争法征求意见稿》	备注说明
第24条　经营者违反本法第12条规定妨碍、破坏其他经营者合法提供的网络产品或者服务正常运行的，由监督检查部门责令停止违法行为，处10万元以上50万元以下的罚款；情节严重的，处50万元以上300万元以下的罚款。	第36条　经营者违反本法第16条至第20条规定，实施网络不正当竞争行为的，由监督检查部门责令停止违法行为，没收违法所得，处10万元以上100万元以下的罚款；情节严重的，处100万元以上500万元以下的罚款。	增加没收违法所得行政责任，修改提高网络不正当竞争行为的行政罚款上限，将"处10万元以上50万元以下的罚款；情节严重的，处50万元以上300万元以下的罚款。"修改为"没收违法所得，处10万元以上100万元以下的罚款；情节严重的，处100万元以上500万元以下的罚款。"
	第37条　经营者违反本法第2条规定，实施严重破坏竞争秩序、确需查处的不正当竞争行为，本法和有关法律、行政法规未作明确规定的，由国务院市场监督管理部门认定，由省级以上市场监督管理部门责令停止违法行为，没收违法所得，处10万元以上100万元以下的罚款；情节严重的，处100万元以上500万元以下的罚款。	增补适用一般条款的行政责任。
	第38条　经营者违反本法第13条、第16条、第17条、第18条、第19条、第20条规定，实施不正当竞争行为，情节特别严重，性质特别恶劣，严重损害公平竞争秩序或者社会公共利益的，由省级以上人民政府监督检查部门责令停止违法行为，没收	增补情节特别严重，性质特别恶劣、严重损害公平竞争秩序或者社会公共利益的部分不正当竞争行为的行政责任。

《反不正当竞争法》	《反不正当竞争法征求意见稿》	备注说明
	违法所得，处上一年度销售额百分之一以上百分之五以下的罚款，并可以责令停业、吊销相关业务许可证或者吊销营业执照；经营者的法定代表人、主要负责人和直接责任人员对不正当竞争行为负有个人责任的，处10万元以上100万元以下的罚款。	
第25条　经营者违反本法规定从事不正当竞争，有主动消除或者减轻违法行为危害后果等法定情形的，依法从轻或者减轻行政处罚；违法行为轻微并及时纠正，没有造成危害后果的，不予行政处罚。	第39条　经营者违反本法规定从事不正当竞争，有主动消除或者减轻违法行为危害后果等法定情形的，依法从轻或者减轻行政处罚；违法行为轻微并及时改正，没有造成危害后果的，不予行政处罚。	
第26条　经营者违反本法规定从事不正当竞争，受到行政处罚的，由监督检查部门记入信用记录，并依照有关法律、行政法规的规定予以公示。	第40条　经营者违反本法规定从事不正当竞争，受到行政处罚的，由监督检查部门记入信用记录，并依照有关法律、行政法规的规定予以公示。	
第27条　经营者违反本法规定，应当承担民事责任、行政责任和刑事责任，其财产不足以支付的，优先用于承担民事责任。	第41条　经营者违反本法规定，应当承担民事责任、行政责任和刑事责任，其财产不足以支付的，优先用于承担民事责任。经营者存在涉嫌违反本法规定的情形，相关经营者之间已经就民事责任的承担达成和解，或者人民法院已经就民事责任做出裁决，且经营者的行为对公平竞争秩序和社会公共利益没有造成损害的，可以不进行调查，已经调查的可以终止调查，调查结束的，可以免除处罚。	增补第2款。

《反不正当竞争法》	《反不正当竞争法征求意见稿》	备注说明
第28条　妨害监督检查部门依照本法履行职责，拒绝、阻碍调查的，由监督检查部门责令改正，对个人可以处5千元以下的罚款，对单位可以处5万元以下的罚款，并可以由公安机关依法给予治安管理处罚。	第42条　妨害监督检查部门依照本法履行职责，拒绝、阻碍调查的，由监督检查部门责令改正，对个人可以处5万元以下的罚款，对单位可以处50万元以下的罚款，并可以由公安机关依法给予治安管理处罚。	修改提高了妨害监督检查部门依照本法履行职责，拒绝、阻碍调查的行政责任，由"对个人可以处5千元以下的罚款，对单位可以处5万元以下的罚款"修改为"对个人可以处5万元以下的罚款，对单位可以处50万元以下的罚款"。
第29条　当事人对监督检查部门作出的决定不服的，可以依法申请行政复议或者提起行政诉讼。	第43条　当事人对监督检查部门作出的决定不服的，可以依法申请行政复议或者提起行政诉讼。	
第30条　监督检查部门的工作人员滥用职权、玩忽职守、徇私舞弊或者泄露调查过程中知悉的商业秘密的，依法给予处分。	第44条　监督检查部门的工作人员滥用职权、玩忽职守、徇私舞弊或者泄露调查过程中知悉的商业秘密的，依法给予处分。	
第31条　违反本法规定，构成犯罪的，依法追究刑事责任。	第45条　违反本法规定，构成犯罪的，依法追究刑事责任。	
第32条　在侵犯商业秘密的民事审判程序中，商业秘密权利人提供初步证据，证明其已经对所主张的商业秘密采取保密措施，且合理表明商业秘密被侵犯，涉嫌侵权人应当证明权利人所主张的商业秘密不属于本法规定的商业秘密。	第46条　在侵犯商业秘密的民事审判程序中，商业秘密权利人提供初步证据，证明其已经对所主张的商业秘密采取保密措施，且合理表明商业秘密被侵犯，涉嫌侵权人应当证明权利人所主张的商业秘密不属于本法规定的商业秘密。	修改增补第2款，为商业秘密权利人提供了行政保护路径。

《反不正当竞争法》	《反不正当竞争法征求意见稿》	备注说明
商业秘密权利人提供初步证据合理表明商业秘密被侵犯，且提供以下证据之一的，涉嫌侵权人应当证明其不存在侵犯商业秘密的行为： （一）有证据表明涉嫌侵权人有渠道或者机会获取商业秘密，且其使用的信息与该商业秘密实质上相同； （二）有证据表明商业秘密已经被涉嫌侵权人披露、使用或者有被披露、使用的风险； （三）有其他证据表明商业秘密被涉嫌侵权人侵犯。	商业秘密权利人认为其商业秘密受到侵犯，向市场监督管理部门举报侵权行为时，可以提供商业秘密以及侵权行为存在的初步证据。 商业秘密权利人提供初步证据合理表明商业秘密被侵犯，且提供以下证据之一的，涉嫌侵权人应当证明其不存在侵犯商业秘密的行为： （一）有证据表明涉嫌侵权人有渠道或者机会获取商业秘密，且其使用的信息与该商业秘密实质上相同； （二）有证据表明商业秘密已经被涉嫌侵权人披露、使用或者有被披露、使用的风险； （三）有其他证据表明商业秘密被涉嫌侵权人侵犯。	
第五章　附则	第五章　附则	
	第47条　本法所称"相对优势地位"，包括经营者在技术、资本、用户数量、行业影响力等方面的优势，以及其他经营者对该经营者在交易上的依赖等。	增补第13条规定的"相对优势地位"的法律含义。
第33条　本法自2018年1月1日起施行。	第48条　本法自　　年　月　日起施行。	

根据上表情况，我们可知未来《反不正当竞争法》或由目前的33条增加到48条。其中，第一章总则部分由5条增加为6条；第二章不正当竞争行为由7条增加为16条，具体不正当竞争行为由7种增加为14种；第三章对涉嫌不正当竞争行为的调查4条不变；第四章法律责任由16条增加为20条；第五章附则由1条增加为2条。原33条中至少有23条进行了或多或少的修改，修

改率占原条数的 70%，可谓全面修改；从条数看，总条数增加了 15，比原条数增加了 45%，可谓大修改，使《反不正当竞争法》面目焕然一新，内容有了大幅增加。从表中内容看，大大提升了制止不正当竞争行为的民事、行政保护力度，增加了行政保护措施。因此，我国《反不正当竞争法》的第三次修改，必将大大提升我国反不正当竞争保护力度，为营造良好营商环境，促进经济社会健康发展提供更有力的法律保障。

二、与知识产权有关的不正当竞争行为的扩张

与知识产权有关的不正当竞争行为由目前主要 5 种增加到 12 种，我国通过制止不正当竞争行为对知识产权进行补充保护作用将更为有力与全面。

修改草案征求意见稿增加了相对优势地位经营者不正当竞争行为、恶意交易行为、数字经济领域商业数据不正当竞争行为、算法不正当竞争行为、平台不正当竞争行为等，主要是将原法网络领域的不正当竞争行为进行细化规定，并扩大非交互式网络领域，数字经济、算法等不正当竞争行为，这些不正当竞争行为都与知识产权具有天然的联系，属于与知识产权有关的不正当竞争行为。因此，我国知识产权保护水平和广度，通过扩张与知识产权有关的不正当竞争行为规制，对知识产权的保护必将更为全面、有力，保护力度也必将有更大程度提升。

基于《反不正当竞争法》第三次修改尚在进行之中，一切皆可发生变化。因此，对现行法律中与知识产权有关的不正当竞争行为以及其他与知识产权有关的不正当竞争行为，作为新兴知识产权保护的内容，我们将进行深入研究并追踪立法进程和最新研究成果。基于本书出版时间的限制，笔者将通过本书修改并出版本书修订本等办法，将研究成果奉献给广大读者。

第二章

商业秘密权

商业秘密的保护源远流长，但将商业秘密作为知识产权的客体，在国际法上则是 1994 年世界贸易组织协定中的《TRIPS 协定》第一次将之推向了世界各国面前，从此在世界范围内，商业秘密成为知识产权大家族中的一名新成员。商业秘密是经营者市场竞争力的重要体现，商业秘密权是经营者重要的知识产权。商业秘密权的保护对于推动经营者的创新积极性和市场竞争的公平性，保护国家安全、经济安全都具有重要意义。本章我们就从《TRIPS 协定》、我国《民法典》第 123 条以及 2019 年 4 月 23 日实施的现行《反不正当竞争法》等商业秘密的规定出发，结合我国理论研究成果，研究有关商业秘密权的法律知识。

第一节　商业秘密

一、商业秘密的含义

（一）商业秘密保护的起源与发展

根据董炳和的研究，商业秘密的保护可分为三个阶段。[1]在此研究成果基础上，笔者认为，商业秘密的发展可分为四个阶段。

第一个阶段法外利益保护阶段。这个阶段为古罗马时期至 18 世纪第一次工业革命前。商业秘密保护的源流最早可追溯至古罗马时期。公元前 18 世纪，《汉谟拉比法典》规定，窥探他人秘密者，要挖其眼。[2]古罗马繁荣的奴隶制经济促进了技术的进步，手工业生产中积累的知识、经验、技艺和诀

---

〔1〕　参见吴汉东主编：《知识产权法学》，北京大学出版社 2014 年版，第 291~292 页。
〔2〕　参见张玉瑞：《商业秘密法学》，中国法制出版社 1999 年版，第 5 页。

窍（下称商业秘密）成为手工业发展的关键因素。未掌握该商业秘密者即"雇主"或竞业者为了竞争的需要，就诱使奴隶出卖其奴隶主商业秘密。此种情形在当时已成为一个普遍现象。罗马私法发展了对抗诱骗商业秘密的第三人的诉讼请求制度。根据罗马当时的私法规定，竞业者如恶意引诱或强迫第三人的奴隶泄露商业秘密，奴隶主有权提起"奴隶诱惑之诉"，请求赔偿包括泄露秘密价值和其丧失一个诚实奴隶损失在内的双倍赔偿。[1]1474年威尼斯专利法曾规定，知悉专利的人员应为该专利技术保密，体现出了商业秘密的价值性和秘密性。[2]该时期的商业秘密保护体现出了对商业道德的尊重和市场交易秩序维持的价值。我国自古流传下来的传男不传女也是商业秘密的保护措施。但在该时期人类社会处于奴隶制度和封建制度的自然经济状态，商业秘密也处于一种自然状态，当事人所持有的主要是法外利益。

　　第二个阶段国家法律保护法权利益阶段。这一阶段自18世纪60年代起第一次工业革命时期至20世纪50年代。资本主义生产关系的发展和资本主义生产关系占据统治地位，劳动者从人身依附关系中彻底解放出来。资本家与工人之间的法律关系是自由契约下的雇佣关系。自由契约促进了工人的自由流动，这就是马克思所说的，工人从一个部门、一个地区转移到另一个部门、另一个地区。工人自由流动的结果，就产生了不少企业商业秘密被披露问题。企业主有了探求法律对其商业秘密进行保护的现实需求。世界首例商业秘密侵权案就在1817年英国发生。1820年英国衡平法院核准了一项使用和泄露商业秘密的禁令；1837年美国在审理Viekey诉Weich案时沿用了英国商业秘密保护制度；1847年英国法院在Newbery V. James案中确立了商业秘密这一法律术语。19世纪中叶，法国和德国在刑法中规定了对泄露商业秘密的惩处。因此，"西方国家从规范竞争秩序的角度给予商业秘密以司法保护的法律制度在19世纪已经确立。"[3]德国在1909年制定《反不正当竞争法》给予商业秘密以私权救济。1939年美国《侵权行为法第一次重述》首次对商业秘密的内容做出了规定。总体上这个阶段使商业秘密从法外利益走上法权利益，从自然状态走向法治状态。

---

〔1〕　参见郑璇玉：《商业秘密的法律保护》，中国政法大学出版社2009年版，第15页。
〔2〕　参见董新凯、吴玉岭主编：《知识产权国际保护》，知识产权出版社2010年版，第204页。
〔3〕　参见吴汉东等：《知识产权基本问题研究》，中国人民大学出版社2005年版，第719页。

第三个阶段成熟保护阶段。20世纪50年代至《TRIPS协定》之前。在这个阶段，1979年美国统一州法委员会批准了《统一商业秘密法》，扩大了商业秘密的范围。英国在一些单行法规中使用商业秘密概念并进行规范，如1970年《个人所得及公司税法》使用"技术秘密条款"，1984年《食品法》出现了商业秘密保护条款等；加拿大1988年起草了《统一商业秘密法》。德国、日本等修订《反不正当竞争法》对商业秘密进行保护。这一时期使商业秘密法律保护走向成熟，并为商业秘密国际化保护奠定了基础。

第四个阶段商业秘密国际化保护阶段。这个阶段自《TRIPS协定》签署至今。商业秘密保护国际化问题，在其成熟时期即已提出，在《TRIPS协定》签署之前，1992年8月12日美国、加拿大、墨西哥三国率先签署了《北美自由贸易协定》，自1994年1月1日起生效，在三国间对商业秘密进行国际保护。商业秘密国际化的标志性事件就是《TRIPS协定》的签署。这一使商业秘密全球化、国际化走向成熟的事件，就是在美国的积极推动下形成的。1986年起，美国、欧共体、加拿大、北欧各国、瑞士、澳大利亚等在关贸总协定谈判中，提交了保护商业秘密议案，最终成为《TRIPS协定》的一部分。《TRIPS协定》签署，极大地推动了商业秘密法律保护的发展。我国对商业秘密的民法保护，就是1993年9月2日通过《反不正当竞争法》正式开始的。

（二）《TRIPS协定》对商业秘密的规定

商业秘密在《TRIPS协定》第二部分"有关知识产权的效力、范围及利用的标准"第七节"未披露过的信息的保护"中被称为"未披露过的信息"。

根据《TRIPS协定》第39条的规定，"未披露过的信息"包括两个方面的内容，一是符合第39条第2款规定条件的信息；二是向政府或政府的代理机构提交的未披露过的数据。

"未披露过的信息"第一方面的内容，由合法控制该"未披露过的信息"的自然人或法人披露、获得或使用合法处于其控制下的该信息。该信息应符合下列三个条件：1. 在一定意义上，其属于秘密，就是说，该信息作为整体或作为其中内容的确切组合，并非通常从事有关该信息工作之领域的人们所普遍了解或容易获得的；2. 因其属于秘密而具有商业价值；3. 合法控制该信息之人，为保密已经根据有关情况采取了合理措施。自然人及法人均应有可能防止他人未经许可而以违背诚实商业行为的方式披露、获得或使用合法处于其控制下的该信息。此处的"以违背诚实商业行为的方式"，包含但不限于诸如违约、泄密及诱使他人泄密的行为，通过第三方以获得未披露过的信息（无论该第三方已知或因严重过失而不知该信息的获得将构成违背诚实商业行为）。

第二方面的内容是由于成员国政府或政府的代理机构要求以提交未披露过的实验数据或其他数据，作为批准采用新化学成分的医药用或农用化工产品上市的条件时，如果该数据的原创活动包含了相当的努力，则该成员应保护该数据，以防不正当的商业使用，防其被泄露。对自然人、法人提交到政府的该未披露过的数据由成员国承担不在其手中泄露的义务。

因此，从《TRIPS 协定》看，商业秘密即未披露过的信息。但是，商业秘密作为法律概念，作为全球 174 个成员国知识产权保护的客体，并没有一个完整统一的定义。各成员国根据本国实际情况，对商业秘密有不同的界定。

（三）世界主要国家和地区对商业秘密的定义

1. 美国商业秘密保护法对商业秘密的定义

近年来美国商业秘密保护有了新发展。1996 年作为联邦立法的《经济间谍法》规定了侵犯商业秘密的刑事责任。该法规定了"经济间谍罪"和"盗窃商业秘密罪"。2012 年《外国和经济间谍惩罪加重法案》对《经济间谍案》进行了修正，提高了经济间谍罪的罚金额度。但在美国存在一个州法不统一和《经济间谍法》执法能力不足问题，美国第 114 届国会提出了《2015 年保护商业秘密案》的议案。参议院和众议院分别于 2016 年 4 月 4 日、4 月 29 日通过了该议案，并由奥巴马总统于 2016 年 5 月 11 日签署生效。该法案完善了商业秘密的相关定义，与《统一商业秘密法》的定义基本一致。

美国《保护商业秘密法》对商业秘密的定义为：各种形式与形态的财务、商业、科学、技术、经济或工程信息，包括图案、计划、汇编、变成装置、公式、设计、原形、方法、技术、流程、程序、编程或编码，不论其为有形或无形，亦不论其系如何以物理的、电子的、图形的、照相的或是文字的方式储存、汇编或记忆，只要其符合：（A）该信息的所有人已采取合理措施，以保护该信息的秘密性；以及（B）该信息由于并非公知，或不会被因该秘密的披露或适用而获得经济价值的他人以合理手段轻易探知，因而具有现实上或潜在的独立净价值。

2.《俄罗斯联邦商业秘密法》的定义

俄罗斯 2004 年制定的《俄罗斯联邦商业秘密法》第 3 条规定："商业秘密是指在现实或可能的情况下能够为其所有人增加收入、避免不必要的损失、保持该信息所有人在商品市场、劳务市场、服务市场上的地位或者获得其他商业利益的秘密信息。构成商业秘密的信息是指具有实际的或潜在的商业价值，不为第三人所知悉和该信息的所有人采取了保密措施的科技、工艺、生产、财经或者其他信息（其中包括生产诀窍、专有技术）。"该法强调的是秘密性（即不为第三人所知悉）、价值性（即具有实际的或潜在的商业价值）、管理性（即所有人采取了保密措施）。

3. 日本《反不正当竞争法》对商业秘密的定义

日本自 1990 年在其修订的《反不正当竞争法》增设商业秘密保护条款开始对商业秘密进行法律保护以来，2003 年修订又增设了商业秘密刑事保护条款；此后，2005、2006 年、2009 年、2011 年、2015 年对反不正当竞争法的商业秘密条款多次进行强化保护修订。最近的修订就是在 2015 年 7 月 3 日其国会通过的《不正当竞争防止法修改议案》，该修订后的《反不正当竞争法》于 2016 年 1 月 1 日生效。

日本《反不正当竞争法》对商业秘密的定义为"本法所称商业秘密，是指作为秘密进行管理的生产方法、销售方法以及其他对经营活动有用的技术上或经营上未被公知的信息。"

4. 欧盟《商业秘密保护指令》对商业秘密的定义

在欧盟《商业秘密保护指令》之前，欧盟各国有关商业秘密保护的法律由各国自行制定，形成不同法域，无法面对近年来猖獗的侵犯商业秘密行为。为消除成员国商业秘密保护制度上的差异，促进欧盟统一市场内的创新和经济发展，经过多年努力，2016 年 5 月欧盟《商业秘密保护指令》（欧盟 2016/943 号法令）终于落地，为成员国落实指令奠定了共同的法律基础。欧盟《商业秘密保护指令》第 2 条第（1）款对商业秘密做出如下定义：1. 具有秘密性且并不为该领域工作人员普遍知悉或容易获得的信息；2. 因秘密性而具有商业价值的信息；以及 3. 信息权利人为保护其秘密性而采取了合理措施的信息。商业秘密可包括技术信息（例如制作方法、配方或化学成分）或者商业信息（例如顾客名单、产品发布日期或者市场调研的结果）。

（四）我国对商业秘密的定义

从上述《TRIPS 协定》之后，欧美主要国家、俄罗斯、日本和我国对商业秘密定义修正可知，尽管各国定义有别，都是在《TRIPS 协定》的"未披露过的信息"框架内进行定义的。商业秘密作为信息财产应符合构成要件的要求，或符合商业秘密的法律特征。[1]现有的知识产权或商业秘密权通常将构成商业秘密的要件概括为信息性、保密性、未公开性、实用性，或商业价值（竞争优势）、秘密性、保密措施，[2]或秘密性、经济性、保密措施，[3]或秘密性、价值性、保密性、合法性[4]等。这些概括均出自我国《反不正当竞争法》修订之前，与《TRIPS 协定》的概括也有一定差距。商业秘密在《TRIPS 协定》中被称为"未披露过的信息"。根据《TRIPS 协定》的规定，"未披露过的信息"主要是符合其第 39 条第 2 款规定条件的信息，即由合法控制该"未披露过的信息"的自然人或法人披露、获得或使用合法处于其控制下的该信息，具有秘密性、商业价值性和保密性三个构成要件。造成这种差距的基本原因是我国商业秘密保护是在《反不正当竞争法》中进行的。虽然在《反不正当竞争法》中保护商业秘密，并不是我国所独创的法律制度，但我国《反不正当竞争法》施行之初对商业秘密的定义，与其他国家和《TRIPS 协定》的界定并不完全相同。《反不正当竞争法》1993 年 9 月 2 日）之初，其第 10 条对商业秘密的定义为不为公众所知悉、能为权利人带来经济利益、具有实用性并经权利人采取保密措施的技术信息和经营信息。该界定的商业秘密具有秘密性、经济价值性、实用性和保密性四个构成要件。该界定商业秘密构成要件比《TRIPS 协定》多了一个"实用性"。历史证明，我国将"实用性"作为商业秘密的构成要件，即我们比发达国家认定商业秘密信息的要求更严格，是一种失策。[5]《反不正当竞争法》修改之前，我国学术界将"实用性"作为商业秘密的构成要件，是可以理解的。《反不正当竞争法》的第一次修改，弥补了我国商业秘密定义与《TRIPS 协定》的差距，被

---

〔1〕　参见种明钊主编：《竞争法》，法律出版社 2016 年版，第 157 页。
〔2〕　参见刘春田主编：《知识产权法》，高等教育出版社 2015 年版，第 358 页。
〔3〕　参见张玉敏主编：《知识产权法学》，法律出版社 2016 年版，第 424~425 页。
〔4〕　参见李仪、苟正金主编：《商业秘密保护法》，北京大学出版社 2017 年版，第 53~61 页。
〔5〕　参见郑成思：《WTO 与知识产权法研究》，载《中国法学》2000 年第 3 期。

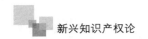

称为升级商业秘密保护的法律"防火墙"。[1]

《反不正当竞争法》2017年11月4日修订后，其第9条对商业秘密的定义为"商业秘密，是指不为公众所知悉、具有商业价值并经权利人采取相应保密措施的技术信息和经营信息。"该界定的商业秘密具有秘密性、经济价值性和保密性三个构成要件，与《TRIPS协定》界定的商业秘密构成要件已经相同。法律构成要件是对知识产权客体的限制。构成要件越多，表明受保护的知识产权客体越少。限制程度和受保护的客体范围呈反方向变化。我国《反不正当竞争法》第一次修改删除"实用性"构成要件，不仅从立法上对学术争论画上了句号，学术界对其是否构成商业秘密要件的争论，[2]已有权威结论，即张耕等的质疑是正确的。更重要的是扩大了商业秘密权保护客体的范围。《反不正当竞争法》对商业秘密构成要件的修改与调整，从国际上看，使我国对商业秘密权保护的客体范围达到了与《TRIPS协定》要求一致的国际水平；从国内看，本质上使我国商业秘密权保护达到了一个新高度。

《反不正当竞争法》第二次修正，对商业秘密的定义又做了修正，本次修正我国《反不正当竞争法》第9条第4款对商业秘密的定义为："商业秘密，是指不为公众所知悉、具有商业价值并经权利人采取相应保密措施的技术信息、经营信息等商业信息。"该界定除了维持商业秘密具有秘密性、经济价值性和保密性三个要件外，重大的进步在于将商业秘密定义上升到了一个新的层次，即将原商业秘密定义落足于具有秘密性、经济价值性和保密性三个构成要件的技术信息和商业信息进一步抽象概括为包括但不限于具有秘密性、经济价值性和保密性的技术信息及经营信息的商业信息，扩大了商业秘密保护的秘密信息的客体范围，使商业秘密定义有了新高度。该问题我们将在下文进一步进行讨论和研究。

二、商业秘密的内容与构成要件

商业秘密是一种无形的信息财产，但信息财产包含的内容或范围非常宽泛。如作品、商标、专利、地理标识等都是无形的信息财产。还有一些进入公有领域的信息，是公有信息财产。那么，商业秘密作为私权客体与无形的

---

〔1〕 参见张维炜：《升级商业秘密保护的法律"防火墙"》，载《中国人大》2017年第5期。

〔2〕 参见张耕等：《商业秘密法》，厦门大学出版社2012年版，第20页。

信息财产，应包含哪些内容，这些内容构成商业秘密需要符合哪些法律要件，这些问题笔者将在下文回答。

（一）商业秘密的范围与内容

回答商业秘密包含的信息内容，需要从世界主要国家和我国关于商业秘密定义中寻找答案。由于这些国家立法具有明显的法域性，虽然其商业秘密包含的信息范围并不相同，但可以界定出商业秘密的基本范围。

从上述关于商业秘密的定义可知，单从字面上看，商业秘密包含的信息内容最宽泛的是美国。美国的商业信息包含：各种形式与形态的财务、商业、科学、技术、经济或工程信息。但这六个方面的信息，我们可以将财务、商业、经济三种概括为商业或经营信息，将科学、技术、工程概括为技术信息。

欧盟在对商业秘密的定义中明确指出，商业秘密可包括技术信息（例如制作方法、配方或化学成分）或者商业信息（例如顾客名单、产品发布日期或者市场调研的结果）。

俄罗斯在对商业秘密的定义中明确包含科技、工艺、生产、财经或者其他信息（其中包括生产诀窍、专有技术）。这些信息可以将科技、工艺、其他信息概括为技术信息，将生产、财经信息概括为经营信息。

日本在对商业秘密的定义中，明确将商业秘密信息分为技术信息和经营信息。

我国商业秘密定义也是明确指出，商业秘密包括技术信息和经营信息等商业信息。我国定义中的"等商业信息"，使在将商业秘密仅界定为技术信息和经营信息情况下可能存在的不周延问题得到了圆满解决。

因此，从世界范围看，商业秘密中的信息财产，指的都是具有秘密性的包含技术信息和经营信息等的商业信息。

但是技术信息和经营信息大致包含哪些内容，除了美国法律有大致规定外，其他国家大致都无明确规定。我国法律仅做了原则规定，也无具体内容。但在我国相关部门规章和司法解释中有对相关技术信息和经营信息有较为详尽的界定。

原国家工商局《关于禁止侵犯商业秘密行为的若干规定》（1998 年修订）第 2 条中规定，本规定所称技术信息和经营信息，包括设计、程序、产品配方、制作工艺、制作方法、管理诀窍、客户名单、货源情报、产销策略、招投标中的标底及标书内容等信息。该规定对技术信息和经营信息做出了笼统性规定，并未区分哪些是技术信息，哪些是经营信息。具体区分只能根据使用人的常识认知进行判断。2020 年，国家市场监管总局公布《商业秘密保护规定（征求意见稿）》区分了技术信息、经营信息和商业信息的具体内容。技术信息是指利用科学技术知识、信息和经验获得的技术方案，包括但不限于设计、程序、公式、产品配方、制作工艺、制作方法、研发记录、实验数据、技术诀窍、技术图纸、编程规范、计算机软件源代码和有关文档等信息。经营信息是指与权利人经营活动有关的各类信息，包括但不限于管理诀窍、客户名单、员工信息、货源情报、产销策略、财务数据、库存数据、战略规划、采购价格、利润模式、招投标中的标底及标书内容等信息。商业信息是指与商业活动有关的，包括但不限于技术信息、经营信息的任何类型和形式的信息。由此，我们可知，技术信息、经营信息是商业信息的重要组成部分，但并不是商业信息的全部内容。同样，商业秘密的主要部分是技术信息、经营信息，但商业秘密并不仅仅是技术信息和经营信息。

《民诉法解释》第 220 条规定，民事诉讼法第 71 条、第 137 条、第 159 条规定的商业秘密，是指生产工艺、配方、贸易联系、购销渠道等当事人不愿公开的技术秘密、商业情报及信息。《商业秘密规定》第 1 条、第 2 条规定，与技术有关的结构、原料、组分、配方、材料、样品、样式、植物新品种繁殖材料、工艺、方法或其步骤、算法、数据、计算机程序及其有关文档等信息，人民法院可以认定构成《反不正当竞争法》第 9 条第 4 款所称的技术信息。与经营活动有关的创意、管理、销售、财务、计划、样本、招投标材料、客户信息、数据等信息，人民法院可以认定构成《反不正当竞争法》第 9 条第 4 款所称的经营信息。客户信息，包括客户的名称、地址、联系方式以及交易习惯、意向、内容等信息。但当事人仅以与特定客户保持长期稳定交易关系为由，主张该特定客户属于商业秘密的，人民法院不予支持。客户基于对员工个人的信赖而与该员工所在单位进行交易，该员工离职后，能够证明客户自愿选择与该员工或者该员工所在的新单位进行交易的，人民法院应当认定该员工没有采用不正当手段获取权利人的商业秘密。

将我国有关部门和最高司法机关的规定概括起来，技术信息是指利用科学技术知识、信息和经验获得的技术方案，即包括但不限于与技术有关的设计、程序、公式、结构、原料、组分、配方、材料、样品、样式、诀窍、图纸、研发记录、植物新品种繁殖材料、工艺、方法或其步骤、算法、数据、编程规范、计算机程序及其有关文档等信息；经营信息是指战略规划、管理方法、管理诀窍、商业模式、改制上市、并购重组、产权交易、财务信息、投融资决策、产购销策略、资源储备、货源情报、贸易联系、购销渠道、客户信息（客户名单）、招投标事项等经营性信息。经营信息中的客户名单或客户信息，是权利人经过商业成本的付出并体现一定的竞争优势，形成了在一定期间内相对固定的且具有独特交易习惯等内容的客户名单，一般是指客户的名称、地址、联系方式以及交易的习惯、意向、内容等构成的区别于相关公知信息的特殊客户信息，包括汇集众多客户的客户名册，以及保持长期稳定交易关系的特定客户，并非所有客户名单都可以构成商业秘密。[1]对于客户名单、交易倾向包括具体需求、价格等具有即时性、私密性且能够实现经济利益的商业信息，亦构成商业秘密。[2]商业信息是指包括但不限于技术信息、经营信息任何类型和形式的与商业活动有关的信息。应当说明的是，销售侵犯商业秘密所制造的商品，根据目前我国法律规定，还不属于侵犯商业秘密行为。[3]

（二）商业秘密的构成要件

商业秘密作为信息财产，包含技术信息和经营信息，但并非所有的技术信息和经营信息都可以构成商业秘密。构成商业秘密的信息财产，需要具备法律规定的构成要件或法律特征。[4]

1. 秘密性

不为公众所知悉即指技术信息和经营信息等商业信息具有秘密性，简称非公知性。这是《TRIPS 协定》中规定的"未披露过的信息"的第一个要件。《TRIPS 协定》第 39 条第 2 款第 1 项规定，在一定意义上，其属于秘密，就是说，该信息作为整体或作为其中内容的确切组合，并非通常从事有关该信息工作之领域的人们所普遍了解或容易获得的。秘密性是商业秘密最本质的特征。[5]秘密性和公开性是相对应的。凡属于面向公众公开或从正常渠道可直接获取的信息，都不能构成商业秘密。公众，系指所属领域或本行业即运

---

〔1〕 最高人民法院民事判决书（2019）最高法民再 268 号。

〔2〕 重庆市第五中级人民法院民事判决书（2019）渝 05 民初 1225 号。

〔3〕 最高人民法院民事裁定书（2007）民三终字第 10 号。

〔4〕 参见种明钊主编：《竞争法》，法律出版社 2016 年版，第 157 页。

〔5〕 参见郑璇玉：《商业秘密的法律保护》，中国政法大学出版社 2009 年版，第 75 页；种明钊主编：《竞争法》，法律出版社 2016 年版，第 156 页。

用某种专门知识的行业的相关人员；知悉，系指普遍知悉和容易获得。《商业秘密规定》第3条规定，权利人请求保护的信息在被诉侵权行为发生时不为所属领域的相关人员普遍知悉和容易获得的，人民法院应当认定为《反不正当竞争法》第9条第4款所称的不为公众所知悉。第4条规定，具有下列情形之一的，人民法院可以认定有关信息为公众所知悉：（一）该信息在所属领域属于一般常识或者行业惯例的；（二）该信息仅涉及产品的尺寸、结构、材料、部件的简单组合等内容，所属领域的相关人员通过观察上市产品即可直接获得的；（三）该信息已经在公开出版物或者其他媒体上公开披露的；（四）该信息已通过公开的报告会、展览等方式公开的；（五）所属领域的相关人员从其他公开渠道可以获得该信息的。将为公众所知悉的信息进行整理、改进、加工后形成的新信息，在被诉侵权行为发生时不为所属领域的相关人员普遍知悉和容易获得的，应当认定该新信息不为公众所知悉。具有不为公众所知悉的秘密性是构成商业秘密的核心要件。特别是技术信息的秘密性认定，须结合相关领域人员认知、是否在先公开、是否容易获得等方面予以综合判断。为所属领域相关技术人员所熟知，或以一定形式被在先公开，或通过观察上市产品、简单的反向工程即可直接获得的技术信息，均不具备秘密性。虽然单个零部件所承载的技术信息已经为公众所知悉，但重新组合设计成新的技术方案，通过查阅公开资料或其他公开渠道均无法获得，应当认定该技术方案不为公众所知悉。[1] 同时，在能够带来竞争优势的技术信息或经营信息是一种整体信息的情况下，不能将其各个部分与整体割裂开来，简单地以部分信息被公开就认为该整体信息已为公众所知悉。[2]

秘密性中内涵了新颖性，但这种新颖性不是专利法上的绝对新颖性，而是一种较低的相对新颖性。相对新颖性表现在可以被他人经过一定时间通过合法手段如反向工程获得。此处的新颖性主要是与公知知识、公知信息即所属领域既存的知识、信息能够保持最低限度的不同。一方面，"秘密性更着眼于市场竞争的角度，强调商业秘密为少数人知悉或使用，新颖性更强调技术水准，即技术信息或经营信息与通行的技术或经营存在差异。"[3] 另一方面，

---

〔1〕 参见邓兴广、傅枫雅：《技术信息组合型商业秘密的秘密性判定》，载《人民司法》2022年第26期。

〔2〕 最高人民法院民事裁定书（2011）民监字第414号。

〔3〕 参见孔祥俊：《商业秘密保护法原理》，中国法制出版社1999年版，第32页。

秘密性中包含的新颖性"独立存在的意义在于通过新颖性能更好地认定商业秘密，并证实其秘密性和经济性的存在，没有新颖性就无所谓秘密性，秘密性意味着最低限度的新颖性。"[1]

商业秘密的秘密性具有相对性。首先，秘密性是基于所属领域相关人员是否普遍知悉和容易获得而言的。只有不是普遍知悉和容易获得的技术信息和经营信息等商业信息，才具有秘密性；反之，则不具有秘密性，不属于商业秘密。普遍知悉和容易获得的技术信息和经营信息，即为前述公众所知悉的信息。其次，秘密性基于知悉人员的相对性。知悉秘密者，除了秘密的持有人外，还包括三个方面的人员，一是负有保密义务的雇员、合同相对人；二是根据《TRIPS 协定》规定的政府或政府的代理人；三是在商业秘密纠纷中接触商业秘密的法官、仲裁员、鉴定人、评估人。这些人知悉商业秘密不丧失其秘密性。最后，秘密性基于行业的相对性。《TRIPS 协定》规定的是"从事该信息领域"，我国法律规定的是公众。我们对该"公众"应做狭义理解。根据最权威的解释，此"公众"系指所属领域内的公众。[2]秘密性仅存在于此相关行业或所属领域，其他行业的人员知悉，不丧失秘密性。如对于存在长期稳定合作关系的特定客户（单一客户），虽然该客户的部分信息包括客户名称及历史项目介绍等信息可以通过互联网等公开渠道获悉，但公开信息并不包括该客户负责相关业务的具体联系人及联系方式，并非促成与该客户缔约的关键性信息。某案中特定客户系石油系统企业，根据其交易的市场化程度，并非一般企业能够掌握其交易习惯、交易倾向、需求偏好以及价格承受能力等信息。因此，单一客户名单具有秘密性。高管员工离职后，利用在职期间掌握的商业秘密，自营竞争性公司，与前服务企业抢夺客户，构成侵犯商业秘密。[3]

秘密性体现为主观秘密性和客观秘密性两个方面。"只有同时具备这两个方面的信息才可能构成商业秘密。"[4]主观秘密性系指信息的持有者具有对该信息予以保密的主观愿望。客观秘密性系指信息在客观上不为所属领域相关

---

〔1〕　参见张耕等：《商业秘密法》，厦门大学出版社 2012 年版，第 9 页。

〔2〕　参见王瑞贺主编：《中华人民共和国反不正当竞争法释义》，法律出版社 2018 年版，第 29 页。

〔3〕　北京知识产权法院民事判决书（2017）京 73 民终 1776 号。

〔4〕　张耕等：《商业秘密法》，厦门大学出版社 2012 年版，第 11 页。

人员普遍知悉和容易获得。据此，商业秘密的认定，通常有两个标准，一是秘密被公开所造成的实际后果。如公开使得所属领域相关人员普遍知悉，则丧失客观秘密性；反之，若仅使某个或某些所属领域有关人员知悉，则不丧失客观秘密性。二是秘密获得的难易程度。从秘密获得的难易程度上认定客观秘密性是许多国家法律规定中体现出来的认定方法。秘密的获得俞困难，越不容易丧失客观秘密性。《商业秘密规定》第 5 条第 2 款规定，人民法院应当根据商业秘密及其载体的性质、商业秘密的商业价值、保密措施的可识别程度、保密措施与商业秘密的对应程度以及权利人的保密意愿等因素，认定权利人是否采取了相应保密措施。该规定就体现出了商业秘密认定的主客观标准。但他人通过合法手段如反向工程获得秘密，并不等于丧失客观秘密性。如日本法律规定：①通过反向工程掌握了秘密的人，将其也作为秘密管理时，则不能说这些信息是人所公知；②通过反向工程在短期内很难掌握其耐久性、成本、价格的，则不能认为是已公开的；③如果产品售出后经分析后很容易发现其秘密，则可以说该产品自售出后，其有关秘密即成为人所公知的信息。

2. 商业价值性

即该技术信息和经营信息等商业信息须具有商业价值。《TRIPS 协定》第39 条第 2 款第 2 项规定因其属于秘密而具有商业价值。商业价值是基于秘密性而产生。商业价值性可从两个方面进行把握，一是该信息能够给经营者带来经济利益或者竞争优势。二是具有商业价值的信息，可以是能够带来直接的、现实的或间接的、潜在的经济利益或者竞争优势。那种认为商业秘密只保护直接的、现实的商业价值观点是片面的。商业秘密的保护，基于其商业价值性才使之成为必要。秘密性仅仅提出了法律保护的可能性，商业价值才使法律保护成为必要。经济利益或竞争优势是商业秘密无形财产权的基本表现形式。其竞争优势通常表现为它比同一产品市场竞争者创造更多的经济价值。其竞争优势是由成本优势、质量优势、营销优势、渠道优势等单种或多种优势组合而形成的。商业秘密要具有商业价值性，须是一种具体的可以实施的方案或形式，不能是一种单纯的构想或创意、原理、抽象的概念。[1]因此，商业秘密或商业信息具有商业价值，是指该信息因其秘密性而具有现实的或者潜在的商业价值，能为权利人带来商业利益或竞争优势。在司法实践

[1] 参见王骏：《商业秘密权权利边界之廓清》，载《知识产权》2013 年第 10 期。

中，符合下列情形之一的，可以认定为该信息能为权利人带来商业利益或竞争优势，但有相反的证据能证明该信息不具有商业价值的除外：①该信息给权利人带来经济收益的；②该信息对其生产经营产生重大影响的；③权利人为了获得该信息，付出了相应的价款、研发成本或者经营成本以及其他物质投入的；④涉嫌侵权人以不正当手段获取或者试图获取权利人的商业秘密的；⑤其他能证明该信息能为权利人带来商业利益或竞争优势的情形。《商业秘密规定》第7条规定，权利人请求保护的信息因不为公众所知悉而具有现实的或者潜在的商业价值的，人民法院经审查可以认定为《反不正当竞争法》第9条第4款所称的具有商业价值。生产经营活动中形成的阶段性成果符合规定的，人民法院经审查可以认定该成果具有商业价值。因此，具有商业价值的商业信息包括在生产经营活动中形成的不为公众所知悉，能为权利人带来商业利益或竞争优势而具有现实的或者潜在的商业价值的阶段性成果。

3. 保密性

即经权利人采取相应保密措施。《TRIPS协定》第39条第2款第3项规定合法控制该信息之人，为保密已经根据有关情况采取了合理措施。保密性是主观秘密性的具体体现。只有秘密持有人采取了相应的保密措施，才能够证明该信息具有主观秘密性。德国商业秘密要求权利人有"有保密意思"，日本要求"作为秘密加以管理"等。这些都是对《TRIPS协定》要求的"采取了合理措施"的国家解读与运用。在我国司法实践中，人民法院应当根据所涉信息载体的特性、权利人保密的意愿、保密措施的可识别程度、他人通过正当方式获得的难易程度等因素，认定权利人是否采取了保密措施。

我国商业秘密要求权利人采取保密措施的标准是"相应"。相应标准是多种多样的保密措施与商业秘密的商业价值、独立获取难度等因素的统一。首先，采取的保密措施多种多样。《商业秘密规定》第5条规定，权利人为防止商业秘密泄露，在被诉侵权行为发生以前所采取的合理保密措施，人民法院应当认定为《反不正当竞争法》第9条第4款所称的相应保密措施。人民法院应当根据商业秘密及其载体的性质、商业秘密的商业价值、保密措施的可识别程度、保密措施与商业秘密的对应程度以及权利人的保密意愿等因素，认定权利人是否采取了相应保密措施。第6条规定，具有下列情形之一，在正常情况下足以防止商业秘密泄露的，人民法院应当认定权利人采取了相应保密措施：（一）签订保密协议或者在合同中约定保密义务的；（二）通过章程、培训、规章制度、书面告知等方式，对能够接触、获取商业秘密的员工、前员工、供应商、客户、来访者等提出保密要求的；（三）对涉密的厂房、车间等生产经营场所限制来访者或者进行区分管理的；（四）以标记、分类、隔离、加密、封存、限制能够接触或者获取的人员范围等方式，对商业秘密及其载体进行区分和管理的；（五）对能够接触、获取商业秘密的计算机设备、电子设备、网络设备、存储设备、软件等，采取禁止或者限制使用、访问、存储、复制等措施的；（六）要求离职员工登记、返还、清除、销毁其接触或者获取的商业秘密及其载体，继续承担保密义务的；（七）采取其他合理保密措施的。应当进一步说明的是，保密协议终止后，当事人仍然有保密义务，未尽到保密义务的，构成侵权。[1]

还应当说明的是尽管商业秘密法定构成要件中并不包括合法性要件，但商业秘密作为受法律保护的权益必须具有合法性。由非法获取的公民个人信息构成的商业信息，因其获取行为具有严重违法性，即使满足商业秘密的法定构成要件，也不应将其认定为商业秘密，不应受到法律保护。[2]因此，笔者认为，合法性是商业秘密获得法律保护的前提。随着大数据与人工智能算法的迅速发展，虽然区块链技术在保护商业秘密数据真实性方面显示出突出优势，但要防范公有链与联盟链形式的系统风险、区块链自身延展性价值实现不充分及对区块链高位阶法律规制不健全等各类风险。可以探索"标准共识兼容插件+多链并存与跨链兼容"模式、鼓励前置性商业秘密司法鉴定业务、完善区块链诉讼证据机制、加强对智能合约的法律规制等成为区块链技术保护商业秘密的必要选择。[3]

总之，认定某项商业信息能否构成商业秘密，主要取决于该商业信息是否符合三个构成要件：一是不为公众所知悉；二是具有商业价值；三是权益人对该信息采取了合理的保密措施。[4]这里还需要明确的是，我国商业秘密保护的是商业信息，不延及基于商业秘密获得的产品，引发了相关立法"缺位"，司法标准不统一，权利人进口权无保障，以及侵权行为发现难、认定

---

〔1〕 最高人民法院民事判决书（2020）最高法知民终 621 号。

〔2〕 参见戈光应：《非法商业信息不构成商业秘密》，载《人民司法》2020 年第 32 期。

〔3〕 参见邢玉霞、宋世勇：《区块链技术在商业秘密保护中的运用及法律规制》，载《政法论丛》2022 年第 1 期。

〔4〕 广东省高级人民法院民事判决书（2019）粤知民终 457 号。

难、举证难等一系列实践问题。在域外，欧盟、日本等国家（地区）已建立商业秘密"延伸保护"制度，即将权利范围从商业秘密本身延伸至"很大程度上依据该商业秘密获得的产品"或者"由窃取的技术性商业秘密而生产的产品"上。参考域外立法经验，构建我国的商业秘密"延伸保护"制度，[1]是一个值得思考和研究的问题。在我国司法实践中，采用帮助侵权规则，销售商只有明知其销售的系侵害商业秘密产品的，使之承担帮助侵权的民事责任，[2]可视为在一定程度上对"延伸保护"的探索。

三、商业秘密与国家秘密、私人信息

我国法律保护的秘密包括商业秘密、国家秘密和私人信息。区分这些秘密的差别，对于正确界定商业秘密的概念，具有重要意义。

（一）商业秘密与国家秘密

近期，我国发生了多起涉及国家秘密与商业秘密如何认定问题的案件，引起了学术界的关注。如2011年9月18日北京市西城区人民法院开庭审理的故意泄露国家秘密罪案，判处孙振有期徒刑5年，伍超明有期徒刑6年。该案中涉及的涉密统计数据共27项，属于国家机密级的有14项，属于国家秘密级的有13项。国家宏观经济数据是否构成国家秘密？国家秘密与商业秘密如何界定？既是一个重要的理论问题，又是一个重要的司法实践问题。

国家秘密和商业秘密具有最大的共性在于，它们都是具有价值并采取保密措施的秘密信息。此外，两者具有重大区别：[3]

1. 权利主体不同。商业秘密的权利主体仅仅是市场竞争中的自然人或法人、非法人组织，他们都是经济或商业行为主体。国家秘密的权利主体是国家。只有国家才享有国家秘密的占用、使用、处分、收益的权利。

2. 保密义务主体不同。商业秘密的保密义务主体主要是接触、使用商业秘密并由保密合同等约定、规定具有保密义务的相关人员与商业客户。国家秘密的保密义务主体非常广泛，《保守国家秘密法》第3条第2款规定，一切

---

〔1〕　参见马一德、汪婷：《商业秘密"延伸保护"制度构建》，载《电子知识产权》2021年第9期。

〔2〕　上海市高级人民法院民事判决书（2019）沪民终129号。

〔3〕　参见陈庆安：《论我国刑法中商业秘密与国家秘密的区别与认定》，载《郑州大学学报（哲学社会科学版）》2017年第3期。

国家机关、武装力量、政党、社会团体、企业事业单位和公民都有保守国家秘密的义务。

3. 价值范围不同。商业秘密的价值性主要是商业价值或经济价值，国家秘密的价值性要比商业秘密丰富得多。根据《保守国家秘密法》第2条对国家秘密的界定，它是关系国家安全和利益，依照法定程序确定，在一定时间内只限一定范围的人员知悉的事项。因此，国家秘密的价值性包括国家安全价值和国家利益价值。根据《保守国家秘密法》第9条规定，下列涉及国家安全和利益的事项，泄露后可能损害国家在政治、经济、国防、外交等领域的安全和利益的，应当确定为国家秘密：（一）国家事务重大决策中的秘密事项；（二）国防建设和武装力量活动中的秘密事项；（三）外交和外事活动中的秘密事项以及对外承担保密义务的秘密事项；（四）国民经济和社会发展中的秘密事项；（五）科学技术中的秘密事项；（六）维护国家安全活动和追查刑事犯罪中的秘密事项；（七）经国家保密行政管理部门确定的其他秘密事项。政党的秘密事项中符合规定的，属于国家秘密。因此，国家秘密的价值主要有政治安全和利益、国防安全与利益、外交安全与利益、国民经济安全与利益、社会发展安全与利益、科技安全与利益、国家安全与利益、政党安全与利益、国家其他安全与利益等价值。其中国家利益价值包含但不限于商业价值。

4. 秘密形成程序不同。国家秘密和商业秘密的最大区别在于秘密形成的程序性不同。商业秘密的形成只要权利人有保密意思并采取了相应的保密措施在客观上不是所属领域相关人员普遍知悉或容易获得的信息，就自动构成商业秘密。但国家秘密的形成，需要按照法定程序确定。国家秘密级别、定密程序等《保守国家秘密法》都有明确规定。

5. 是否具有商业行为不同。商业秘密因适用于商业行为而产生价值（经济利益或竞争优势），权利主体可以在市场上依法许可、转让商业秘密，实现秘密市场流转。国家秘密不具有商业流转渠道，不可能通过市场进入流通环节。

6. 保护期限不同。商业秘密并无明确的保护期，只要该技术信息和经营信息等商业信息处于秘密状态，符合商业秘密的构成要件，依法就受到保护，不存在自动解密问题。而国家秘密则在确定密级时即确定了明确的保密期限。保密期限到期则自动解密。

7. 调整法律及其责任不同。商业秘密是私权，由民法进行调整，在我国主要由《反不正当竞争法》进行调整。商业秘密保护的是商业主体的经济利益和竞争优势，其法律责任主要是民事责任，只有构成损害公共利益才承担行政责任、刑事责任。国家秘密属于公权，由公法进行调整，在我国主要由《保守国家秘密法》进行调整，只有关系国家安全和利益，经法定程序被定为国家秘密的事项，才由法律进行保护，其法律责任主要是行政责任和刑事责任。

在我国有学者认为国家秘密和商业秘密具有法律属性重叠说及其只有国家非专属信息财产才可能具有双重属性的观点[1]值得商榷。区分商业秘密和国家秘密无须考虑是否关系国家安全和利益因素，因为是否关系国家安全与利益，不是司法者有权进行区分的，超越了法院的权限。有学者认为，区分二者的最重要的标准有二，一是看该秘密是否直接关系国家的安全和利益，二是看该秘密的产生、内容、变更、解除是否需要经过法定程序。[2]司法者区分二者主要按照是否依照法定程序而形成的秘密，证据就是看按照程序该信息属于绝密级、机密级还是秘密级即可。

构成国家秘密的商业秘密的秘密性，应当被认定为不为公众所知悉。在申请再审人高辛茂与被申请人北京一得阁墨业有限责任公司侵犯商业秘密纠纷案中，最高人民法院认为，国家秘密中的信息，由于关系到国家安全和利益，是处于尚未公开或者依照有关规定不应当公开的内容，属于国家秘密的信息在解密前，应当认定为该信息不为公众所知悉。

（二）商业秘密与个人信息

2021年8月20日公布的《个人信息保护法》，2021年11月1日起施行。根据该法第4条规定，个人信息是以电子或者其他方式记录的与已识别或者可识别的自然人有关的各种信息，不包括匿名化处理后的信息。个人信息的处理包括个人信息的收集、存储、使用、加工、传输、提供、公开、删除等。

商业秘密和个人信息都是具有商业价值的秘密信息，但两者之间存在着重要区别：

1. 权利主体不同。商业秘密的权利主体是自然人、法人和非法人组织。个人信息的主体被称为信息主体，系指产生个人信息并享有个人信息权利的

---

〔1〕 参见龙文懋：《信息财产商业秘密属性与国家秘密属性的重叠之探析》，载《知识产权》2016年第10期，第72～74页。

〔2〕 参见陈庆安：《论我国刑法中商业秘密与国家秘密的区别与认定》，载《郑州大学学报（哲学社会科学版）》2017年第3期。

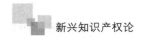

自然人。

2. 权利性质不同。商业秘密作为《TRIPS 协定》规定的知识产权客体，已被世界上绝大多数国家所接受，它是知识产权或商业秘密权的客体。个人信息它是个人信息权或隐私权的客体，但个人信息权属于一般的民事权利，属于人格权，与知识产权无关。

3. 信息形成不同。商业秘密的形成是由自然人、法人或非法人组织在主观秘密性和客观秘密性相结合的基础上而形成的技术信息和经营信息等商业信息。个人信息是在合法、知情同意、目的明确、限制利用、完整正确、安全、可追溯、可异议、可纠错原则下信息处理主体收集而形成的。

4. 权利内涵不同。商业秘密仅仅是一种无形信息财产权，但个人信息除了具有信息财产权属性外，还具有人格权属性。信息主体享有信息决定、保密、访问、更正、可携、封锁、删除、被遗忘权。侵害个人信息权除了依法要承担损害民事赔偿责任外，还要承担精神损害赔偿，甚至行政、刑事责任。

第二节　商业秘密权

中共中央、国务院印发《知识产权强国建设纲要（2021-2035 年）》提出"制定修改强化商业秘密保护方面的法律法规"。这是在《民法总则》中提出进而在《民法典》（总则编）提出商业秘密是知识产权的客体之后，对建立独立的商业秘密法律法规的具体部署。由此规定，我们可以看到，我国独立的商业秘密法可有至少下列立法途径：一是建立商业秘密保护行政法规，在条件成熟时再将行政法规上升到法律高度。二是直接通过立法建立商业秘密法。无论哪种途径，我国商业秘密保护都将在不远的将来从《反不正当竞争法》中独立出来，成为知识产权保护的独立法律法规。从《民法典》（总则编）到独立的商业秘密法律法规，保护的权利都可称为商业秘密权。

一、商业秘密权的概念

商业秘密权概念在我国最早是 1993 年由朱军华在我国《反不正当竞争法》通过之初提出来的，[1]但朱军华并未对商业秘密权做出一个定义。30 多

---

[1]　参见朱军华：《请依法保护你的商业秘密权》，载《中国工商》1993 年第 11 期。

年来，我国知识产权学界有许多学者接受了这一概念。但自提出商业秘密权之后，并不像著作权、商标专用权（商标权）、专利权一样进入知识产权法成为一个严格的法律概念，始终是一个学理上的概念。但《民法总则》颁布生效，特别是《民法典》进一步将商业秘密纳入知识产权客体之内，使商业秘密权成为一个与著作权、商标权、专利权同等意义的知识产权。该法第 123 条规定，知识产权是权利人依法就包括作品、发明、商标、商业秘密等客体享有的专有的权利。由此产生了我国商业秘密权的法律概念，即商业秘密权已从法学概念转变成了法律概念，商业秘密权从概念法学[1]走进了知识产权法律之中。

学术界对商业秘密权的定义，通常都认为它是基于商业秘密而产生的权利体系。该定义并无原则问题。但在此大原则下，学者定义并不统一。

李文涛认为，商业秘密权包括占有、使用、收益、处分等各项权利以及各种侵害救济请求权。[2]

寇占奎认为，商业秘密权是赋予当事人的一项对商业秘密的支配权。[3]

王铁梅，吴立建认为，商业秘密权是商业秘密的所有人依法享有的使用、处分商业秘密及排除他人非法侵害的权利。[4]

王锋认为，商业秘密权是指商业秘密的权利人依法所享有的通过其商业秘密获取商业利益和竞争优势，并排除他人非法侵害的权利。[5]

张耕等认为，商业秘密权是指商业秘密持有人依法享有的控制、使用、收益、处分商业秘密并排除他人非法侵犯的权利。[6]

董慧娟，李雅光认为，商业秘密权是商业秘密的所有人基于商业秘密而享有的一系列权利的总称。[7]

李仪，苟正金等认为，商业秘密权是指权利人自由支配商业秘密并排除

〔1〕　参见王伟：《商业秘密权的属性探析——以概念法学为视角》，载《知识经济》2012 年第 15 期。

〔2〕　参见李文涛：《浅论商业秘密权的限制》，载《科学·经济·社会》2000 年第 4 期。

〔3〕　参见寇占奎：《论商业秘密权》，载《河北师范大学学报（哲学社会科学报）》2001 年第 2 期。

〔4〕　参见王铁梅、吴立建：《商业秘密权及其法律属性》，载《山西大学学报（哲学社会科学版）》2005 年第 1 期。

〔5〕　参见王锋主编：《知识产权法学》，郑州大学出版社 2010 年版，第 380 页。

〔6〕　参见张耕等：《商业秘密法》，厦门大学出版社 2012 年版，第 103 页。

〔7〕　参见董慧娟、李雅光：《商业秘密权中知识产权与信息财产权的耦合》，载《江西社会科学》2015 年第 11 期。

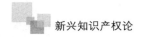

他人侵害的权利〔1〕等。

笔者赞同李文涛、张耕等的基本界定，但他们没有明确商业秘密权的知识产权或专有权属性。根据《民法典》第 123 条的规定，笔者认为，商业秘密权是权利人或持有人基于商业秘密而依法享有的占有、使用、处分、收益及其排除侵害的专有权。

二、商业秘密权的特征

客体的无形性和权利的法定性是所有知识产权的基本特征，其他特征都是在基本特征基础上派生出来的。知识产权的专有性、地域性、时间性在商业秘密权中，具有不同特点。

（一）专有性

商业秘密权的专有性表现在权利人在符合法定构成要件的商业秘密基础上享有对其商业秘密的占有、使用、收益、处分及其排除侵害的权利上。基于客体的秘密性，理论上并不排除多人拥有基本相同的商业秘密。他人基于其拥有的商业秘密，同样产生商业秘密权，具有专有性。此种情况与著作权的专有性极为相近。著作权并不排除不同作者独创出相同作品分别享有专有性的著作权。商业秘密的秘密性更为多人同时享有商业秘密权提供了更大的可能性。同时，商业秘密权的专有性，并不排除其他人通过反向工程等合法手段拥有相同或实质相似的商业秘密。反向工程本质上是对商业秘密权的限制。正像法定许可、合理使用不能否定著作权的专有性一样，反向工程不是对商业秘密权专有性的否定。当然，商业秘密的专有性强度弱于商标专用权和专利权专有性的强度。商标注册实行"一个商标一份申请""一份申请一类商品（服务）"和在先申请原则，专利申请实行"一件发明一份申请"和在先申请原则，只授予一个商标或一个专利。商业秘密权的专有性略弱于商标权、专利权的专有性。学术界有学者将商业秘密权的专有性称为绝对权，或对世权。于是认为商业秘密权一旦确立，其权利义务主体范围，不再限于反不正当竞争法的经营者以及合同法的合同当事人，而扩及一切具有民事权利能力和民事责任能力的人，因而作为权利主体的商业秘密权利人以及义务范

---

〔1〕 参见李仪、苟正金主编：《商业秘密保护法》，北京大学出版社 2017 年版，第 142 页。

围都是较为广泛的〔1〕。对此观点，笔者持不同看法。因为，商业秘密作为知识产权的客体，已被《TRIPS 协定》所确认，从世界范围而言，商业秘密的权利义务主体都是确定的。我国并不能单方扩大其主体范围。专有性即为垄断性，垄断性并不等于独占性，学术界将商业秘密的独有特征概括为垄断性〔2〕观点，也是值得商榷的。

（二）地域性

商业秘密权的地域性表现为保护商业秘密权的国内法的法域性。只有在国内法立法确认商业秘密属于知识产权的情况下，才有对商业秘密权的法律保护。在我国对商业秘密权的保护之前，世界上许多发达国家早已有上百年的保护历史，但在我国当时并不对其进行法律保护。这就是商业秘密权地域性的基本含义。商业秘密地域性也是知识产权国际保护实行国民待遇和互惠原则的前提。也有学者将商业秘密的地域性概括为取得、行使和保护的地域性。〔3〕笔者认为，商业秘密取得、行使和保护的地域性，是由保护商业秘密的国内法的法域性决定的。国内法的法域性，是商业秘密权取得、行使、保护的法律基础和前提，商业秘密权的取得、行使和保护的地域性是商业秘密法的国内法域性的必然要求和内容。

（三）时间性

著作权、专利权等知识产权法律大多明确规定了保护期或权利享有期。但商业秘密的时间性并无法律明确规定。商业秘密的时间性取决于权利人保守商业秘密的主观愿望和保密措施的有效性。只要一人将商业秘密公开，所有权利人都将丧失商业秘密权；在有更先进的新工艺、新技术、新配方出现时，原有的商业秘密也就失去了保护的价值，商业秘密权也将不复存在。〔4〕因此，商业秘密权的时效性或时间性，是由保守商业秘密的主观愿意、保护措施的有效性以及科学技术进步产生的替代效应等共同因素决定的。

上述研究是将商业秘密直接作为知识产权进行研究的。但在学术界也有学者从法律性质上对商业秘密权进行研究，认为它属于公平竞争权，即是竞争法

---

〔1〕　参见李仪、苟正金主编：《商业秘密保护法》，北京大学出版社 2017 年版，第 142 页。

〔2〕　参见李仪、苟正金主编：《商业秘密保护法》，北京大学出版社 2017 年版，第 146 页。

〔3〕　参见李仪、苟正金主编：《商业秘密保护法》，北京大学出版社 2017 年版，第 142 页。

〔4〕　参见崔明霞、彭学龙：《商业秘密权的知识产权属性——兼论知识产权的性质》，载《中南财经政法大学学报》2002 年第 4 期。

创设的一种新权利，具有绝对权的效力。[1]但应当注意的是不具有市场属性的信息不属于商业秘密。在再审申请人王者安与被申请人卫生部国际交流与合作中心等商业秘密纠纷案中，最高人民法院审查认为，《反不正当竞争法》规范的主体应为参与市场经营活动的市场主体即经营者，其规范的行为应为经营者的经营行为。《反不正当竞争法》所规范的"竞争"，并非任何形式、任何范围的竞争，而是特指市场经营主体之间的"市场竞争"。商业秘密应以市场为依托，仅在单位内部为当事人带来工作岗位竞争优势的信息，不属于商业秘密。[2]

三、商业秘密权的主体

(一) 商业秘密权的权利主体

商业秘密的权利主体，在《TRIPS 协定》中，被称为"合法控制该信息之人"。通常被称为商业秘密权利人或商业秘密持有人，指独立研发或通过反向工程或其他正当手段获得商业秘密的自然人、法人或非法人组织。

根据取得商业秘密的手段不同，商业秘密权的主体可分为原始主体和继受主体。前者包括自主研发或通过反向工程获得商业秘密的权利人；后者系指通过许可、转让、继承、赠与或其他方式成为合法的商业秘密权利人。

这里需要说明的是，在我国尚未有商业秘密保护专门立法的情况下，目前商业秘密权的权利主体，应当以《TRIPS 协定》《巴黎公约》的知识产权客体（制止不正当竞争、商业秘密）和我国《反不正当竞争法》的法律规定为基础，界定商业秘密权的权利主体。我国《反不正当竞争法》第 2 条第 3 款规定，该法所称的经营者，是指从事商品生产、经营或者提供服务的自然人、法人和非法人组织。此即为《反不正当竞争法》规范的商业秘密权的权利主体范围。由此规定可见，该权利主体并未要求具体的组织形式[3]或以工商登记为前提，关键在于是否作为法律上或经济上独立的行为主体参与市场活动。因此，学术界那种经营者应当是在法律上具有主体资格的人，即具有相应的权利能力，只有被工商行政管理（市场监督管理）机关核准登记才构成经营

---

[1] 参见王显勇：《论商业秘密权的性质及其竞争法保护》，载《首都经济贸易大学学报》2007年第 2 期。

[2] 最高人民法院民事裁定书（2013）民申字第 1238 号。

[3] 参见王瑞贺主编：《中华人民共和国反不正当竞争法释义》，法律出版社 2018 年版，第 7页。

者的观点，是缺乏法律依据的。另外，此处的经营者，并不必然是以营利为目的的。我国《反不正当竞争法》（1993）界定的经营者，是指从事商品经营或者营利性服务的法人、其他经济组织和个人。《反不正当竞争法》（2017、2019）界定的经营者与《反不正当竞争法》（1993）的经营者相比，删除了"营利性"三字，由此可见，我国《反不正当竞争法》界定的服务经营者包括非营利性服务经营者。所以，我国商业秘密权的权利主体是经营者，包括自然人、法人、非法人组织。任何通过诚实智力劳动获得的符合商业秘密法定条件的商业信息持有人，即为商业秘密权人。

（二）商业秘密权的义务主体

商业秘密权的义务主体是对特定商业秘密负有保密义务及不得擅自使用、许可他人使用或转让等行为的义务人。依据《反不正当竞争法》第 9 条的规定，该义务人一般包括经营者、员工、前员工、合同相对人等。通常商业秘密权的义务主体主要是：

1. 经营者

经营者即通过自行研发或反向工程及其他正当途径获取商业秘密的自然人、法人和非法人组织。经营者既是商业秘密权利人，又是商业秘密权的第一义务主体，负有保密的首要义务。如果商业秘密权利人不严守商业秘密，则就证明其已经不把该信息作为商业秘密对待，即该信息不具有主观性商业秘密标准，其拥有的信息也就不成为商业秘密。因此，经营者是商业秘密权保守秘密的第一义务人。

2. 以合同产生的对商业秘密权的义务主体：合同相对人、员工、前员工

在买卖、租赁、承揽、委托、行纪、居间等合同中，或涉及当事人的商业秘密，通常在合同中会约定保密条款，在此情况下，合同的相对人就成为商业秘密权的义务主体，负有对涉及的商业秘密的保密义务。

合同中还包括劳动合同或雇佣合同等确认劳动、雇佣关系的合同。此类合同通常都包含保密条款和竞业禁止条款。《劳动法》第 22 条规定，劳动合同当事人可以在劳动合同中约定保守用人单位商业秘密的有关事项。《劳动合同法》第 17 条第 2 款规定，劳动、雇佣合同的相对人可以约定负有对经营者商业秘密的保密义务。需要说明的是，基于劳动合同除必备条款外，用人单位与劳动者可以约定试用期、培训、保守秘密、补充保险和福利待遇等其他事项。第 23 条规定，用人单位与劳动者可以在劳动合同中约定保守用人单位

的商业秘密和与知识产权相关的保密事项。对负有保密义务的劳动者，用人单位可以在劳动合同或者保密协议中与劳动者约定竞业限制条款，并约定在解除或者终止劳动合同后，在竞业限制期限内按月给予劳动者经济补偿。劳动者违反竞业限制约定的，应当按照约定向用人单位支付违约金。第 24 条规定，竞业限制的人员限于用人单位的高级管理人员、高级技术人员和其他负有保密义务的人员。竞业限制的范围、地域、期限由用人单位与劳动者约定，竞业限制的约定不得违反法律、法规的规定。在解除或者终止劳动合同后，相关人员到与本单位生产或者经营同类产品、从事同类业务的有竞争关系的其他用人单位，或者自己开业生产或者经营同类产品、从事同类业务的竞业限制期限，不得超过二年。因此，劳动或雇佣合同产生的义务主体，其保密义务并不限于合同期间。合同解除后，仍然负有保密义务。因此，义务主体包括员工和前员工。其中高级管理人员、高级技术人员、其他负有保密义务的人员，都可以归属于员工、前员工的范畴之内。员工、前员工系指法人、非法人组织的经营、管理人员以及具有劳动、雇佣关系的其他人员。

3. 以信任产生的对商业秘密的义务主体

基于信任的人们间或互相公开一些商业秘密。此种公开主要产生于缔约过程中，因缔约需要而在小范围内公开，不会造成商业秘密权消灭。这是一种先合同义务。无论缔约成功与否，合同相对人都应负有商业秘密的保密义务。为此，《民法典》第 501 条规定，当事人在订立合同过程中知悉的商业秘密或者其他应当保密的信息，无论合同是否成立，不得泄露或者不正当地使用。泄露、不正当地使用该商业秘密或者信息给造成对方损失的，应当承担损害赔偿责任。

4. 以法律直接规定产生的商业秘密权义务主体

包含但不限于下列法律直接规定的义务主体：

（1）公司高管、股东作为商业秘密权义务主体。

《公司法》第 181 条规定，董事、监事、高级管理人员不得擅自披露公司秘密。《公司法规定》第 11 条规定，股东行使知情权后泄露公司商业秘密导致公司合法利益受到损害，公司可请求该股东赔偿相关损失。辅助股东查阅公司文件材料的会计师、律师等泄露公司商业秘密导致公司合法利益受到损害，公司也可请求其赔偿相关损失。

（2）商业秘密被列为国家秘密的义务主体。

重要或重大的商业秘密，如涉及国家安全和利益，可能依法被列入国家秘密，此时，商业秘密转变为国家秘密。该信息具有商业秘密和国家秘密双重身份。保守秘密的义务人就会扩大。《保守国家秘密法》第 3 条规定，国家秘密受法律保护。一切国家机关、武装力量、政党、社会团体、企业事业单位和公民都有保守国家秘密的义务。任何危害国家秘密安全的行为，都必须受到法律追究。

（3）委托代理人成为义务主体。

《中华人民共和国律师法》（2017）第 38 条规定，律师应当保守在执业活动中知悉的国家秘密、商业秘密，不得泄露当事人的隐私。律师对在执业活动中知悉的委托人和其他人不愿泄露的有关情况和信息，应当予以保密。但是，委托人或者其他人准备或者正在实施危害国家安全、公共安全以及严重危害他人人身安全的犯罪事实和信息除外

（4）司法审判中的保密义务主体。

《民诉法解释》第 220 条规定，民事诉讼法第 71 条、第 137 条、第 159 条规定的商业秘密，是指生产工艺、配方、贸易联系、购销渠道等当事人不愿公开的技术秘密、商业情报及信息。《商业秘密规定》第 21 条规定，对于涉及当事人或者案外人的商业秘密的证据、材料，当事人或者案外人书面申请人民法院采取保密措施的，人民法院应当在保全、证据交换、质证、委托鉴定、询问、庭审等诉讼活动中采取必要的保密措施。违反保密措施的要求，擅自披露商业秘密或者在诉讼活动之外使用或者允许他人使用在诉讼中接触、获取的商业秘密的，应当依法承担民事责任。构成民事诉讼法第 111 条规定情形的，人民法院可以依法采取强制措施。构成犯罪的，依法追究刑事责任。

上述商业秘密权的义务主体属于法定义务主体。

四、商业秘密权的内容

（一）占有权

占有权，也称控制权。系指商业秘密权利人对商业秘密的管理、支配、控制的权利，据此，权利人应采取相应措施保守商业秘密，他人不得以不合法手段获取、披露、使用商业秘密。但因商业秘密的无形性特征，权利人的占有主要是法律上的占有。

（二）使用权

使用权即商业秘密权人有依法使用其商业秘密实现经济利益和取得竞争

优势的权利。《商业秘密规定》第9条规定，使用商业秘密是指在生产经营活动中直接使用商业秘密，或者对商业秘密进行修改、改进后使用，或者根据商业秘密调整、优化、改进有关生产经营活动。因此，商业秘密的使用权，既包括直接使用权，又包括间接使用权。这是商业秘密权利人通过开发、反向工程等合法手段取得商业秘密获得商业价值等的基本手段，也是重要的权利。

（三）收益权

收益权即商业秘密权利人基于商业秘密获得的经济利益或竞争优势。这是权利人拥有商业秘密的基本目的，是商业秘密具有商业价值性的体现。权利人的收益权可通过自己使用、许可他人使用、转让等方式实现。

（四）处分权

处分权即商业秘密权人依法处置其商业秘密的权利。处分包括披露、使用、许可（独占许可、排他许可、普通许可）、转让、投资、设质、申请专利、公开等。除公开处分外，其它处分方式都需要具有相应的保密措施，以保守商业秘密。这是商业秘密处分权的应有涵义。《商业秘密规定》在一定程度上弥补了《反不正当竞争法》对商业秘密保护的缺陷，如第20条承认了人民法院可以根据许可的性质、内容、实际履行情况以及侵权行为的性质、情节、后果等因素确定参照权利人商业秘密许可使用费确定因被侵权所受到的实际损失。第26条规定，对于侵犯商业秘密行为，商业秘密独占使用许可合同的被许可人提起诉讼的，人民法院应当依法受理。排他使用许可合同的被许可人和权利人共同提起诉讼，或者在权利人不起诉的情况下自行提起诉讼的，人民法院应当依法受理。普通使用许可合同的被许可人和权利人共同提起诉讼，或者经权利人书面授权单独提起诉讼的，人民法院应当依法受理。这些规定是在承认并将工业产权的许可理论、许可类型引入商业秘密保护之中。但该司法解释主要根据《反不正当竞争法》的规定进行解释，对商业秘密的保护还具有重大的局限性，不能代替商业秘密法的独立保护。

（五）排除妨碍权

商业秘密权系专有权，其排除妨碍权系专有权中的禁止权。根据《反不正当竞争法》第9条的规定，权利人至少具有四个方面的禁止权：（1）以盗窃、贿赂、欺诈、胁迫、电子侵入或者其他不正当手段获取权利人的商业秘密。（2）披露、使用或者允许他人使用以前项手段获取的权利人的商业秘密。

（3）违反保密义务或者违反权利人有关保守商业秘密的要求，披露、使用或者允许他人使用其所掌握的商业秘密；此处的保密义务系指当事人根据法律规定或者合同约定所承担的保密义务，但当事人未在合同中约定保密义务，根据诚信原则以及合同的性质、目的、缔约过程、交易习惯等，被诉侵权人知道或者应当知道其获取的信息属于权利人的商业秘密的，被诉侵权人对其获取的商业秘密亦应承担保密义务。（4）教唆、引诱、帮助他人违反保密义务或者违反权利人有关保守商业秘密的要求，获取、披露、使用或者允许他人使用权利人的商业秘密。

此外，经营者以外的其他自然人、法人和非法人组织实施前述违法行为的和第三人明知或者应知商业秘密权利人的员工、前员工或者其他单位、个人实施《反不正当竞争法》第 9 条第 1 款所列违法行为，仍获取、披露、使用或者允许他人使用该商业秘密的，也属于禁止权控制的范围。

五、商业秘密权的运用方式与实现途径

根据《反不正当竞争法》第 9 条的规定，从禁止的视域出发，揭示了商业秘密权的使用方式包括披露、使用、允许他人使用等方式。从商业秘密权利人角度看，至少亦有该三种使用方式。

（一）披露

披露是指权利人将商业秘密在一定范围内公开，也包括向公众公开。这是权利人直接使用商业秘密的应有内涵。商业秘密要发挥其商业价值，赢得竞争优势，必须在一定范围内披露，使相关管理人员、经营人员、员工、前员工所知悉，还需根据商业合作关系，向被许可人披露，以实现更大的商业价值，赢得竞争优势。

但他人（即经营者，权利人之外的人）以不正当手段获取商业秘密的"披露"是指将权利人的商业秘密公开，足以破坏权利人的竞争优势或损害其经济利益的行为。包括经权利人合法授权获取商业秘密后，在保管、使用商业秘密时因故意或者重大过失导致该商业秘密被他人获取的情形。

因此，披露系将商业秘密公开或在一定范围内公开，包括权利人披露和他人或非法获取商业秘密人的披露两个方面。前者是商业秘密披露的基本含义，后者构成侵权行为，是《反不正当竞争法》禁止的披露行为。

（二）使用

使用是指权利人将商业秘密应用于产品设计、产品制造、市场营销及其改进工作、研究分析等。包括在生产经营活动中直接使用商业秘密，或者对商业秘密进行修改、改进后使用，或者根据商业秘密调整、优化、改进有关生产经营活动。

他人（即经营者，权利人之外的人）以不正当手段获取商业秘密的"使用"是指将权利人的商业秘密应用于产品设计、产品制造、市场营销及其改进工作、研究分析等。也包括他人在生产经营活动中直接使用权利人的商业秘密，或者对权利人的商业秘密进行修改、改进后使用，或者根据权利人的商业秘密调整、优化、改进有关生产经营活动。

因此，使用包括权利人和他人或非法获取商业秘密人的使用两个方面。前者是商业秘密使用的基本含义，后者是侵权行为。

（三）允许他人使用

《反不正当竞争法》第9条仅使用了禁止经营者通过不正当手段获取的商业秘密"允许他人使用"的禁止性法律术语。但该禁止性法律术语却从另一方面证明了权利人可以享有"允许他人使用"的权利和使用方式。

从《商业秘密规定》第26条商业秘密侵权诉讼规定可知，允许他人使用是商业秘密权利人的权利和基本使用方式。商业秘密权利人"允许他人使用"商业秘密，主要是通过许可与转让两种方式实现的。在此，许可、转让的基本内涵，与知识产权许可、转让的含义相同，就不再进行赘述。

六、商业秘密权与相关知识产权的联系与区别

（一）商业秘密权与专利权的联系与区别

借鉴王锋、[1]张耕等[2]的研究成果，商业秘密权与专利权作为知识产权，都共同具有客体的非物质性、法定性、专有性、地域性、时间性等共同特性。此外，笔者认为，商业秘密权与专利权具有更为紧密的联系，商业秘密是获得专利权的前提条件，新颖性（该发明或者实用新型不属于现有技术；也没有任何单位或者个人就同样的发明或者实用新型在申请日以前向国务院

---

〔1〕 参见王锋主编：《知识产权法学》，郑州大学出版社2010年版，第379~380页。
〔2〕 参见张耕等：《商业秘密法》，厦门大学出版社2012年版，第106~110页。

专利行政部门提出过申请，并记载在申请日以后公布的专利申请文件或者公告的专利文件中）包含了申请专利的技术信息（技术方案）须是商业秘密的内在要求，这种具有商业秘密信息的要求需要持续到授权公告之时。具有标识意义的商品包装、装潢也可以成为外观设计专利权的客体。因此，从一定意义上看，技术秘密是专利之母，专利是技术秘密之子。两种知识产权具有共同特性和紧密联系之外也存在一定差异。

1. 权利产生方式不同。商业秘密实行自动产生原则，只要权利人通过自主开发、反向工程等合法手段获得的技术信息、经营信息等商业信息符合法律规定的构成要件，商业秘密权自动产生。专利权需要发明创造人依法申请，经知识产权部门依法审查对于符合构成要件的发明、实用新型、外观设计始授予专利权。

2. 权利取得的前提不同。商业秘密取得权利的前提在于其技术信息、经营信息等商业信息具有秘密性。其权利随着秘密性存在与否而享有或消灭。专利权取得授权以公开为前提。但对于商业秘密而言，公开之时基本上就是权利消灭之时。因此，商业秘密权和专利权在此特性上完全是对立的。

3. 专有程度不同。同一商业秘密根据取得方式不同，可以有多个合法权利人，但同一发明、实用新型和外观设计只能有一个合法专利权。因此，商业秘密的专有性程度弱于专利权。

4. 保护期限不同。商业秘密的保护期以秘密性存在为前提，具有不确定性。专利权的保护期具有法律规定的固定期限。

5. 构成要件不同。商业秘密权客体构成要件为秘密性、商业价值性和相应的保密措施。发明和实用新型专利的构成要件为新颖性、创造性和实用性，外观设计专利的构成要件为新颖性、创造性、不与他人的在先权利相冲突。通常，商业秘密中的技术秘密的"新颖性""创造性"达不到获得专利权的高度，但要具有商业价值，也必然要求其技术秘密具有较高的技术含量。

6. 客体范围不同。商业秘密的客体范围包括技术信息、经营信息等商业信息。专利权的客体仅仅是发明创造。商业秘密权的技术信息和专利权的发明创造之间，会有交叉，但商业秘密的技术信息要求的新颖性、创造性没有法律的强制性规定，而专利权则需符合明确的法律要求。

7. 侵权抗辩不同。侵犯商业秘密权可以运用自主研发和反向工程等进行抗辩，但这些抗辩理由在专利侵权中都不成立。专利侵权抗辩需要通过合理使用、合法来源等进行抗辩。

8. 权利消灭方式不同。专利权因保护期届满或未交维持费等而消灭，商业秘密权因公开而消灭。

此外，还有举证责任、权利内容等区别。

（二）商业秘密权与著作权的联系与区别

商业秘密权和著作权在自动产生原则、从客体产生时享有权利以及均不具有强烈的专有性或排他性上具有共性。

商业秘密权和著作权的主要区别在于：

1. 客体不同。商业秘密权的客体，系技术信息、经营信息等商业信息。此类信息或有可能构成著作权的客体，即作品。但商业秘密中的信息，并不以是否构成作品为前提。商业秘密信息多数并不构成作品。作品是否公之于众，不影响作品的著作权，但以公之于众而产生社会经济价值。商业秘密权的客体以秘密状态而存在，基于秘密性而具有价值，一旦公开（公之于众）则权利消灭也不再具有价值。

2. 构成要件不同。商业秘密的构成要件是秘密性、商业价值性和相应的合理措施。著作权的客体构成要件是独创性和表现性并不要求秘密性等要件。

3. 保护对象不同。著作权的保护对象是表达，或作品，商业秘密的保护对象是商业秘密信息中蕴含的思想。

4. 原始取得途径不同。商业秘密权的原始取得途径包括自主研发、反向工程或其他合法途径获得。著作权原始取得仅有创作一途。

5. 保护期限不同。著作权保护期有明确法律规定。商业秘密的保护期取决于信息的秘密性是否存在。

6. 权利内容不同。商业秘密权仅仅是无形财产权类知识产权，不涉及人身权。著作权是人身权与财产权的统一。

7. 侵权抗辩不同。侵犯商业秘密权可以运用自主研发和反向工程进行抗辩，其中自主研发的经营信息或技术信息，如果构成作品情况下，自主研发表现为创作情况下，可视为相同的侵权抗辩理由，但本质上这是自主研发抗辩，不属于创作抗辩。但反向工程不构成著作权侵权的抗辩理由。著作权的侵权抗辩理由主要是独创性抗辩和合理使用抗辩。

8. 权利消灭方式不同。著作权因法定保护期届满而消灭，商业秘密权因秘密信息公开而消灭。

第三节　商业秘密权的法律保护

一、侵犯商业秘密权的主体

根据《反不正当竞争法》第9条中的规定，侵犯商业秘密权的主体包括：经营者，员工、前员工，其他自然人、法人和非法人组织，第三人。

（一）经营者

侵犯商业秘密权的经营者系指权利人之外从事商品生产、经营或提供服务的自然人、法人和非法人组织，即权利人的竞争对手。如某公司法定代表人积极与第三人签订协议，且以现金、股权等方式引诱他人实施泄露商业秘密的侵权行为，其法定代表人的行为，体现了公司和个人的双重意志，该法定代表人构成侵权主体，在多个侵权人之间存在分工、协作等关系情况下，与其他侵权者构成共同侵权。[1]

（二）员工、前员工

因为员工、前员工侵犯商业秘密在侵权案件中所占比例较大，反不正当竞争法修改中专门规定了员工、前员工侵犯商业秘密权问题。权威人士认为，员工、前员工侵犯商业秘密应从对市场竞争的影响程度区分不同情形进行考虑。其一，员工、前员工违法获取商业秘密，或违约将商业秘密用于生产经营活动，则其已成为经营者；其二，员工、前员工受其他经营者指使、贿赂、欺诈、胁迫等，将商业秘密交由其他经营者使用，则其他经营者构成以贿赂、欺诈、胁迫或者其他不正当手段非法获取商业秘密。在此两种情况下适用《反不正当竞争法》第9条第1款第1项进行调整。其三，员工、前员工将其违法获取或违约，将商业秘密交其他经营者用于生产经营活动且其他经营者明知存在违法行为，其他经营者视为侵犯商业秘密权。其四，员工、前员工违法获取或违约，故意以披露方式破坏权利人的竞争优势，只要其自己，或与其存在共同故意的第三人与权利人存在竞争关系的。在此两种情况下，适用第9条第2款规定。

员工、前员工作为侵权主体，在实践中还要注意下列问题：

---

〔1〕　最高人民法院民事判决书（2020）最高法知民终167号。

1. 员工、前员工是否有渠道有机会获取商业秘密。接触加实质性相似这一知识产权侵权判断的一般规则，同样适用商业秘密侵权主体的判断。员工、前员工只有有渠道、有机会获取商业秘密，才有可能成为商业秘密的侵权主体。否则，员工、前员工就不可能成为侵权主体。员工、前员工是否有渠道或者机会获取权利人的商业秘密，可以考虑与其有关的下列因素：（1）职务、职责、权限；（2）承担的本职工作或者单位分配的任务；（3）参与和商业秘密有关的生产经营活动的具体情形；（4）是否保管、使用、存储、复制、控制或者以其他方式接触、获取商业秘密及其载体；（5）需要考虑的其他因素。

2. 前员工与权利人保持长期稳定交易关系的特定客户并不必然构成侵权主体。客户信息是商业秘密的重要内容。员工、前员工侵权的客体，不少都是客户信息。但当事人即权利人主张的客户信息必须符合法律规定的构成要件。如果当事人仅以与特定客户保持长期稳定交易关系为由，主张该特定客户属于商业秘密的，则人民法院不予支持。

客户基于对员工个人的信赖而与该员工所在单位进行交易，该员工离职后，能够证明客户自愿选择与该员工或者该员工所在的新单位进行交易的，人民法院应当认定该员工没有采用不正当手段获取权利人的商业秘密，前员工同样不构成侵权主体。

3. 员工在职期间筹划设立与所在单位具有竞争关系的新公司行为并不必然构成不正当竞争。在申请再审人山东省食品进出口公司等与被申请人青岛圣克达诚贸易有限公司不正当竞争纠纷案中，最高人民法院民事裁定书认为，员工在职期间筹划设立的与所在单位具有竞争关系的新公司，为自己离职后的生涯做适当准备，并不必然具有不正当性；作为具有学习能力的劳动者，员工在企业工作中必然会掌握和积累与其所从事的工作有关的知识、经验和技能，除属于单位的商业秘密的情形外，这些知识、经验和技能构成员工人格的组成部分，是其生存能力和劳动能力的基础。员工离职后有自主利用其自身的知识、经验和技能的自由，因利用其自身的知识、经验和技能而赢得客户信赖并形成竞争优势的，除侵犯原单位的商业秘密的情况外，并不违背诚信原则和公认的商业道德。只有当员工的有关行为违反了法定的或约定的竞业禁止限制义务的情况下，才能够认定该行为本身具有不正当性。[1]

4. 并非所有的竞业禁止协议都可以构成商业秘密保护条件的保密措施。在申请人上海富日实业有限公司与被申请人黄子瑜等侵害商业秘密纠纷案中，最高人民法院审查认为，符合《反不正当竞争法》第9条规定的保密措施应当表明权利人保密的主观愿望，并明确作为商业秘密保护的信息的范围，使义务人能够知悉权利人的保密愿望及保密客体，并在正常情况下足以防止涉密信息泄露。用人单位可以与负有保密义务的劳动者约定竞业禁止协议，该约定可以成为保护商业秘密的一种手段，但相关信息作为商业秘密保护，必须符合《反不正当竞争法》规定的要件，包括采取了保密措施。没有明确约定用人单位保密的主观愿望和作为商业秘密保护的信息的范围，不能成为《反不正当竞争法》规定的保密措施。[2]

5. 派生于诚实信用原则的保守商业秘密的合同附随合同义务，不能构成商业秘密的保密措施。这是因为其无法体现权利人对信息采取保密措施的主观愿望。[3]

（三）其他自然人、法人和非法人组织

其他自然人、法人和非法人组织，系指商业秘密权利人之外从事商品生产、经营或提供服务的自然人、法人和非法人组织即权利人的竞争对手之外的自然人、法人和非法人组织，主要是广义竞争者或间接竞争者。

（四）第三人

指商业秘密权利人、员工、前员工、竞争对手之外的其他经营者，在其明知或应知商业秘密权利人的员工或前员工或者其他单位、个人实施侵犯商业秘密的情况下，仍然获取、披露、使用或者允许他人使用该商业秘密的，构成侵权主体。

二、商业秘密权的侵权行为及其认定

《反不正当竞争法》第9条规定，经营者不得实施侵犯商业秘密的行为。该条规定了经营者、员工、前员工、第三人不得运用盗窃、贿赂、欺诈、胁

---

[1]　最高人民法院民事裁定书（2009）民申字第1065号。
[2]　最高人民法院民事裁定书（2011）民申字第122号。
[3]　最高人民法院民事裁定书（2012）民监字第253号。

迫、电子侵入或其他不正当手段获取权利人的商业秘密。其中不正当竞争手段的认定是一个重要或核心问题。该不正当手段可以通过事实推定进行认定。在申请再审人高辛茂与被申请人北京一得墨业有限责任公司商业秘密纠纷案民事裁定中，最高人民法院认为，当事人基于其工作职责完全具备掌握商业秘密信息的可能条件，为他人生产与该商业秘密信息有关的产品，且不能举证证明该有关产品系其独立研发，根据案件的具体情况及日常生活经验，可以推定该当事人非法披露了其掌握的商业秘密。[1]在商业秘密纠纷案件审理中，权利人应对商业秘密的内容和范围进行明确，人民法院应在此基础上进行审理和裁判。[2]对商业秘密侵权的认定基础在于涉案信息应当符合《反不正当竞争法》关于商业秘密的构成要件。但在商业秘密共有案件中合理保密措施的认定，就具有其特殊性。当事人对相关商业秘密主张共有，但相关商业信息实际上是在各当事人处分别形成。某一当事人采取的保密措施，不能取代其他当事人应当分别对商业秘密采取的合理保密措施。[3]

（一）侵害商业秘密的基本类型

构成侵犯商业秘密权的行为，根据《反不正当竞争法》的规定，主要有四种类型的侵权行为：

1. 经营者以不正当手段非法获取权利人的商业秘密

不正当手段包括盗窃、贿赂、欺诈、胁迫、电子侵入或者其他不正当手段，即《巴黎公约》《TRIPS协定》中的"违背诚实商业行为"的方式。经营者不得以不正当手段获取权利人的商业秘密。包括但不限于：（1）派出商业间谍盗窃权利人或持有人的商业秘密；（2）通过提供财务、有形利益或无形利益、高薪聘请、人身威胁、设计陷阱等方式引诱、骗取、胁迫权利人的员工或他人为其获取商业秘密；（3）未经授权或超出授权范围进入权利人的电子信息系统获取商业秘密或者植入电脑病毒破坏其商业秘密，其中，电子信息系统是指所有存储权利人商业秘密的电子载体，包括数字化办公系统、服务器、邮箱、云盘、应用账户等；（4）擅自接触、占有或复制由权利人控制下的，包含商业秘密或者能从中推导出商业秘密的文件、物品、材料、原料

---

[1] 最高人民法院民事裁定书（2011）民监字第414号。

[2] 最高人民法院民事裁定书（2015）民申字第2035号。

[3] 最高人民法院民事判决书（2014）民三终字第3号。

或电子数据，以获取权利人的商业秘密；（5）采取其他违反诚信原则或者商业道德的不正当手段获取权利人商业秘密的行为。

不正当手段是一个广义的概念，除了法律中列举的盗窃、贿赂、欺诈、胁迫、电子侵入五种常见的不正当手段外，还有法律中未列举的不正当手段。目前，在学术界未见到对《反不正当竞争法》中侵犯商业秘密权的"其他不正当手段"的专门研究资料。但学术界在其他方面对"其他不正当手段"的研究，可供我们借鉴。如何界定"其他不正当手段"的内涵和外延，亦应结合《反不正当竞争法》第9条的目的，兼顾与其他法条以及该法条中"盗窃、贿赂、欺诈、胁迫、电子侵入"的关系，以适应商业秘密司法实践的具体需求。本条的其他不正当手段与盗窃、贿赂、欺诈、胁迫、电子侵入手段并列，"不正当"是"手段"的修饰语，但事实上很难具体列举取得商业秘密时还有哪些"不正当手段"。此处的"不正当"也可以指行为的目的和后果。从广义上讲，意图以商业秘密谋取不正当利益显然也是一种违反诚实信用原则的行为，或"违背诚实商业行为的方式"，但具体适用应依据个案独立进行司法判断。《商业秘密规定》第8条，被诉侵权人以违反法律规定或者公认的商业道德的方式获取权利人的商业秘密的，人民法院应当认定属于《反不正当竞争法》第9条第1款所称的以其他不正当手段获取权利人的商业秘密。

2. 经营者使用非法获取的商业秘密

但侵害商业秘密权行为不仅包括非法获取商业秘密，还包括对非法获取的商业秘密的使用行为。此处的非法使用行为包括披露、自己使用或允许他人使用三种方式。披露系将权利人的商业秘密公开，使技术信息或经营信息等商业信息丧失秘密性，从而使权利人丧失商业秘密权，以减损权利人的经济利益，破坏权利人的竞争优势。侵害商业秘密的披露行为主观构成要件包括故意和重大过失。行为人将权利人的商业秘密置于存在高度泄密风险的环境（如云盘）中，其保密措施与该商业秘密的重要性和价值明显不符，具有重大过错，构成"披露"商业秘密的不正当竞争行为。[1]披露是一种特殊的使用方式，也是一种根本性的破坏性使用方式，具有极大的恶意性。自己使用或允许他人使用，系指自己或他人将权利人的商业秘密运用于其商品生产经营过程或为他人提供服务以取得经济利益或竞争优势。

---

〔1〕　北京市朝阳区人民法院民事判决书（2017）京 0105 民初 68514 号。

3. 经营者违约或违反权利人要求使用商业秘密

即经营者违反约定或者违反权利人有关保守商业秘密的要求，披露、自己使用或允许他人使用其掌握的商业秘密。前述使用非法获取的商业秘密与本种使用商业秘密是两类不同的因使用而发生的侵权行为，但违约或违反权利人要求的侵权使用行为与前述侵权使用行为的差别在于，此处经营者获取商业秘密的过程是合法行为。在商业合作伙伴、员工、前员工合法获得商业秘密情况下，如果商业合作伙伴或员工、前员工违反保守商业秘密的要求或违反保守商业秘密的约定而披露、自己使用或允许他人使用其掌握的商业秘密，构成对商业秘密权的侵害。经营者违反限制性使用商业秘密的义务，未经授权予以披露或使用的行为，构成侵犯商业秘密的行为。"限制性使用商业秘密"，包括但不限于在保密协议、劳动合同、合作协议、合同等中与权利人订立的法定或约定的对商业秘密的限制使用。员工或前员工在工作过程中所形成的自身知识、经验、技能除外。

经营者不得违反保密义务或者违反权利人有关保守商业秘密的要求，披露、使用或者允许他人使用其所掌握的商业秘密。其"保密义务"或者"权利人有关保守商业秘密的要求"包括但不限于：（1）通过书面或口头的明示合同或默示合同等在劳动合同、保密协议、合作协议等中与权利人订立的关于保守商业秘密的约定；（2）权利人单方对知悉商业秘密的持有人提出的要求，包括但不限于对通过合同关系知悉该商业秘密的相对方提出的保密要求，或者对通过参与研发、生产、检验等知悉商业秘密的持有人提出的保密要求；（3）在没有签订保密协议、劳动合同、合作协议等情况下，权利人通过其他规章制度或合理的保密措施对员工、前员工、合作方等提出的其他保守商业秘密的要求。

4. 经营者教唆、引诱、帮助他人违反保密义务和要求使用商业秘密

这是我国《反不正当竞争法》2019 年修正增加的一种新型侵犯商业秘密类型。是与第三种侵权类型相适应新的侵权类型，也是对第三种侵权类型的完善和补充。教唆、引诱、帮助他人违反保密义务或者违反权利人有关保守商业秘密的要求，获取、披露、使用或者允许他人使用权利人的商业秘密。经营者教唆、引诱、帮助他人违反保密义务或者违反权利人有关保守商业秘密的要求，获取、披露、使用或者允许他人使用权利人的商业秘密。包括但不限于：（1）故意用言辞、行为或其他方法，以提供技术、物质支持，或者通过职位

许诺、物质奖励等方式说服、劝告、鼓励他人违反保密义务或者违反权利人有关保守商业秘密的要求；（2）以各种方式为他人违反保密义务或者违反权利人有关保守商业秘密的要求提供便利条件，以获取、披露、使用或者允许他人使用权利人的商业秘密的行为。

（二）视为侵犯商业秘密的其他情形

1. 经营者以外的其他自然人、法人和非法人组织实施前述侵犯商业秘密违法行为的，视为侵犯商业秘密

这是我国《反不正当竞争法》2019 年修正增加第 9 条第 2 款规定的视为侵犯商业秘密的情形。《商业秘密规定》第 16 条规定，经营者以外的其他自然人、法人和非法人组织侵犯商业秘密，权利人依据《反不正当竞争法》第 17 条的规定主张侵权人应当承担的民事责任的，人民法院应予支持。增加该种类型的"视为侵权行为"，使我国对商业秘密的保护更为周延，使商业秘密的义务主体扩展到了经营者之外的其他自然人、法人和非法人组织，大大提高了我国商业秘密的保护水平。

2. 第三人明知或应知商业秘密前述违法行为而获取、使用商业秘密

此处的第三人指前述经营者之外的其他经营者。第三人明知或者应知商业秘密权利人的员工、前员工或者其他单位、个人实施违法行为，仍获取、披露、使用或者允许他人使用该商业秘密的，视为侵犯商业秘密。适用《反不正当竞争法》第 9 条第 3 款规定，需要满足三个要件：一是来源违法。即第三人从员工、前员工或者其他单位、个人的侵犯商业秘密的违法行为或过程中获取并使用商业秘密，这是认定视为侵权的前提。二是第三人"明知或应知"的主观状态。"明知"即明确知道，其行为具有故意。"应知"系指应当知道，即只要尽到必要、合理的注意义务都应当知道，其行为存在过失。如第三人商业秘密来源虽然违法，但其并不知道、也不应当知道其商业秘密来源违法，则不存在侵权行为。三是第三人的行为表现为知道或应知后的持续性。第三人的行为包括获取、披露、使用或允许他人使用。如其在知道或应知来源违法后，并未为前述行为或及时停止前述行为，不构成侵犯商业秘密。[1]

商业秘密侵权认定不断带来新挑战。如具有技术性、抽象性、易变性和不透明性等显著特点的算法作为商业秘密的保护对象虽在实证法上得到确认，

---

[1] 参见王瑞贺主编：《中华人民共和国反不正当竞争法释义》，法律出版社 2018 年版，第 34 页。

但也给商业秘密侵权认定带来极大的挑战。目前，相关案件的审理通常采用"接触+实质性相同-合法来源抗辩"的侵权认定规则。该规则可在一定程度上缓解算法商业秘密侵权案件的举证难题，但仍存在保护范围不清晰、实质性相同比对方法不明确以及公共利益抗辩界限模糊等问题。为此，算法商业秘密侵权认定规则的完善，在保护范围上应定位于算法所传达的核心思想和逻辑；在实质性相同对比阶段，应将"基本一致"作为判断标准，并采用"内外部测试法"分别对算法的思想、表达各要素及整体进行比对；明确算法公共利益抗辩的适用场景，并基于算法正义，与预先审查算法透明度的制度和规则相衔接。[1]

三、商业秘密权的限制

(一) 自行开发研制

商业秘密权具有较弱的专有性，其仅有权依法制止他人违反诚实信用原则即不正当手段获取、使用商业秘密的行为，并无权禁止他人通过自行开发研制而享有商业秘密，也无权阻止他人将其自主开发研制的技术信息通过申请专利等方式进行公开，尽管此时商业秘密权人的商业秘密权将消灭。因为，自主开发研制乃通过自己的智力劳动获得与他人商业秘密相同的技术信息、经营信息等商业信息，系自主研发者的诚信劳动成果，也是合法竞争的重要形式。因此，现实中必然会存在不同自然人、法人或非法人组织开发出相似或相同的商业秘密情况。被诉侵权者以自主研发进行抗辩，受到"净室程序"限制，即在开发过程中不得依赖他人专有信息。"净室"系指在研发某种产品或方法时，与他人被商业秘密法或版权法所保护的信息相隔绝，即所有参加研发者均未接触并且知悉他人的商业秘密，未受到他人商业秘密的"污染"。反之，自主研发即不成立。

(二) 反向工程

"反向工程"，是指通过技术手段对从公开渠道取得的产品进行拆卸、测绘、分析等而获得该产品的有关技术信息。但是接触、了解权利人或持有人技术秘密的人员通过回忆、拆解终端产品获取权利人技术秘密的行为，不构成反向工程。除法律法规规定禁止对计算机软件等客体进行反向工程外，世

---

〔1〕 参见彭飞荣：《论算法作为商业秘密的侵权认定》，载《浙江社会科学》2023 年第 6 期。

界多数国家商业秘密法和司法实践均承认的合法取得与抗辩理由。因为，长期的商业秘密保护会形成信息垄断，不利于信息推广与传播，而反向工程的存在可以实现社会财富的公正分配，体现出法律的正义价值。商业秘密保护和反向工程实现了利益平衡。[1]但反向工程需要同时具备下列条件：

1. 合法取得产品

反向工程作为一种从结果（产品）推导原因（方法）的逆向行为，是对结果（产品）的逆向研发行为，所有权人对其合法取得产品进行拆卸、测绘、分析是其合法权利，也是一种对其享有合法所有权客体的使用行为，被认为是技术运用者通过合理的技术成本支出取得收益的行为，有利于实现公平正义，更是不为法律所禁止的正当行为。但合法取得产品，是反向工程成为合法抗辩理由的前提。合法取得，包括购买、接受赠与、继承、租赁、保管、承揽等方式取得所有权或占有权。因此，反向工程实施的客体应当是具有合法来源的特定客体，且实施者还应符合下列两项条件以确保身份适当。

2. 符合"黑箱封闭"原则

即在仅仅依据租赁、保管、承揽等合同合法取得占有权的情况下，符合权利人明示或暗示不得反向工程的约定，即"黑箱封闭"。否则，既构成违约行为，又构成侵权行为。

3. 净室程序

反向工程不得非法依赖他人专有信息，反向工程者以不正当手段知悉了他人的商业秘密之后，又以反向工程为由主张获取行为合法的，不构成合法抗辩理由。

（三）公权限制

公权限制是根据《TRIPS协定》第39条第3款之规定设置的。当成员要求以提交未披露过的实验数据或其他数据……除非出于保护公众的需要，或除非已采取措施保证对该数据的保护、防止不正当的商业使用，成员均应保护该数据以防其被泄露。公权限制是世界各国普遍的对商业秘密权的限制。

国家行政机关可以根据法律的明确规定，在执行职务过程中，强制获取当事人的商业秘密。如《环境保护法》第24条规定，县级以上人民政府环境保护行政主管部门或者其他依照法律规定行使环境监督管理权的部门，有权

---

[1]　参见王苏野：《商业秘密法律保护中的价值再平衡策略》，载《人民论坛》2016年第17期。

对管辖范围内的排污单位进行现场检查。被检查的单位应当如实反映情况，提供必要的确切资料。检查机关应为被检查机关保守技术秘密和业务秘密。《水污染防治法》第 30 条规定，环境保护主管部门和其他依照本法规定行使监督管理权的部门，有权对管辖范围内的排污单位进行现场检查，被检查的单位应当如实反映情况，提供必要的资料。检查机关有义务为被检查的单位保守在检查中获取的商业秘密。《大气污染防治法》第 29 条规定，生态环境主管部门及其环境执法机构和其他负有大气环境保护监督管理职责的部门，有权通过现场检查监测、自动监测、遥感监测、远红外摄像等方式，对排放大气污染物的企业事业单位和其他生产经营者进行监督检查。被检查者应当如实反映情况，提供必要的资料。实施检查的部门、机构及其工作人员应当为被检查者保守商业秘密。公权限制基于维护公共秩序和公共利益之需，但须有法律的明确规定，且以执行职务必须为限，并负有保密义务。《商业秘密保护规定（征求意见稿）》第 19 条拟规定，下列行为不属于侵犯商业秘密行为：……（四）商业秘密权利人或持有人的员工、前员工或合作方基于环境保护、公共卫生、公共安全、揭露违法犯罪行为等公共利益或国家利益需要，而必须披露商业秘密的……。该条第 3 款规定，披露人在向有关国家行政机关、司法机关及其工作人员举报前述违法犯罪行为时，须以保密方式提交包含商业秘密的文件或法律文书。该条第 5 款规定商业秘密权利人或持有人应在其与员工、合作者、顾问等签订的管控商业秘密或其他保密信息使用的任何合同或协议中，向后者提供举报豁免和反报复条款。合同或协议的形式包括但不限于劳动合同、独立承包商协议、咨询协议、分离和解除索赔协议、遣散协议、竞业禁止协议、保密和所有权协议、员工手册等。

（四）强制提交

《TRIPS 协定》第 39 条第 3 款规定，当成员要求以提交未披露过的实验数据或其他数据，作为批准采用新化学成分的医药或农用化工产品上市的条件时，如果该数据的原创活动包含了相当的努力，则该成员应保护该数据，以防不正当的商业使用。因此，按照《TRIPS 协定》，强制提供限制主要有作为批准采用新化学成分的医药用时和农用化工产品上市条件时可以强制提交。但以成员国负有保密义务为前提。

根据《公司法》第 56 条第 2 款规定，记载于股东名册的股东，可以依股东名册主张行使股东权利。《公司法》第 57 条前 2 款规定，股东有权查阅、复制公司章程、股东会会议记录、董事会会议决议、监事会会议决议和财务会计报告。股东可以要求查阅公司会计账簿。股东要求查阅公司会计账簿的，应当向公司提出书面请求，说明目的。公司有合理根据认为股东查阅会计账簿有不正当目的，可能损害公司合法利益的，可以拒绝提供查阅，并应当自股东提出书面请求之日起十五日内书面答复股东并说明理由。公司拒绝提供查阅的，股东可以请求人民法院要求公司提供查阅。《公司法》第 138 条规定，上市公司设董事会秘书，负责公司股东会和董事会会议的筹备、文件保管以及公司股东资料的管理，办理信息披露事务等事宜。《公司法规定》第 11 条规定，股东行使知情权后泄露公司商业秘密导致公司合法利益受到损害，公司请求该股东赔偿相关损失的，人民法院应当予以支持。在公司股东行使知情权时，应当强制提供，但股东负有保密义务。《商业秘密保护规定（征求意见稿）》第 19 条第 3 项规定，股东依法行使知情权而获取公司商业秘密的，不属于侵犯商业秘密行为。

　　在学术界有一种强制披露限制说认为，强制披露是上市公司的一种商业秘密限制制度。[1]笔者认为，此说不妥。一是违背《TRIPS 协定》的前引规定。二是违背商业秘密权保护的立法宗旨。三是混淆了信息披露与商业秘密披露的界限。在包括公权限制情况下，法律均规定提交的是"商业秘密"，而不使用信息概念。如果一方面《公司法》禁止高管擅自泄露公司秘密，另一方面法律还规定需要向社会披露，上市公司的竞争优势就无法保持，不利于全体股东的利益。《公司法》第 138 条规定，上市公司设董事会秘书，负责公司股东会和董事会会议的筹备、文件保管以及公司股东资料的管理，办理信息披露事务等事宜。此信息披露并不应包含商业秘密披露。凡是被强制要求披露的信息，通常都不构成商业秘密。

　　此外，商业秘密侵权根据国内外实践，还有"广为周知"或"可轻易获取""意外丢失""共同所有""雇主权利""违反反垄断法"[2]"滥用法益或'不洁之手'"等抗辩理由。"广为周知"和"可轻易获取"抗辩在于否定其信息具有秘密性；"意外丢失"有时并不必然摧毁该信息的秘密性，抗辩在于

---

[1]　参见张耕等：《商业秘密法》，厦门大学出版社 2012 年版，第 241 页。
[2]　我国已有反垄断法立法，《国务院反垄断委员会关于知识产权领域的反垄断指南》（2019 年 1 月 4 日）也对包含商业秘密在内的知识产权滥用行为进行竞争法规制。

秘密性并未丧失,但意外获得商业秘密的人,也不存在侵权问题;"共同所有"抗辩在于共同享有使用权,同样诉辩双方互不侵权;"雇主权利"系企业的所有人有权使用凡是运用其资源与设施所开发出的商业秘密,该抗辩理由用于员工、前员工对雇主、前雇主的商业秘密诉讼;"违反反垄断法"主要运用于被指控违反合同或许可协议而造成商业秘密侵害的被告主张该合同限制了贸易或竞争和商业秘密权人拒绝许可情况下受拒方(原告)主张该拒绝限制了竞争,从而违反反垄断法;"滥用法益或'不洁之手'"是在商业秘密人运用商业秘密进行不正当竞争行为时,被告对违法滥用或"不洁之手"行为的抗辩理由。[1]

四、诉讼、管辖和举证

权利人发现经营者、员工、前员工、第三人侵犯其商业秘密的,可依法进行维权。维权途径包括向侵权人发出停止侵权、要求赔偿损失的通知,可以通过协商解决纠纷(自我保护);也可以依法向有关部门进行投诉,请求有关部门予以查处(行政保护);协商不成依法可以向人民法院提起民事诉讼,如构成犯罪的,依法追究刑事责任(司法保护)。侵权人依法应当承担民事责任、行政责任和刑事责任。

(一)诉讼与管辖

民事诉讼、行政诉讼和刑事诉讼是最终解决纠纷,制裁侵权,保护商业秘密权人合法权利,打击违法犯罪的有效手段与最终手段。

依据《反不正当竞争法》第 17 条第 2 款的规定,经营者的合法权益受到不正当竞争行为损害的,可以向人民法院提起诉讼。原始权利人和继受权利人依法享有诉权。继受权利人享有的诉权,根据《商业秘密规定》第 26 条规定,对于侵犯商业秘密行为,商业秘密独占使用许可合同的被许可人提起诉讼的,人民法院应当依法受理。排他使用许可合同的被许可人和权利人共同提起诉讼,或者在权利人不起诉的情况下自行提起诉讼的,人民法院应当依法受理。普通使用许可合同的被许可人和权利人共同提起诉讼,或者经权利人书面授权单独提起诉讼的,人民法院应当依法受理。

---

[1] 参见孙远钊:《论〈反不正当竞争法〉的商业秘密保护规制》,载《竞争政策研究》2016年第 5 期。

根据《民事案件案由规定》商业秘密民事案件案由有商业秘密合同纠纷与侵害商业秘密纠纷两大类。其中商业秘密合同纠纷包括：（1）技术秘密让与合同纠纷；（2）技术秘密许可使用合同纠纷；（3）经营秘密让与合同纠纷；（4）经营秘密许可使用合同纠纷。侵害商业秘密纠纷包括：（1）侵害技术秘密纠纷；（2）侵害经营秘密纠纷。

《反不正当竞争法解释》第 26 条规定，因不正当竞争行为提起的民事诉讼，由侵权行为地或者被告住所地人民法院管辖。当事人主张仅以网络购买者可以任意选择的收货地作为侵权行为地的，人民法院不予支持。第 27 条规定，被诉不正当竞争行为发生在中华人民共和国领域外，但侵权结果发生在中华人民共和国领域内，当事人主张由该侵权结果发生地人民法院管辖的，人民法院应予支持。

根据《一审管辖规定》第 1 条、第 3 条的规定，自 2022 年 5 月 1 日起，技术秘密权属、侵权纠纷第一审民事、行政案件由知识产权法院，省、自治区、直辖市人民政府所在地的中级人民法院和最高人民法院确定的中级人民法院管辖。经营信息等商业信息第一审知识产权民事、行政案件，由最高人民法院确定的基层人民法院管辖，但第一审知识产权案件诉讼标的额在最高人民法院确定的数额以上的，以及涉及国务院部门、县级以上地方人民政府或者海关行政行为的，由中级人民法院管辖。根据最高人民法院关于印发基层人民法院管辖第一审知识产权民事、行政案件标准的通知对各地基层法院受理一审知识产权案件标准进行规定和授权，北京、上海的基层法院受理经营信息等商业信息纠纷案件不受标的额限制；广州、深圳、佛山、东莞、中山、珠海、惠州、肇庆、江门市的基层法院受理标的额 1000 万元以下的经营信息等商业信息纠纷案件；广东省其他地区和天津、江苏、浙江、河南、湖北、海南、重庆的基层法院受理标的额 500 万元以下的经营信息等商业信息纠纷案件；其他地区的基层法院受理标的额为 100 万元以下的经营信息等商业信息纠纷案件。"以下"均不包括本数。

经营者因对行政处罚不服，依法可以提起复议和行政诉讼。

公诉机关根据侵害商业秘密情节，依法可以提起刑事诉讼。

在实行三审合一的知识产权审判下，即知识产权民事、刑事、行政案件统一集中审理的审判机制，涉及知识产权的民事、刑事和行政案件全部集中到知识产权审判庭统一审理。

（二）举证责任分配

举证是权利人通过诉讼等主张合法权利的重要环节和基础。通过诉讼向侵权人主张权利的举证责任在主张侵权行为的权利人。《反不正当竞争法》第32条规定，在侵犯商业秘密的民事审判程序中，商业秘密权利人提供初步证据，证明其已经对所主张的商业秘密采取保密措施，且合理表明商业秘密被侵犯，涉嫌侵权人应当证明权利人所主张的商业秘密不属于《反不正当竞争法》规定的商业秘密。商业秘密权利人提供初步证据合理表明商业秘密被侵犯，且提供以下证据之一的，涉嫌侵权人应当证明其不存在侵犯商业秘密的行为：（1）有证据表明涉嫌侵权人有渠道或者机会获取商业秘密，且其使用的信息与该商业秘密实质上相同。此处的"有渠道或者有机会获取商业秘密"，根据前引《商业秘密规定》第12条规定把握。但此处的"有渠道或者有机会获取商业秘密"包括但不限于员工、前员工有渠道或者有机会获取商业秘密，包括经营者、第三人等有渠道或者有机会获取商业秘密，如以盗窃、贿赂、欺诈、胁迫、电子侵入或者其他不正当手段获取商业秘密等。该处的"实质上相同"根据《商业秘密规定》第13条规定，系指被诉侵权信息与商业秘密不存在实质性区别。（2）有证据表明商业秘密已经被涉嫌侵权人披露、使用或者有被披露、使用的风险；（3）有其他证据表明商业秘密被涉嫌侵权人侵犯。其中，"秘密性"证明是商业秘密侵权诉讼的关键环节和关键因素。有学者认为，《反不正当竞争法》第32条规定的"秘密性"证明内容，从证明责任理论出发，该条款的修订并没有改变"秘密性"证明责任的分配，而是属于推定规则的适用。推定规则本质上是一种证据规则，包括基础事实、推定依据、推定事实与反驳四个要素，通过基础事实间接证明推定事实，降低了当事人的证明难度。推定规则建立的正当性体现在推定依据的正当性，推定依据或为经验法则或为公共政策需要。该条的"初步证据"包括"采取保密措施""合理表明被侵犯"，这类证据降低了权利人的证明难度和证明成本，通过"初步证据"推定"秘密性"，不仅具有高度盖然性，符合经验法则，还体现加强知识产权保护的公共政策，符合推定规则的逻辑推理结构。涉嫌侵权人拥有对"初步证据"和"秘密性"反驳的权利，确保推定结论的可靠性。[1]笔者

---

〔1〕 参见沈世娟、黄佩瑶：《商业秘密"秘密性"证明中推定规则的适用——兼议〈反不正当竞争法第三十二条〉》，载《常州大学学报（社会科学版）》2021年第5期。

认可该学者的评述观点。

1. 权利人的举证责任

根据《反不正当竞争法》《商业秘密规定》相关规定，权利人的举证责任主要有四个方面：

一是权利人（当事人）指称他人侵犯其商业秘密的，应当对其拥有的商业秘密是否符合法定条件进行举证，其证据包括商业秘密的载体、具体内容、商业价值和对该项商业秘密所采取的具体保密措施等，特别要对具体保密措施进行举证。具有下列情形之一，在正常情况下足以防止商业秘密泄露的，即可证明权利人采取了相应保密措施：（1）签订保密协议或者在合同中约定保密义务的；（2）通过章程、培训、规章制度、书面告知等方式，对能够接触、获取商业秘密的员工、前员工、供应商、客户、来访者等提出保密要求的；（3）对涉密的厂房、车间等生产经营场所限制来访者或者进行区分管理的；（4）以标记、分类、隔离、加密、封存、限制能够接触或者获取的人员范围等方式，对商业秘密及其载体进行区分和管理的；（5）对能够接触、获取商业秘密的计算机设备、电子设备、网络设备、存储设备、软件等，采取禁止或者限制使用、访问、存储、复制等措施的；（6）要求离职员工登记、返还、清除、销毁其接触或者获取的商业秘密及其载体，继续承担保密义务的；（7）采取其他合理保密措施的。

二是对方当事人的侵权信息与其商业秘密相同或者实质上相同承担举证责任。证明实质上相同可以考虑下列因素：（1）被诉侵权信息与商业秘密的异同程度；（2）所属领域的相关人员在被诉侵权行为发生时是否容易想到被诉侵权信息与商业秘密的区别；（3）被诉侵权信息与商业秘密的用途、使用方式、目的、效果等是否具有实质性差异；（4）公有领域中与商业秘密相关信息的情况；（5）需要考虑的其他因素。在被控侵权人擅自转移、拆卸法院查封的被控侵权设备，导致法院无法确定现存设备与法院保全的被控侵权设备的一致性，应当认定其实施了实质性破坏行为，可以推定被控侵权设备使用的技术与权利人请求保护的技术秘密相同。[1]

三是对对方当事人采取不正当手段的事实负举证责任。

对侵权人以盗窃、贿赂、欺诈、胁迫、电子侵入或者其他不正当手段获

---

〔1〕　山东省高级人民法院民事判决书（2016）鲁民终 1346 号。

取、披露、使用、允许他人使用提供初步证据；对经营者违反保密义务或者违反权利人有关保守商业秘密的要求，披露、使用或者允许他人使用其所掌握的商业秘密提供初步证据；对教唆、引诱、帮助他人违反保密义务或者违反权利人有关保守商业秘密的要求，获取、披露、使用或者允许他人使用权利人的商业秘密提供初步证据。对经营者以外的其他自然人、法人和非法人组织实施侵害商业秘密的违法行为提供初步证据。对第三人明知或者应知商业秘密权利人的员工、前员工或者其他单位、个人实施《反不正当竞争法》第9条第1款所列违法行为，仍获取、披露、使用或者允许他人使用该商业秘密的提供初步证据。

四是损失与违法所得证据。损失和违法所得证据包括但不限于：（1）因侵权行为导致商业秘密为公众所知悉的，举证证明商业秘密的商业价值。证明商业秘密的商业价值，应当考虑研究开发成本、实施该项商业秘密的收益、可得利益、可保持竞争优势的时间等因素。（2）对商业秘密的许可使用费进行举证。权利人可以请求参照商业秘密许可使用费确定因被侵权所受到的实际损失。据此，人民法院可以根据许可的性质、内容、实际履行情况以及侵权行为的性质、情节、后果等因素确定。（3）以生效刑事裁判认定的实际损失或者违法所得确定涉及同一侵犯商业秘密行为的民事案件赔偿数额。（4）权利人已经提供侵权人因侵权所获得的利益的初步证据，但与侵犯商业秘密行为相关的账簿、资料由侵权人掌握的，人民法院可以根据权利人的申请，责令侵权人提供该账簿、资料。侵权人无正当理由拒不提供或者不如实提供的，人民法院可以根据权利人的主张和提供的证据认定侵权人因侵权所获得的利益。

2. 被诉侵权人的举证责任

根据《反不正当竞争法》第32条规定，被诉侵权人承担权利人所主张的商业秘密不属于该法规定的商业秘密和证明其不存在侵犯商业秘密的行为两个方面的举证责任。

被诉信息不属于商业秘密的举证责任。根据《反不正当竞争法》第9条的规定，证明权利人所主张的商业秘密不属于《反不正当竞争法》规定的商业秘密，应当从该法规定的商业秘密的定义出发，举出证据进行证明。基于权利人通常均会举证采取了相应的保密措施，被诉侵权人主要应从权利人主张的商业秘密是否具有秘密性，即是否属于公知信息进行举证。具有下列情形之一的，有关信息即为公众所知悉：（1）该信息在所属领域属于一般常识或者行业惯例的；（2）该信息仅涉及产品的尺寸、结构、材料、部件的简单组合等内容，所属领域的相关人员通过观察上市产品即可直接获得的；（3）该信息已经在公开出版物或者其他媒体上公开披露的；（4）该信息已通过公开的报告会、展览等方式公开的；（5）所属领域的相关人员从其他公开渠道可以获得该信息的。从权利人是否采取了合理保密措施进行举证，如权利人未采取合理的保密措施，则也不属于《反不正当竞争法》规定的商业秘密等。

被诉侵权人不存在侵犯商业秘密的举证责任。根据《商业秘密规定》第14条规定，通过自行开发研制或者反向工程获得被诉侵权信息的，不属于侵犯商业秘密行为。被诉侵权人可以就其自行研发或反向工程获得的商业秘密信息进行举证。

被诉侵权行为的当事人在诉讼中可以依法进行抗辩。运用前述合法抗辩理由进行抗辩的，应当根据抗辩理由的不同，进行举证。进行自主研发抗辩需要对自主研发和净室进行举证；基于在商业秘密侵权诉讼的司法实践中，反向工程与秘密性的关系最为密切，始终与商业秘密保护保持着一定的敏感关系。商业秘密反向工程的实施路径需要主体适格，即实施人对他人的商业秘密不负有保密义务；产品来源合法，即从公开渠道取得的产品；接触可能性，即"禁止反向工程条款"的效力等。[1]因此，进行反向工程抗辩的，需要对反向工程、黑箱封闭和净室进行举证；进行公权限制抗辩的，需要对法律明文规定、必要范围以及采取合理的保密措施进行举证；进行强制提交抗辩的，应对其法律规定、保密义务承担情况进行举证。

基于我国《反不正当竞争法》第32条商业秘密举证责任条款，我国有学者认为，该条款系因应之举。虽然全面设定了侵犯商业秘密举证责任转移制度，但在制度创设上存在多种立场上的偏差，一定程度上影响了中立和客观的制度选择，致使制度设计不尽均衡和妥当。这既需要通过能动的法律诠释弥补立法的不足，又有必要在将来的法律修改中尽可能加以完善。[2]因此，基于侵害商业秘密举证责任，也需要在司法实践中根据个案，结合法律规定进行适当调整。

---

〔1〕 参见费艳颖、周文康：《商业秘密反向工程的功能、关系与路径探析》，载《科技与法律（中英文）》2021年第1期。

〔2〕 参见王艳芳：《侵犯商业秘密举证责任制度的缺陷与重构》，载《中国法律评论》2023年第3期。

五、侵犯商业秘密权的法律责任

在商业秘密权侵权诉讼中，被诉侵权行为如没有前述自主研发和反向工程等合法抗辩理由，或抗辩理由不成立，则依法应承担侵权责任。其法律责任包括独立存在并行不悖的民事法律责任、行政法律责任、刑事法律责任。具言之，侵害商业秘密权依法应当承担的法律责任主要有：

（一）民事法律责任

《反不正当竞争法》第17条规定，经营者违反该法规定，给他人造成损害的，应当依法承担民事责任。民事法律责任分为违约责任和侵权责任。违约责任是以合同为基础的合同相对方一方或双方、多方不依法履行合同义务或履行合同义务不符合约定条件而应当承担的责任。侵权责任是以法律规定为基础或以合同约定为基础，当事人由于自身的过错给他人造成的财产权利或人身权利损害应承担的责任。《民法典》第179条规定，承担民事责任的方式主要有：①停止侵害；②排除妨碍；③消除危险；④返还财产；⑤恢复原状；⑥修理、重作、更换；⑦继续履行；⑧赔偿损失；⑨支付违约金；⑩消除影响、恢复名誉；⑪赔礼道歉。商业秘密纠纷案件，不涉及人身权损害，不存在消除影响、恢复名誉、赔礼道歉的责任方式。

有学者将侵害商业秘密的请求权概括为停止侵害请求权、废弃请求权、获取信息请求权、损害赔偿请求权。[1]经营者实施了《反不正当竞争法》第9条所禁止的行为，通常构成侵权或违约与侵权竞合责任。权利人多数情况下提起侵权诉讼，因此，侵权人主要以停止侵害、赔偿损失的的形式承担责任。

1. 停止侵害

停止侵害是承担民事责任的重要方式之一，原则上停止侵害是侵权人必须承担的法律义务与责任。但基于商业秘密权被侵害，停止侵权责任是有一定限制的。根据《商业秘密规定》第17条规定，人民法院对于侵犯商业秘密行为判决停止侵害的民事责任时，停止侵害的时间一般应当持续到该商业秘密已为公众所知悉时为止。依照该规定判决停止侵害的时间明显不合理，人民法院可以在依法保护权利人的商业秘密竞争优势的情况下，判决侵权人在

---

〔1〕 参见田尧：《商业秘密民法保护的解释学分析——以〈民法总则〉第123条为中心》，载《山东审判》2017年第5期。

一定期限或者范围内停止使用该商业秘密。《商业秘密规定》第18条规定，权利人请求判决侵权人返还或者销毁商业秘密载体，清除其控制的商业秘密信息的，人民法院一般应予支持。这是从根本上实现停止侵害的保障措施。

2. 赔偿损失

赔偿损失是商业秘密侵权中最主要的责任承担方式之一。该责任承担方式以强制性为特征令责任人承担财产上的不利后果以补救权利人的财产权利损失。根据《反不正当竞争法》第17条第1款的规定，经营者违反该法规定，给他人造成损害的，应当依法承担民事责任。经营者的合法权益受到不正当竞争行为损害的，可以向人民法院提起诉讼。因不正当竞争行为受到损害的经营者的赔偿数额，按照其因被侵权所受到的实际损失确定；实际损失难以计算的，按照侵权人因侵权所获得的利益确定。经营者恶意实施侵犯商业秘密行为，情节严重的，可以在按照上述方法确定数额的1倍以上5倍以下确定赔偿数额。赔偿数额还应当包括经营者为制止侵权行为所支付的合理开支。经营者违反该法第9条规定，侵犯他人的商业秘密，权利人因被侵权所受到的实际损失、侵权人因侵权所获得的利益难以确定的，由人民法院根据侵权行为的情节判决给予权利人500万元以下的赔偿。

经营者应当按照下列顺序确定和请求赔偿责任：

（1）权利人因被侵权所受到的实际损失。

这是根据被侵权的经营者受到的实际损失确定的赔偿数额。这是所有侵权赔偿责任的基石。确定《反不正当竞争法》规定的侵犯商业秘密行为的损害赔偿额，可以参照确定侵犯专利权的损害赔偿额的方法进行。参照《专利规定》第14~16条和《专利解释》第28条的规定，实际损失可按照下列方法进行计算：①权利人因被侵权所受到的实际损失可以根据商业秘密权人的商业秘密产品因侵权所造成销售量减少的总数乘以每件商业秘密产品的合理利润所得之积计算。权利人销售量减少的总数难以确定的，侵权产品在市场上销售的总数乘以每件商业秘密产品的合理利润所得之积可以视为权利人因被侵权所受到的实际损失。②权利人的损失或者侵权人获得的利益难以确定，可以参照商业秘密许可使用费。《商业秘密规定》第20条第1款规定，权利人请求参照商业秘密许可使用费确定因被侵权所受到的实际损失的，人民法院可以根据许可的性质、内容、实际履行情况以及侵权行为的性质、情节、后果等因素确定。③按照权利人、侵权人依法约定商业秘密权侵权的赔偿数额或者赔偿计算方法计算，并在侵权诉讼中主张依据该约定确定赔偿数额。④按照商业秘密的商业价值赔偿。《商业秘密规定》第 19 条规定，因侵权行为导致商业秘密为公众所知悉的，人民法院依法确定赔偿数额时，可以考虑商业秘密的商业价值。人民法院认定商业价值，应当考虑研究开发成本、实施该项商业秘密的收益、可得利益、可保持竞争优势的时间等因素。此种实际损失赔偿适用严格的条件即披露等侵权行为使商业秘密权消灭。

（2）侵权人因侵权所获得的利益。参照《专利规定》第 14 条第 2 款规定，侵权人因侵权所获得的利益可以根据该侵权产品在市场上销售的总数乘以每件侵权产品的合理利润所得之积计算。侵权人因侵权所获得的利益一般按照侵权人的营业利润计算，对于完全以侵权为业的侵权人，可以按照销售利润计算。

《商业秘密规定》第 24 条规定，权利人已经提供侵权人因侵权所获得的利益的初步证据，但与侵犯商业秘密行为相关的账簿、资料由侵权人掌握的，人民法院可以根据权利人的申请，责令侵权人提供该账簿、资料。侵权人无正当理由拒不提供或者不如实提供的，人民法院可以根据权利人的主张和提供的证据认定侵权人因侵权所获得的利益。

（3）合理开支。《反不正当竞争法》第 17 条规定，赔偿数额还应当包括经营者为制止侵权行为所支付的合理开支。合理开支包括为制止侵权发生的调查取证费用、符合国家规定的律师费等。权利人主张其为制止侵权行为所支付合理开支的，人民法院可以在确定的赔偿数额之外另行计算。

（4）法定赔偿。《反不正当竞争法》第 17 条第 4 款规定，经营者违反该法第 9 条规定即侵害商业秘密的，权利人因被侵权所受到的实际损失、侵权人因侵权所获得的利益难以确定的，由人民法院根据侵权行为的情节判决给予权利人 500 万元以下的赔偿。这就是《反不正当竞争法》确定的法定赔偿。适用法定赔偿的前提条件是权利人因被侵权所受到的实际损失、侵权人因侵权所获得的利益难以确定的，但实际损失、侵权所得利益因为各种原因难以提供充分证据和对法定赔偿的滥用，法定赔偿早已成为所有知识产权案件赔偿数额确定的最主要方法。根据《商业秘密规定》第 20 条第 2 款的规定，适用法定赔偿确定赔偿数额的，可以考虑商业秘密的性质、商业价值、研究开发成本、创新程度、能带来的竞争优势以及侵权人的主观过错、侵权行为的性质、情节、后果等因素。

（5）惩罚性赔偿。知识产权侵权维权成本高、侵权成本低、赔偿低是我国知识产权司法实践中长期存在的问题。为此，我国学者建议提高侵犯商业秘密的赔偿数额，增加惩罚性赔偿的建议。[1]《民法典》第 179 条第 2 款规定，法律规定惩罚性赔偿的，依照其规定。第 1185 条规定，故意侵害他人知识产权，情节严重的，被侵权人有权请求相应的惩罚性赔偿。我国《反不正当竞争法》第 17 条第 3 款规定，"经营者恶意实施侵犯商业秘密行为，情节严重的，可以在按照上述方法确定数额的一倍以上五倍以下确定赔偿数额。"该规定被《惩罚性赔偿解释》认定为《反不正当竞争法》规定的惩罚性赔偿。惩罚性赔偿制度具惩罚、威慑与预防、补偿功能。商业秘密侵权案件中，在判断侵权人是否存在恶意侵权、情节是否严重的基础上，确定是否适用惩罚性赔偿。主观要件"恶意"即"主观故意"，客观要件"情节严重"是对行为与整体案件事实 的综合考量。赔偿金额的确定应坚持适度、比例原则，惩罚性赔偿的倍数与情节严重程度应具有对应关系。[2]

我国也有学者认为，我国商业秘密保护存在保护范围狭窄（基于所属领域）、救济途径欠缺（普通民事程序）、法律责任亟待完善（仅有赔偿责任）。[3]对此，笔者认为，保护范围限于所属领域，是《TRIPS 协定》的要求；我国《反不正当竞争法》修改前后，救济途径并非只有普通民事程序，始终不缺行政程序和刑事程序；与此相应法律责任亦非仅有赔偿责任。因此，该论似有不妥，与实际情况不符。

（二）行政责任

1. 侵权人的行政责任

（1）责令停止违法行为。由监督检查部门做出行政行为。这是防止损害后果扩大的基本措施。

（2）没收违法所得与罚款。《反不正当竞争法》第 21 条规定，经营者以及其他自然人、法人和非法人组织违反该法第 9 条规定侵犯商业秘密的，由监督

[1] 参见侯婷元、雷鑫：《论我国商业秘密保护制度的完善——以〈反不正当竞争法〉修订稿为视角》，载《湘南学院学报》2017 年第 6 期。

[2] 参见徐卓斌、张钟月：《商业秘密侵权案件惩罚性赔偿的适用》，载《法律适用》2021 年第 4 期。

[3] 参见崔汪卫：《以权利为中心构建完善的商业秘密法律体系》，载《华南理工大学学报（社会科学版）》2016 年第 2 期。

·161·

检查部门责令停止违法行为，没收违法所得，处 10 万元以上 100 万元以下的罚款；情节严重的，处 50 万元以上 500 万元以下的罚款。其中，情节严重系指行为人的手段恶劣、对权利人损害或对市场竞争秩序危害较大。通常可从侵权人的目的、动机、手段、侵害结果的大小等因素进行判断。经营者违法从事不正当竞争，有主动消除或者减轻违法行为危害后果等法定情形的，依法从轻或者减轻行政处罚；违法行为轻微并及时纠正，没有造成危害后果的，不予行政处罚。

2. 监督检查部门工作人员的行政责任

根据《反不正当竞争法》第 30 条规定，监督检查部门的工作人员滥用职权、玩忽职守、徇私舞弊或者泄露调查过程中知悉的商业秘密的，依法给予处分。

《反不正当竞争法》第 4 条赋予了县级以上履行工商行政管理职责的部门对不正当竞争行为进行查处的权力，其他法律法规规定由其他部门查处的，依照其规定。这里的"其他法律法规"包括《保险法》《证券法》《商业银行法》《旅游法》《政府采购法》《电影产业促进法》《彩票管理条例》《电信条例》《对外承包工程管理条例》等。这些法律法规有规定的，由规定赋权部门进行查处。此外，不正当竞争行为的查处由市场监督部门负责。依据《反不正当竞争法》第 15 条等规定，这些执法部门及其工作人员对其调查、接触到的商业秘密具有法定的保密义务，因其泄露调查过程中知悉的商业秘密的，依法给予处分。

根据《行政机关公务员处分条例》第 6 条规定，行政机关公务员处分的种类为：①警告；②记过；③记大过；④降级；⑤撤职；⑥开除。对监督检查部门工作人员的处分，应根据情况适用前述种类的处分。

3. 泄露商业秘密的行政赔偿法律救济

《反不正当竞争法》第 30 条规定，监督检查部门的工作人员泄露调查过程中知悉的商业秘密的，依法给予处分。如果泄露商业秘密行为，造成商业秘密人损失，监督检查部门是否应当承担民事赔偿责任，在《反不正当竞争法》中并未明确规定。

《反不正当竞争法》第 13 条第 3 款规定，监督检查部门调查涉嫌不正当竞争的行为，应当遵守《行政强制法》和其他有关法律、行政法规的规定，该法第 15 条规定，赋予了监督检查部门及其工作人员对调查过程中知悉的商业秘密负有保密义务。如果监督检查部门及其工作人员违背了该强制性义务，泄露被调查人的商业秘密，给权利人造成损失的，根据《行政强制法》第 68 条规定，即违反该法规定，给公民、法人或者其他组织造成损失的，依法给予赔偿和

《中华人民共和国国家赔偿法》第4条规定，即行政机关及其工作人员在行使行政职权时有下列侵犯财产权情形之一的，受害人有取得赔偿的权利：（四）造成财产损害的其他违法行为等，商业秘密权利人依法可以获得行政赔偿。

（三）刑事法律责任

《反不正当竞争法》第31条规定，违反该法规定，构成犯罪的，依法追究刑事责任。根据《中华人民共和国刑法》规定，该罪罪名为侵犯商业秘密罪。刑罚方式包括有期徒刑、拘役、单处或并处罚金。

《中华人民共和国刑法》第219条规定，有下列侵犯商业秘密行为之一，情节严重的，处三年以下有期徒刑，并处或者单处罚金；情节特别严重的，处三年以上十年以下有期徒刑，并处罚金：①以盗窃、贿赂、欺诈、胁迫、电子侵入或者其他不正当手段获取权利人的商业秘密的；②披露、使用或者允许他人使用以前项手段获取的权利人的商业秘密的；③违反保密义务或者违反权利人有关保守商业秘密的要求，披露、使用或者允许他人使用其所掌握的商业秘密的。明知或者应知前款所列行为，获取、使用或者披露他人的商业秘密的，以侵犯商业秘密论。其中，"给商业秘密的权利人造成重大损失"是指下列情形：①给商业秘密的权利人造成损失数额或者因侵犯商业秘密违法所得数额在30万元以上的；②直接导致商业秘密的权利人因重大经营困难而破产、倒闭的；③造成商业秘密的权利人其他重大损失的。"造成特别严重后果"是指给商业秘密的权利人造成损失数额或者因侵犯商业秘密违法所得数额。

实施《中华人民共和国刑法》第219条规定的行为造成的损失数额或者违法所得数额，可以按照下列方式认定：①以不正当手段获取权利人的商业秘密，尚未披露、使用或者允许他人使用的，损失数额可以根据该项商业秘密的合理许可使用费确定；②以不正当手段获取权利人的商业秘密后，披露、使用或者允许他人使用的，损失数额可以根据权利人因被侵权造成销售利润的损失确定，但该损失数额低于商业秘密合理许可使用费的，根据合理许可使用费确定；③违反约定、权利人有关保守商业秘密的要求，披露、使用或者允许他人使用其所掌握的商业秘密的，损失数额可以根据权利人因被侵权造成销售利润的损失确定；④明知商业秘密是不正当手段获取或者是违反约定、权利人有关保守商业秘密的要求披露、使用、允许使用，仍获取、使用或者披露的，损失数额可以根据权利人因被侵权造成销售利润的损失确定；⑤因侵犯商业秘密行为导致商业秘密已为公众所知悉或者灭失的，损失数额可以根据该项商业秘密的商业价值确定。商业秘密的商业价值，可以根据该项商业秘密的研究开发成本、实施该项商业秘密的收益综合确定；⑥因披露或者允许他人使用商业秘密而获得的财物或者其他财产性利益，应当认定为违法所得。其中②③④方式下的权利人因被侵权造成销售利润的损失，可以根据权利人因被侵权造成销售量减少的总数乘以权利人每件产品的合理利润确定；销售量减少的总数无法确定的，可以根据侵权产品销售量乘以权利人每件产品的合理利润确定；权利人因被侵权造成销售量减少的总数和每件产品的合理利润均无法确定的，可以根据侵权产品销售量乘以每件侵权产品的合理利润确定。商业秘密系用于服务等其他经营活动的，损失数额可以根据权利人因被侵权而减少的合理利润确定。

商业秘密的权利人为减轻对商业运营、商业计划的损失或者重新恢复计算机信息系统安全、其他系统安全而支出的补救费用，应当计入给商业秘密的权利人造成的损失。由此可见，《反不正当竞争法》第9条规定的四种侵犯商业秘密行为，都可能构成侵犯商业秘密罪。

《中华人民共和国刑法修正案（十一）》完成了侵犯商业秘密罪由数额犯到情节犯的全面转型。但未跟进更新的司法解释易使得司法实务将情节犯作数额犯处理，仅关注数额要素对于犯罪评价的影响。侵犯商业秘密罪所保护的是复合法益：一是商业秘密权利人对商业秘密享有的私权利，二是市场竞争秩序，后者又可还原为具体的个人法益——商业秘密权。以此为逻辑起点，侵犯商业秘密罪的评价体系应当坚持区分性、形式与实质相统一、强保护的原则，建构综合评价体系。各要素不可单独作为入罪标准，而应综合考量，建构起以数额要素为主，非数额要素为辅的"情节严重"解释体系。[1] 笔者对该学述观点深表赞同。

此外，《中华人民共和国刑法修正案（十一）》增设了为境外窃取、刺探、收买、非法提供商业秘密罪以规制商业间谍行为，基于本罪行为性质、行为方式以及犯罪对象的解读，该罪在实践中可能会出现商业秘密的保护机制导致本罪的设置目的落空、处罚单一导致处罚效果不佳、列举式行为方式难以规制云环境下商业间谍犯罪等情形，在司法适用中应明确商业秘密"双

---

〔1〕 参见冯明昱、张勇：《侵犯商业秘密罪评价标准的修正与规范解读》，载《海南大学学报（人文社会科学版）》网络首发论文，https：//kns.cnki.net/kcms/detail/46.1012.C.20230705.0959.003.html。

阶保护路径"，适用从业禁止制度来预防犯罪，明确行为方式限缩趋势，以便刑法规范落到实处。[1]

我国学者研究认为，侵犯商业秘密罪中"重大损失"司法认定中存在"非法获利模式""利益损失模式""商业秘密价值模式""综合认定模式"等认定模式多元化问题，且以"非法获利模式"的适用最为普遍，并由此导致了计算方式多样化，混淆了刑事损失评价机制与民事损失赔偿额的界限，并需要在前三种认定模式基础上，重构综合认定模式，分层确定违法行为造成权利人的损失：在损失数额具体可查的情况下，适用"利益损失模式"；在损失数额难以估算或确定的情况下，对造成的损失行为适用"商业秘密价值模式"；对造成权利人部分损失的行为适用"非法获利模式"。[2]笔者认为，司法实践中的多种认定模式是由于商业秘密权作为知识产权具有的无形性、实际损失难以确定、违法所得也难以确定的世界性难题造成的无奈选择。司法实践中，"重大损失"当然应以权利人的实际损失为依据，[3]商业秘密罪的入罪门槛较低，多元化损失认定模式，体现出了一个入罪门槛不断降低的过程，[4]也体现了我国知识产权保护水平不断提高的过程。另一方面，笔者认为，加强商业秘密权等知识产权价值、损失确定理论研究是一个刻不容缓的重大理论与实践课题。

（四）优先承担民事责任

《民法典》第 187 条和《反不正当竞争法》第 27 条均规定，民事主体因同一行为应当承担民事责任、行政责任和刑事责任的，承担行政责任或者刑事责任不影响承担民事责任；民事主体的财产不足以支付的，优先用于承担民事责任。

优先承担民事责任主要发生在侵权纠纷之中。因为民事赔偿、行政责任和刑事责任中的罚金之和，可能与侵权人的实际财产支付能力不匹配，即可能是侵权人的全部财产都不足以支付赔偿与罚金。在此情况下，适用民事赔

---

〔1〕 参见张永江、刘晓彤：《论为境外窃取、刺探、收买、非法提供商业秘密罪的司法适用》，载《南华大学学报（社会科学版）》2022 年第 5 期。

〔2〕 参见钱玉文、沈佳丹：《侵犯商业秘密罪中"重大损失"的司法认定》，载《中国高校社会科学》2018 年第 1 期。

〔3〕 参见杨晓培：《商业秘密的罪与罚：经济学的进路分析》，载《福建论坛（人文社会科学版）》2016 年第 8 期。

〔4〕 参见谢焱：《商业秘密刑事保护的理论证成和路径选择——以商业秘密的最新相关立法为视角》，载《电子知识产权》2017 年第 11 期。

偿优先原则。这是由于：（1）实现法的价值需要。民法、行政法、刑法以保护自然人、法人和非法人组织的合法权益为共同目标与任务。国家和个体在财产损失方面的承担能力差别巨大，不履行罚款、罚金不会给国家经济造成困难，但不履行民事赔偿却可能使个体陷入极大的困境。民事赔偿优先原则体现了法律的主要价值，即人道与正义。（2）维护市场竞争秩序和交易安全的需要。经营者的合法知识产权应当受到法律保障。权利人的依法享有的民事赔偿权因侵权人承担了行政、刑事罚款、罚金而得不到实现，必然影响到经营者交易的速度和信心，不符合交易安全乃至市场经济竞争秩序应具有的法律保障要求。（3）民事责任、行政责任和刑事责任的目的和功能不同。在经营者财产不足以同时承担两种以上责任时，不承担民事责任，民法的目的就无法实现，行政责任和刑事责任除了财产性罚款、罚金外，还可以对责任主体进行人身制裁，仍然可以实现其法律目的和功能。[1]

第四节　构建商业秘密法，提升我国商业秘密权保护新高度

基于我国《民法典》将商业秘密纳入知识产权客体之中，并将知识产权界定为基于相关客体之上权利人依法享有的专有权，但目前我国法律主要将商业秘密纳入《反不正当竞争法》中进行保护。笔者认为，这种对商业秘密的保护，是不够的。因为专有权既包括积极的权利，如商业秘密的占有、使用、处分和收益权，又包括消极的权利，如禁止他人未经许可非法获取、使用商业秘密。而《反不正当竞争法》主要以消极的权利形式对商业秘密进行保护，难以与商业秘密权的专有权保护相适应。因此，商业秘密的专有权保护，在知识产权编未被纳入民法典的情况下，呼唤商业秘密的保护，从《反不正当竞争法》中独立出来，建立独立的商业秘密保护法，赋予商业秘密权真正的专有权保护地位。中共中央、国务院印发的《知识产权强国建设纲要（2021-2035年）》提出"制定修改强化商业秘密保护方面的法律法规"，正是回应这一呼声的反映。

一、商业秘密的保护应跨越补充保护抵达专有权保护的新高度

知识产权具有法定性，实行严格的知识产权法定主义原则，即知识产权

---

〔1〕　参见王瑞贺主编：《中华人民共和国反不正当竞争法释义》，法律出版社2018年版，第77页。

的种类、权利的内容以及诸如获得权利的要件及保护期限等关键内容必须由成文法确定，除立法者在法律中特别授权外，任何机构不得在法律之外创设知识产权。[1]它不仅仅是一种关于知识产权的基本观念，而且是知识产权法应当坚持的一项最基本的立法原则和司法原则，应当贯穿于整个知识产权立法和司法过程当中。[2]此后，我国学术界从知识产权的历史成因、[3]知识产权法与反不正当竞争法关系、[4]与公共利益维护的关系、[5]与劳动价值论在司法实务中的运用[6]等方面对之进行深化研究。其实，知识产权法定主义自知识产权制度诞生之日就充分体现出来了。知识商品的无形性决定了只有法律以其强制力授予之专有权才能有效保护智力劳动者的合法权益。从世界上第一部专利法即1623年英国议会颁布的《垄断法规》、第一部版权法即1709年英国颁布《安娜女王法》、第一部商标法即1803年法国制定的《关于工厂、制造场和作坊的法律》以降，所有知识产权都是成文法或至少是通过判例法创设的。此外，任何人都无权创设知识产权，自创知识产权也不会得到社会承认。

从《TRIPS协定》第1条第2款规定和第二部分第七节"未披露过的信息的保护"而言，商业秘密权是一个与著作权、商标权、专利权同位阶的知识产权，是专有权。世界知识产权组织的前身——保护知识产权联合国际局局长博登浩森教授指出，制止不正当竞争"包括在工业产权的保护以内，因为在许多情况下，侵犯工业财产权利，……同时也是不正当竞争行为。"[7]德国马普知识产权与竞争法研究所客座研究员、埃尔朗根大学法学教授提出，

---

〔1〕 参见郑胜利：《论知识产权法定主义》，原载郑胜利主编：《北大知识产权评论》第2卷，法律出版社2004年版；转引自郑胜利：《论知识产权法定主义》，载《中国发展》2006年第3期。应当说明的是，知识产权法定主义的除外情形，除著作权法第10条第1款第17项外，我国其他单行知识产权法再无例外授权。

〔2〕 参见李扬：《知识产权法定主义及其适用——兼与梁慧星、易继明教授商榷》，载《法学研究》2006年第2期。

〔3〕 参见马忠法、王全弟：《知识产权的历史成因、法定主义及其法律特征》，载《河南省政法管理干部学院学报》2009年第2期。

〔4〕 参见袁荷刚：《知识产权法与反不正当竞争法关系之检讨——以知识产权法定主义为视角》，载《法律适用》2011年第4期。

〔5〕 参见王宏军：《知识产权法定主义与公共利益维护》，《知识产权》2012年第5期。

〔6〕 参见袁荷刚：《知识产权法定主义和劳动价值理论在司法实务中的交汇与运用》，载《郑州大学学报（哲学社会科学版）》2013年第2期。

〔7〕 ［荷兰］博登浩森：《保护工业产权巴黎公约解说》，汤宗舜、段瑞林译，专利文献出版社1984年版，第18页。

"一方面被认为属于纯正的工业产权内容，另一方面又被看作其他财产权利的补充。"[1]因此，它们是一枚硬币的两面。

《民法总则》施行之前，我国从理论上和法律上都未将对商业秘密权客体的保护，看作是知识产权的纯正内容，而是将之视为知识产权保护的补充。如制止不正当竞争和知识产权之间，知识产权是从静态角度明确规定智力成果所有人的专有权利和他人的义务，制止不正当竞争则在特定的竞争关系中约束经营者的行为，为智力成果和工商业成果开发者提供一种有限且相对的，不具有排他性的利益。对于那些未提供知识产权保护的智力成果或客体，都可以由制止不正当竞争提供必要的保护，避免挫伤科技开发者的积极性。[2]知识产权与制止不正当竞争"这两套制度互相依赖，不可割舍。抛开其中任何一项制度，智力和工商业成果的保护机制都是不完善的。"[3]制止不正当竞争在我国学术界和司法界也被称为知识产权保护的附加保护，[4]或知识产权保护的补充。[5]因此，我国对商业秘密权的保护，在《民法总则》和《反不正当竞争法》修改之前，都是作为对知识产权保护的补充进行保护的。在法律上也没有商业秘密权的概念。

如前文所述，商业秘密权概念在我国较早是由朱军华在旧《反不正当竞争法》通过之初提出来的，[6]并被众多学者所接受。我国学术界对商业秘密权，通常都认为它是基于商业秘密而产生的权利体系。该定义并无原则问题。自提出商业秘密权之后，并不像著作权、商标权、专利权一样进入知识产权法成为一个严格的法律概念，而是始终是一个学理概念或概念法学。[7]学者

---

〔1〕 〔德〕弗诺克·亨宁·博德维希主编：《全球反不正当竞争法指引》，黄武双、刘维、陈雅秋译，法律出版社 2015 年版，第 28 页。

〔2〕 参见韦之：《论不正当竞争法与知识产权法的关系》，载《北京大学学报（哲学社会科学版）》1999 年第 6 期。转引自韦之：《知识产权论》，知识产权出版社 2002 年版，第 343~344 页。

〔3〕 韦之：《论不正当竞争法与知识产权法的关系》，载《北京大学学报（哲学社会科学版）》1999 年第 6 期。转引自韦之：《知识产权论》，知识产权出版社 2002 年版，第 345 页。

〔4〕 参见曹建明：《全面加强知识产权审判工作，为建设创新型国家和构建和谐社会提供强有力的司法保障》，载曹建明主编：《知识产权审判指导》（2006 年第 2 辑），人民法院出版社 2007 年版，第 60 页。

〔5〕 参见刘维：《论反不正当竞争法对知识产权补充保护之边界》，载王先林主编：《竞争法律与政策评论》（第 3 卷），法律出版社 2017 年版，第 75 页。

〔6〕 参见朱军华：《请依法保护你的商业秘密权》，载《中国工商》1993 年第 11 期。

〔7〕 参见王伟：《商业秘密权的属性探析——以概念法学为视角》，载《知识经济》2012 年第 15 期。

定义都或多或少受到《反不正当竞争法》对知识产权补充保护的影响，在我国几乎看不到将商业秘密权作为专有权进行界定的观点。这些学者的定义，本身也反映其对商业秘密权的补充保护观。

自 2017 年 10 月 1 日《民法总则》施行之始，特别是《民法典》颁布施行以来，作为全国人民代表大会通过施行的基本法律，其颁布生效，彻底改变了对商业秘密权的补充保护地位，使之成为一个应当与著作权、专利权、商标权同等位阶的知识产权。知识产权包括了权利人依法就包括作品、发明、商标、商业秘密等客体享有的专有的权利。由此产生了我国商业秘密权的法律概念，即商业秘密权已从法学概念转变成了法律概念，商业秘密权从概念法学走进了法律之中。商业秘密权亦应从《反不正当竞争法》的补充保护走向专有权保护。

我国法律上的现实矛盾是，基本法律确立了商业秘密权与著作权、专利权等相同的专有权保护地位，但现实中我国对商业秘密的保护还主要是通过《反不正当竞争法》的商业秘密条款来进行的。关于知识产权专有性或专有权，学术界主流观点认为，一方面它具有使用权能，具有信息"公开"和权利"独占"的双重含义；另一方面它具有禁止权能，排除一切人对知识商品的不法利用。[1]对该基本观点，笔者总体是赞同的，但对使用权能具有信息"公开"含义则有不同意见。笔者认为知识产权使用权能具有信息"公开"权能是多数知识产权的属性，但并不是全部知识产权的共同属性。因为在知识产权体系中，商业秘密作为知识产权就不具有信息的公开属性。这种主流观点存在一个以多（偏）概全的弊端。准确来讲，该主流观点中去掉信息"公开"之一重含义，知识产权的使用权能"独占"含义和禁止权能，就是所有法定主义下知识产权具有专有权的共同特征。该主流观点是从其早期观点发展而来的。其早期观点为，知识产权的专有性表现为：第一，知识财产为权利人所独占，权利人垄断这种专有权并受到严格保护，没有法律规定或未经权利人许可，任何人不得使用权利人的知识商品；第二，对同一项知识

---

〔1〕　笔者不赞同知识产权的客体是知识产品的观点。知识产权是在市场经济条件下产生的，知识产权客体也只有在市场经济条件下才能实现其知识产权价值。笔者认为，知识产权客体本质上是知识商品。因此，引用时将原作者使用的知识产品修改为知识商品（下同），以便更好表达笔者的学术意见。

商品，不允许有两个或两个以上同一属性的知识产权并存。[1]对此早期观点，笔者认为法定主义下的知识产权，并非都具有第二个方面的特征，因为著作权、商业秘密权系自动产生的权利，并不排除独立研发并具有相同性的、高度近似性的作品、商业秘密分别享有知识产权，也不排除通过反向工程获得完全相同的商业信息同样可享有商业秘密权，所以早期观点同样存在着一个"以多（偏）概全"的问题。最新主流观点解决了早期观点存在的以多（偏）概全的问题，又新生了一个以多（偏）概全问题。笔者认为，该主流观点的早期观点的第一方面，就可以很好地解释专有权的含义，即独占权与禁止权的统一。其实，笔者更赞同这样的一种观点，即知识产权作为一种绝对权，具有积极的与消极的双重权能。其积极权能，是指权利人积极利用其知识财产实现知识产权而主动进行的行为。它包括对知识产权或称知识财产的占有、使用、收益和处分。即权利人对知识财产的实际管领或控制，根据知识财产的性质和领域为实现权利人的利益对其加以利用的权能，取得收益或新增利益的权能，以及对知识产权事实上或法律上处分的权能。知识产权的消极权能，是指权利人享有排斥或排除他人对其知识产权违背其意志的不当干涉的权利。知识产权的此种权能，是在法定条件成就时，权利人不得已而对不法妨碍行为采取的被动措施。知识产权的消极权能着重于排除对知识产权的侵害等各种妨碍权利实现的障碍，是保持知识产权圆满状态的不可或缺的重要权能。[2]

《反不正当竞争法》保护的权益，是一种禁止权。[3]从《反不正当竞争法》对商业秘密的保护看，它就是一种通过禁止权的消极权能来保护商业秘密的，并未赋予商业秘密积极权能。如果知识产权没有支配智力成果的积极权能，知识产权人的市场利益必然缺乏可实现性。[4]笔者认为，知识产权如果缺乏积极权能，知识产权人的市场利益实现就不具有充分性；主要通过禁止权对商业秘密进行保护，并非对商业秘密专有权的保护。由此可知基本法律赋予商业秘密的专有权保护，应当是积极权能和消极权能的统一，然而现

[1] 参见吴汉东主编：《知识产权法》，法律出版社2003年版，第12页。
[2] 参见蒋志培：《知识产权请求权及其相关内容》，载《人民法院报》2000年第13期。
[3] 参见吴汉东：《知识产权法》，法律出版社2021年版，第22页。
[4] 参见何松威：《论〈民法典〉中知识产权专有的体系功能》，载《现代法学》2021年第3期。

实情况是《反不正当竞争法》保护的商业秘密只有权利人的禁止权能，而无积极权能。出现了《反不正当竞争法》对商业秘密的保护并非对专有权的保护与《民法典》赋予的专有权的冲突。解决这一法律上的冲突，唯有像著作权、专利权、商标权那样，通过商业秘密专门立法才能给予全面保护，真正实现《民法典》赋予商业秘密专有权保护的法律地位。

二、商业秘密的独有特征提出了单独立法的需求

商业秘密作为具有秘密性、商业价值性和保密性的商业信息，是权利人通过独立研发和反向工程获取的，它是直接智力创造活动的成果。这一点，与《反不正当竞争法》禁止的误导行为、混淆行为、商业诋毁等与知识产权有关的不正当竞争行为具有不同的性质。除商业秘密外，《反不正当竞争法》禁止的其他与知识产权有关的不正当竞争行为，主要是竞争对手实施的违背诚信原则和商业道德的行为，商业秘密权除了排除其他与知识产权有关的不正当竞争行为相同的除权利人外的其他任何人违背诚信原则和商业道德的行为外，作为知识产权法定主义下的客体，还有权利人的积极权利，权利人可以披露、使用、许可他人使用商业秘密。因此，仅通过禁止权对商业秘密进行《反不正当竞争法》保护，与商业秘密具有智力成果创造的直接性是不相适应的，其保护也是不周延的。

三、我国商业秘密法律保护分散化特征提出了单独立法的需求

我国涉及商业秘密保护的法律具有分散特征，主要涉及《民法典》《反不正当竞争法》《劳动法》《劳动合同法》《中华人民共和国促进科技成果转化法》《中华人民共和国刑法》等。除民法典的原则性规定外，其他所有涉及商业秘密保护的法律结合起来，也不能实现民法典对商业秘密进行专有权保护的目标。因此，我国需要整合相关法律规定，以专有权保护为目标，构建商业秘密保护法。

第三章
域名权

　　域名权是随着互联网技术发展而在国际上产生的一种标识类智力成果权。根据《WIPO 公约》第 2 条第 8 项第 8 目 "知识产权" 包括："以及在工业、科学、文学或艺术领域里一切其他来自知识活动的权利" 的规定，它在国际上属于广义的知识产权范畴。根据知识产权法定主义原则和我国《民法典》第 123 条第 2 款第 8 项规定，是民事主体对 "法律规定的其他客体" 享有的知识产权或专有权。在我国 2017 年修订《反不正当竞争法》之前，我国民事法律中并无对域名客体的法律保护。但从理论上讲，《侵权责任法》（已废止，主要内容已被《民法典》吸收）第 2 条规定的 "等人身、财产权益" 中，可以解释为包含域名权，[1]但毕竟并未明确规定或列举其中，难以使域名权符合知识产权法定主义要求。2019 年修正的《反不正当竞争法》第 6 条关于制止混淆行为中的 "经营者不得实施下列混淆行为，引人误认为是他人商品或者与他人存在特定联系：……（三）擅自使用他人有一定影响的域名主体部分、网站名称、网页等"，以 "域名主体部分" 将域名客体包含了在法律保护之中，从而使域名在我国符合《民法典》第 123 条关于民事主体享有知识产权的法定主义要求，成为我国新兴知识产权的内容。应当说明的是，我国司法上在 2017 年修订的《反不正当竞争法》之前，对域名的保护，是通过《反不正当竞争法》（1993）的一般条款即第 2 条之规定进行保护的，以此为据，2001 年 6 月 26 日最高人民法院制定了《域名解释》法释，对域名注册、使用中的侵权或不正当竞争行为给予制止或保护。我国《民法典》颁布后，2020 年 12 月 23 日最高人民法院根据《民法典》《反不正当竞争法》和《民诉法》

---

　　[1]　参见全国人大常委会法制工作委员会民法室编：《中华人民共和国侵权责任法条文说明、立法理由及相关规定》，北京大学出版社 2010 年版，第 7 页。

等法律的规定颁布了新的《域名解释》，这是我国网络域名民事纠纷案件审理的主要依据。

第一节　域名

一、IP、IP 地址与域名

（一）因特网协议（IP）

即是连接到网上的所有计算机网络实现相互通信的一套规则。IP 是整个 TCP/IP 协议族的核心，也是构成互联网的基础。IP 位于 TCP/IP 模型的网络层（相当于 OSI 模型的网络层），它可以向传输层提供各种协议的信息（如 TCP、UDP 等）；对下可将 IP 信息包放到链路层，通过以太网、令牌环网络等各种技术来传送。

（二）IP 地址

1. 一种在 Internet 上的给主机编址的方式，也称为网际协议地址。被用来给 Internet 上的电脑一个编码。

2. 长期并存的 IPv4 和 IPv6 协议地址。

（1）IPv4

1981 年 9 月，JonPostel 在 RFC791 中定义了 IP，即发布 IPv4。IPv4 中的 4 表示 TCP/IP 协议的第 4 个版本，即 IP 协议第 4 版，简称网协版 4。最初的 TCP/IP 协议中同时包含两个协议，但标准草案第 4 版将这两个协议分开，使之各自成为独立的 RFC。实际上，IPv4 中的 v4 只是表明了它与 TCP 前 3 个版本的承继关系，之前并没有单独的 IPv1、IPv2 或 IPv3 协议。

IPv4 有 4 段数字，每一段最大不超过 255。其编码规则为：一个 32 位的二进制数，通常被分割为 4 个"8 位二进制数"（也就是 4 个字节）。IP 地址通常用"点分十进制"表示成（a.b.c.d）的形式，其中，a，b，c，d 都是 0~255 之间的十进制整数。例：点分十进 IP 地址（100.4.5.6），实际上是 32 位二进制数（01100100.00000100.00000101.00000110）。随着计算机网络的迅猛发展及在人们日常生活的广泛使用，欧洲网络协调中心（RIPE NCC）于 2019 年 11 月正式宣布，全球所有 43 亿个 IPv4 地址已全部分配完毕。这意味着现有的 IPv4 地址资源已无法再分配给 ISP（网络服务提供商）。

（2）IPv6

1994 年，当互联网工程工作组（IETF）制定 Internet Protocol next genera-tion（IPng）需要一个新版本号时，v5 已经被分配给了另一个试验性协议 Internet Stream Protocol（ST）。IPv5 互联网协议是由 Apple、NeXT 和 Sun Microsystems 开发的一种流式传输视频和语音数据的方法，是具有实验性的探索。IPv5 作为互联网协议（IP）的一个版本，因为使用了 IPv4 的 32 位寻址，不能解决互联网 IP 地址枯竭的难题，自始至终未被正式采用为标准，从未过渡到公共使用。结果 TCP/IP 的下一版本就成了 IPv6。IP 协议第 6版，简称网协版 6。IPv6 的地址长度为 128 位，是 IPv4 地址长度的 4 倍，且不再适用 IPv4 点分十进制格式，采用十六进制表示。IPv6 有 3 种表示方法。

1. 冒分十六进制表示法

格式为 X：X：X：X：X：X：X：X，其中每个 X 表示地址中的 16b，以十六进制表示，例如：

ABCD：EF01：2345：6789：ABCD：EF01：2345：6789

这种表示法中，每个 X 的前导 0 是可以省略的，例如：

2001：0DB8：0000：0023：0008：0800：200C：417A→2001：DB8：0：23：8：800：200C：417A

2. 0 位压缩表示法

在某些情况下，一个 IPv6 地址中间可能包含很长的一段 0，可以把连续的一段 0 压缩为 "::"。但为保证地址解析的唯一性，地址中"::"只能出现一次，例如：

FF01：0：0：0：0：0：0：1101 → FF01：：1101

0：0：0：0：0：0：0：1 → :：1

0：0：0：0：0：0：0 → ::

3. 内嵌 IPv4 地址表示法

为了实现 IPv4-IPv6 互通，IPv4 地址会嵌入 IPv6 地址中，此时地址常表示为：X：X：X：X：X：X：d. d. d. d，前 96b 采用冒分十六进制表示，而最后 32b 地址则使用 IPv4 的点分十进制表示，例如：：192. 168. 0. 1 与：：FFFF：192. 168. 0. 1 就是两个典型的例子。注意在前 96b 中，压缩 0 位的方法依旧适用。[1]

IPv6 协议比 IPv4 协议地址空间增大了 2 的 96 次方倍，被称为下一代互联网协议，解决了网络地址资源数量、多种接入设备连入互联网的障碍、身份认证和隐私权保护等问题。

由于 IPv4 和 IPv6 地址格式等不相同，因此在未来的很长一段时间里，互联网中 IPv4 和 IPv6 共存的局面将长期持续。在 IPv4 和 IPv6 共存的网络中，对于仅有 IPv4 地址，或仅有 IPv6 地址的端系统，两者无法直接通信，此时可依靠中间网关或者使用其他过渡机制实现通信。基于 2019 年 IPv4 地址已分配完毕，在不远的将来，IPv6 将成为主导互联网协议。原 IPv4 或通过内嵌法融入 IPv6 之中。

（三）域名

指互联网上识别和定位计算机的层次结构式的字符标识，与该计算机的 IP 地址相对应。

二、域名结构

（一）顶级域名

指域名体系中根节点下的第一级域的名称。包括国际域名、新顶级域名、国家代码域名、个性顶级域名。

1. 国际域名。也称国际顶级域名，也是使用最早也最广泛的域名，共有 7 个。

由于 Internet 最初是在美国发源的，因此最早的域名并无国家标识，人们按用途把它们分为几个大类并分别以不同的后缀结尾：.com（用于商业公司）；.net（用于网络服务）；.org（用于组织协会等）；.gov（用于政府部门）；.edu（用于教育机构）；.mil（用于军事领域）；.int（用于国际组织）。

最初的域名体系也主要供美国使用，因此美国的企业、机构、政府部门等所用的都是"国际域名"。随着 Internet 在全世界的发展，.edu、.gov、.mil 一般只被美国专用外，另外三类常用的域名 .com、.org、.net 则为全世界通用，因此这类域名通常称为"国际域名"。互联网的发展，"国际域名"也被包括中国在内的国家在国家顶级域名中作为二级类别域名使用。

─────────────

[1]　参见崔勇、吴建平编著：《下一代互联网与 IPv6 过渡》，清华大学出版社 2014 年版，第 19 页。

2. 新顶级域名。是 ICANN 根据互联网发展需要，在 2000 年 11 月做出决议，从 2001 年开始使用的国际顶级域名。包含 7 类：．biz，．info，．name，．pro，．aero，．coop，．museum。其中前 4 个是非限制性域，后 3 个是限制性域，如 aero 需是航空业公司注册，．museum 需是博物馆，．coop 需是集体企业（非投资人控制，无须利润最大化）注册。

3. 国家顶级域名。也称地理顶级域名，共有 243 个国家和地区的代码。"．CN"和"．中国"是中国的国家顶级域名。域名代码后缀中国为 ．cn。

4. 个性顶级域名。国际互联网名称和编号分配公司（ICANN）2008 年 6 月 26 日在巴黎年会上全票通过个性化域名方案。2009 年开始使用自己公司名字为结尾的域名，如 ．ibm、．hp、．qq、．baidu 等，一个形象的比喻就是这些域名结尾的所有者在某种意义上就是一个域名注册局。所以以后在某种意义上来说，将会有无穷多的"国际域名"。

5. 中国顶级域名：．cn；．中国、．公司、．网络。

（二）二级域名

用以识别域名所属类别、应用范围等公用信息。二级域名是指顶级域名之下的域名。

1. 在国际顶级域名下，它是指域名注册人的网上名称，例如 ．ibm，．yahoo，．microsoft 等；

2. 在国家顶级域名下，它是表示注册企业类别或行政区的符号，例如 ．com，．edu，．gov，．net 等。如中国二级域名有：类别域名和行政区域名。

（三）三级域名

由注册人管理的域名。任何自然人或者能独立承担民事责任的组织均可在顶级域名或二级域名下申请注册域名。

三级域名用字母（A~Z，a~z，大小写等价）、数字（0~9）和连接符（-）组成，各级域名之间用实点（.）连接，三级域名的长度不能超过 20 个字符。如无特殊原因，可采用申请人的英文名（或者缩写），或者汉语拼音名（或者缩写）作为三级域名，以保持域名的清晰性和简洁性。但三级以下（含三级）域名命名，在我国受到下列限制：

1. 未经国家有关部门的正式批准，不得使用含有"．CHINESE""．CHINA""．CN""．NATIONAL"等字样的域名；

2. 不得使用公众知晓的其他国家或者地区名称、外国地名、国际组织

名称;

3. 未经各级地方政府批准，不得使用县级以上（含县级）行政区域名称的全称或者缩写;

4. 不得使用行业名称或者商品的通用名称;

5. 不得使用他人已在中国注册过的企业名称或者商标名称;

不得使用对国家、社会或者公共利益有损害的名称。

（四）中国互联网络域名体系

1. 我国互联网络域名体系中各级域名可以由字母（A-Z，a-z，大小写等价）、数字（0-9）、连接符（-）或汉字组成，各级域名之间用实点（.）连接，中文域名的各级域名之间用实点或中文句号（。）连接。

2. 我国互联网络域名体系在顶级域名".CN"之外暂设".中国"、".公司"、".网络"、".政务"和".公益"等中文顶级域名。.中国-适用于在我国境内的单位;.公司-适用于工商企业等营利性单位;.网络-适用于拥有或利用网络设施提供服务的单位;.政务-适用于党政群机关、政务部门等;.公益-适用于非营利性单位。

3. 顶级域名.CN之下，设置"类别域名"和"行政区域名"两类英文二级域名。

（1）类别域名。设置类别域名7个，分别为:.AC—适用于科研机构;.COM—适用于工、商、金融等企业;.EDU—适用于中国的教育机构;.GOV—适用于中国的政府机构;.MIL—适用于中国的国防机构;.NET—适用于提供互联网络服务的机构;.ORG—适用于非营利性的组织;.政务-适用于党政群机关、政务部门等;.公益-适用于非营利性单位。

（2）行政区域名。设置行政区域名34个，适用于我国的各省、自治区、直辖市、特别行政区的组织，分别为:.BJ—北京市;.SH—上海市;.TJ—天津市;.CQ—重庆市;.HE—河北省;.SX—山西省;.NM—内蒙古自治区;.LN—辽宁省;.JL—吉林省;.HL—黑龙江省;.JS—江苏省;.ZJ—浙江省;.AH—安徽省;.FJ—福建省;.JX—江西省;.SD—山东省;.HA—河南省;.HB—湖北省;.HN—湖南省;.GD—广东省;.GX—广西壮族自治区;.HI—海南省;.SC—四川省;.GZ—贵州省;.YN—云南省;.XZ—西藏自治区;.SN—陕西省;.GS—甘肃省;.QH—青海省;.NX—宁夏回族自治区;.XJ—新疆维吾尔自治区;.TW—台湾地区;.HK—香港特别行政区;.MO—

澳门特别行政区。

4. 在顶级域名 CN 下可以直接申请注册二级域名。

三、域名的法律特征[1]

1. 标示性。域名产生之初，仅仅是网络地址名称，用以网络寻址和信息传输，这就是其基本的技术性作用。域名具有唯一性，是识别不同网站的唯一标识，从而域名具有了识别性。如开展电子商务活动的企业，通过企业的域名与其他主体开展业务往来。企业域名与企业之间建立对应关系，成为电子商务主体、企业之间区别的标识。互联网的发展和进步，特别是"互联网+"时代，域名成为开展电子商务的基本手段，其商业标识功能不断强化，使域名的技术性作用与标示性作用紧密结合起来，彰显了标示性作用。

2. 商业价值性。电子商务的发展，使域名具有的方便网络用户对互联网上的计算机实现快速定位的技术功能逐渐淡化，凸显了其背后蕴藏的巨大商业价值，域名成为与商机、经济利益和竞争优势相联系的无形资产。一个易识易记、有创意、有特色的域名，可以将企业在现实中创造的高知名度、良好信誉的商标、商号等商誉在互联网上得到延伸与扩展，引导网络用户关注本企业，拓展企业形象。

3. 全球唯一性和绝对专有性。域名注册的机构依批准将某个域名由某个单位和个人使用的效力及于全球，域名注册机构也不会再批准其他任何单位或个人再申请注册与已注册域名完全相同的域名，且该域名在全球范围内可以畅行无阻。因此域名具有全球唯一性和绝对专有性，无地域性特征。

4. 表面相似性。由于计算机具有高度精确的识别能力，域名注册并无相似禁止的要求，两个域名之间只要有细微差别，即可获得注册。因此，《反不正当竞争法》第 6 条第 3 项"擅自使用他人有一定影响的域名主体部分"，《域名解释》第 4 条第 2 项"被告域名或其主要部分"，指的都是与主体相关的部分，即国际域名中的二级域名或中国域名中的三级域名，即域名注册人的网上名称。

---

〔1〕 本部分参考吕晓东：《域名权与注册商标在先权的冲突及协调》，载《社会科学》2000 年第 9 期。

第二节 域名权

一、域名权是新兴知识产权

(一)域名权是不是一种知识产权

在国内外，对域名是否属于知识产权，都有不同的认识。但从世界各国立法看，尚未普遍将域名纳入知识产权保护。世界知识产权组织于 1999 年 12 月制定了《统一域名争议解决政策》，并开始受理域名纠纷案件。但域名保护措施，由世界知识产权组织提出，是否意味着域名进入知识产权范畴，似难以做出肯定回答。特别是 WIPO 在 2000 年的《互联网网络域名及地址的管理：知识产权议题》综合报告中指出，世界知识产权组织并无意将域名创设为一种新型的知识产权，也无意给予网络空间之上的知识产权以更高层次的保护。[1] 由此可知，WIPO 基于域名无意创设一种新型的知识产权，域名似乎不能作为一种知识产权，但又未否定域名可以作为知识产权进行保护，只是对网络空间上的知识产权（域名）不能给予更高层次的保护。但笔者认为，我们对知识产权的理解，如果从《WIPO 公约》第 2 条第 8 项规定，即"知识产权"包括在工业、科学、文学或艺术领域里一切其他来自知识活动的权利之规定出发，域名作为一种智力成果，应当成为知识产权的客体，属于公约规定的"其他知识产权"范畴，从本书对新兴知识产权的定义而言，属于新兴知识产权的范畴。

我国新世纪初期的理论界关于域名是不是一种知识产权曾有争论。一种观点认为域名是一种知识产权，如张平认为域名是一种独立的知识产权，[2] 张乃根认为域名可能是一种全新的、专门类别的知识产权等[3]。另一种观点认为域名不是一种知识产权。如陶鑫良认为域名未依法成为一种独立类型的知识产权。[4] 夏德友则认为域名并不是一种知识产权，而是一种民事利益。[5]

〔1〕 参见唐广良、董炳和：《知识产权的国际保护》，知识产权出版社 2002 年版，第 420 页。

〔2〕 参见张平：《域名的知识产权地位》，载《北京工商管理》2000 年第 9 期。

〔3〕 参见张乃根：《论与电子商务中域名有关的知识产权》，载《世界贸易组织动态与研究》2001 年第 2 期。

〔4〕 参见陶鑫良：《商业域名、商业域号的知识产权保护》，载《中华商标》2001 年第 5 期。

〔5〕 参见夏德友：《论域名的法律地位》，载陶鑫良等主编：《域名与知识产权保护》，知识产权出版社 2001 年版，第 149~157 页。

随着知识产权保护事业的深入发展，特别是 2017 年《反不正当竞争法》第一次修改将域名主体部分作为混淆的标识给予兜底或补充法律保护，使我国域名保护真正进入了法治的轨道，使之成为知识产权的客体。现在已经没有人再提出域名非知识产权的观点了。笔者赞同域名是一种知识产权。

在学术界提出域名是一种知识产权的时候，同时就面临三个问题需要追问。

（二）域名是一种知识产权还是域名权是一种知识产权

从纯法学理论上看，域名并非一种知识产权，正如作品和著作权并不等同一样，域名本身只能是一种知识产权的客体。作为一种全新的知识产权的只能是基于域名这种客体而产生的一种知识产权。这种基于域名而产生的知识产权，在我国学术界主要是通过域名与商标或商标权之间的联系、[1]冲突[2]进行研究，使用的多是域名的权利[3]或域名权利[4]之称谓，也有对域名的权利进行单独研究的文献[5]。在普遍使用域名的权利等称谓下，域名权的概念也在 1997 年前后被学术界提出来，[6]至今仍有不少学者在使用域名权[7]的称谓。我国提出域名权概念的时间与国际上提出域名权概念的时间大致是

---

〔1〕 参见孙向东、张薇薇：《域名：互联网上的注册商标》，载《企业改革与管理》1998 年第 5 期；黄敏学：《试论互联网络市场域名的商标价值与商用管理》，载《中国软科学》1998 年第 12 期；赵建良：《美国法上域名与商标指示性合理使用之借鉴》，载《知识产权》2015 年第 9 期等。

〔2〕 参见吴登楼：《析互联网域名与商标名称冲突之解决——兼评〈中国互联网络域名注册暂行管理办法〉的有关规定》，载《知识产权》1999 年第 3 期；周慧敏：《电子商务环境下驰名商标与域名的冲突与破解——以"米其林公司与李道伟、森麒麟公司、森泰达公司侵害商标权纠纷案"为例》，载《产业与科技论坛》2020 年第 24 期等。

〔3〕 参见米新丽：《商标与域名的权利冲突及解决思路》，载《国有资产研究》2000 年第 6 期；张冬梅：《论域名的权利属性》，载《云梦学刊》2003 年第 4 期；黄海：《域名与商标的权利冲突及解决》，载《公民与法（法学版）》2014 年第 11 期等。

〔4〕 参见刘宇：《对域名权利属性的再认识》，载《长江工程职业技术学院学报》2007 年第 3 期；宁玲：《商标与域名权利纠纷司法解决的探析》，载《法制与社会》2013 年第 20 期等。

〔5〕 参见高志明：《域名的财产权利客体属性分析——以域名的功用为视角》，载《科技与法律》2017 年第 4 期。

〔6〕 参见王连峰：《国际互联网上域名权的保护》，载《国际商务研究》1997 年第 5 期。

〔7〕 参见任建军：《怎么保护你的域名权》，载《企业活力》1998 年第 8 期；陈志刚：《论域名的形成及域名权的基本法律特征》，载《科学·经济·社会》2000 年第 1 期；姜晓亮：《论域名权与商标权的冲突》，载《中国司法》2001 年第 11 期；杨健：《企业域名权的取得和保护》，载《天津市财贸管理干部学院学报》2003 年第 1 期；李垚葳：《论域名权的法律保护》，载《重庆工商大学学报（社会科学版）》2009 年第 4 期；高志明、张德森：《域名权与站名权的属性与冲突——以两个"开心网"、两个"去哪（儿）"网案为比较》，载《西北大学学报（哲学社会科学版）》2011 年第 4 期；胡相龙、肖毅：《域名权善意取得的构成要件》，载《人民司法》2019 年第 17 期等。

在同期的。[1]

时至今日，域名权已经成为基于域名的知识产权的主流称谓。作为一种全新知识产权的域名权是域名持有人对其注册的域名依法享有的排他性专有权。它以注册为前提，学术界总体上将之视为是一种新型的知识产权。在我国域名已被纳入《反不正当竞争法》之中，尚未真正成为法律意义上独立的知识产权。它是以域名为客体的知识产权。被称为域名权客体的域名，系指国际域名中的二级域名或中国域名的三级域名或二级域名，即指域名持有人持有、管理、运营的域名。

（三）域名权是经营性标识权类知识产权

域名是一种什么样的知识产权，取决于人们对域名性质或功能的认知。对此，学术界和业界在域名权或域名的权利等研讨之初的认识是比较清晰的。如邓华北提出域名是网络标识，[2]郭禾认为域名就是网络中每台计算机所专有的、起区别作用的名字或网络标识，[3]陶鑫良认为域名是应当依法保护的商业标识[4]等。这种域名是标识的认识延续至今。[5]无论是否主张域名或域名权是一种知识产权者，在对域名的性质、功能的认识上基本上是没有多大偏差的。特别是我国《反不正当竞争法》第一次修改后，将域名即域名主体部分作为反混淆的标识纳入《反不正当竞争法》保护的可混淆标识性客体之中，使学术界和业界对域名是一种标识的认识上升到了法律的高度，得到了法律的认可和确认。

域名是用来区分网络上提供商品、服务来源的区别性标识，是一种经营性标识。1992年国际保护工业产权协定（AIPPIA）东京大会（下称东京大会）将知识产权分为"创造性成果权利"和"识别性标记权利"两类。笔者认为，此种分类方法的国际法依据是前引《WIPO公约》之知识产权包括"在工业、科学、文学或艺术领域里一切其他来自知识活动的权利"的规定。

---

〔1〕　See Brunel André, Liang May, "Trademark Troubles with Internet Domain Names and Commercial Online Service Screen Names: Roadrunning Right Into the Frying Pan. Journal", *International Journal of Law and Information Technology*, Vol. 5, No. 1., 1997, pp. 1–27.

〔2〕　参见邓华北：《"网络标识"保护亟待加强》，载《管理现代化》1998年第5期。

〔3〕　参见郭禾：《浅谈域名的知识产权保护》，载《北京工商管理》1998年第12期。

〔4〕　参见陶鑫良：《商业域名、商业域号的知识产权保护》，载《中华商标》2001年第5期。

〔5〕　参见沈伟：《知识产权法益体系化保护路径之建构》，载《科技与法律（中英文）》2021年第6期。

同时笔者认为，该规定稍加调整即删除"其他"二字，就可以成为 WIPO 对知识产权的一般定义，即知识产权是在工业、科学、文学或艺术领域里一切来自智力活动的权利。这应当是关于知识产权最权威的国际化定义。根据 WIPO 之规定或定义，其中的智力活动并不等于智力创造，还应当包括新的非智力创造性活动的权利，包括标识性活动的权利。自 20 世纪 90 年代以来，至少基于东京大会对知识产权的分类以来，就有学者认为，以知识产权统领的各项权利，并不都是智力创造产生的。据此，吴汉东教授认为，知识产权是人们基于自己的智力活动创造的成果和经营管理活动中的标记、信誉而产生的权利，[1]知识产权是人们对于自己的智力活动创造的成果和经营管理活动中的标记、信誉所依法享有的专有权利。[2]20 年的时间，吴汉东教授认识的基本变化就是知识产权包含的标记由权利向专有权利的升华。准确地说，经营管理活动中的标记即经营性标记。因此，在此意义上，域名权就是一种经营性标记权或经营性标识权类知识产权。

（四）域名权如何保护

如前文所述，在学术界关于域名是否是一种知识产权的争论中，有一种以张平为代表的独立知识产权说和以陶鑫良为代表的非独立知识产权说（该说出现在在 2001 年 6 月 25 日发表的文章中，但提出时间应适当早于该日）之争。笔者认为，两者争议的立足点并不相同。独立知识产权说主要是理论主张，非独立知识产权说主要从法律规定或知识产权法定主义而论。从理论而言，理论上独立的知识产权并不等于有专门法如著作权法、商标法、专利法等进行保护的知识产权。如前所述，从国际上看，1999 年 8 月 24 日通过，1999 年 10 月 24 日已批准实施了《统一域名争议解决政策》，该政策已经由互联网络名称和数码分配公司（ICANN）所采纳，已为所有由互联网络名称和数码分配公司（ICANN）认可、被负责为以 . com、. net、. org 结尾的域名提供注册服务的注册商（registrars）所采纳，亦为某些国家顶级域名的管理者所采纳，是域名注册商（或者某些国家顶级域名的注册机构）和其客户（域名持有人或注册人）之间的约定，并以附件的形式并入域名持有人的注册协议（即域名持有人与域名注册服务机构之间签订的域名注册协议）。该政策为域

---

〔1〕 参见吴汉东主编：《知识产权法学》，北京大学出版社 2000 年版，第 1 页。

〔2〕 参见吴汉东主编：《知识产权法学》，北京大学出版社 2019 年版，第 4 页。

名持有人与域名注册商以外的任何其他方之间因域名持有人所注册的互联网络域名的注册及使用而引发的有关争议设定了条款和条件。该政策明示域名国际管理是以合同法为基础进行的。域名侵权从《统一域名争议解决政策》（下称统一政策）第4条强制性行政程序："本条限定了域名持有人应交由强制性行政程序解决的争议类型。该程序将由行政争议解决服务提供者（以下简称'争议解决机构'）之一进行。a. 适可的争议。一旦第三方（投诉人）根据《中国互联网络信息中心国家顶级域名争议解决程序规则》，向一适格的争议解决机构提出如下主张时，域名持有人有义务加入该强制性的行政程序：（i）域名持有人域名与投诉人享有权利的商品商标或服务商标相同或混淆性相似；且（ii）域名持有人对该域名并不享有权利或合法利益；且（iii）域名持有人对该域名的注册和使用具有恶意。投诉人在行政程序中必须举证证明以上三种情形同时具备。b. 恶意注册和使用域名的证据。针对第4（a）（iii）条，尤其是如下情形但并不限于如下情形，如经专家组发现确实存在，则构成恶意注册和使用域名的证据：（i）该情形表明，域名持有人注册或获取域名的主要目的是向作为商品商标或服务商标所有人的投诉人或其竞争对手出售、出租或转让域名，以获取直接与域名注册相关费用之外的额外收益者；或者，（ii）域名持有人注册行为本身即表明，域名持有人注册该域名的目的是阻止商品商标和服务商标的所有人以相应的域名反映其上述商标者；或者，（iii）域名持有人注册域名的主要目的是破坏竞争对手的正常业务者；或者，（iv）以使用域名的手段，为商业利益目的，域名持有人通过制造域名持有人网站或网址上所出售的商品或提供的服务与投诉人商标之间在来源者、赞助者、附属者或保证者方面的混淆，故意引诱网络用户访问域名持有人网站或其他连机地址者。"和2001年6月26日通过的《域名解释》第4条"人民法院审理域名纠纷案件，对符合以下各项条件的，应当认定被告注册、使用域名等行为构成侵权或者不正当竞争：（一）原告请求保护的民事权益合法有效；（二）被告域名或其主要部分构成对原告驰名商标的复制、模仿、翻译或音译；或者与原告的注册商标、域名等相同或近似，足以造成相关公众的误认；（三）被告对该域名或其主要部分不享有权益，也无注册、使用该域名的正当理由；（四）被告对该域名的注册、使用具有恶意。"的规定看，世界知识产权组织和我国对域名的保护，主要是通过侵权法、商标法和反不正当竞争法进行的。因此，域名至少应属于反不正当竞争法的新类型或新客体。2002年

10月12日通过，2020年12月23日修改的《商标解释》第1条规定，下列行为属于商标法第57条第7项规定的给他人注册商标专用权造成其他损害的行为：……（三）将与他人注册商标相同或者相近似的文字注册为域名，并且通过该域名进行相关商品交易的电子商务，容易使相关公众产生误认的。因此，在我国域名保护对注册商标专用权实行在先保护，属于给他人注册商标造成的其它损害的行为之一，受到商标法的保护。

基于陶鑫良非独立知识产权观发表于最高人民法院前述《域名解释》通过前一日，且晚于《统一域名争议解决政策》近2年时间。基于《统一域名争议解决政策》虽然不是国际法，但国际上处理域名纠纷都是按照此规则处理的，属于事实上的国际法或准国际法；又基于司法解释是国家最高司法机关在适用法律过程中对具体应用法律问题所作的解释，和行政法规一样可以作为司法裁判引用的依据，具有准法律的性质。据此，笔者认为陶鑫良的非独立知识产权说依据也不是非常充分的。至少到2017年我国《反不正当竞争法》将域名即域名主体部分纳入保护之后，就完全失去意义；至此，独立知识产权说似乎就有了真正的法律依据了。但独立知识产权并不等于应当有"域名保护法"或"域名法"给予专有权保护。域名权受到《商标法》《反不正当竞争法》等法律的保护，是基于域名的标识性和商标的标识性具有紧密联系决定的。正如商标主要通过商标法（只保护注册商标和驰名商标，不保护未注册的非驰名商标）和反不正当竞争法（保护有一定影响未到驰名商标标准的未注册商标）进行保护一样，域名也主要通过商标法（域名被注册为商标或驰名域名）和反不正当竞争法（保护有一定影响的域名主体部分）保护。

二、域名权的取得

1. 申请人资格。任何组织或者个人。《互联网域名管理办法》（2017）第28条中在域名注册、使用中规定的九项禁止性规定中"任何组织或者个人注册、使用的域名"的用语，表明了我国域名注册或域名权人主体可以为任何组织或者个人，包括法人、非法人组织和自然人。但域名在注册时通常会受到类别域名的限制。《中国域名注册细则》第14条规定，除本细则另有规定外，任何自然人或者能独立承担民事责任的组织均可在中国域名注册细则规定的顶级域名下申请注册域名。

2. 域名注册原则。先申请先注册。域名注册服务原则上实行"先申请先注册"，相应域名注册实施细则另有规定的，从其规定。

3. 申请方式。以电子邮件、传真、邮寄等方式向域名注册服务机构提出申请。申请注册域名时，应向域名注册服务机构提交如下书面材料：（1）申请者的身份证明材料；（2）域名注册者联系人的身份证明材料；（3）中国互联网络信息中心要求提交的其他材料。域名注册服务机构应对上述材料的真实性、准确性、完整性进行核验，核验合格后的一个工作日内将上述书面材料递交至中国互联网络信息中心。申请注册域名时，申请者应当书面形式或电子形式向域名注册服务机构提交如下信息：（1）申请注册的域名；（2）域名主域名服务器和辅域名服务器的主机名以及 IP 地址；（3）申请者为自然人的，应提交姓名、通信地址、联系电话、电子邮箱等；申请者为组织的，应提交其单位名称、组织机构代码、通信地址、电子邮箱、电话号码等；（4）申请者的管理联系人、域名技术联系人、缴费联系人、承办人的姓名、通信地址、电子邮件、电话号码；（5）域名注册年限。域名注册服务机构应当在收到域名注册申请后一个工作日内向中国互联网络信息中心提交如上域名注册信息。

三、域名权的内涵

（一）域名使用权

《互联网信息服务管理办法》第 3 条规定，互联网信息服务分为经营性和非经营性两类。经营性互联网信息服务，是指通过互联网向上网用户有偿提供信息或者网页制作等服务活动。非经营性互联网信息服务，是指通过互联网向上网用户无偿提供具有公开性、共享性信息的服务活动。第 4 条规定，国家对经营性互联网信息服务实行许可制度；对非经营性互联网信息服务实行备案制度。未取得许可或者未履行备案手续的，不得从事互联网信息服务。2021 年 1 月 8 日，国家网信办公开《互联网信息服务管理办法（修订草案征求意见稿）》，意见反馈截止日期为 2021 年 2 月 7 日。目前该办法尚在修订之中。修订草案征求意见稿将第 3 条、第 4 条合并并将序号变更为第 7 条，即从事互联网信息服务，属于经营电信业务的，应当取得电信主管部门电信业务经营许可；不属于经营电信业务的，应当在电信主管部门备案。未取得电信业务经营许可或者未履行备案手续的，不得从事互联网信息服务。根据我国相关行政法规规定，只有企业法人才能进行经营性信息服务。非经营性信息服务对主体没有限制，包括法人、非法人组织和自然人均可从事互联网非经营性信息服务。使用权系指域名注册人有权使用域名提供非经营性信息服务和经营性信息服务。《统一域名争议解决政策》《域名解释》规范的就是域名注册、使用行为，制止的恶意注册和使用域名，《反不正当竞争法》制止的是域名主体部分使用混淆行为。

（二）域名许可权

即域名持有人可将其域名有偿或无偿让与他人使用。域名作为互联网上的商业标识，具有经济价值。域名注册人可以将其注册的域名许可他人使用。实务界广泛存在域名注册人许可他人使用域名的情况。如 2015 年 12 月 24 日，深圳市问我时代科技有限公司（甲方；2016 年 3 月 7 日变更名称深圳爱问科技股份有限公司）与北京新浪互联信息服务有限公司（乙方）签订《域名授权许可协议》约定，乙方是域名 sina. com. cn 及 iask. sina. com. cn 的所有权人，乙方同意将域名 iask. sina. com. cn 按照协议约定的方式授权许可甲方独家使用；在协议有效期内，乙方将 iask. sina. com. cn 独家授权甲方使用，并在该域名内开展及运营既定业务，该项独家授权的权利是非独占性的、不可转让的、不可分授权的权利；协议的授权许可期限为 10 年，自协议生效之日起至 2025 年 12 月 21 日止；自协议生效之日起 30 个工作日，甲方应向乙方支付授权许可费用。该许可协议所涉涉案网站 "iask. sina. com. cn" 的地址栏中显示 "新浪网"，搜索栏前端亦呈现北京新浪公司标识，且 "爱问共享资料" "sina. com. cn" 及页面下方显示的网站备案/许可证号与北京新浪公司 "×××. cn" 备案号一致。被法院认定为该许可协议属于内部协议，不能对抗对外侵权，许可协议双方承担连带侵权责任。[1]通常域名许可系指域名注册人将其注册的二级或三级域名即域名主体部分许可他人使用，在域名持有人注册的二级、三级域名控制下的频道、栏目等域名许可，不属于法律意义上的域名许可，其许可仅仅属于内部分工合作协议。再如林琳 2003 年 8 月 1 日注册 gmail. cn，爱思美（北京）信息科技有限公司与林琳签署《gmail. cn 域名许可使用协议》处受让的域名[2]等就属于法律意义上的许可协议，注册人行使的就是许可权。

（三）域名注销、转让、变更权

根据《统一域名争议解决政策》第 3 条的规定，域名持有人享有域名撤

---

[1] 天津市高级人民法院民事判决书（2021）津民终 1119 号。
[2] 北京市高级人民法院行政判决书（2017）京行终 1842 号。

销、转让和变更权。我国《互联网域名管理办法》第 33 条第 2 款规定，"域名持有者将域名转让给他人的，受让人应当遵守域名注册的相关要求"。第 34 条规定，域名持有者有权选择、变更域名注册服务机构。第 43 条规定，已注册的域名有下列情形之一的，域名注册服务机构应当予以注销，并通知域名持有者：（1）域名持有者申请注销域名的。因此，注销权是域名持有人的基本权利。但域名注销并非仅仅是域名持有有人的权利。域名持有者提交虚假域名注册信息的；依据人民法院的判决、域名争议解决机构的裁决，应当注销的；法律、行政法规规定予以注销的其他情形域名注册服务机构亦享有强制的注销域名权利。

《中国域名注册细则》第 24 条第 1 款、第 3 款规定，域名持有者之外的注册信息发生变更的，域名持有者应当按照申请注册域名时所选择的变更确认方式，在注册信息变更后的 30 日内向域名注册服务机构申请变更注册信息。未经域名持有者同意，域名注册服务机构不得对注册信息进行变更。第 25 条规定，申请转让域名的，应当向域名注册服务机构提交合法有效的域名转让申请表、转让双方的身份证明材料。域名注册服务机构收到前款资料后 3 个工作日内进行审核，审核合格后应予以变更持有者。第 26 条规定，申请注销域名的，申请者应当向域名注册服务机构提交合法有效的域名注销申请表和身份证明材料。域名注册服务机构收到前款资料后 3 个工作日内进行审核，审核合格后应予以注销。

第三节　我国域名的行政保护程序

《中国互联网络信息中心国家顶级域名争议解决办法》（下称《解决办法》）构成域名持有人与域名注册服务机构之间的域名注册协议即域名持有人与域名注册服务机构之间签订的域名注册协议的一部分，对域名持有人和域名注册服务机构具有约束力。根据《解决办法》而进行的域名争议解决程序受《中国互联网络信息中心国家顶级域名争议解决程序规则》（下称《程序规则》）及域名争议解决机构根据程序规则制定的《补充规则》所约束。

一、中国互联网络信息中心（CNNIC）负责争议解决职能

所争议域名是由中国互联网络信息中心负责管理的".CN"". 中国"域

名。但是，所争议域名注册期限满两年的，域名争议解决机构不予受理。

任何人认为他人已注册的域名与其合法权益发生冲突的，均可以向域名争议解决机构即经由中国互联网络信息中心认可与授权，负责解决中国互联网络域名争议的机构提出投诉。域名争议解决机构受理投诉后，应当按照程序规则的规定组成专家组即由域名争议解决机构指定的审理有关域名争议投诉的一名或三名专家组成的小组（专家组中的专家即由域名争议解决机构认可，并在域名争议解决机构网站上专家名册中公布的、有资格担任域名争议解决机构域名争议专家组成员的人），并由专家组根据解决办法及程序规则，遵循"独立、中立、便捷"的原则，在专家组成立之日起 14 日内对争议做出裁决。

因互联网络域名的注册或者使用而引发的域名争议，由中国互联网络信息中心认可的争议解决机构受理解决。争议解决机构应当根据《解决办法》和《程序规则》，制订相应的"补充规则"（"补充规则"指域名争议解决机构根据《程序规则》制定的程序规则的补充规则）。争议解决机构实行专家组负责争议解决的制度。专家组由一名或三名掌握互联网络及相关法律知识，具备较高职业道德，能够独立并中立地对域名争议作出裁决的专家组成。域名争议解决机构通过在线方式公布可供投诉人（指对相关域名有争议，并依据《解决办法》与《程序规则》向域名争议解决机构提出投诉的一方当事人）和被投诉人（指被投诉的域名持有人）选择的专家名册。

除非当事人（指域名争议的投诉人和被投诉人）另有约定或者专家组在特殊情形下另有决定外，域名争议解决程序所使用的语言应为中文。专家组对任何非以中文制作的文件可以要求当事人提交全部或部分中文译文。

二、域名争议解决的程序与规则

（一）投诉

投诉是域名争议通过行政程序解决的前提。任何机构或者个人均可以依据《解决办法》及《程序规则》的规定向经中国互联网络信息中心授权的域名争议解决机构提出投诉以启动域名争议解决程序。

投诉书应当采用电子文件形式提交，并应当包括以下内容：①依据《解决办法》和《程序规则》进行审理和裁决的明确请求；②投诉人及其代理人的姓名（名称）、邮政地址、电子邮件地址、联系电话和传真号码；③在域名争议解决程序中与投诉人联络的首选方式，包括联系人、联系方式及联络地址；④是否选择处理争议的专家，以及选择由一人还是三人专家组。如果选择三人专家组裁决争议的，投诉人应当从域名争议解决机构专家名册中按其自行决定的顺序选择三名专家作为候选人，并写明专家姓名。投诉人也可以授权域名争议解决机构代其指定专家；⑤就其所知，写明被投诉人（域名持有人）或其代表、代理人的姓名（名称）及详细的联系信息（包括所有的邮政地址、电子邮件地址、联系电话和传真号码）。上述信息应详细具体，足以允许域名争议解决机构将投诉人的投诉书按程序规则规定的方式传送给被投诉人；⑥写明争议域名；⑦确定争议域名的注册服务机构和/或注册代理机构；⑧投诉人投诉所依据的其针对争议域名所享有的权利或者合法利益，附带能够表明权利状况的所有资料；⑨根据《解决办法》，说明据以提出投诉的理由，尤其应写明"Ⅰ被投诉人（域名持有人）的域名与投诉人享有民事权益的名称或标志相同，或者具有足以导致混淆的相似性；Ⅱ被投诉人（域名持有人）对该域名或者其主要部分不享有合法权益；Ⅲ被投诉人（域名持有人）对该域名的注册或使用具有恶意（投诉人应说明《解决办法》所规定的构成恶意注册或者使用域名的各个方面。有关说明文字应遵守域名争议解决机构《补充规则》规定的字数或文件页数的限制）"；⑩依据《解决办法》在域名争议解决程序中，除域名注册服务机构根据争议解决机构的要求提供与域名注册及使用有关的信息外，中国互联网络信息中心和域名注册服务机构不以任何身份或者方式参与争议解决程序之规定所寻求的救济方式；⑪如果存在就同一域名争议而提起的司法或仲裁程序，无论此类程序是否已经完结，均应当加以说明，并提交与该程序相关，且投诉人能够获得的所有资料；⑫投诉书的结尾应附有下列声明，并由投诉人或其法定代表人，或者授权的代理人签字或盖章："投诉人确认：有关投诉是依据《中国互联网络信息中心国家顶级域名争议解决办法》《中国互联网络信息中心国家顶级域名争议解决程序规则》及相关法律而提出的；就本人所知，投诉书所载信息是完整的和准确的；有关的投诉及救济主张仅针对注册域名持有人，不涉及域名争议解决机构及专家组专家，也不涉及域名注册管理机构即中国互联网络信息中心（CNNIC））及注册服务机构、注册人员及域名注册代理机构。"此处的域名注册代理机构系指在注册服务机构授权范围内接受域名注册申请的机构。作为附件，提交能够证明权利状况的文件及任何其他相关文件。

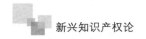

（二）专家组的指定

域名争议解决机构应当在线公布专家名册。负责域名争议解决程序的专家组由一名或者三名专家组成。如果投诉人和被投诉人均未选择三人专家组，域名争议解决机构将在收到被投诉人答辩或答辩期限届满后 5 日内从其专家名册中指定一名专家成立独任专家组。一人专家组费用应全部由投诉人承担。

如果投诉人或被投诉人之一方选择三人专家组，域名争议解决机构应当根据规定的程序指定三位专家。三人专家组费用应全部由投诉人承担，但三人专家组由被投诉人选择的除外。在后一种情形下，所涉费用应当由双方各半分担。

除非投诉人已经选择三人专家组并提供三名候选专家，投诉人应当在收到域名争议解决机构有关被投诉人选择三人专家组的答辩书后 3 日内，向域名争议解决机构提交将被指定作为案件专家组成员之一的三位候选专家的姓名。

如果投诉人或被投诉人之一方选择三人专家组，域名争议解决机构应当分别从投诉人和被投诉人各自提供的三位候选专家名单中指定一名专家。如果域名争议解决机构无法在 5 日内按照惯常条件从某一方当事人选择的专家中指定一名专家，则域名争议解决机构将自行从其专家名册中予以指定。第三名专家应当由域名争议解决机构从其专家名单中指定。第三名专家为首席专家。

如果被投诉人未提交答辩或提交了答辩但未表明如何选定专家组，域名争议解决机构应当以下述方式指定专家组：①如果投诉人选择一人专家组，域名争议解决机构应当从其专家名册中指定一名专家；②如果投诉人选择三人专家组，在可能的情况下，域名争议解决机构应当从投诉人提供的三位候选专家中指定一名专家，从其专家名册中指定第二名专家和首席专家。但是否接受指定，由专家自行决定。为了保证争议解决程序的快速、顺利进行，如果被当事人选定为候选人的专家不同意接受指定，域名争议解决机构将自行指定其他专家组成专家组。

专家组成立后，域名争议解决机构应当及时将案件移交专家组，并将专家组的组成情况及专家组应将裁决提交争议解决机构的日期及时通知各方当事人。

专家应当独立公正，并应在接受指定前向域名争议解决机构披露有可能对其独立性与公正性产生合理怀疑的任何情形。如果在程序进行过程中的任何阶段出现了可导致对其独立性与公正性产生合理怀疑的新情况，则该专家应当立即将该情形向域名争议解决机构披露。在这种情况下，域名争议解决机构有权指定其他专家。

专家在接受指定前应当向域名争议解决机构提交书面的独立性与公正性声明。

当事人一方认为某专家与对方当事人有利害关系，有可能影响案件的公正裁决的，应当在专家组就有关争议作出裁决前向域名争议解决机构提出。专家是否退出专家组，由域名争议解决机构决定。

任何一方当事人或其代理人均不得与专家组进行单方联络。当事人一方与专家组或域名争议解决机构间的所有联络均应当通过域名争议解决机构根据其《补充规则》规定的方式指定的案件经办人进行。

（三）投诉文件提交与送达

争议解决机构建立专门的互联网络网站，通过在线方式接受有关域名争议的投诉，并发布与域名争议有关的资料。但经投诉人或者被投诉人请求，争议解决机构认为发布后有可能损害投诉人或者被投诉人利益的资料和信息，可不予发布。投诉人和被投诉人应当对各自的主张承担举证责任。

域名争议案件文件的提交应当遵守以下原则：①域名争议解决机构向一方当事人传送的任何文件，必须同时向另一方当事人传送副本；②专家组传送给任何一方当事人的文件，必须同时向域名争议解决机构和另一方当事人传送副本；③文件传送方有义务为其传送的文件保留记录，以记载有关文件传送的具体事实和情况，供有关当事方查阅，并用以制作相应的报告；④当传送文件的一方当事人收到通知，被告知未收到其所传送的文件时，或者传送文件的当事人自己认为未能成功地传送有关文件时，该当事人应立即将有关情况通知域名争议解决机构。此后，任何文件的传送与回复均应当依照域名争议解决机构的指示为之；⑤任何一方当事人均可通知域名争议解决机构，更新其详细的联络信息。

对投诉书进行形式审查。域名争议解决机构收到投诉书后，应当根据《解决办法》、《程序规则》以及《补充规则》的规定对投诉书进行形式审查。域名争议解决机构经审查认为投诉符合受理要求的，应于收到投诉人按规定缴纳的费用后，按程序规则规定的方式将投诉书副本送达被投诉的域名持有人；经审查认为投诉文件在形式上存有缺陷的，域名争议解决机构应及时通知投诉人，要求其在规定时限内对投诉文件加以必要的修改。投诉人未在规定的时限内对投诉书予以修改，或修改后的文件仍不符合要求的，经域名争议解决机构书面通知，其投诉被视为撤回。

域名争议解决程序的开始。域名争议解决机构依照《程序规则》的规定完成向被投诉人送达投诉文件之日，为域名争议解决程序的正式开始日期。

域名争议解决机构应当将争议解决程序的开始日期及时通知各方当事人和域名注册服务机构即经中国互联网络信息中心授权、负责受理域名注册申请并完成注册的机构以及中国互联网络信息中心。

域名争议解决机构有责任采取有效措施，确保被投诉人实际收到投诉书。被投诉人实际收到投诉书，或者域名争议解决机构为使被投诉人实际收到投诉书而实施以下行为后，上述责任即视为解除：①按照域名注册管理机构及域名注册服务机构 WHOIS 数据库中记录的域名注册者、域名注册者联系人、管理联系人、技术联系人、承办人和缴费联系人的电子邮件地址，或者当域名对应于一个网站时，按照该网站联系方式中提供的电子邮件地址向被投诉人传送电子形式投诉书（包括可按照相关格式送达被投诉人的附件）的；②按照被投诉人自行选择并通知域名争议解决机构的其他电子邮件地址，及在可行范围内由投诉人提供的所有其他电子邮件地址向被投诉人发送投诉书的；③依程序规则向投诉人或被投诉人传送的任何文件均应当通过网络以电子形式传送。但经争议解决机构同意，也可按照投诉人或被投诉人要求的其它合理方式送达。

投诉人和被投诉人向域名争议解决机构或专家组提交的任何文件均应当按照域名争议解决机构《补充规则》所规定的方法和方式（包括份数）提交。

除非程序规则另有规定，或者专家组另有决定，程序规则规定的所有文件于下列情况下应视为已经送达：①通过传真方式传送的，以传送确认书上显示的日期为准；②通过邮寄或者邮政快递方式发送的，以邮寄回执上记载的日期为准；③通过网络传送的，在传送日期可予验证的情况下，以该日期为准。

除非程序规则另有规定，程序规则规定的期间的起算日应当是根据规定推定的文件最早送达日。

（四）被投诉人答辩

被投诉人应当在域名争议解决程序开始之日起 20 日内向域名争议解决机构提交答辩。

答辩书应以电子文件形式提交，并应当包括以下内容：①对投诉人的投诉主张进行反驳，并申明继续拥有和使用争议域名的依据和具体理由（答辩书该部分应当遵守域名争议解决机构《补充规则》所规定的字数或页数限制）；②被投诉人及其授权代理人的姓名（名称）及详细的联络信息（邮政地址、电子邮件地址、联系电话和传真号码）；③无论是电子文件还是有形书面文件，均应当注明在域名争议解决程序中与被投诉人进行联络的首选联络方式，包括联系人、联系方式及联络地址；④如果投诉人在投诉书中选择一人专家组审理案件，则应当声明被投诉人是否选择将争议交由三人专家组审理；⑤如果投诉人或被投诉人选择由三人专家组审理，被投诉人应当从域名争议解决机构公布的专家名单中按其自行决定的顺序选择三名专家作为候选人，并写明专家姓名。被投诉人也可以授权域名争议解决中心代其指定专家；⑥如果存在就同一域名争议所提起的司法或仲裁程序，无论该程序是否已经完结，都应当加以说明，并提交被投诉人能够获得的、与该程序有关的全部资料；⑦答辩书的结尾应附有下列声明，并经被投诉人或其法定代表人或其授权代理人签字或盖章："被投诉人确认，有关答辩是依据中国互联网络信息中心《解决办法》《程序规则》及相关法律而进行的。就本人所知，答辩书所载信息是完整的和准确的。有关答辩及主张仅针对投诉人，不涉及域名争议解决机构及专家组专家，也不涉及域名注册管理机构及注册服务机构、注册人员及域名注册代理机构。"⑧作为附件，提交能够证明权利状况的文件及任何其他相关文件。

应被投诉人的请求，域名争议解决机构在特殊情形下可以适当延长被投诉人提交答辩的期限。当事人也可协议延长被投诉人提交答辩的期限，但须征得域名争议解决机构的同意。

（五）专家组审理与裁决

1. 专家回避请求。在专家组就有关争议作出裁决之前，投诉人或者被投诉人认为专家组成员与对方当事人有利害关系，有可能影响案件的公正裁决的，可以向争议解决机构提出要求专家回避的请求，但应当说明提出回避请求所依据的具体事实和理由，并举证。是否回避，由争议解决机构决定。

2. 域名注册服务机构不参与争议解决程序。在域名争议解决程序中，除域名注册服务机构根据争议解决机构的要求提供与域名注册及使用有关的信息外，中国互联网络信息中心和域名注册服务机构不以任何身份或者方式参与争议解决程序。

3. 费用负担。如果投诉人选择将争议交由一人专家组审理或选择将争议交由三人专家组审理，投诉人应根据域名争议解决机构《补充规则》或《简易规则》（《简易规则》指域名争议解决机构根据《程序规则》和《补充规则》制定的适用于《解决办法》项下特殊类型域名争议的快速程序规则）的规定，按规定的时间和金额，向域名争议解决机构支付固定的程序费用，域名争议解决的所有费用应由投诉人承担。否则，域名争议解决机构不应就有关投诉采取任何进一步的行动。

如果投诉人选择将争议交由一人专家组审理，被投诉人选择将争议交由三人专家组审理，被投诉人则应当承担域名争议解决机构《补充规则》所规定的三人专家组费用的一半。该费用应当由被投诉人在向域名争议解决机构提交答辩时一并交付。如所应收取的费用未能按照要求缴付，争议将由一人专家组审理。

在特殊情形下，如果举行当庭听证，域名争议解决机构可以要求当事人双方另外支付费用。该费用应当由域名争议解决机构与当事人双方和专家组协商后确定。

4. 专家组审理与裁决。专家组应当根据《程序规则》和《补充规则》，以其认为适当的方式进行案件程序，基于投诉人和被投诉人投诉书和答辩书中各自的主张、所涉及的事实及所提交的证据，依据《解决办法》以及可予适用的法律规则对域名争议作出裁决。如果被投诉人未提交答辩，如无特殊情形，专家组应当依据投诉书裁决争议。

在争议处理过程中，专家组应当平等地对待双方当事人，给予当事人双方平等的陈述事实、说明理由及提供证据的机会。

专家组应确保争议解决程序快速进行。应当事人请求，专家组有权决定在特殊情况下延长程序规则所确定的期限。

专家组有权认定证据的可采性、关联性、利害关系和证明力。

除投诉书与答辩书外，专家组有权要求任何一方当事人就案件提供进一步的说明及有关证据材料。对于当事人在投诉书与答辩书之外自行提交的材料，除非当事人双方另有约定或专家组另有决定，专家组原则上不再接受。

正常情况下，域名争议解决程序不举行当庭听证（包括以电话会议、视频会议及网络会议方式进行的任何听证），但专家组认为有必要举行且当事人愿意承担相关费用的除外。

除非有特殊理由，如果一方当事人未能遵守《程序规则》和《补充规则》的规定或者专家组确定的任何期限，专家组将继续进行程序，直至就所涉争议作出裁决。

除非有特殊理由，如果一方当事人未能遵守《程序规则》和《补充规则》中的任何规定或专家组的任何指令，专家组有权依其认为适当的情形对此予以推论。

如无特殊情形，专家组应于成立后 14 日内就所涉域名争议作出裁决，并将裁决书提交域名争议解决机构。

专家应在确认签署裁决前将裁决书草案提交域名争议解决机构。在不影响专家独立裁决的前提下，域名争议解决机构可以就裁决书的形式问题进行核阅。

在案件由三人专家组审理的情况下，裁决应当按照多数人的意见作出。每一位专家享有平等的表决权。专家组不能形成多数意见时，裁决依首席专家的意见作出。任何不同意见均应当载入裁决之中。

裁决书应以电子形式作成，且应说明裁决结果及裁决理由，写明裁决作出的日期及专家的姓名。

如果专家组认为投诉的争议不属于其管辖的范围，应加以说明。如果专家组经审阅当事人所提交的文件后认定投诉具有恶意，专家组可以在裁决中宣布该投诉构成对域名争议解决程序的滥用。

如果在程序正式开始之前或进行的过程中，当事人一方就争议域名提起了司法程序或仲裁程序，域名争议解决机构或专家组有权决定中止或终止程序，或继续进行程序，直至作出裁决。

当事人一方如果在程序进行期间就争议域名提起了任何司法程序或仲裁程序，应当立即通知专家组和域名争议解决机构。

在专家组作出裁决之前，域名争议解决程序可因下列情况而终止：1）当事人之间自行达成和解；2）专家组认为域名争议解决程序由于其他原因已无必要继续进行或不可能继续进行，除非一方当事人在专家组规定的时间内提

出合理的反对理由。

专家组根据投诉人和被投诉人提供的证据及争议涉及的事实，对争议进行裁决。专家组认定投诉成立的，应当裁决注销已经注册的域名，或者裁决将注册域名转移给投诉人。专家组认定投诉不成立的，应当裁决驳回投诉。

投诉人的投诉符合下列条件的，投诉应当得到支持，1）被投诉的域名与投诉人享有民事权益的名称或者标志相同，或者具有足以导致混淆的近似性；2）被投诉的域名持有人对域名或者其主要部分不享有合法权益。被投诉人在接到争议解决机构送达的投诉书之前具有下列情形之一的，表明其对该域名享有合法权益：被投诉人在提供商品或服务的过程中已善意地使用该域名或与该域名相对应的名称；被投诉人虽未获得商品商标或有关服务商标，但所持有的域名已经获得一定的知名度；被投诉人合理地使用或非商业性地合法使用该域名，不存在为获取商业利益而误导消费者的意图。3）被投诉的域名持有人对域名的注册或者使用具有恶意。被投诉的域名持有人具有下列情形之一的，其行为构成恶意注册或者使用域名：注册或受让域名的目的是向作为民事权益所有人的投诉人或其竞争对手出售、出租或者以其他方式转让该域名，以获取不正当利益；多次将他人享有合法权益的名称或者标志注册为自己的域名，以阻止他人以域名的形式在互联网上使用其享有合法权益的名称或者标志；注册或者受让域名是为了损害投诉人的声誉，破坏投诉人正常的业务活动，或者混淆与投诉人之间的区别，误导公众；其他恶意的情形。

合并审理。一份投诉可以针对同一域名持有人所注册的多个域名提出。投诉人针对同一被投诉人的多个域名提出争议的，投诉人或者被投诉人均可以请求争议解决机构将多个争议合并为一个争议案件，由同一个专家组处理。但是否合并处理，由专家组决定。如果投诉人与被投诉人之间存有多个域名争议，投诉人或被投诉人均可以请求将这些争议交由一个专家组合并审理。该请求应向第一个被指定负责审理双方争议的专家组提出。该专家组有权决定将此类争议部分或全部予以合并审理，只要这些合并审理的争议受《解决办法》的约束。

5. 裁决的送达与公布。域名争议解决机构应当在收到专家组提交的裁决后三日内将裁决书以电子邮件形式通知各方当事人、相应的域名注册服务机构以及中国互联网络信息中心。

除非专家组根据当事人的请求或争议的具体情况另有决定，域名争议解决机构应当将裁决书的全部内容在上规定的期限内在公开网站上予以公布。

6. 裁决的执行。

争议解决机构裁决注销域名或者裁决将域名转移给投诉人的，自裁决公布之日起满 10 日的，域名注册服务机构予以执行。但被投诉人自裁决公布之日起 10 日内提供有效证据证明有管辖权的司法机关或者仲裁机构已经受理相关争议的，争议解决机构的裁决暂停执行。

对于暂停执行的争议解决机构的裁决，域名注册服务机构视情况作如下处理：1）有证据表明，争议双方已经达成和解的，执行和解协议；2）有证据表明，有关起诉或者仲裁申请已经被驳回或者撤回的，执行争议解决机构的裁决；3）有关司法机关或者仲裁机构作出裁判，且已发生法律效力的，执行该裁判。

（六）司法与仲裁程序

在投诉人依法提出投诉之前，争议解决程序进行中，或者专家组作出裁决后，投诉人或者被投诉人均可以就同一争议向中国互联网络信息中心所在地的中国法院提起诉讼，或者基于协议提请中国仲裁机构仲裁。

三、域名争议解决涉及问题

（一）域名争议期间的转让或注销限制

在域名争议解决期间以及裁决执行完毕前，域名持有人不得申请转让或者注销处于争议状态的域名，也不得变更域名注册服务机构，但受让人以书面形式同意接受争议解决裁决约束的除外。

（二）域名争议解决机构不向当事人承担责任

除故意行为外，域名争议解决机构及专家均不就程序规则下与域名争议解决程序有关的任何行为或疏忽向任何一方当事人承担责任。

（三）期限的计算办法

期限应当自争议解决程序开始之次日起算。开始之日，不计算在期限内。

如果期限开始计算之日为法定节假日，则从其后的第一个工作日开始计算。期限内的法定节假日应计算在期限内。期限届满日是法定节假的，以其后的第一个工作日为期限届满日。

第四节　我国域名的司法保护

《域名解释》对于正确审理涉及计算机网络域名注册、使用等行为的民事纠纷案件（以下简称域名纠纷案件），具有重要意义。

一、人民法院受理域名纠纷案件范围

对于涉及计算机网络域名注册、使用等行为的民事纠纷，当事人向人民法院提起诉讼，经审查符合《民诉法》第122条规定的，人民法院应当受理。《民诉法》第122条规定，起诉必须符合下列条件：①原告是与本案有直接利害关系的公民、法人和其他组织；②有明确的被告；③有具体的诉讼请求和事实、理由；④属于人民法院受理民事诉讼的范围和受诉人民法院管辖。符合起诉条件的，人民法院应当受理。

二、域名纠纷案件的管辖

涉及域名的侵权纠纷案件，由侵权行为地或者被告住所地最高人民法院确定的人民法院管辖。对难以确定侵权行为地和被告住所地的，原告发现该域名的计算机终端等设备所在地可以视为侵权行为地。

涉外域名纠纷案件包括当事人一方或者双方是外国人、无国籍人、外国企业或组织、国际组织，或者域名注册地在外国的域名纠纷案件。在中华人民共和国领域内发生的涉外域名纠纷案件，依照《民诉法》第4编的规定确定管辖。《民诉法》第4编第24章管辖第276条规定，因涉外民事纠纷，对在中华人民共和国领域内没有住所的被告提起除身份关系以外的诉讼，如果合同签订地、合同履行地，诉讼标的物所在地，可供扣押的财产所在地，侵权行为地，代表机构住所地位于中华人民共和国境内的，可以由合同签订地、合同履行地、诉讼标的物所在地、可供扣押财产所在地、侵权行为地、代表机构住所地人民法院管辖。除前款规定外，涉外民事纠纷与中华人民共和国存在其他适当联系的，可以由人民法院管辖。

根据《民诉法解释》第24条之"民事诉讼法第二十九条规定的侵权行为地，包括侵权行为实施地、侵权结果发生地。"和第25条之"信息网络侵权行为实施地包括实施被诉侵权行为的计算机等信息设备所在地，侵权结果发

生地包括被侵权人住所地。"规定，被侵权人住所地为侵权结果发生地，可以确定地域管辖。该管辖原则在 2022 年 8 月 22 日前被普遍接受，[1]之后或被最高人民法院民事裁定所打破。[2]

根据《一审管辖规定》第 2 条、第 3 条的规定，域名权民事、行政案件由最高人民法院确定的基层人民法院管辖。案件诉讼标的额在最高人民法院确定的数额以上的，以及涉及国务院部门、县级以上地方人民政府或者海关行政行为的，由中级人民法院管辖。

三、域名纠纷案件的案由

域名权侵权纠纷主要产生于域名权与在先权利特别是商标权的冲突上。包括①将他人商标、商号注册为域名后销售牟利；②将他人商标注册为域名供自己使用；③将他人商标注册为域名，但未使用。

域名纠纷案件的案由，根据双方当事人争议的法律关系的性质确定，并在其前冠以计算机网络域名；争议的法律关系的性质难以确定的，可以通称为计算机网络域名纠纷案件。

域名权纠纷主要包括：①合同纠纷。根据《民事案件案由规定》第 156 条规定，域名合同纠纷有，Ⅰ网络域名注册合同纠纷，Ⅱ网络域名转让合同纠纷，Ⅲ网络域名许可使用合同纠纷。②域名权侵权纠纷。根据《民事案件案由规定》165 条规定，网络域名权属、侵权纠纷主要有，Ⅰ网络域名权属纠纷，Ⅱ侵害网络域名纠纷。

在此，笔者仅对网络域名权属纠纷做一点介绍和说明。域名抢注是一种社会现象，名人姓名因其背后蕴藏的巨大商业价值而成为域名抢注的对象。在域名注册或域名持有人持有的域名，和名人姓名相同，包括中文姓名、拼音（英文）姓名相同情况下，基于该域名和名人姓名权相冲突，通常名人姓名权享有在先权利，通过域名争议行政程序解决或通过行政诉讼、民事诉讼，通常均会裁定或判决域名持有人将域名转移给名人或者注销域名。[3]

---

〔1〕　最高人民法院民事裁定书（2021）最高法民辖 32 号。

〔2〕　最高人民法院民事裁定书（2022）最高法民辖 42 号。

〔3〕　上海市高级人民法院民事判决书（2011）沪高民三（知）终字第 55 号。

四、认定侵权的条件

人民法院审理域名纠纷案件，对符合以下各项条件的，应当认定被告注册、使用域名等行为构成侵权或者不正当竞争：①原告请求保护的民事权益合法有效；②被告域名或其主要部分构成对原告驰名商标的复制、模仿、翻译或音译；或者与原告的注册商标、域名等相同或近似，足以造成相关公众的误认。人民法院审理域名纠纷案件，根据当事人的请求以及案件的具体情况，可以对涉及的注册商标是否驰名依法作出认定。③被告对该域名或其主要部分不享有权益，也无注册、使用该域名的正当理由；④被告对该域名的注册、使用具有恶意。该规定之目的在于保护在先权利。[1]我国不少法院审理域名纠纷案件都是从在先权利入手进行审理的。[2]但域名注册在先并不是域名持有者不构成侵权的抗辩理由。若与他人商标相同、近似的域名注册之时无正当理由，注册之后未长期使用并使域名足以与他人的商标难相区分，则域名持有者仍构成侵权并应将域名转移给商标权人。[3]因此，保护在先权利是以相关合法权利包括但不限于商标权、著作权、专利权、字号权等总体比较而言的，并不是单纯以域名间的注册在先决定的。

被告的行为被证明具有下列情形之一的，人民法院应当认定其具有恶意：①为商业目的将他人驰名商标注册为域名的；②为商业目的注册、使用与原告的注册商标、域名等相同或近似的域名，故意造成与原告提供的产品、服务或者原告网站的混淆，误导网络用户访问其网站或其他在线站点的；③曾要约高价出售、出租或者以其他方式转让该域名获取不正当利益的；④注册域名后自己并不使用也未准备使用，而有意阻止权利人注册该域名的；⑤具有其他恶意情形的。被告举证证明在纠纷发生前其所持有的域名已经获得一定的知名度，且能与原告的注册商标、域名等相区别，或者具有其他情形足以证明其不具有恶意的，人民法院可以不认定被告具有恶意。

---

[1] 最高人民法院民事裁定书（2014）民申字第 1414 号。

[2] 上海知识产权法院民事判决书（2015）沪知民终字第 247 号。

[3] 福建省厦门市思明区人民法院民事判决书（2015）思民初字第 4746 号。

五、域名纠纷的民事责任

人民法院认定域名注册、使用等行为构成侵权或者不正当竞争的，可以判令被告停止侵权、注销域名，或者依原告的请求判令由原告注册使用该域名。给权利人造成实际损害的，可以判令被告赔偿损失；侵权人故意侵权且情节严重，原告有权向人民法院请求惩罚性赔偿。

第四章
植物新品种权

　　植物新品种是植物领域人类智力活动成果知识产权保护的重要客体。《知识产权强国建设纲要（2021-2035 年）》提出了党的十八大以来，我国优良植物新品种等高价值知识产权拥有量大幅增加，涌现出一批知识产权竞争力较强的市场主体，走出了一条中国特色知识产权发展之路，有力保障创新型国家建设和全面建成小康社会目标的实现。根据实际及时修改植物新品种保护条例，围绕生物育种前沿技术和重点领域，加快培育一批具有知识产权的优良植物新品种，提高授权品种质量。植物种子被称为是农业的芯片。我国已是世界种业大国，加强种业知识产权保护、推动种业自主创新，对于农业高质量发展和维护国家粮食安全具有基础性、决定性的战略意义。本章从我国知识产权强国建设纲要视域出发，主要研究植物新品种保护的国际公约和我国植物新品种保护法律基本知识。

第一节　植物新品种权的国际保护

一、植物新品种权保护的国际法规体系和主要国际公约

1.《WIPO 公约》

　　保护工业产权巴黎同盟的国际局与保护文学艺术作品伯尔尼同盟的国际局的 51 个国家于 1967 年 7 月 14 日签订，1970 年 4 月 26 日生效的《WIPO 公约》第 2 条第 8 项规定，"知识产权"包括"在工业、科学、文学或艺术领域里一切其他来自知识活动的权利。"其中，自然可以包括对农业、林业等领域的植物新品种的保护。

2.《UPOV 公约》

1961 年 12 月 2 日制定，1972 年 11 月 10 日、1978 年 10 月 23 日在日内瓦修订，于 1981 年 11 月 8 日生效的《UPOV 公约》是目前世界上最主要的植物新品种国际保护公约。该公约旨在提供和推行一个有效的植物品种保护系统，鼓励培育新的植物品种，造福社会。我国第九届全国人民代表大会常务委员会第四次会议于 1998 年 8 月 29 日决定加入《UPOV 公约》（1978 年文本），1999 年 3 月 23 日交存加入书，同时声明如下：在中华人民共和国政府另行通知之前，《UPOV 公约》（1978 年文本）暂不适用于中华人民共和国香港特别行政区。自该公约生效 18 年后本公约于 1999 年 4 月 23 日对我国生效。截至 2019 年 1 月 24 日，《UPOV 公约》已有 75 个成员，覆盖 94 个国家。

1981 年 11 月 8 日生效后，《UPOV 公约》在 1991 年对公约文本进行修订，形成了 1991 年文本。1991 年文本废除了对植物新品种的"双重保护禁止"规定，并将保护植物品种的范围由选择符合规定数量的植物属/种延及到整个植物领域。我国尚未加入《UPOV 公约》（1991 年文本），但我国 2021 年修正后的《种子法》已基本达到了《UPOV 公约》（1991 年文本）的保护标准，而我国正在修改的《植物新品种保护条例》将使我国植物新品种的保护完全达到《UPOV 公约》（1991 年文本）的保护水平。保护知识产权就是保护创新，在《知识产权强国建设纲要（2021-2035 年）》指导下，可以预见在不远的将来，我国必将加入《UPOV 公约》（1991 年文本）。因此，本节我们的研究主要集中在《UPOV 公约》（1991 年文本）上。

二、《UPOV 公约》（1991 年文本）的主要实体内容

《UPOV 公约》（此部分专指 1991 年文本）全文共 42 条，主要分为两大部分，一是对植物新品种保护的实体部分，二是对植物新品种保护的国际联盟程序部分。因此，我们主要以 1991 年文本对其实体部分进行介绍。

（一）《UPOV 公约》的主要实体概念

1. 育种者。"育种者"系指培育或发现并开发了一个品种的人；——上述人员的雇主或按照有关缔约方的法律规定代理雇主工作的人；或——视情况而定，上述第一个人或第二个人的继承人。

2. 育种者的权利。系指根据《UPOV 公约》向育种者提供的权利。即基于属和种等级的植物新品种，育种者基于授权品种享有的专有权，除育种者

外，任何人从事植物品种的上列行为，均需要取得育种权人的许可。

3. 品种。系指已知植物最低分类单元中单一的植物群，不论授予育种者的权利的条件是否充分满足，该植物群可以以某一特定基因型或基因型组合表达的特征来确定；或至少表现出上述的一种特性，以区别于任何其他植物群，并且作为一个分类单元其适用性经过繁殖不发生变化。我国《种子法》第 90 条第 1 款第 2 项对之界定为：品种是指经过人工选育或者发现并经过改良，形态特征和生物学特性一致，遗传性状相对稳定的植物群体。《UPOV 公约》（1978 年文本）指向的仅仅是植物品种，即该版本第 4 条规定的一切植物属和种，[1]不包括实质性派生品种。二是材料范围，有性或无性繁殖材料，即保护范围系有性或无性繁殖材料。该繁殖材料既不包含收获材料。收获材料是扩大保护的范围。又不包括由收获材料直接制作的产品。《UPOV 公约》1991 年修订之后将保护范围扩大至收获材料以致由收获材料直接制作的产品。因此，《UPOV 公约》保护的是植物属和种等级的有性或无性繁殖材料。繁殖材料，也称种植材料，根据我国《种子法》第 2 条第 2 款之界定，即种子是指农作物和林木的种植材料或者繁殖材料，包括籽粒、果实、根、茎、苗、芽、叶、花等。因此，育种者权的客体植物新品种是指经过人工选育或者发现并经过改良，形态特征和生物学特性一致，遗传性状相对稳定的具有新颖性的植物群体的有性或无性繁殖材料或种植材料，即新种子。

4. 主管机关。系指设一个主管机关，把授予育种者权利的工作委托给该机关，或者将上述任务委托给另一缔约方的主管机关。

（二）《UPOV 公约》（1991 年文本）确定的缔约方三大义务

1. 对植物新品种的保护义务。制定《UPOV 公约》的宗旨与目的就在于发展世界各国的农业，在全世界范围内推动各国对育种者的权利进行保护。植物新品种是育种者权利的客体，对育种者权利的保护，须通过或借助于育种者权利的客体即赋予育种者的智力成果植物新品种以权利，才能达到对育

---

〔1〕 属和种是植物的分类层次。根据植物分类学理论，植物分类的基本等级有：界、门（-phyta）、纲（-opsida, -phyceae）、目（-ales）、科（-aceae）、属、种；亚界（-bionta）、亚门（-phytina）、亚纲（-idea, -phycidae）、亚目（-ineae）、亚科（-oideae）、亚属、亚。其完全等级有界、亚界、门、亚门、纲、亚纲、（超目）、目、亚目、科、亚科、（超族）、族（-eae）、亚族（-inae）、属、亚属、组、亚组、系、亚系、种、亚种、变种、亚变种、变型、亚变型。如植物界、有胚植物亚界、维管植物门、种子植物亚门、被子植物纲、双子叶植物亚纲、蔷薇超目、蔷薇目、蔷薇亚目、蔷薇科、蔷薇亚科、蔷薇族、蔷薇亚族、蔷薇属、犬蔷薇系、犬蔷薇亚系、犬蔷薇、黄花变种、黄毛柱变型。

种者权利保护的目的。因此,《UPOV 公约》对缔约方提出的基本义务是"每个缔约方应授予和保护育种者的权利"。该原则是《UPOV 公约》(1978 年文本)引言重申的即各缔约方认为,无论是发展本国农业,[1]还是保护育种者的权利,保护植物新品种至为重要的首要原则的进步。该原则强调的不再是植物新品种保护的重要性,而是缔约方应当授予育种者权利,并保护育种者权利。

2. 对植物新品种全种属保护义务或目标。1991 年修订后受保护的植物的种或属追求的最终目标是对全部植物的种和属提供保护。为追求该目标的实现,1991 年文本还采取了分步走的办法。一是对于已是联盟成员的国家,即受 1961/1972 年文本或 1978 年文本约束的各缔约方应实施 1991 年文本规定条款。从受 1991 年文本约束之日起,适用于 1961/1972 年文本或 1978 年文本规定的所有植物属和种,也都于受 1991 年文本约束之日起适用于本《UPOV 公约》;且最迟自受 1991 文本约束之日起,至五年期满时,适用于所有植物属和种。对于联盟的新成员,即不受 1961/1972 年文本或 1978 年文本约束的各缔约方应实施 1991 年文本规定条款,自受 1991 年文本约束之日起,至少适用于 15 个植物属和种;且最迟自受 1991 年文本约束之日起,至 10 年期满时,适用于所有植物属和种。

3. 最低保护标准与国民待遇原则。即《UPOV 公约》第 4 条规定,在不损害本公约规定的权利的前提下,缔约方的国民以及自然人居民和在缔约方的领土内有其注册办事处的法人,就育种者权利的授予和保护而言,在缔约方各自的领土内,相互享有另一缔约方根据其法律所给予或将给予其自己的国民同等的待遇,只要上述国民、自然人或法人遵守上述另一缔约方对国民的规定条件和手续。国民待遇原则是世界相关知识产权公约确定的共同原则。《巴黎公约》第 2 条、《伯尔尼公约》第 5 条第 1 款、《世界版权公约》第 2 条等都确立了知识产权保护的国民待遇原则。国民待遇原则是在承认各国知识产权保护差异基础上而为了保证知识产权制度国际协调的广泛性和普遍性而采用的首要原则,这是国际知识产权保护的制度基础。《UPOV 公约》同样采用国民待遇原则。

---

〔1〕 此处的农业,系指与植物有关的农业,包括狭义的农业(种植业)、林业、牧业、副业、渔业。

（三）授予育种者权利的条件

《UPOV 公约》（1991 年文本）规定了缔约方授予育种者权利的统一标准，包括：

1. 新颖性。新颖性的基本判定标准为：一个品种如果在育种者权利申请书提交之日，该品种的繁殖或收获材料尚未因利用该品种之目的在提交申请书的缔约方领土上被育种者本人或经其同意出售或转让他人距该提交日超过一年；或者在提交申请书的缔约方以外的领土上，距该提交日未超过四年，或在树木或藤本的情况下未超过六年。对于新培育的品种，凡缔约方在对以前未实施 1991 年文本或先前文本的某一植物属或种实施本《UPOV 公约》时，对在申请之日已有的某一品种可以看作符合前述标准的新培育的品种，即使其销售或转让他人早于该款规定的期限。新颖性要求植物育种者向公众公开并据此获得品种权保护的植物品种须具有一定的先进性，能够起到促进植物育种技术以及经济发展的作用。因此，新颖性是植物新品种的公开性与先进性的统一。公开性是获得授权的条件，但公开的植物品种要获得法律保护，须具有先进性。《UPOV 公约》的新颖性具有宽限期，即在《UPOV 公约》规定的宽限期内的已经在市场上销售从而使公众所知晓的事实，不丧失植物品种的新颖性。但应注意，不同类的植物品种，由于育种者在决定申请品种权的保护时需要花费一定的时间对其品种做出评估；将植物品种带到任何其他国家种植后进行评估所需时间较长；各种植物品种的生长速度不同，不同植物品种的宽限期也不相同。在宽限期内的公开或提供销售、市场销售均不破坏新颖性，但在联盟成员国任意国家领域内超过了宽限期，则植物品种丧失新颖性。因此，植物品种的新颖性是基于销售的新颖性而言的，实为销售新颖性，且具有相对性。

2. 特异性。特异性系指如果一个品种在申请书登记之时显然有别于已知的任何其他品种，则这个品种应被认为是特异的。特别是，在任何国家里，如果一个其他品种的育种者权利申请或在法定的品种登记处登记的申请，获得了育种者的权利或者在法定的品种登记处得以登记，则应认为从申请之日起，该其它品种便是已知的品种。特异性系指育种者培育、发现的植物品种获得授权，其植物品种应当与现有或已知品种相比具有独特之处。为此，《UPOV 公约》1978 年文本规定，不论原始变种的起源是人工的，还是自然的，在申请保护时，该品种应具有一个或数个明显的特性有别于已知的任何其他品种。可见，特异性是与现有或已知品种相比较而具有的一个或多个不同且明显特性或区别。根据《UPOV 公约》规定，在下列情况下，可界定或视为"已知"品种：1）已在进行栽培或销售；2）已经或正在法定的注册处登记；3）已登在参考文献中或已在刊物中准确描述过。《UPOV 公约》还规定，使品种能够确定和区别的特性，必须是能准确辨认和描述的，该规定强调的仍然是特性的明显性，该特性不仅能准确辨认，而且是可以描述的。对于第二种构成已知的因素，学术界没有太大异议，但对"正在法定注册处登记"构成已知，则存在不同意见。如认为，正在法定注册处登记"但最终并未成功登入官方登记簿或并未获得植物品种授权保护，则不能视为已知。"[1]对此认识，我们需要进行认真分析研究。

3. 一致性。一致性系指一个品种从其繁殖的特点预期可能出现变异的情况下，其有关特性表现仍然足够的整齐一致。但植物的生长以及植物品种的生长、产生都是和自然力量相结合而形成的。在自然力作用下形成的植物品种，即使在同一植物品种的植株之间，其外观形状也会存在或多或少的差别。因此，要求植物品种保持绝对性的一致性是违背科学的，更是不现实的。一致性要求植物品种的差异保持在一定限度之内，足以达到保护目的即可。因此，一致性不排斥有限度的差异性。

4. 稳定性。稳定性系指如果一个品种经过反复繁殖其有关特性保持不变，或者在特定繁殖周期的每个周期末尾其有关特性保持不变。其稳定性的含义为，即经过重复繁殖，或在育种者规定的特定繁殖周期中的各个周期结束时，品种的基本特性仍与原来所描述的一致。通俗而言，稳定性要求植物品种的相关遗传性状在各代之间不应当发生变化。但是，植物退化趋势是植物品种不可逆转的特点。然而，育种者培育的植物品种要获得法律保护，又必须保证其培育出的品种具有稳定性。通常而论，有性繁殖比无性繁殖的品种达到稳定性要求的难度要大得多，因此，对有性繁殖品种在稳定性方面的规定较无性繁殖品种会相对宽松一些。《UPOV 公约》对稳定性要求的"重复繁殖"，表明对稳定性条件的审查须进行一次以上，特别是基于有性繁殖的品种，通常需对品种在至少两个生长季节的表现进行观察，对于无性繁殖品种的审查，一般仅对申请人提供的植物材料进行观察，只要没有发现发生变异或混杂即

---

〔1〕　李秀丽：《植物品种法律保护制度国际比较研究》，知识产权出版社 2014 年版，第 23 页。

可。《UPOV 公约》对稳定性要求的"繁殖周期"规定仅针对近交系的杂交导致的不具有稳定性的杂交种。近交系必须一次又一次地杂交，其导致的杂交种在各个周期结束时能够满足稳定性的条件。

5. 符合《UPOV 公约》（1991 年文本）的名称命名。根据《UPOV 公约》（1991 年文本）第 20 条的规定，品种名称命名应遵照下列规则：①品种名称的命名；名称的使用。品种应以通用的名称命名。在该育种者权利期满之前后，各缔约方应确保命名的品种名称的注册不妨碍自由使用与该品种有关的名称，但不得影响第三方占先权。②名称特点。名称应具有区别品种的能力。除已成为品种命名惯例的情况外，名称不能仅用数字表示，名称不应导致误解，或在品种特性、价值或类别或育种者身份方面造成混淆。尤其是名称必须异于各缔约方领土内相同种或近似种已有品种的任何名称。③名称注册。品种名称应由育种者提交主管机关。主管机关如发现提交的名称不具有区别品种的能力，应拒绝注册并要求育种者在规定的时限内另提一个名称。品种名称应由主管机关在授予育种者权利的同时予以注册。④第三方占先权。不得影响第三方占先权。若因占先权之故禁止某人使用某品种名称而根据使用品种名称的义务必须使用该名称时，主管机关应要求育种者为该品种提出另一名称。⑤在所有缔约方名称相同的要求。向所有缔约方提交的同一品种的名称必须相同。除在其领土不适用者外，各缔约方应按提交的名称注册。认为不适用其领土时，有关缔约方应要求育种者为该品种提交另一名称。⑥缔约方主管机关之间的信息交流。缔约一方主管机关应保证向所有其他缔约方主管机关通报有关品种的名称，尤其是名称的提交、注册和取消等有关事宜。收到通报的任何一方，可把对注册名称的意见告知通报名称的一方。⑦使用品种名称的义务。除因影响第三人占先权不能使用者外，在该品种育种者权利期满前后，凡在一个缔约方境内提供出售或市场销售在该境内受保护品种的繁殖材料者，均有义务使用该品种名称。⑧品种名称有关的标识。品种提供出售或市场销售时，允许注册品种名称带有商标、商品名或其它类似标识。然而，如果带有此类标识，品种名称必须易于识别。

凡育种者育出的品种是按照上述要求的名称命名的，申请者履行缔约方法律规定的手续，向主管机关提出申请，交纳必要的手续费，则对育种者权利的授予就不应附带任何其他的条件。

上述 5 项条件中，特异性、一致性和稳定性是技术性授权条件，是用来确定保护客体的身份的；新颖性与适当的品种名称系非技术类授权条件，主要是为对植物品种的管理和推广使用便利而规定的授权条件。

（四）申请育种者权利

1. 提交申请与优先权

独立保护原则，即保护的互不依赖性系指某联盟成员国的国民基于同一智力成果在缔约国（或地区）所获得的法律保护是互相独立的，即外国人在其他联盟国所受到的保护只能适用该国法律。这是知识产权保护地域性的体现。《UPOV 公约》（1991 年文本）第 10 条第 3 款规定，任何缔约方均不得以对同一品种未向其他国家或政府间组织提交保护申请，或这种申请已被拒绝或其保护期已满为由，拒绝授予育种者权利或限制其保护期限。可见，独立性原则在植物新品种国际保护公约中体现为三个方面：一是育种者对首次注册申请保护国的决定权。即育种者可以在联盟内任一国提起首次注册申请，《UPOV 公约》不对提交首次申请地进行限制，育种者享有充分自由的首次注册申请权。二是育种人在决定首次注册申请之后向其他国家注册申请，不受首次申请国是否批准授权的限制与自由。三是育种人无论是否是联盟成员国的国民，其在不同联盟成员国申请获得的同一品种保护权益，是独立的。该原则意味着育种人在一国经注册申请获得批准，并不意味着在他国也可以获得批准；在一国经注册申请未获得批准，也不意味着在他国也不被批准。是否批准取决于申请国的法律规定。

育种者欲获得育种者权保护，须向任何一个缔约方的主管机关提交申请。育种者提交的申请包括首次申请或续后申请。首次申请，即申请育种者权利的育种者按自己的意愿选择提交首次申请的缔约方提交的申请。续后申请是在受理首次申请的缔约方主管机关尚未批准授予育种者权利之时，育种者有权向其他缔约方的主管机关提交育种者权利的申请。

技术类知识产权申请授权，国际公约通常规定了优先权原则，如《巴黎公约》第 4 条之一即赋予了专利、实用新型、外观设计、商标、发明人证书之优先权。育种者的后续申请享有优先权。《UPOV 公约》（1991 年文本）第 11 条规定，①优先权及其期限。凡已正式向缔约方之一提交保护某一品种的申请（"首次申请"）的育种者，出于为获得同一品种育种者权利而向其他缔约方主管机关提交申请（"续后申请"）时，均享有为期 12 个月的优先权，这个期限从提交首次申请之日算起，申请的当日不计在内。②优先权要求书。育种者为从优先权中获益，在提交续后申请时有权要求享有首次申请的优先权。受理续后申请的主管机关可以要育种者在一定时间内（从提交续后申请之日起不少于 3 个月）提供有关文件，包括经受理首次申请的主管机关证实为真实文本的首次申请的副本和样品或其他证据，证明两次申请的主题内容是同一个品种。③文件和材料。允许育种者在优先权期满后两年之内，或在首次申请被拒绝或撤出后的适当时间内，向续后申请受理主管机关提供根据该缔约国法律需要的信息、文件或材料，以满足申请的审查要求。④优先权期限内发生的事件。12 个月优先权的期限内发生的事件，例如另提申请或首次申请所涉及品种的公开或利用，不能成为拒绝受理续后申请的理由。这类事件也不应产生第三方之权利。

由此规定我们可知，对于育种人，优先权至少具有下列益处：一是续后申请享有和首次申请同等对待权利。育种人在决定首次注册申请国后，在其他联盟成员国提出的申请，被称为续后申请或再次申请。在首次申请提出日和续后申请提出日相距 12 个月内的情况下，享有同等对待权利。二是续后申请时同时提出优先权的请求书享有在 3 个月内呈交首次申请书已经原受理主管机构证实为真实文本的文件。三是育种者对续后申请享有在优先权期满后 4 年内向申请保护的联盟成员国呈交该国法律和法规要求的补充文件的权利。

2. 申请的审查与临时性保护

主管机关决定授予育种者权利之前，应就申请的品种是否具有新颖性、特异性、一致性、稳定性和是否符合《UPOV 公约》规定的名称命名规则进行审查。审查中，受理主管机关可种植该品种或进行其他必要测试、促使该品种进行种植或进行其他必要的测试、或考虑测试种植结果或其他已进行试种的结果。为进行审查，受理主管机关可以要求育种者提供一切必要的信息、文件或材料。

前述植物品种的授权条件是对植物身份确认等需要而规定的授权条件。植物新品种取得权利的条件系指育种者依法取得育种者权或植物新品种权的法律程序性条件。《UPOV 公约》规定，育种者应根据提交申请所在联盟成员国的法律规定手续申请注册、缴纳费用；不得以上述规定以外的条件授予保护权利。就是说，各联盟成员国只有依照成员国的法律规定手续申请注册，包括按照规定缴纳费用一种申请注册制程序条件，除此之外不得另有条件依据。同时，否定了类似著作权、商业秘密权自动产生的授权机制。

各缔约方应采取措施，以便在从提交或公布育种者权利申请至授予育种者权利之间的期间内，保护育种者的权利。这类措施应有如下效力，即一旦授权，凡在上述期间有需获育种者同意的行为者，育种者权利持有人至少应有权从该处获得公平的报酬。缔约方可规定这类措施只适用于育种者已告知其申请的有关人员。

植物新品种权的保护期自授权之日开始计算。但因主管机关在申请人申请之日起大致需要 1 年~2 年期间的对申请品种进行严格的 DUS 测试审查，根据植物新品种权保护程序性规定，主管机关决定受理植物新品种保护申请后，须将申请的植物品种相关信息予以公告，届时，植物品种保护申请人亦可自申请日起向社会销售或转让其培育的植物品种。在申请日与授权日之间，就需要对育种者提供保护，此种保护被称为"临时保护"，其目的是防范侵权。临时保护始于公告日，结束于授权日。临时保护通常包括的内容主要是育种人可以因他人使用品种获得一定的报酬。但这种权利或临时保护措施，只有在得到授权保护后始发生效力，即申请最终未获得授权，法律不提供临时保护。

（五）育种者权利与限制

1. 育种者权利范围

《UPOV 公约》（1991 年文本）扩大了品种权保护的权利范围并延伸到有关活动与依赖性派生品种的保护。《UPOV 公约》（1978 年文本）对育种者保护的权利范围仅仅为受保护的权利，保护的范围内容为，授予育种者权利的作用是在对受保护品种的诸如有性或无性繁殖材料之类的进行下列处理时，应事先征得育种者同意：①以商业销售为目的之生产；②提供出售；③市场销售。而《UPOV 公约》（1991 年文本）授予育种者的权利包括：①生产或繁殖；②为繁殖而进行的种子处理；③提供销售；④售出或其它市场销售；⑤出口；⑥进口；⑦用于上述目的①~⑥的原种制作等 7 种。

且上述扩大的权利延伸到了"有关收获材料的活动"即涉及由未经授权使用受保护品种的繁殖材料而获得的收获材料，包括整株和植株部分时，应得到育种者授权，但育种者对繁殖材料已有合理机会行使其权利的情况例外。

延伸到与"某些产品有关的活动"即在涉及用有关收获材料的活动中所指的由未经授权使用的受保护品种的收获材料直接制作的产品时，应得到育种者授权，但育种者对该收获材料已有合理机会行使其权利的情况例外。

延伸到"可追加的活动"即从事其它活动也应得到育种者授权。

延伸到了依赖性派生品种和某些其它品种，即前述所有权利或延伸的权利也适用于下列各项：①受保护品种的依赖性派生品种，而受保护品种本身不是依赖性派生品种；②与受保护品种没有第7条所规定的有明显区别的品种；③需要反复利用受保护品种进行生产的品种。依赖性派生品种系指一品种被看作从另一品种（"原始品种"）依赖性派生的品种。它从原始品种依赖性派生或从本身就是该原始品种的依赖性派生品种产生的依赖性派生的品种，同时又保留表达由原始品种基因型或基因型组合产生的基本特性；与原始品种有明显区别；并且除派生引起的性状有所差异外，在表达由原始品种基因型或基因型组合产生的基本特性方面与原始品种相同。依赖性派生品种可通过选择天然或诱变株、或体细胞无性变异株，从原始品种中选择变异、回交或经遗传工程转化等获得。

2. 权利限制原则

为发展农业，保护育种者及其继承人的权利，赋予植物新品种专有权，必然会对农业生产者等的利益产生重大影响。在《UPOV公约》签署之时就充分认识到了赋予植物新品种专有权对农民利益的影响，在引言中专门提请各缔约方意识到承认和保护育种者权利所导致产生的若干特殊问题，从而提出了尤其是出于公共利益的要求对自由行使这种权利的限制。就是说对植物新品种权的保护还应考虑公共利益的要求，实现植物新品种权的保护与公共利益之间的平衡。《UPOV公约》（1991年文本）再次充分考虑了私人利益和公共利益的平衡问题，通过育种者权利的例外、育种者权利用尽、行使育种者权利的限制条件等方面，在更大程度上实现了两者的利益平衡。

（1）育种者权利的例外。育种者权利的例外也可以俗称为育种者权利的合理使用。根据《UPOV公约》（1991年文本）的规定，育种者权利的例外包括强制性例外和非强制性例外。其强制性例外系指育种者权利不适用于下列各项：私人的非商业性活动；试验性活动；除依赖性派生品种外，为培育其他品种的活动和该其他品种育种者权利适用范围内的有关活动。强制性例外被我国学者称为研究豁免。[1]其非强制性例外系指尽管有 1991 年文本关于育种者权利适用范围的规定，各缔约方在合理的范围内，并在保护育种者合法权益的条件下，仍可对任何品种的育种者权利予以限制，以便农民在自己土地上为繁殖之目的，而使用在其土地上种植的保护品种所收获的产品或依赖性派生品种和某些其它品种上述育种者权利适用范围（1）至（4）款的规定也适用于受保护品种的依赖性派生品种，而受保护品种本身不是依赖性派生品与受保护品种没有第 7 条所规定的有明显区别的品种所指品种收获的产品。

非强制性例外本质上属于农民特权。《UPOV 公约》（1978 年文本）第 5 条第 3 项规定，利用品种作为变异来源而产生的其他品种或这些品种的销售，均无须征得育种者同意。但若为另一品种的商业生产重复使用该品种时，则必须征得育种者同意。该项规定前半部分是对农民特权或农民自留自种权的规定，即农民有对植物品种自繁自用的权利，而且据研究这是一种强制性义务。其原因在于植物新品种保护具有商业目的的限制。而农民自繁自用通常认为不具有商业目的，即将非商业目的排除在外，育种者只能排斥商业性生产，不能排斥非商业性生产。也有学者认为，该规定并不属于农民特权，因随着农业技术进步和经济社会的发展，农业生产主体不再是传统意义上的农民，还有大量的农场主。《UPOV 公约》（1991 年文本）为适应商业商品化程度提高和大量工业资本向农业投入这一关于社会状况变化的需要而取消了商业目的的限制。但从我国农业发展现状而言，由于我国农业商品化程度不高，不会产生对育种者权的巨大冲击。这是我国加入《UPOV 公约》（1978 年文本）的重要原因。后半部分则表明农民自繁自用情况下的品种销售，主要指自繁自用的剩余部分；但对另一品种的商业生产重复使用该品种时，应当征得育种者的同意。

（2）育种者权利用尽

权利用尽系指受保护品种的材料或依赖性派生品种和某些其他品种所指品种的材料，已由育种者本人或经其同意在有关缔约方领土内出售或在市场销售，或任何从所述材料派生的材料，育种者权利均不适用，但这类活动涉及该品种的进一步繁殖，或除出口材料用于最终消费的情况外涉及能使该品

---

[1]　参见李秀丽：《植物品种法律保护制度国际比较研究》，知识产权出版社 2014 年版，第 92 页。

种繁殖的材料出口到一个不保护该品种所属植物属或种的国家的情况。

"材料"的含义为与某一品种有关的任何种类的繁殖材料、收获材料（包括整株和植株的部分）和任何直接由收获材料制成的产品。

（3）行使育种者权利的限制条件

公共利益限制条件。即除《UPOV 公约》明文规定外，任何缔约方不得以除公共利益外的其它理由限制自由行使育种者权利。

公平报酬限制条件。如果这类限制具有授权第三方从事需经育种者认可的活动的效力，有关缔约方应采取一切必需措施，以确保育种者得到公平报酬。

（六）育种者权利期限

育种者权利的授予应有固定期限。该期限应自授予育种者权利之日起不少于 20 年，对于树木和藤本植物，该期限应自所述之日起不少于 25 年。

（七）育种者权利的无效和终止

1. 育种者权利的无效

只有在下列情况，缔约方应宣布其授予的育种者权利无效：①在授予育种权利时未遵守新颖性或特异性规定条件；②主要根据育种者本人提供的信息和有关文件授予育种者权利，在授予育种者权利时未遵守一致性或稳定性规定条件；③把育种者权利授予不具备资格者，但转让给有资格者除外。

2. 育种者权利的终止

一致性或稳定性规定的条件不再符合时，各缔约方可终止其授予的育种者权利。缔约方可根据请求在规定期限内，宣布终止其授予的育种者权利：①育种者不向主管机关提供用以确证保持该品种所必要的资料、文件或材料；②育种者未能交付使其育种者权利维持有效的必要费用；或③在授予育种者权利之后，品种名称被取消，而育种者未能提交合适的新名称。

（八）对植物新品种可选择的保护方式

《UPOV 公约》对植物新品种的保护方式提出了两种保护方案，一种是专门保护权方式，二是专利权方式，以此来承认《UPOV 公约》规定的育种者的权利。《UPOV 公约》之所以授权联盟各国以选择专门保护权或专利权的方式对植物新品种进行保护，是由世界植物新品种保护的历史决定的。早在 1883 年《巴黎公约》制定之初，就有对植物新品种保护的讨论。由于历史原因，欧洲和美国发展出了两种各具特色的保护模式。

在欧洲，1883 年法国制定了《专利植物保护法》为植物材料提供保护。但这是法国对植物保护不成功的尝试。1904 年法国果树栽培协会在国际会议上提出应为植物产品提供保护，即对植物品种进行检测和登记并颁发证书授予育种者对该植物新品种的繁殖以一定期限的排他权。1914 年仍在试图寻求类似保护，但依然不成功。1922 年在有关法令中承认为植物提供私人财产权的保护，规定品种登记与控制种子流通的机构。这是法国首次以法规形式为植物育种提供保护的尝试，但这种尝试结果证明是不切实际的。随后，育种者进一步要求国家为之提供类似专利那样的保护，授予育种者对任何利用其培育的品种的行为要求补偿的权利。1932 年法国建立植物培育品种名录且规定进行商业种植的植物首先进入该名录。1933 年法国重新修订了相关法律，但直到 20 世纪 50 年代仍未能做到向育种者提供法定权利。

1922 年德国最高法院开始就某些细菌的培育方法授予专利。1932 年德国专利法中的发明概念中已包括了植物。1934 年德国制定了专门的植物保护立法，在理论上允许对植物给予专利保护。1953 年德国颁布《植物品种及种子保护法》，为育种者（不包含观赏植物的育种者）提供保护。

此外，荷兰 1941 年颁布《植物育种及种子材料法令》为生产具备新颖性、一致性的品种育种人提供法律保护，且农业植物品种品质经检测符合标准进入官方名录才能销售；奥地利 1946 年颁布《植物培育法》，提供类似法律保护。

在欧洲还有些国家本身并没有相应法律，但是通过判令或实践而提供了一定的保护，如 1951 年意大利就是通过此前的两个判令确定可以为植物提供有限的专利保护；瑞典和西班牙在实践中对具备新颖性和培育价值的原创品种且进入原创品种目录的植物育种者的生产和销售提供某些权利；比利时和丹麦允许育种者和可育品种的最终使用者进行许可安排的合同权利。

英国对植物品种的法律保护较晚，其只是在 20 世纪 50 年代后期受到相关国际活动的影响后才开始进行相关的讨论。于 1964 年才制定了《植物品种和种子保护法》。

在美洲大陆的美国，1930 年颁布了《植物专利法》，对无性繁殖的植物（不包括茎块繁殖的植物）提供植物专利保护；1952 年修订了《专利法》，为所有符合专利授权要求的植物品种/植物创新提供发明专利保护。

这就是植物新品种国际保护公约出台前的历史背景。其中，既有专利进行保护，又有专门保护制度。国际保护公约对两种保护方式都予以认可。但早先禁止双重保护。《UPOV 公约》（1991 年文本）第 35 条保留权规定，以不允许对《UPOV 公约》有保留权为原则，但已是《UPOV 公约》（1978 年文本）的缔约方，对其无性繁殖的品种是通过工业产权所有权而不是育种者权利加以保护的国家，在成为《UPOV 公约》（1991 年文本）的缔约方时，应有权继续实施其原有保护而无需实施《UPOV 公约》对这些品种进行保护为例外。因此，《UPOV 公约》（1991 年文本）取消了双重保护禁止规定。

第二节　我国植物品种法律保护的主要内容

一、我国对植物新品种保护的法律体系

1997 年 3 月 20 日国务院颁布《植物新品种保护条例》之前，我国对植物品种的保护，主要是通过 1989 年 1 月 20 日国务院颁布、1989 年 5 月 1 日施行的《种子管理条例》进行的。该条例中将植物新品种称为"农作物新品种和林木良种"，但该条例仅仅规定在种子工作中成绩显著的单位和个人，由人民政府给予奖励，并不是对植物新品种给予私权保护。我国将植物新品种权作为知识产权私权进行保护，发端于 1997 年 3 月 20 日颁布、1997 年 10 月 1 日起施行的《植物新品种保护条例》。应当说明的是，如前所述，在我国决定加入《UPOV 公约》之时，国际上 1991 年 3 月 19 日已完成了对《UPOV 公约》的修订并在外交大会上获得一致通过，即《UPOV 公约》（1991 年文本）。该文本进行了较大程度的修订，总体上提高了植物新品种保护水平。但我国全国人大常委会加入的是《UPOV 公约》（1978 年文本），而未选择加入《UPOV 公约》（1991 年文本），既是对植物新品种权保护程度的选择，又是从我国农业实际情况做出的选择。这种选择表明了我国更为重视对农民权的保护，或在一定意义上农民权的保护高于植物新品种权的保护。但对于植物新品种权人而言，则是选择了低水平保护。

《植物新品种保护条例》的制定，发端于我国加入世界贸易组织的需要。《TRIPS 协定》第 27 条第 3 款规定，成员还可以将下列各项排除于可获专利之外：（a）诊治人类或动物的诊断方法、治疗方法及外科手术方法；（b）除微生物之外的动、植物，以及生产动、植物的主要是生物的方法；生产动、

植物的非生物方法及微生物方法除外；但成员应以专利制度或有效的专门制度，或以任何组合制度，给植物新品种以保护。对本项规定应在"建立世界贸易组织协定"生效的4年之后进行检查。由此可见，虽然《TRIPS协定》并未将植物新品种保护纳入其知识产权的含义之中，但事实上它是知识产权的重要内容，而且对植物新品种提供法律保护还是加入WTO的必备条件。同时我国《专利法》始终规定，对动物和植物品种不授予专利权。这就是我国在全国人大尚未通过加入国际植物新品种保护条约的决定一年半之前即1997年3月20日就制定《植物新品种保护条例》的基本原因。此时，国务院发布《植物新品种保护条例》的授权依据在于《中华人民共和国宪法》（1993）第89条国务院行使下列职权：①根据宪法和法律，规定行政措施，制定行政法规，发布决定和命令。

《植物新品种保护条例》颁布与实施是我国加入《UPOV公约》和《TRIPS协定》的条件。《植物新品种保护条例》颁布之后，1998年8月29日全国人大的加入《UPOV公约》决定，本质上是对国务院颁布《植物新品种保护条例》的法律追认。1999年6月16日农业部第13号令发布《农业细则》，该部门规章于2004年7月1日农业部第38号令对之进行修正，2007年9月19日农业部令第5号对之进行修订，并宣布废止1999年的细则，重新公布了《农业细则》，该细则2011年12月31日农业部令2011年第4号、2014年4月25日农业部令2014年第3号已经过两次修订。1999年8月10日国家林业局公布《林业细则》，2011年1月25日国家林业局令第26号对之进行修正。《农业细则》对农业植物新品种的界定和《林业细则》对林业植物新品种的界定，主要在于哪些植物属于农业部门管辖和授权的植物新品种，哪些植物属于林业部门管辖和授权的植物新品种。《农业细则》和《林业细则》都是执行《植物新品种保护条例》的部门规章，其内容大同小异。

自2000年12月1日起施行的《种子法》第12条规定，国家实行植物新品种保护制度，对经过人工培育的或者发现的野生植物加以开发的植物品种，具备新颖性、特异性、一致性和稳定性的，授予植物新品种权，保护植物新品种权所有人的合法权益。具体办法按照国家有关规定执行。选育的品种得到推广应用的，育种者依法获得相应的经济利益。由此，植物新品种保护上升到《种子法》确认的植物新品种保护制度的高度，同时对国务院制定的《植物新品种保护条例》进行追认，即具体办法按照国家有关规定执行。

《种子法》2004 年 8 月 28 日第一次修正；2013 年 6 月 29 日第二次修正，都保留或维持了这一规定。《种子法》经过 2015 年修订和 2021 年第三次修正（以下论述均以 2021 年第三次修正为基础），大大提高了对植物新品种权的保护力度，主要表现在：一是将保护植物新品种权纳入了立法宗旨之中。该法第 1 条规定，为了保护和合理利用种质资源，规范品种选育、种子生产经营和管理行为，加强种业科学技术研究，鼓励育种创新，保护植物新品种权，维护种子生产经营者、使用者的合法权益，提高种子质量，发展现代种业，保障国家粮食安全，促进农业和林业的发展，制定本法。二是增设一章对植物新品种进行规范，即第四章新品种保护。三是增加了对植物新品种权侵权的法律责任，即第 72 条和第 73 条。四是对植物新品种保护的有关重要概念予以法律界定，如第 90 条。

从《种子法》的立法宗旨我们可以看到，该法规范的范围包括保护和合理利用种质资源，规范品种选育、种子生产经营和管理行为，保护植物新品种权，维护种子生产经营者、使用者的合法权益，提高种子质量，推动种子产业化，发展现代种业，即从事品种选育、种子生产经营和管理等活动，适用种子法。其中，种质资源是指选育植物新品种的基础材料，包括各种植物的栽培种、野生种的繁殖材料以及利用上述繁殖材料人工创造的各种植物的遗传材料。因此，《种子法》的首要立法宗旨保护和合理利用种质资源就是保护和合理利用选育植物新品种的基础材料。而植物新品种又是植物新品种权的客体，因此，《种子法》是以保护植物新品种权及其客体的基础材料为重要立法宗旨的，是以加强植物新品种权保护为立法的首要、重要宗旨的。其立法宗旨中有两个保护（种质资源、植物新品种权）、一个规范（品种选育、种子生产经营和管理行为）、一个维护（种子生产经营者、使用者的合法权利）。因此，《种子法》就是我国植物新品种保护的法律标杆和旗帜。

自《种子法》（2015）之后，我国对植物新品种的保护，就应以《种子法》为依据，《植物新品种保护条例》嬗变成为执行《种子法》的下位法，应当以《种子法》规定为依据，对不合适的《植物新品种保护条例》规定，进行修改。

为适应我国植物新品种保护的需要，《国务院关于修改〈中华人民共和国植物新品种保护条例〉的决定》已经 2013 年 1 月 16 日国务院第 231 次常务会议通过、公布，自 2013 年 3 月 1 日起施行至今。至此，我国对植物新品种保护，已形成了初步完善的法律体系。但此次修改的规定与在后的《种子法》（2015）（2021）的保护水平相比，显得不足。

自 2015 年我国《种子法》将《植物新品种保护条例》的部分规定上升到《种子法》的一部分内容之后，2016 年就启动了修改《植物新品种保护条例》的工作。2017 年 7 月 31 日全国人民代表大会农业与农村委员会关于第十二届全国人民代表大会第五次会议主席团交付审议的代表提出的议案审议结果的报告显示，会议有关于制定植物新品种保护法的议案 1 件。原农业部认为，随着生物技术迅猛发展和育种技术不断创新，品种权保护水平低、鼓励原始创新不足等问题逐渐显现，法律法规明显滞后。目前农业农村部已经启动了植物新品种保护条例修改工作。该部建议，加快植物新品种保护条例修改工作进度，解决当前之需，在新植物新品种保护条例实施取得经验后，再考虑启动法律制定工作。2021 年我国再次修正《种子法》，将对植物新品种的保护提高到了基本达到《UPOV 公约》（1991 年文本）的水平，再次对《植物新品种保护条例》提出了修改的新要求。恰逢此时，2022 年 11 月 21 日农业农村部公开了《中华人民共和国植物新品种保护条例（修订征求意见稿）》（下称《条例征求意见稿》），代表了我国植物新品种保护的新方向。

为了加强植物新品种保护纠纷案件审理之需要，2001 年 2 月 5 日《最高人民法院关于开展植物新品种纠纷案件审判工作的通知》（法〔2001〕18号），确认了相关纠纷属于知识产权纠纷案件类别。2000 年 12 月 25 日通过《植物新品种解释》，自 2001 年 2 月 14 日起施行，该文件主要对植物新品种申请授权中产生的行政权纠纷案件适用法律问题进行解释。2006 年 12 月 25日通过《植物新品种规定》，该规定主要对植物新品种民事纠纷案件适用法律问题进行解释。为正确审理侵害植物新品种权纠纷案件，根据《民法典》《种子法》《民诉法》等法律规定，结合审判实践，2021 年 6 月 29 日最高人民法院通过了《最高人民法院关于审理侵害植物新品种权纠纷案件具体应用法律问题的若干规定（二）》（法释〔2021〕14 号），已于自 2021 年 7 月 7 日起施行。最高法院的相关通知、解释、规定一直适用至今。

因此我国植物新品种保护的法律体系包括《种子法》《植物新品种保护条例》《植物新品种解释》《植物新品种规定》《最高人民法院关于审理侵害植物新品种权纠纷案件具体应用法律问题的若干规定（二）》和两部部门规章即《农业细则》和《林业细则》构成。本节我们主要以此为基础，并结合

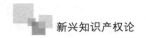

《条例征求意见稿》，对相关知识进行介绍和研究。

二、我国植物新品种保护的基本法律制度

（一）我国植物新品种保护的一般规则

1. 植物新品种的界定

植物新品种是对列入国家植物品种保护名录内经过人工选育或者发现的野生植物加以改良，具备新颖性、特异性、一致性、稳定性和适当命名的植物品种。

植物新品种分为对列入国家植物品种保护名录内经过人工选育，具备新颖性、特异性、一致性、稳定性和适当命名的植物品种和对列入国家植物品种保护名录内发现的野生植物加以改良，具备新颖性、特异性、一致性、稳定性和适当命名的植物品种两部分。改良是开发的一种形式或方式。改良体现的是人类或发现者、育种者对野生植物的智力劳动投入过程，符合《WIPO公约》对知识产权是人们在一切领域内知识活动的权利的定义。植物新品种种源的发现如并未对其进行改良（培育）使之具有新颖性、特异性、一致性、稳定性特征，不构成植物新品种。[1]同时，我国《种子法》对植物新品种增加了一个至为重要的限定条件，即列入国家植物品种保护名录内的限制条件。该界定符合《UPOV公约》（1978年文本）的基本界定，《UPOV公约》（1978年文本）第4条规定，必须或可以保护的植物属和种：（3）（a）每个联盟成员国自《UPOV公约》在其领土生效之日起，应至少对五个属或种实施《UPOV公约》的规定。（b）随后，每个联盟成员国于自《UPOV公约》在其领土生效之日起的以下期限内，应对更多的属或种实施《UPOV公约》的规定，（Ⅰ）三年内至少有十个属或种；（Ⅱ）六年内至少有十八个属或种；（Ⅲ）八年内至少有二十四个属或种。国家植物品种保护名录就是我国履行《UPOV公约》第4条第3项规定义务的具体体现。但它不符合《UPOV公约》（1991年文本）对所有植物属和种保护的要求。这是目前我国植物新品种保护与《UPOV公约》（1991年文本）尚存的差距。

我国应当全面放开保护名录，将受保护植物的种类由目前的138种，扩大到所有的植物种类。从《条例征求意见稿》之"本条例施行后新列入国家

---

〔1〕 福建省高级人民法院民事判决书（2010）闽民终字第436号。

植物品种保护名录的植物的属或者种"规定看，我国品种保护名录具有开放的趋势，但还难以实现全面放开保护名录。笔者认为，认真落实"对违反法律，危害社会公共利益、生态环境的植物新品种，不授予植物新品种权。"之规定，可以解决全面放开保护名录可能带来的风险。但《条例征求意见稿》的依据在于《种子法》的相应规定。因此，实行全面开放品种目录需要《种子法》的修改。

2. 植物新品种权的界定

植物新品种权，简称品种权，它又称为育种者权或育种家权。植物新品种权，作为一项新型知识产权，根据知识产权法定主义原则，其客体和权利已被 2000 年的《种子法》第 12 条所确认，又被《民法总则》第 123 条和《民法典》第 123 条所确认。确认植物新品种权的知识产权地位，对于保护育种者合法权益，打击种子侵权行为，维护种子市场秩序，对鼓励农业、林业育种技术创新、促进种业发展，实施知识产权战略和建设知识产权强国、实现创新驱动发展战略等有着重要的作用。1997 年《植物新品种保护条例》作为立法层次较低的行政法规的颁布，标志着我国正式建立植物新品种保护制度；2000 年《种子法》对植物新品种保护制度和植物新品种权的确认，标志着我国植物新品种权作为一种新型知识产权的在法律层面上的正式确立；2020 年颁布的《民法典》标志着植物新品种权作为知识产权制度在基本法律层面上的正式确立。

我国《种子法》第 28 条规定，完成育种的单位或者个人对其授权品种，享有排他的独占权。《民法典》第 123 条第 2 款规定，知识产权是权利人依法就下列客体享有的专有的权利：……（七）植物新品种……。《植物新品种保护条例》第 7 条规定，品种权所有人（以下称品种权人）对其授权品种，依照法律、法规享有排他的独占权。在规范植物新品种权的法律体系中，《植物新品种保护条例》系行政法规，《种子法》属于法律，其效力高于《植物新品种保护条例》，《民法典》属于基本法律，其效力高于《种子法》，因此，植物新品种权即为权利人依法就植物新品种享有的专有权。

植物新品种权的客体即植物新品种。植物新品种权根据《种子法》第 25 条的规定和《植物新品种保护条例》第 3 条的规定，是对经过人工选育或者发现的野生植物加以改良，具备新颖性、特异性、一致性、稳定性和适当命名的植物品种，由审批机关按照职责分工共同负责品种权申请的受理和审查并对符合规定的植物新品种授予的一种专有权或排他的独占权。任何单位或者个人未经植物新品种权所有人许可，不得生产、繁殖和为繁殖而进行处理、许诺销售、销售、进口、出口以及为实施上述行为储存该授权品种的繁殖材料，不得为商业目的将该授权品种的繁殖材料重复使用于生产另一品种的繁殖材料。但种子法、有关法律、行政法规另有规定的除外。实施前述行为，涉及由未经许可使用授权品种的繁殖材料而获得的收获材料的，应当得到植物新品种权所有人的许可；但是，植物新品种权所有人对繁殖材料已有合理机会行使其权利的除外。对实质性派生品种实施前述规定行为的，应当征得原始品种的植物新品种权所有人的同意。实质性派生品种制度的实施步骤和办法由国务院规定。我国拓展了品种权的保护范围，将品种权的保护对象扩大至授权品种繁殖材料的收获物；将保护链条延伸至植物生产、繁殖、销售涉及的全过程。但我国品种权的保护还未延伸至直接制成品。

我国植物新品种权（以下称品种权）的审批机关是国务院农业农村、林业草原主管部门，它们按照职责分工负责全国植物新品种保护管理工作；开展植物新品种权申请的受理和审查，并对符合《植物新品种保护条例》规定的植物新品种授予品种权。其职责分工为农业农村部负责包括粮食、棉花、油料、麻类、糖料、蔬菜（含西甜瓜）、烟草、桑树、茶树、果树（干果除外）、观赏植物（木本除外）、草类、绿肥、草本药材、食用菌、藻类和橡胶树等植物的新品种管理和授权工作。林业草原局负责包括林木、竹、木质藤本、木本观赏植物（包括木本花卉）、果树（干果部分）及木本油料、饮料、调料、木本药材等植物品种管理和授权工作。

3. 国家建立植物新品种的奖励制度

国家扶持种质资源保护工作和选育、生产、更新、推广使用良种，鼓励品种选育和种子生产经营相结合，奖励在种质资源保护工作和良种选育、推广等工作中成绩显著的单位和个人。其中的种质资源是指选育植物新品种的基础材料，包括各种植物的栽培种、野生种的繁殖材料以及利用上述繁殖材料人工创造的各种植物的遗传材料。

被奖励主体和奖励制度实施主体是完成关系国家利益或者公共利益并有重大应用价值或生态效益的植物新品种育种的单位或者个人，由县级以上人民政府或者有关部门按照国家有关规定给予表彰奖励。明确地方农业农村、林业草原部门的职责。

4. 一个植物新品种只能授予一项品种权

《种子法》第 26 条规定，一个植物新品种只能授予一项植物新品种权。两个以上的申请人分别就同一个品种申请植物新品种权的，植物新品种权授予最先申请的人；同时申请的，植物新品种权授予最先完成该品种育种的人。该规定将《植物新品种保护条例》第 8 条上升到了法律层面。该规定确立了品种权授予保护以在先申请为原则，在同时申请情况下以在先完成育种为例外的原则。但在先完成育种的申请人须提供证据证明，其是最先完成育种的人。

根据《农业细则》第 10 条规定，该证据应在品种保护办公室指定期限内提供。逾期未提供证据的，视为撤回申请；所提供证据不足以作为判定依据的，品种保护办公室驳回申请。原《农业细则》该条规定的同日申请协商确定申请权的归属，不再作为程序性规定。本书认为同日申请协商确定申请权归属不再作为程序性规定，但并不完全排除同时申请人较低的协商一致的可能。根据意思自治原则，在同日申请的多个申请人协商一致情况下，应当尊重协商的结果授予品种权。

5. 植物新品种的审定，按照种子法及其法规的规定申请

生产、销售和推广被授予品种权的植物新品种（以下称授权品种），应当符合国家有关法律、法规的规定。因此，种子法规是植物新品种审定、生产、销售、推广的基本法律法规。

简政放权，提高审查质量和效率是我国植物新品种审定的改革方向。尽量取消或减少行政审批，优化受理审查程序，缩短受理审查时间。开通网上便利通道，发挥生物技术在审查中的作用，对有明确关联基因的品种特异性状，逐步用分子测试代替田间种植测试，提高审查效率。

6. 对于危害国家安全和公共利益的植物品种，不授予植物新品种权

对违反法律，危害社会公共利益、生态环境的植物新品种，不授予植物新品种权。这是我国的一项基本政策。

（二）品种权的内容和归属

1. 品种权人：植物新品种权的主体

育种者是完成育种的单位或个人。申请品种权的单位或者个人统称为品种权申请人；获得品种权的单位或者个人统称为品种权人。品种权人通常系育种者或完成育种的单位或个人。这是确定品种权人的一般原则或规则。完

成植物新品种育种的人、品种权申请人、品种权人，均包括单位和个人。完成新品种育种的人是指完成新品种育种的单位或者个人（以下简称育种者）。完成新品种培育的人员（以下简称培育人）是指对新品种培育作出创造性贡献的人。仅负责组织管理工作、为物质条件的利用提供方便或者从事其他辅助工作的人不能被视为培育人。

但在育种实践中，还存在职务育种、委托育种、合作育种等情况，在不同的育种情况下，育种者和品种权人并不能划上等号。

（1）职务育种与非职务育种。

职务育种是执行本单位的任务或者主要是利用本单位的物质条件所完成的育种。执行本单位任务所完成的职务育种是指下列情形之一：①在本职工作中完成的育种；②履行本单位交付的本职工作之外的任务所完成的育种；③退职、退休或者调动工作后，3年内完成的与其在原单位承担的工作或者原单位分配的任务有关的育种。本单位的物质条件是指本单位的资金、仪器设备、试验场地以及单位所有的尚未允许公开的育种材料和技术资料等。职务育种品种权的申请权属于该单位。单位与完成育种的个人有合同约定的，从其约定。

除符合规定情形之外的育种，为非职务育种。非职务育种，品种权的申请权属于完成育种的个人。申请被批准后，品种权属于申请人。

（2）委托育种或者合作育种。

委托育种或者合作育种，当事人可以在合同中约定品种权的申请权归属；没有合同约定的，品种权的申请权属于受委托完成或者共同完成育种的单位或者个人。合作育种构成的条件是合作各方对新品种的培育作出了创造性贡献，否则不构成合作育种。在合作育种纠纷中，需要当事人提供其主张的工作成果对获得品种权所起的作用等，是否构成创造性贡献。[1]植物新品种种源发现者并不能成为品种权人的充分条件，只有种源发现者为培育新品种作出了创造性贡献，才能成为品种权人或合作育种的品种权人。[2]合作育种者可以成为植物新品种权的共有人。处理植物新品种权共有关系的一般原则为，植物新品种权或者植物新品种申请权的共有人对权利行使有约定的，按照其

---

〔1〕 山东省高级人民法院民事判决书（2008）鲁民三终字第122号。
〔2〕 福建省高级人民法院民事案判决书（2010）闽民终字第436号。

约定处理。没有约定或者约定不明的，共有人可以单独实施或者以普通许可方式许可他人实施。共有人单独实施该品种权，其他共有人不能主张该实施收益在共有人之间分配的，但是其他共有人有证据证明其不具备实施能力或者实施条件的除外。共有人之一许可他人实施该品种权，其他共有人可以主张收取的许可费在共有人之间分配。

（3）申请权和品种权的转让与出质。

品种权的申请权和品种权可以依法转让。

我国境内的单位或者个人就其在境内培育的植物新品种向境外机构或个人转让申请权或者品种权的，应当经审批机关批准。

转让申请权或者品种权的，当事人应当订立书面合同，并向审批机关登记，由审批机关予以公告。转让自登记之日起生效。

以品种权出质的，由出质人和质权人共同向审批机关办理出质登记，由审批机关予以公告。质权自登记之日起生效。

著录事项变更是一种行政管理措施。但因其涉及权利人与社会公众的利益，变更应当采取公示的方式。在未经登记公示之前，品种权转让行为并未生效。[1]因此，品种权转让未经国务院农业、林业主管部门登记、公告，受让人不能以品种权人名义提起侵害品种权诉讼。

2. 植物品种权的内容

完成育种的单位或者个人对其授权品种，享有排他的独占权。植物新品种权所有人可以将植物新品种权许可他人实施，并按照合同约定收取许可使用费；许可使用费可以采取固定价款、从推广收益中提成等方式收取。品种权和申请权可以依法转让。中国境内的单位或者个人就其在境内培育的植物新品种向境外机构或个人转让申请权或者品种权的，应当经审批机关批准。转让申请权或者品种权的，当事人应当订立书面合同，并向审批机关登记，由审批机关予以公告。转让自登记之日起生效。以品种权出质的，由出质人和质权人共同向审批机关办理出质登记，由审批机关予以公告。质权自登记之日起生效。品种权转让未经国务院农业、林业主管部门登记、公告，受让人不得以品种权人名义提起侵害品种权诉讼。

任何单位或者个人未经植物新品种权所有人许可，不得生产、繁殖和为

---

[1]　最高人民法院民事裁定书（2014）民申字第52号等。

繁殖而进行处理、许诺销售、销售、进口、出口以及为实施上述行为储存该授权品种的繁殖材料，不得为商业目的将该授权品种的繁殖材料重复使用于生产另一品种的繁殖材料。《种子法》和有关法律、行政法规另有规定的除外。受品种权保护的繁殖材料，包括但不限于以品种权申请文件所描述的繁殖方式获得的繁殖材料，应当具有繁殖能力，且繁殖出的新个体与该授权品种的特征、特性相同。销售包括以广告、展陈等方式作出销售授权品种的繁殖材料的意思表示的行为。种植授权品种的繁殖材料的，可以根据案件具体情况，以生产、繁殖行为认定处理。实施该行为，涉及由未经许可使用授权品种的繁殖材料而获得的收获材料的，应当得到植物新品种权所有人的许可；但是，植物新品种权所有人对繁殖材料已有合理机会行使其权利的除外。对实质性派生品种实施上述行为的，应当征得原始品种的植物新品种权所有人的同意。实质性派生品种（EDV）是指由原始品种实质性派生，或者由该原始品种的实质性派生品种派生出来的品种，与原始品种有明显区别，并且除派生引起的性状差异外，在表达由原始品种基因型或者基因型组合产生的基本性状方面与原始品种相同。

《种子法》第 28 条是《植物新品种保护条例》规定的法律依据。据此，品种权人至少享有下列排他独占权：

（1）生产、繁殖和为繁殖而进行处理。生产指传统的植物品种生产，仅限于种子；繁殖指对植株的植苗扦插、嫁接等无性扩繁的行为。无性繁殖品种，其植株本身就是繁殖材料，如果仅购买苗木的种植行为，未实施扦插、嫁接等扩繁行为，不属于生产、繁殖的行为。[1]种植授权品种的繁殖材料的，可以根据案件具体情况，以生产、繁殖行为认定处理。可以参考借鉴《UPOV 公约》（1991 年文本）关于私人非商业性行为例外的精神，考虑种植行为的规模、是否属于私人非商业性行为、是否营利等因素综合作出判定。

（2）许诺销售、销售。许诺销售，亦称提供销售或为销售而提供，是明确表示愿意出售某种产品的行为，是以做广告、在商店橱窗中陈列或者在展销会上展出等方式作出的销售商品的意思表示。成立的买卖合同交付产品属于销售的行为。[2]许诺销售在实践上可以按销售行为认定处理。介于两者之

---

[1] 最高人民法院民事判决书（2018）最高法民再 247 号。
[2] 最高人民法院民事裁定书（2017）最高法民申 5006 号。

间的情况是买卖双方已经签订了买卖合同但是还没有实际履行，即卖方还没有将标的物实际交付买方，此种情况是否构成销售，笔者认为，不得为商业目的是立法上的应有之义，仅有销售意思表示的许诺销售构成侵权，已经完成销售的签约过程，仅仅未完成交付行为，仍然构成销售。在未将排除许诺销售纳入品种权能之时，以销售行为尚未完成判决不承担赔偿责任应是正确的裁判[1]，但最高人民法院认为，根据国际法与国内法解释一致性原则，《植物新品种保护条例》第6条所称的销售应当包括许诺销售行为，[2]特别是在许诺销售已纳入品种权权能并作为销售行为处理的情况下，再以此理由进行裁判，其就不存在正确性了。销售超产繁殖材料仍需要获得品种权人的授权，未经许可受托人超出与品种权人约定的规模销售授权品种的繁殖材料构成侵权。[3]

（3）进口、出口；

（4）为实施第（1）至（3）行为提供存储；

（5）为商业目的将该授权品种的繁殖材料重复使用于生产另一品种的繁殖材料。将该授权品种的繁殖材料重复使用于生产另一品种的繁殖材料系指杂交品种的生产。如玉米"郑单958"品种是由"郑58"与"昌7-2"自交系品种杂交而成。其中，"郑58"系母本，"昌7-2"系父本，生产、繁育"郑单958"须将授权品种"郑58"的繁殖材料重复使用与"昌7-2"自交生产"郑单958"授权品种的繁殖材料。在为商业目的重复使用"郑58"生产"郑单958"，进入了"郑58"排他的独占权范围，应取得"郑58"品种权人的许可。[4]分别持有植物新品种父本与母本的双方当事人，因不能达成相互授权许可协议，导致植物新品种不能继续生产，损害双方各自利益，也不符合合作育种的目的。为维护社会公共利益，保障国家粮食安全，促进植物新品种转化实施，确保已广为种植的新品种继续生产，在衡量父本与母本对植物新品种生产具有基本相同价值基础上，人民法院可以直接判令双方当事人相互授权许可并相互免除相应的许可费。[5]

---

〔1〕 甘肃省高级人民法院民事判决书（2008）甘民三终字第27号。

〔2〕 最高人民法院民事裁定书（2017）最高法民申4999号。

〔3〕 参见岳利浩、王慧若：《超约定销售授权品种繁殖材料构成侵害植物新品种权》，载《人民司法》2021年第32期。

〔4〕 河南省高级人民法院民事判决书（2015）豫法知民终字第356号。

〔5〕 最高人民法院指导案例86号天津天隆种业科技有限公司与江苏徐农种业科技有限公司侵害植物新品种权纠纷案。

实施上列排他的独占行为，涉及由未经许可使用授权品种的繁殖材料而获得的收获材料的，应当得到品种权人的许可；但是，品种权人对繁殖材料已有合理机会行使其权利的除外。为此，实施（1）授权品种的实质性派生品种，但该授权品种不是实质性派生品种；（2）与授权品种没有明显区别的品种；（3）为商业目的重复利用授权品种进行生产或繁殖的行为，应当得到授权品种的品种权人的许可。

繁殖材料是指用于繁殖的种植材料，包括籽粒、果实、根、茎、苗、芽、叶、花等。受品种权保护的繁殖材料应当是具有繁殖能力的活体，且繁殖出的新个体与该授权品种的特征、特性相同。繁殖材料不限于以品种权申请文件所描述的繁殖方式获得的繁殖材料即品种权保护对象不受繁育方式限制。当不同于授权阶段繁殖材料的植物体已为育种者所普遍使用时，该种植材料应当作为授权品种的繁殖材料纳入植物新品种权的保护范围。[1]收获材料是指从品种的繁殖材料经过种植后获得的植物整体或者部分。植物材料仅可以用作收获材料而不能用作繁殖材料的，不属于植物新品种权保护的范围。

建立实质性派生品种（EDV）制度，限制修饰性育种的商业行为，明确实质性派生品种可以申请并获得植物新品种权，[2]鼓励原始创新意义重大。建立 EDV 制度是国际上激励原始创新的通行做法。目前，我国品种存在同质化现象，原始创新积极性不足。特别是处于育种国际领先水平的杂交水稻、小麦等作物，亟需通过实施 EDV 制度来保护创新者的利益，引导企业加大育种研发投入，加快育成满足农业现代化需要的品种。鉴于目前我国种业发展水平与世界种业强国之间还有一定差距，我们将根据作物不同发展状况，分类实施，稳步推进。实质性派生品种的实施范围由国务院主管部门确定并以名录形式公布。国务院主管部门应当发布实质性派生品种判定指南，明确鉴定机构条件和能力，成立专家委员会提供专业咨询。

《种子法》是《植物新品种保护条例》制定的法律依据，但笔者认为，《条例征求意见稿》与《种子法》第 28 条的规定相比既有不足又有超越。其不足主要表现在：《种子法》第 28 条第 2 款之"不得为商业目的将该授权品

---

〔1〕 最高人民法院民事判决书（2019）最高法知民终第 14 号。

〔2〕 参见刘振伟等主编：《中华人民共和国种子法导读》，中国法制出版社 2022 年版，第 164 页。

种的繁殖材料重复使用于生产另一品种的繁殖材料。"未得到体现。《条例征求意见稿》超越主要表现在第 7 条第 2 款的规定主要源于《UPOV 公约》（1991 年文本）第 14 条之（2）之规定，第 3 款主要源自《UPOV 公约》（1991 年文本）第 14 条第 5 款（a）之规定，似比《种子法》第 28 条规定有扩展。但《条例征求意见稿》尚未延伸至《UPOV 公约》（1991 年文本）第 14 条（3）（4）款延伸保护。因此，《条例征求意见稿》与《种子法》相比，有不足又有突破，但总体上尚未完全达到《UPOV 公约》（1991 年文本）的保护水平，仅仅是基本达到了的保护水平。从目前《条例征求意见稿》完善而言，至少应达到《种子法》的授权水平。

根据全国人大常委会委员、全国人大农业与农村委员会副主任刘振伟等主编的《中华人民共和国种子法导读》认为，任何单位和个人未经许可从事《种子法》第 28 条规定的不得为行为，就是侵权。[1]是否具有商业目的，是判断是否构成侵权的重要条件。对是否具有商业目的的判断，不能仅以其注册主体性质及是否通过该行为直接获利来判断，而应当结合主体的行为综合考虑该行为是否损害品种权人利益及是否含有商业利益等因素进行综合判断。[2]但应注意，此处的生产并不纯粹指的是田间的商品种子生产，扩繁授权亲本材料也是侵权。只要是未经许可对授权品种的种子进行生产、繁殖、加工、烘干、包衣、包装、仓储、运输、销售等都构成侵权。因此，植物品种权是一个广泛的涉及植物新品种的繁殖材料的生产、繁殖、销售等各个环节的权利。

3. 对植物新品种权的限制

品种权保护的是育种者的私权。对私权的保护必然存在与公共利益的冲突。为实现利益平衡，我国通过合理使用制度、强制许可制度和权利用尽制度等对品种权进行了限制。

（1）合理使用。

合理使用制度是在特定情况下使用授权品种的，可以不经植物新品种权所有人许可，不向其支付使用费，但不得侵犯植物新品种权所有人依照法律、法规享有的其他权利的制度。我国主要有两种合理使用制度。

---

〔1〕　参见刘振伟等主编：《中华人民共和国种子法导读》，中国法制出版社 2022 年版，第 159 页。

〔2〕　山东省高级人民法院民事判决书（2014）鲁民再字第 13 号。

①科研合理使用权利，即利用授权品种进行育种及其他科研活动。对授权品种进行的下列生产、繁殖行为：利用授权品种培育新品种；利用授权品种培育形成新品种后，为品种权申请、品种审定、品种登记需要而重复利用授权品种的繁殖材料构成科研合理使用行为。科研育种活动系一个漫长的过程，组配只是其中一个关键环节，组配成功并不意味着科研育种活动即告终结。需注意重复利用授权品种繁殖材料的行为应该以为品种权申请、品种审定、品种登记需要为限，符合比例原则。具体可以考虑重复利用授权品种繁殖材料行为的目的是否正当，即是否为品种权申请、审定、登记；品种权申请、审定、登记所需要的繁殖材料规模、范围是否为上述目的所必需。需要特别强调的是，获得品种权授权、通过品种审定或者品种登记后，当事人面向市场推广该新品种时，将他人授权品种的繁殖材料重复使用于生产自己品种的繁殖材料的，需要经过作为父母系的授权品种权利人的同意或许可。

② 农民特权。农民自繁自用授权品种的繁殖材料。农民是指以家庭联产承包责任制的形式签订农村土地承包合同的农村集体经济组织成员。实践中农民特权应规范，自繁自用授权品种的繁殖材料数量不应超过其家庭联产承包土地的合理自用量。凡农民在其家庭农村土地承包经营合同约定的土地范围内自繁自用授权品种的繁殖材料，构成合理使用。为防止不法分子借助农民名义开展侵权行为，对农民自繁自用行为进行规范，严格将农民身份认定限定在规定的农村集体经济组织成员之内。被诉侵权人主张其行为属于《种子法》规定的农民自繁自用授权品种的繁殖材料的，应当综合考虑被诉侵权行为的目的、规模、是否营利等因素予以认定。[1]在具体适用时，目的因素主要可以考虑为商业目的还是为私人或者家庭目的；规模因素主要可以考虑土地范围、被诉侵权物数量等；营利因素主要可以考虑是否从中获得利益。当然，对于这一条款的适用，还需要在实践中进一步积累经验，但至少应当考虑适用主体为农村承包经营户和不得超过该农村承包经营户自己承包的土地两个因素。[2]该土地不应包括农民自行转包的土地。

（2）强制许可。

强制许可制度是在符合特定的目的和条件下，实施人可以请求审批机关

---

〔1〕 海南自由贸易港知识产权法院民事判决书（2021）琼73知民初1号。
〔2〕 最高人民法院民事判决书（2019）最高法知民终407号。

给予特别许可的决定同时予以登记和公告并向品种权人支付合理使用费的制度。取得实施强制许可的单位或者个人不享有独占的实施权，并且无权允许他人实施。根据《种子法》的规定，特定目的仅指为了国家利益或者社会公共利益目的。其请求条件主要是：品种权人无正当理由自己不实施，又不许可他人以合理条件实施的；对重要农作物品种，品种权人虽已实施，但明显不能满足国内市场需求，又不许可他人以合理条件实施的。符合特定目的和条件的，申请强制许可应当向审批机关提交强制许可请求书，说明理由并附具有关证明文件各一式两份。审批机关自收到请求书之日起 20 个工作日内作出决定。需要组织专家调查论证的，调查论证时间不得超过 3 个月。同意强制许可请求的，由农业农村部通知品种权人和强制许可请求人，并予以公告；不同意强制许可请求的，通知请求人并说明理由。

取得实施强制许可的单位或者个人应当付给品种权人合理的使用费，其数额由双方商定；双方不能达成协议的，由审批机关裁决。品种权人对强制许可决定或者强制许可使用费的裁决不服的，可以自收到通知之日起 3 个月内向人民法院提起诉讼。

（3）权利用尽。

权利用尽原则在知识产权领域已经得到普遍承认和适用，同样适用于品种权。授权品种的繁殖材料经品种权人或者经其许可的单位、个人售出后，权利人以外的他人有权生产、繁殖、销售该繁殖材料。根据权利用尽原则，授权品种的繁殖材料经品种权人或者经其许可的单位、个人售出后，权利人主张他人生产、繁殖、销售该繁殖材料构成侵权的，人民法院一般不予支持。但是下列情形构成侵权：①对该繁殖材料生产、繁殖后获得的繁殖材料进行生产、繁殖、销售。为防止以权利用尽为名进行多代繁殖，对经权利人许可合法售出的繁殖材料进行再生产、繁殖后获得的繁殖材料，不再适用权利用尽原则，他人再以此进行生产、繁殖、销售的，构成侵权。②为生产、繁殖目的将该繁殖材料出口到不保护该品种所属植物属或者种的国家或者地区构成侵权。在具体适用中，需要特别注意主张权利用尽抗辩的当事人所针对的繁殖材料是否系对经权利人许可售出的合法繁殖材料进行生产、繁殖后获得的繁殖材料，一旦经历了再次繁殖，则权利用尽原则不再适用。

（三）授予品种权的条件

申请品种权的植物新品种应当属于国家植物品种保护名录中列举的植物

的属或者种。植物品种保护名录由审批机关确定和公布。因此，只有列入或进入国家植物品种保护名录的植物的属或种，才能提出保护申请，未列入名录的植物品种，不能提出保护申请。进入名录是植物新品种保护的前提条件。在此基础上，植物新品种要获得保护，还应当具备下列条件：

1. 新颖性

新颖性是指申请植物新品种权的品种在申请日前该品种繁殖材料或者收获材料未被销售，或者经育种者（申请人）自行或许可（同意），在中国境内销售该品种繁殖材料或者收获材料未超过 1 年；在中国境外销售木本、藤本植物品种繁殖材料或者收获材料未超过 6 年，销售其他植物品种繁殖材料或者收获材料未超过 4 年。《种子法》施行后新列入国家植物品种保护名录的植物的属或者种，从名录公布之日起一年内提出植物新品种权申请的，在境内销售、推广该品种种子未超过四年的，具备新颖性。此处的销售包括销售与育种者许可销售。销售包括以买卖方式将申请品种的繁殖材料转移他人；以易货方式将申请品种的繁殖材料转移他人；以入股方式将申请品种的繁殖材料转移他人；以申请品种的繁殖材料签订生产协议；以其他方式销售的情形。育种者许可销售包括育种者自己销售；育种者内部机构销售；育种者的全资或者参股企业销售；审批机关规定的其他情形。新列入国家植物品种保护名录的植物的属或者种，从名录公布之日起 1 年内提出品种权申请的，在境内销售该品种繁殖材料或者收获材料未超过 4 年的，具备新颖性。

除销售、推广行为丧失新颖性外，下列情形视为已丧失新颖性：①品种经省、自治区、直辖市人民政府农业农村、林业草原主管部门依据播种面积确认已经形成事实扩散的；②农作物品种已审定或者登记两年以上未申请植物新品种权的。

2. 特异性

特异性是指一个植物品种有一个以上性状明显区别于已知品种。已知品种是指已受理申请或者已通过品种审定、品种登记、新品种保护，或者已经销售、推广的植物品种。

3. 一致性

一致性是指一个植物品种的特性除可预期的自然变异外，群体内个体间相关的特征或者特性表现一致。"相关的特征或者特性"是指至少包括用于特异性、一致性和稳定性测试的性状或者授权时进行品种描述的性状。

4. 稳定性

稳定性是指一个植物品种经过反复繁殖后或者在特定繁殖周期结束时，其主要性状保持不变。

5. 适当名称

授予品种权的植物新品种应当具备适当的名称，并与相同或者相近的植物属或者种中已知品种的名称相区别。该名称经注册登记后即为该植物新品种的通用名称。不论授权品种的保护期是否届满，销售该授权品种应当使用其注册登记的名称。同一植物品种在申请新品种保护、品种审定、品种登记、推广、销售时只能使用同一个名称。生产推广、销售的种子应当与申请植物新品种保护、品种审定、品种登记时提供的样品相符。下列名称不得用于品种命名：①仅以数字表示的；②违反社会公德的；③对植物新品种的特征、特性或者育种者身份等容易引起误解的；④其他法律法规规定禁止使用的名称等。

（四）品种权的申请和受理

1. 育种人提出申请

审批机关授予植物新品种权，保护植物新品种权所有人的合法权益。因此，育种人依法获得植物新品种权保护，就需要依法向审批机关提出授权申请，即由审批机关设置的植物新品种保护办公室依法受理、审查后对符合法定条件的植物新品种授予相应品种权，颁发植物新品种证书。

我国的单位和个人申请品种权的，可以直接或者委托代理机构向审批机关提出申请，但申请品种权的植物新品种涉及国家安全或者重大利益需要保密的，应当按照国家有关规定办理。外国人、外国企业或者外国其他组织在我国申请品种权的，应当按其所属国和我国签订的协议或者共同参加的国际条约办理，或者根据互惠原则，依照行政法规规定办理。

2. 提出申请需要提交的文件

申请品种权的，应当向审批机关提交使用中文书写且符合规定格式要求的请求书、说明书和该品种的照片各一式两份，同时提交相应的请求书和说明书的电子文档。

（1）对请求书的要求。

请求书按照品种保护办公室规定的统一格式填写。

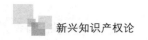

（2）对说明书的要求。

说明书按照品种保护办公室规定的统一格式填写。申请人提交的说明书通常应当包括下列内容：①申请品种的暂定名称，该名称应当与请求书的名称一致；②申请品种所属的属或者种的中文名称和拉丁文名称；③育种过程和育种方法，包括系谱、培育过程和所使用的亲本或者其他繁殖材料来源与名称的详细说明；④有关销售情况的说明；⑤选择的近似品种（指在所有已知植物品种中，相关特征或者特性与申请品种最为相似的品种。下同）及理由；⑥申请品种特异性、一致性和稳定性的详细说明；⑦适于生长的区域或者环境以及栽培技术的说明；⑧申请品种与近似品种的性状对比表。

（3）对照片的要求。

申请人提交的照片应当符合以下要求：①照片有利于说明申请品种的特异性；②申请品种与近似品种的同一种性状对比应在同一张照片上；③照片应为彩色，必要时，品种保护办公室可以要求申请人提供黑白照片；④照片规格为 8.5 厘米×12.5 厘米或者 10 厘米×15 厘米；⑤关于照片的简要文字说明。

（4）保密事项说明。

我国的单位和个人申请品种权的植物新品种涉及国家安全或者重大利益需要保密的，申请人应当在申请文件中说明，审批机关的品种保护办公室经过审查后作出是否按保密申请处理的决定，并通知申请人；品种保护办公室认为需要保密而申请人未注明的，仍按保密申请处理，并通知申请人。

（5）向外国申请登记。

我国的单位或者个人将国内培育的植物新品种向国外申请品种权的，应当向省级人民政府农业农村、林业草原主管部门登记。

3. 申请日与优先权

（1）申请日。

审批机关收到品种权申请文件之日为申请日；申请文件是邮寄的，以寄出的邮戳日为申请日。

（2）优先权。

申请人自在外国第一次提出品种权申请之日起 12 个月内，又在中国就该植物新品种提出品种权申请的，依照该外国同中华人民共和国签订的协议或者共同参加的国际条约，或者根据相互承认优先权的原则，可以享有优先权。

申请人要求行使优先权的，应当在申请时提出书面说明，并在 3 个月内提交经原受理机关确认的第一次提出的品种权申请文件的副本；未依照本条例规定提出书面说明或者提交申请文件副本的，视为未要求行使优先权。

申请人要求行使优先权的，应当在申请中写明第一次提出品种权申请的申请日、申请号和受理该申请的国家或组织；未写明的，视为未要求优先权。申请人提交的第一次品种权申请文件副本应当经原受理机关确认。

在中国没有经常居所或者营业所的外国人、外国企业和外国其他组织，申请品种权或者要求优先权的，品种保护办公室认为必要时，可以要求其提供下列文件：①申请人是个人的，其国籍证明；②申请人是企业或者其他组织的，其营业所或者总部所在地的证明；③外国人、外国企业、外国其他组织的所属国，承认中国单位和个人可以按照该国国民的同等条件，在该国享有品种申请权、优先权和其他与品种权有关的权利的证明文件。

申请人在向品种保护办公室提出品种权申请 12 个月内，又向国外申请品种权的，依照该国或组织同中华人民共和国签订的协议或者共同参加的国际条约，或者根据相互承认优先权的原则，可以请求品种保护办公室出具优先权证明文件。

4. 受理与申请费

对符合植物新品种保护条例规定的品种权申请，审批机关应当予以受理，明确申请日、给予申请号，并自收到申请之日起 1 个月内通知申请人缴纳申请费。对不符合或者经修改仍不符合植物新品种保护条例规定的品种权申请，审批机关不予受理，并通知申请人。

具言之，品种权申请文件有下列情形之一的，品种保护办公室不予受理：①未使用中文的；②缺少请求书、说明书或者照片之一的；③请求书、说明书和照片不符合细则规定格式的；④文件未打印的；⑤字迹不清或者有涂改的；⑥缺少申请人和联系人姓名（名称）、地址、邮政编码的或者不详的；⑦委托代理但缺少代理委托书的。

5. 修改与撤回

申请人可以在品种权授予前修改或者撤回品种权申请。但未经品种保护办公室批准，申请人在品种权授予前不得修改申请文件的下列内容：①申请品种的名称、申请品种的亲本或其他繁殖材料名称、来源以及申请品种的育种方法；②申请品种的最早销售时间；③申请品种的特异性、一致性和稳定

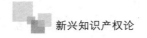

性内容。

品种权申请文件的修改部分，除个别文字修改或者增删外，应当按照规定格式提交替换页。

（五）品种权的审查与批准

1. 初步审查与申请费、审查费

缴纳申请费是审批机关对品种权申请进行初步审查的前提条件。申请人缴纳申请费后，审批机关对品种权申请始进行初步审查。初步审查的内容主要有：①是否属于植物品种保护名录列举的植物属或者种的范围；②是否符合植物新品种保护条例的国民待遇规定；③是否符合新颖性的规定；④植物新品种的命名是否适当；⑤初步审查的内容还包括选择的近似品种是否适当；⑥申请品种的亲本或其他繁殖材料来源是否公开。

除品种权申请文件外，任何人向审批机关提交的与品种权申请有关的材料，有下列情形之一的，视为未提出：①未使用规定的格式或者填写不符合要求的。②未按照规定提交证明材料的。当事人当面提交材料的，受理人员应当当面说明材料存在的缺陷后直接退回；通过邮局提交的，审批机关应当将视为未提出的审查意见和原材料一起退回；邮寄地址不清的，采用公告方式退回。

审批机关应当自受理品种权申请之日起 6 个月内完成初步审查。品种保护办公室应当将审查意见通知申请人。对经初步审查合格的品种权申请，审批机关予以公告，并通知申请人在 3 个月内缴纳审查费。对经初步审查不合格的品种权申请或有疑问的，审批机关应当通知申请人在 3 个月内陈述意见或者予以修正。逾期未答复的，视为撤回申请；修正后仍然不合格的，驳回申请。

2. 实质审查

初步审查合格后在规定期间内缴纳审查费是审批机关进行实质审查的前提。申请人按照规定缴纳审查费后，审批机关对品种权申请的特异性、一致性和稳定性进行实质审查。申请人未按照规定缴纳审查费的，品种权申请视为撤回。

审批机关主要依据申请文件和其他有关书面材料进行实质审查。审批机关认为必要时，可以委托指定的测试机构进行测试或者考查业已完成的种植或者其他试验的结果。申请品种相关性状有明确关联基因的，可以依据基因差异进行特异性审查。审批机关应将审查意见通知申请人。审批机关可以根据审查的需要，要求申请人在指定期限内陈述意见或者补正。申请人期满未答复的，视为撤回申请。因审查需要，申请人应当根据审批机关的要求提供必要的资料和该植物新品种的繁殖材料。申请人送交的申请品种繁殖材料应当与品种权申请文件中所描述的繁殖材料相一致，并符合下列要求：①未遭受意外损害；②未经过药物处理；③无检疫性的有害生物；④送交的繁殖材料为籽粒或果实的，籽粒或果实应当是最近收获的。

审批机关认为必要的，申请人应当送交申请品种和近似品种的繁殖材料，用于申请品种的审查和检测。申请品种属于转基因品种的，应当附具生产性试验阶段的《农业转基因生物安全审批书》或《农业转基因生物安全证书（生产应用）》复印件。

申请人应当自收到审计机关通知之日起3个月内送交繁殖材料。送交繁殖材料为籽粒或果实的，应当送至品种保护办公室植物新品种保藏中心（以下简称"保藏中心"）；送交种苗、种球、块茎、块根等无性繁殖材料的，应当送至品种保护办公室指定的测试机构。

申请人送交的繁殖材料数量少于审批机关规定的，保藏中心或者测试机构应当通知申请人，申请人应自收到通知之日起1个月内补足。特殊情况下，申请人送交了规定数量的繁殖材料后仍不能满足测试或者检测需要时，审批机关有权要求申请人补交。

繁殖材料应当依照有关规定实施植物检疫。检疫不合格或者未经检疫的，保藏中心或者测试机构不予接收。保藏中心或者测试机构收到申请人送交的繁殖材料后应当出具书面证明，并在收到繁殖材料之日起20个工作日内（有休眠期的植物除外）完成生活力等内容的检测。检测合格的，应当向申请人出具书面检测合格证明；检测不合格的，应当通知申请人自收到通知之日起1个月内重新送交繁殖材料并取回检测不合格的繁殖材料，申请人到期不取回的，保藏中心或者测试机构应当销毁。申请人未按规定送交繁殖材料的，视为撤回申请。

保藏中心和测试机构对申请品种的繁殖材料负有保密的责任，应当防止繁殖材料丢失、被盗等事故的发生，任何人不得更换检验合格的繁殖材料。发生繁殖材料丢失、被盗、更换的，依法追究有关人员的责任。

对申请时已经提交DUS测试报告的，对其进行实质审查，同时拓宽品种特异性、一致性和稳定性测试（DUS 测试）渠道，鼓励申请人自主测试。《条例征求意见稿》第 33 条规定，申请时已提交品种测试结果的，审批机关应对其进行实质审查。申请时未提交品种测试结果的，可以由审批机关组织开展现场考查或者委托测试机构进行品种测试，也可以由申请人自主测试。申请人自主测试的，应当自初步审查合格之日起 3 年内提交品种测试结果，逾期未提交的，视为撤回品种权申请。《条例征求意见稿》第 35 条规定，品种测试由以下方式进行：①审批机关委托测试机构测试；②申请人自主测试（田间种植或者分子检测）；③审批机关组织考查种植或者其他试验结果。

3. 授权决定与登记、公告

对经实质审查符合《植物新品种保护条例》规定的品种权申请，审批机关应当作出授予品种权的决定，颁发品种权证书，并予以登记和公告。对经实质审查不符合《植物新品种保护条例》规定的品种权申请，审批机关予以驳回，并通知申请人。

品种权申请经实质审查应当予以驳回的情形是指：①不符合一个植物新品种只能授予一项品种权、新颖性、特异性、一致性、稳定性、适当的名称条件之一的；②属于危害公共利益、生态环境的植物新品种的；③不符合命名规定，申请人又不按照品种保护办公室要求修改的；④申请人陈述意见或者补正后，品种保护办公室认为仍不符合规定的。

审批机关发出办理授予品种权手续的通知后，申请人应当自收到通知之日起 2 个月内办理相关手续和缴纳第 1 年年费。对按期办理的，审批机关授予品种权，颁发品种权证书，并予以公告。品种权自授权公告之日起生效。期满未办理的，视为放弃取得品种权的权利。

4. 请求复审与行政诉讼

审批机关设立植物新品种复审委员会（以下称"复审委员会"）。对驳回品种权申请的决定不服的，申请人可以自收到通知之日起 3 个月内，向复审委员会请求复审。复审委员会应当自收到复审请求书之日起 6 个月内作出决定，并通知申请人。依法需要测试鉴定的时间不计算在规定的审查期限内。申请人对复审委员会的复审决定不服的，可以自接到通知之日起 15 日内向人民法院提起诉讼。

复审委员会一般由植物育种专家、栽培专家、法律专家和有关行政管理人员组成。向复审委员会请求复审的，应当提交符合审批机关规定格式的复审请求书，并附具有关的证明材料。复审请求书和证明材料应当各一式两份。申请人请求复审时，可以修改被驳回的品种权申请文件，但修改仅限于驳回申请的决定所涉及的部分。复审请求不符合规定要求的，复审请求人可以在复审委员会指定的期限内补正；期满未补正或者补正后仍不符合规定要求的，该复审请求视为放弃。复审请求人在复审委员会作出决定前，可以撤回其复审请求。

5. 临时保护

品种权被授予后，在自初步审查合格公告之日起至被授予品种权之日止的期间，任何单位或者个人侵害法律、法规规定的排他性独占权的，品种权人享有追偿的权利。

（六）保护期限、终止和无效

1. 保护期限与年费

品种权的保护期限，自授权之日起，木本、藤本植物为 25 年，其他植物为 20 年。

品种权人应当自被授予品种权的当年开始缴纳年费，并且按照审批机关的要求提供用于检测的该授权品种的繁殖材料。

当事人因不可抗力而耽误规定的期限或者审批机关指定的期限导致其权利丧失的，自障碍消除之日起 2 个月内，最迟自期限届满之日起 2 年内，可以向审批机关说明理由，并附具有关证明文件，请求恢复其权利。当事人因正当理由而耽误规定的期限或者审批机关指定的期限，造成其权利丧失的，可以自收到通知之日起 2 个月内向保护办公室说明理由，请求恢复其权利。此处的期限不适用新颖性、优先权、品种权的保护期及复审委员会复审及不服复审决定、无效宣告或更名决定提起行政诉讼的期限。当事人请求延长审批机关指定期限的，应当在期限届满前，向审批机关说明理由并办理有关手续。

2. 保护期终止与公告

有下列情形之一的，品种权在其保护期限届满前终止：①品种权人以书面声明放弃品种权的；②品种权人未按照规定缴纳年费的；③品种权人未按照审批机关的要求提供测试或检测所需的该授权品种的繁殖材料的；④经检测该授权品种不再符合被授予品种权时的特征和特性的；⑤授权品种名称不符合规定的，在指定期限内未予以更名的；⑥其他导致品种权终止的情形。

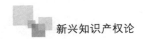

品种权的终止，由审批机关登记和公告。

3. 无效宣告的法律效力及其救济

自授予品种权之日起，复审委员会可以依据职权或者依据任何单位或个人的书面请求，对不符合《植物新品种保护条例》新颖性、特异性、一致性、稳定性规定的，宣告品种权无效；对不符合适当的名称规定的，予以更名。宣告品种权无效或者更名的决定，由审批机关登记和公布，并由复审委员会通知当事人。人民法院审理侵害植物新品种权纠纷案件，被告在答辩期间内向植物新品种审批机关请求宣告该植物新品种权无效的，人民法院一般不中止诉讼。

当事人对复审委员会无效宣告或更名决定不服的，可以自收到通知之日起 3 个月内向人民法院提起诉讼。复审具体规定由审批机关制定并发布。包括品种权人或者利害关系人在内的权利人，举证证明被诉侵权品种繁殖材料使用的名称与授权品种相同的，人民法院可以推定该被诉侵权品种繁殖材料属于授权品种的繁殖材料。

被宣告无效的品种权视为自始不存在。宣告品种权无效的决定，对在宣告前人民法院作出并已执行的植物新品种侵权的判决、裁定，县级以上人民政府农业农村、林业草原主管部门作出并已执行的植物新品种侵权处理决定，以及已经履行的品种权实施许可合同和品种权转让合同，不具有追溯力。但是，因品种权人的恶意给他人造成损失的，应当给予合理赔偿。依照规定不返还植物新品种侵权赔偿金、品种权使用费、品种权转让费，明显违反公平原则的，应当全部或者部分返还。

第三节　侵犯植物新品种权的法律责任

植物新品种权是一种经过法定授权程序而确认的私权。在实践中不能将品种审定和植物新品种权授权关系混为一谈。品种审定是市场准入的行政许可，不能以获得品种审定的事实作为享有植物新品种权的认定依据。[1]植物新品种权纠纷涉及民事纠纷、[2]行政纠纷；还涉及民事责任、行政责任和刑

---

〔1〕　最高人民法院民事裁定书（2019）最高法知民终 585 号。
〔2〕　植物新品种权纠纷还涉及商业秘密纠纷。参见最高人民法院民事判决书（2022）最高法知民终 147 号。

事责任等。

一、植物新品种权纠纷类型、管辖

（一）植物新品种权纠纷主要类型

根据《植物新品种解释》（2020 年修正）第 1 条规定，人民法院受理的植物新品种纠纷案件主要包括 18 类：①植物新品种申请驳回复审行政纠纷案件；②植物新品种权无效行政纠纷案件；③植物新品种权更名行政纠纷案件；④植物新品种权强制许可纠纷案件；⑤植物新品种权实施强制许可使用费纠纷案件；⑥植物新品种申请权权属纠纷案件；⑦植物新品种权权属纠纷案件；⑧植物新品种申请权转让合同纠纷案件；⑨植物新品种权转让合同纠纷案件；⑩侵害植物新品种权纠纷案件；⑪假冒他人植物新品种权纠纷案件；⑫植物新品种培育人署名权纠纷案件；⑬植物新品种临时保护期使用费纠纷案件；⑭植物新品种行政处罚纠纷案件；⑮植物新品种行政复议纠纷案件；⑯植物新品种行政赔偿纠纷案件；⑰植物新品种行政奖励纠纷案件；⑱其他植物新品种权纠纷案件。

上列纠纷案件中，①～⑤，⑭～⑰类案件主要属于行政纠纷案件；⑥～⑬和第⑱共 9 类主要属于民事案件，部分案件属于行政纠纷与民事纠纷交叉案件。

（二）管辖

1. 级别管辖

根据《植物新品种解释》规定，前述第①～⑤类案件，由北京知识产权法院作为第一审人民法院审理；第⑥～⑱类案件，由知识产权法院，各省、自治区、直辖市人民政府所在地和最高人民法院指定的中级人民法院作为第一审人民法院审理。当事人对植物新品种纠纷民事、行政案件第一审判决、裁定不服，提起上诉的，由最高人民法院审理。即植物新品种案件上诉实行飞跃管辖。

《植物新品种解释》之植物新品种民事、行政纠纷案件一审管辖规定和最高人民法院《一审管辖规定》之植物新品种的权属、侵权纠纷以及垄断纠纷第一审民事、行政案件由知识产权法院，省、自治区、直辖市人民政府所在地的中级人民法院和最高人民法院确定的中级人民法院管辖规定，基本是一致的。

2. 地域管辖

《植物新品种解释》第 4 条规定，以侵权行为地确定人民法院管辖的侵害植物新品种权的民事案件，其所称的侵权行为地，是指未经品种权所有人许可，生产、繁殖或者销售该授权植物新品种的繁殖材料的所在地，或者为商业目的将该授权品种的繁殖材料重复使用于生产另一品种的繁殖材料的所在地。由此可见，《植物新品种解释》仅仅对以侵权行为地确定管辖情况予以特别规定，笔者认为，该规定并不意味着植物新品种纠纷只能以侵权行为地确定管辖。

根据《民诉法》第 22 条规定，对公民提起的民事诉讼，由被告住所地人民法院管辖；被告住所地与经常居住地不一致的，由经常居住地人民法院管辖。对法人或者其他组织提起的民事诉讼，由被告住所地人民法院管辖。同一诉讼的几个被告住所地、经常居住地在两个以上人民法院辖区的，各该人民法院都有管辖权。第 24 条规定，因合同纠纷提起的诉讼，由被告住所地或者合同履行地人民法院管辖。第 29 条规定，因侵权行为提起的诉讼，由侵权行为地或者被告住所地人民法院管辖。《民诉法解释》第 24 条规定，《民诉法》第 29 条规定的侵权行为地，包括侵权行为实施地、侵权结果发生地。第 36 条规定，两个以上人民法院都有管辖权的诉讼，原告可以向其中一个人民法院起诉；原告向两个以上有管辖权的人民法院起诉的，由最先立案的人民法院管辖等规定，原告确定管辖法院，应在级别管辖的基础上，根据纠纷性质确定具体的管辖法院。

（三）适格原告的确定

植物新品种权所有人即品种权人或者利害关系人认为植物新品种权受到侵害的，可以依法向人民法院提起诉讼。此处的利害关系人，包括植物新品种实施许可合同的被许可人、品种权财产权利的合法继承人等。独占实施许可合同的被许可人可以单独向人民法院提起诉讼；排他实施许可合同的被许可人可以和品种权人共同起诉，也可以在品种权人不起诉时，自行提起诉讼；普通实施许可合同的被许可人经品种权人明确授权，可以提起诉讼。植物新品种权独占实施许可指被许可人获得了在该植物新品种的授权法域唯一实施该授权品种的权利。如果被许可人获得的所谓"独占实施许可"被附加了授权法域内的地域限制，则该实施许可仅构成普通实施许可。[1]

---

[1] 最高人民法院民事裁定书（2019）最高法知民终 130 号。

（四）被告确定

植物新品种申请驳回复审行政纠纷案件、植物新品种权无效或者更名行政纠纷案件，应当以植物新品种审批机关为被告；植物新品种强制许可纠纷案件，应当以植物新品种审批机关为被告；实施强制许可使用费纠纷案件，应当根据原告所请求的事项和所起诉的当事人确定被告。对于合同纠纷案件，应以合同相对人为被告、对于侵权纠纷应以侵权人为被告。如受托人、被许可人超出与品种权人约定的规模或者区域生产、繁殖授权品种的繁殖材料，或者超出与品种权人约定的规模销售授权品种的繁殖材料，品种权人请求判令受托人、被许可人承担侵权责任的，人民法院依法予以支持。此种情况下，应将受托人、被许可人作为被告。

二、民事责任

（一）解决侵犯植物新品种权的合法途径

根据《种子法》第72条规定，侵犯植物新品种权行为可选择下列途径：

1. 当事人协商解决。这是《种子法》赋予当事人解决纠纷的第一种途径。植物新品种权作为专有权，属于私权。对于私权性质的民事纠纷，当事人协商是最为便利的一种纠纷解决途径。协商解决适用于植物新品种权合同纠纷和权属、侵权纠纷各方面。

2. 请求县级以上人民政府农业农村、林业草原主管部门处理和调解。县级以上人民政府农业农村、林业草原主管部门的处理，属于行政处理。从法理而言，行政不应过多干预私权，但我国《种子法》从我国实际情况出发，为了发挥农业农村、林业草原主管部门业务熟悉、处理程序简便的优势，减少植物新品种权诉讼案件、方便当事人，在当事人请求或根据当事人自愿原则，赋予了县级以上农业农村、林业草原主管部门对民事赔偿问题进行调解的权利。调解达成协议的，当事人应当履行。但此处需要说明的是，①《种子法》将有权处理和调解民事纠纷的权利设定在"县级以上人民政府农业农村、林业草原主管部门"，符合植物新品种权侵权案件主要发生在基层的实际情况，便于当事人纠纷的迅速便捷解决。②县级以上人民政府农业农村、林业草原主管部门处理的植物新品种案件，并不仅是民事纠纷案件。根据《种子法》第72条第6、7款的规定，还包括为了维护社会公共利益，责令侵权人停止侵权行为，没收违法所得和种子；根据货值金额给予行政处理和罚款。

对此将在下文进行较为详细的研究。③县级人民政府农业农村、林业草原主管部门对植物新品种民事纠纷的处理方式是对侵权行为进行认定与对赔偿数额进行调解。

3. 向人民法院起诉。这是植物新品种权纠纷的最终处理途径。当事人之间不愿意协商，可以直接向人民法院起诉解决纠纷；当事人之间协商不成，可以直接向人民法院起诉解决纠纷。当事人不履行协议或者调解未达成协议的，植物新品种权所有人或者利害关系人可以依法向人民法院提起诉讼。在前述途径未果情况下，权利人最终都需要寻求人民法院的终局解决途径。

（二）侵权行为的认定

除种子法、有关法律、行政法规另有规定的除外，任何单位或者个人实施的下列行为，均属于侵权行为。

1. 未经品种权人许可，生产、繁殖和为繁殖而进行处理、许诺销售、销售、进口、出口以及为实施上述行为储存该授权品种的繁殖材料。被控侵权物的特征、特性与授权品种的特征、特性相同，或者特征、特性的不同是因非遗传变异[1]所致的，一般应当认定被控侵权物属于商业目的生产或者销售授权品种的繁殖材料。特征特性相同是认定侵害植物新品种权行为的前提条件。判断被诉侵权繁殖材料的特征特性与授权品种的特征特性是否相同是认定是否构成侵害植物新品种权的首要工作。该认定的依据主要是授权品种的特异性、一致性、稳定性三大技术特征决定的。在有代繁协议情况下，代繁行为即生产行为通常并不构成侵权，但代繁生产的授权品种应当全部由委托代繁单位收购后向市场销售；代繁者在委托人无力回收种子的情况下，为减少损失、出于自救目的销售代繁品种，在未取得品种权人或利害关系人有效许可的情况下，构成销售侵权行为。[2]未经品种权人许可，为商业目的生产或者销售授权品种的繁殖材料，对植物新品种排他实施许可合同的被许可人

---

〔1〕 植物变异分为遗传变异和非遗传变异或不可遗传变异。遗传变异指在同一基因库中不同个体之间在 DNA 水平上的差异，也称"分子变异（molecular variation）"，也是对同一物种个体之间遗传差别的定性或定量描述。遗传与变异，是生物界不断地普遍发生的现象，也是物种形成和生物进化的基础。生物体亲代与子代之间以及子代的个体之间总存在着或多或少的差异，这就是生物的变异现象。生物的变异有些是可遗传的，有些是不可遗传的。可遗传的变异是指生物体能遗传给后代的变异。这种变异是由遗传物质发生变化而引起的。非遗传变异或不可遗传变异是由外界因素如光照、水源等造成的变异，不会遗传给后代的。

〔2〕 甘肃省高级人民法院民事判决书（2008）甘民三终字第 27 号。

构成侵权。[1] 总之，非法代繁未经品种权人的许可，单位或者个人（委托人）委托其他单位或者个人（受托人）生产、繁殖授权品种的繁殖材料，或者为商业目的将授权品种的繁殖材料重复使用于生产另一品种的繁殖材料的行为，是典型的侵害植物新品种权行为。[2]

2. 未经品种权人许可，生产、繁殖或者销售授权品种的繁殖材料，或者为商业目的将授权品种的繁殖材料重复使用于生产另一品种的繁殖材料的。

被诉侵权物的特征、特性与授权品种的特征、特性相同，或者特征、特性的不同是因非遗传变异所致的，一般应当认定被诉侵权物属于生产、繁殖或者销售授权品种的繁殖材料。被诉侵权人重复以授权品种的繁殖材料为亲本与其他亲本另行繁殖的，一般应当认定属于为商业目的将授权品种的繁殖材料重复使用于生产另一品种的繁殖材料。亲本是动植物杂交时所选用的母本或父本。如果分别持有父本和母本的植物新品种权利人因不能达成相互授权许可而相互指控对方侵权，司法实践中通常应平衡父本、母本对涉案品种生产具有相同价值的基础上，根据公平原则和鼓励植物新品种转化实施的基本司法价值导向，促成或判令双方当事人相互授权许可且互免许可费。[3] 销售行为包括线下线上销售行为。以线上销售为例，如被诉侵权人通过网上交易平台以各种名义，如信息匹配名义等组织侵权行为。[4]

3. 除植物新品种权所有人对繁殖材料已有合理机会行使其权利的除外，实施前述行为，涉及由未经许可使用授权品种的繁殖材料而获得的收获材料的。

植物体的不同部分或有着多种不同的使用用途，可作繁殖目的进行生产，也可用作直接消费或者观赏，同一植物既是繁殖材料又是收获材料。对该类植物体在侵权纠纷中应当审查销售者销售被诉植物体的真实意图。即其意图是将该材料作为繁殖材料销售还是作为收获材料销售。对于使用者抗辩其属于使用行为而非生产行为，应当审查使用者的实际使用行为，即是将该材料

---

〔1〕　陕西省高级人民法院民事判决书（2009）陕民三终字第 42 号。

〔2〕　参见徐世超：《非法代繁行为侵害植物新品种权问题研究——以安徽隆平公司诉农哈哈公司、刘汉平案为例》，载《法律适用》2021 年第 12 期。

〔3〕　江苏省高级人民法院民事判决书（2011）苏知民终字第 0194 号、（2012）苏知民终字第 0055 号。

〔4〕　最高人民法院民事判决书（2021）最高法知民终 816 号。

直接用于消费还是将其用于繁殖授权品种。除有关法律、行政法规另有规定外，对于未经品种权人许可种植该授权品种的繁殖材料的行为，应当认定为侵害植物新品种权的生产行为。[1]反之，应当认定为未经许可使用授权品种的繁殖材料而获得的收获材料的侵权行为。被诉侵权物既可以作为繁殖材料又可以作为收获材料，被诉侵权人主张被诉侵权物系作为收获材料用于消费而非用于生产、繁殖的，应当承担相应的举证责任。

4. 对实质性派生品种实施前述行为的。

在植物新品种侵权诉讼中，为了准确适用法律，有效保护当事人的合法权益，在主张权利和认定侵权时应当注意下列问题：

（1）区分合同纠纷之诉与侵权纠纷之诉。植物新品种权利的变动向行政机关进行登记公示才具有权利外观。在品种权没有进行登记公告之前，所签订的品种权转让合同并未生效。但转让合同双方当事人可以构成共同权利人。植物新品种权存在两个以上权利主体，共有人对权利的行使存在约定时，应当从其约定。如有纠纷，应提起合同纠纷之诉，而不能提起侵权之诉。[2]

（2）审查植物新品种权是否处于有效状况或存在间歇终止的情形。这甚至是原告是否有权依法提起诉讼的重要基础。不对此权利依据进行审查，有可能导致是否构成侵权和确定的侵权赔偿数额不当。[3]品种权终止后依法恢复权利，权利人要求实施品种权的单位或者个人支付终止期间实施品种权的费用的，可以参照有关品种权实施许可费，结合品种类型、种植时间、经营规模、当时的市场价值等因素合理确定。

（3）有合法来源至少亦应承担停止侵权和赔偿权利人为制止侵权行为的合理开支。对于合法来源，销售者一般应当举证证明购货渠道合法、价格合理、存在实际的具体供货方、销售行为符合相关生产经营许可制度等。但合法来源通常不构成不承担任何赔偿责任的合法抗辩理由。由于《种子法》规定了生产经营许可证制度，在涉及主要农作物的植物新品种纠纷案件中，部分侵权人提供证据说明涉案繁殖材料的合法来源进行不侵权或不承担赔偿责任抗辩。由于植物新品种具有浓厚的农业特色，主要农作物植物新品种涉及

---

〔1〕 最高人民法院民事判决书（2019）最高法知民终第 14 号。
〔2〕 最高人民法院民事裁定书（2014）民申字第 52 号。
〔3〕 广西壮族自治区高级人民法院民事判决书（2017）桂民终 95 号。

国家粮食安全和经济安全，特别是《种子法》《植物新品种保护条例》等法律、法规并未明确规定合法来源抗辩制度的情况下，在销售者知道或应当知道是未经品种权人许可而售出的被诉侵权品种繁殖材料的情况下，合法来源抗辩没有适用空间。[1]销售不知道也不应当知道是未经品种权人许可而售出的被诉侵权品种繁殖材料，且举证证明具有合法来源的，销售者才不承担赔偿损害责任，但应当停止销售并承担权利人为制止侵权行为所支付的合理开支。但植物新品种领域的合法来源抗辩应当将农作物种子生产经营许可制度作为其重要考量因素。[2]

（4）侵害品种权纠纷案件涉及的专门性问题需要鉴定的，由当事人在相关领域鉴定人名录或者国务院农业、林业主管部门向人民法院推荐的鉴定人中协商确定；协商不成的，由人民法院从中指定的有鉴定资格的鉴定机构、鉴定人鉴定。没有前述的鉴定机构、鉴定人的，由具有相应品种检测技术水平的专业机构、专业人员鉴定。这是因为植物新品种权纠纷案件，涉及的专业技术问题较强，多需进行专业技术鉴定。

被诉侵权繁殖材料的特征特性与授权品种的特征特性相同是认定构成侵权的前提。确定是否侵权，通常法院可通过委托专业鉴定机构，对被控侵权种子与保护品种的备案种子进行一致性鉴定，法院依据鉴定结论及标准进行认定。[3]对侵权种子的鉴定机构、鉴定方法，应征询双方当事人的建议，并邀请当事人到场，鉴定方法可以是DUS，[4]可以是DNA，[5]也可以选择其他方法，[6]应当充分尊重鉴定机构的意见，以保证鉴定的科学性、真实性、独立性。[7]对于没有基因指纹图谱等分子标记检测方法进行鉴定的品种，可以采用行业通用方法对授权品种与被诉侵权物的特征、特性进行同一性判断。

〔1〕　最高人民法院民事判决书（2019）最高法民再371号。

〔2〕　参见周波、刘珺玮：《植物新品种领域的合法来源抗辩》，载《山东法官培训学院学报》2022年第6期。

〔3〕　安徽省合肥市中级人民法院民事判决书（2007）合民三初字第122号。

〔4〕　植物新品种测试是对申请保护的植物新品种进行特异性（Distinctness）、一致性（Uniformity）和稳定性（Stability）的栽培鉴定试验或室内分析测试的过程（简称DUS测试），根据特异性、一致性和稳定性的试验结果，判定测试品种是否属于新品种，为植物新品种保护提供可靠的判定依据。

〔5〕　由于不同品种间遗传物质DNA的碱基组分、排列顺序不同，具有高度的特异性。将能够可视化识别遗传物质的DNA的碱基组分、排列顺序差异而区分不同品种的技术称为DNA指纹技术。

〔6〕　如田间种植鉴定、蛋白质电泳鉴定等。

〔7〕　安徽省合肥市中级人民法院民事判决书（2011）合民三初字第148号。

植物新品种权的授权依据是田间种植的 DUS 测试，当田间种植的 DUS 测试确定的特异性结论与 DNA 指纹检测结论不同时，应以田间种植的 DUS 测试结论为准。[1] 即田间观察检测与基因指纹图谱等分子标记检测的结论不同的，应当以田间观察检测结论为准。当 DNA 指纹鉴定意见为两者相同或相近似时，被诉侵权方提交 DUS 测试报告证明通过田间种植，被控侵权品种与授权品种对比具有特异性，应当认定不构成侵害植物新品种权。[2] 通过基因指纹图谱等分子标记检测方法进行鉴定，待测样品与对照样品的差异位点小于但接近临界值，被诉侵权人主张二者特征、特性不同的，应当承担举证责任；人民法院也可以根据当事人的申请，采取扩大检测位点进行加测或者提取授权品种标准样品进行测定等方法，并结合其他相关因素作出认定。以玉米为例，依据中华人民共和国农业行业标准《玉米品种鉴定 DNA 指纹方法》（NY/T1432-2007）检测及判定标准的规定，品种间差异位点数等于 1，判定为近似品种；品种间差异位点数大于等于 2，判定为不同品种。品种间差异位点数等于 1，不足以认定不是同一品种。对差异位点数在两个以下的，应当综合其他因素判定是否为不同品种，如可采取扩大检测位点进行加测，以及提交审定样品进行测定等，举证责任由被诉侵权一方承担。[3]

为委托鉴定，法院和公证机构需对被控侵权繁殖材料进行保全。但法院和公证机构本身并不具备扦取品种繁殖材料的专门技术。为增强法院取证的客观性，避免当事人对证据代表性的质疑，可视情况邀请有关专业技术人员按照相应的技术规程协助取证。这是指导法院或当事人取证的示范性规则，不具有强制性，不能仅以未邀请技术人员协助取证为由简单否定保全证据的效力。对于侵害植物新品种权纠纷案件涉及的专门性问题可以采取田间观察检测、基因指纹图谱检测等方法鉴定，对鉴定意见，人民法院应当依法质证，认定其证明力。但邀请相关专业技术人员参与田间取样并非法院证据保全的必经程序，不能以未邀请相关技术人员协助取样为由否定证据保全的效力。[4] 在

---

[1] 最高人民法院民事裁定书（2015）民申字第 2633 号。
[2] 最高人民法院指导案例 100 号山东登海先锋种业有限公司诉陕西农丰种业有限责任公司、山西大丰种业有限公司侵害植物新品种权纠纷案。
[3] 最高人民法院指导案例 92 号莱州市金海种业有限公司诉张掖市富凯农业科技有限责任公司侵犯植物新品种权纠纷案。
[4] 最高人民法院民事判决书（2014）民提字第 26 号。

鉴定检材取样时，没有通知当事人到场也不能当然认定鉴定程序违法。[1]

总结我国司法鉴定经验，对于专门性问题鉴定及其鉴定意见，应坚持下列基本规则：①对于不能使用基因指纹图谱等分子标记检测方法进行鉴定的品种，可以采用行业通用方法对授权品种与被诉侵权物的特征、特性进行同一性判断。②对鉴定意见有异议的一方当事人向人民法院申请复检、补充鉴定或者重新鉴定的，应当提出合理理由和证据，否则人民法院不予准许。③通过基因指纹图谱等分子标记检测方法进行鉴定，待测样品与对照样品的差异位点小于但接近临界值，被诉侵权人主张二者特征、特性不同的，应当承担举证责任；人民法院也可以根据当事人的申请，采取扩大检测位点进行加测或者提取授权品种标准样品进行测定等方法，并结合其他相关因素作出认定。田间观察检测与基因指纹图谱等分子标记检测的结论不同的，人民法院应当以田间观察检测结论为准。当 DNA 鉴定结论为侵权繁殖材料与授权品种两者相同或者近似时，被诉侵权方有证据证明通过田间种植 DUS 测试，两者具有明显且可重复的差异，应当认定不构成侵权。[2]

（5）品种权人或者利害关系人向人民法院提起侵害植物新品种权诉讼前，可以提出行为保全或者证据保全请求，人民法院经审查作出裁定。人民法院采取证据保全措施时，可以根据案件具体情况，邀请有关专业技术人员按照相应的技术规程协助取证。此处证据保全的证据，包括因侵权造成的损失或因侵权而获得的利益证据等。

（6）注意帮助侵权行为。被诉侵权人知道或者应当知道他人实施侵害品种权的行为，仍然提供收购、存储、运输、以繁殖为目的的加工处理等服务或者提供相关证明材料等条件的，人民法院可以依据《民法典》第 1169 条的规定认定为帮助他人实施侵权行为。

（三）民事责任方式

1. 停止侵害。司法机关根据已经查明侵害品种权的事实，认定侵权行为成立的，可以先行判决停止侵害，并可以依据当事人的请求和具体案情，责令采取消灭活性等阻止被诉侵权物扩散、繁殖的措施。停止侵害是侵权者承担法律责任的基本方式，植物新品种权作为财产性知识产权也不例外。但是，

---

[1]　最高人民法院民事裁定书（2011）民申字第 10 号。

[2]　最高人民法院民事裁定书（2015）民申字第 2633 号。

植物新品种权纠纷涉及的是有生命体的植物，在某些情况下，如侵权物正处于生长期或者销毁侵权物将导致重大不利后果的，侵权人承担停止侵害责任将有失利益平衡原则。除法律、行政法规另有规定的外，可以不采取责令销毁侵权物的方法，但应令侵权人支付相应的合理费用。权利人或者侵权人不同意折价抵扣的，依照当事人的请求，责令侵权人对侵权物作消灭活性等使其不能再被用作繁殖材料的处理。因此，在植物新品种权纠纷领域，消灭活性处理使其不能再被用作繁殖材料，是停止侵害的一种变通方式，有利于实现利益平衡。

2. 赔偿损失。对于财产性知识产权而言，凡侵权必然会给权利人带来一定的经济损失。因此，对权利人及其利害关系人进行损害赔偿就是最为基本的承担责任方式。经权利人和侵权人一致同意，可以将侵权物折价抵扣权利人所受损失。但以农业或者林业种植为业的个人、农村承包经营户接受他人委托代为繁殖侵害品种权的繁殖材料，不知道代繁物是侵害品种权的繁殖材料并说明委托人的，不承担赔偿责任。在司法实践中，侵权人及其委托生产、销售者应当承担连带赔偿责任或分别承担赔偿责任。[1]

（四）损害赔偿的确定

侵犯植物新品种权的赔偿数额按照权利人因被侵权所受到的实际损失确定；实际损失难以确定的，可以按照侵权人因侵权所获得的利益确定。权利人的损失或者侵权人获得的利益难以确定的，可以参照该植物新品种权许可使用费的倍数合理确定。故意侵犯植物新品种权，情节严重的，可以在按照上述方法确定数额的 1 倍以上 5 倍以下确定赔偿数额。为确定赔偿数额，在权利人已经尽力举证，而与侵权行为相关的账簿、资料主要由被诉侵权人掌握的情况下，可以责令被诉侵权人提供与侵权行为相关的账簿、资料；被诉侵权人不提供或者提供虚假账簿、资料的，可以参考权利人的主张和提供的证据判定赔偿数额。被诉侵权人有抗拒保全或者擅自拆封、转移、毁损被保全物等举证妨碍行为，致使案件相关事实无法查明的，人民法院可以推定权利人就该证据所涉证明事项的主张成立。构成《民诉法》第 114 条规定情形的，依法追究法律责任。

赔偿数额应当包括权利人为制止侵权行为所支付的合理开支。

---

〔1〕 新疆维吾尔自治区乌鲁木齐市中级人民法院民事判决书（2019）新 01 知民初 9 号。

据此，侵权赔偿数额通常有下列方法：

1. 实际损失加合理开支赔偿法。

2. 侵权所得利益加合理开支赔偿法。

3. 许可使用费合理倍数加合理开支赔偿法。

4. 惩罚性赔偿法。其适用条件是侵权情节严重的。除有关法律和司法解释规定的情形以外，以下情形也可以认定为侵权行为情节严重：①因侵权被行政处罚或者法院裁判承担责任后，再次实施相同或者类似侵权行为；②以侵害品种权为业；③伪造品种权证书；④以无标识、标签的包装销售授权品种；⑤违反《种子法》第77条第1款第1项、第2项、第4项的规定；⑥拒不提供被诉侵权物的生产、繁殖、销售和储存地点。存在前述第①至⑤项情形的，在依法适用惩罚性赔偿时可以按照计算基数的二倍以上确定惩罚性赔偿数额。

在此等情况下，在实际损失、侵权所得、许可使用费可以确定的情况下，可以按照确定数额的1倍以上5倍以下确定赔偿数额。据此，有下列确定惩罚性赔偿的方法：①实际损失加合理开支赔偿法。侵权情节严重的，按照实际损失的1~5倍加合理开支赔偿；②侵权所得利益加合理开支赔偿法。侵权情节严重的，按照侵权所得利益的1~5倍加合理开支赔偿；③许可使用费合理倍数加合理开支赔偿法。侵权情节严重的，按照许可使用费的合理倍数的1~5倍加合理开支赔偿。

5. 法定赔偿法。权利人的损失、侵权人获得的利益和植物新品种权许可使用费均难以确定的，可以根据植物新品种权的类型、侵权行为的性质和情节等因素，确定给予500万元以下的赔偿。

需要说明的是，侵害植物新品种权的赔偿数额的确定，还可以在侵权人未能提供相反证据推翻权利人有关授权品种利润的证据，可以参考权利人的证据酌情确定赔偿数额。合理开支是侵害植物新品种权赔偿的独立要素，无论采用何种方式计算赔偿数额，均可另行计算合理开支，作为损害赔偿的一部分。[1]

还需要说明的是，植物新品种权利纠纷，还有植物新品种临时保护期使用费纠纷案件。笔者认为，临时保护期使用费纠纷属于准侵权纠纷或类侵权纠纷，并不是完全法律意义上的纠纷案件。甚至有人认为此类纠纷不构成侵

---

[1]　最高人民法院民事判决书（2014）民提字第26号。

权纠纷。[1]笔者认为，此类使用行为，在未授权阶段并不需要经过授权或许可同意，类似于著作权法中的法定许可情形，此时侵害的仅仅是报酬权行为。对于此类案件，司法实践上有认为权利人可以主张利益损失的，[2]也有认为可以参照有关植物新品种实施许可费合理确定。[3]总的原则是，他人未经许可，自品种权初步审查合格公告之日起至被授予品种权之日止，生产、繁殖或者销售该授权品种的繁殖材料，或者为商业目的将该授权品种的繁殖材料重复使用于生产另一品种的繁殖材料，权利人对此主张追偿利益损失的，可以参照有关品种权实施许可费，结合品种类型、种植时间、经营规模、当时的市场价值等因素合理确定该使用费数额。被诉行为延续到品种授权之后，权利人对品种权临时保护期使用费和侵权损害赔偿均主张权利的，人民法院可以合并审理，但应当分别计算处理。对于权利人支付的合理开支，基于正当理由提起诉讼所产生的合理费用，根据公平原则，应当予以支持。[4]

加大维权执法力度和赔偿力度，完善规制举证妨碍的制度，减轻权利人的举证责任。（1）民事纠纷和行政处理相结合。县级以上人民政府农业农村、林业草原主管部门在查处品种权侵权案件和假冒授权品种案件时，根据需要可以采取下列措施：①进入生产经营场所进行现场检查；②对植物品种的繁殖材料、收获材料进行取样测试、试验或者检验；③查阅、复制有关合同、票据、账簿、生产经营档案及其他有关资料；④查封、扣押有证据证明是品种权侵权或假冒授权品种的植物品种繁殖材料、收获材料，以及用于生产经营侵权品种或假冒授权品种的工具、设备及运输工具等；⑤查封从事品种权侵权或假冒授权品种活动的场所。县级以上人民政府农业农村、林业草原主管部门依法行使规定的职权时，当事人应当予以协助、配合，不得拒绝、阻挠。（2）积极实行举证妨碍制度。包括品种权人或者利害关系人在内的权利人，无证据证明被诉侵权品种繁殖材料使用的名称与授权品种相同的，被诉侵权人有证据证明不属于该授权品种的繁殖材料的，人民法院可以认定被诉侵权人构成假冒品种行为，并参照假冒注册商标行为的有关规定确定民事责任。

---

〔1〕 甘肃省兰州市中级人民法院民事判决书（2014）兰民三初字第 12 号。
〔2〕 甘肃省兰州市中级人民法院民事判决书（2014）兰民三初字第 12 号。
〔3〕 江苏省高级人民法院民事判决书（2017）苏民终 58 号。
〔4〕 海南自由贸易港知识产权法院民事判决书（2021）琼 73 知民初 24 号。

为确定赔偿数额，在权利人已经尽力举证，而与侵权行为相关的账簿、资料主要由被诉侵权人掌握的情况下，可以责令被诉侵权人提供与侵权行为相关的账簿、资料；被诉侵权人不提供或者提供虚假账簿、资料的，可以参考权利人的主张和提供的证据判定赔偿数额。被诉侵权人有抗拒保全或者擅自拆封、转移、毁损被保全物等举证妨碍行为，致使案件相关事实无法查明的，可以推定权利人就该证据所涉证明事项的主张成立。

三、行政责任

1. 责令停止侵权行为。根据《种子法》第 72 条第 6 款规定，该责任适用于侵权行为。权利人请求县级以上人民政府农业农村、林业草原主管部门处理时，相关行政部门为了维护社会公共利益责令侵权人承担的行政责任。

2. 责令停止假冒行为。这是《种子法》第 72 条第 7 款规定的在假冒授权品种情况下假冒人需承担的首要行政责任。

3. 没收违法所得和植物品种繁殖材料即种子。此种责任适用于侵权行为。根据《种子法》第 72 条第 6 款规定，权利人请求县级以上人民政府农业农村、林业草原主管部门处理时，相关行政部门为了维护社会公共利益须处没收违法所得和种子的行政责任；假冒授权品种的，根据《种子法》第 72 条第 7 款规定，由县级以上相关行政部门处假冒授权品种者没收违法所得和种子的行政责任。

4. 罚款。此种责任适用于两种情况：（1）侵权行为。县级以上人民政府相关行政部门处理侵犯植物新品种权案件时，为了维护社会公共利益，按照货值金额不足 5 万元的，并处 1 万元以上 25 万元以下罚款；货值金额 5 万元以上的，并处货值金额 5 倍以上 10 倍以下罚款。（2）假冒授权品种行为。假冒授权品种的，由县级以上人民政府农业、林业主管部门按照货值金额不足 5 万元的，并处 1 万元以上 25 万元以下罚款；货值金额 5 万元以上的，并处货值金额 5 倍以上 10 倍以下罚款。

四、刑事责任

1. 生产经营假种子的刑事责任

《种子法》第 89 条规定，违反该法规定，构成犯罪的，依法追究刑事责任。《植物新品种保护条例》第 40 条规定，假冒授权品种的，情节严重，构成犯罪的，依法追究刑事责任。《条例征求意见稿》第 43 条也有相关规定。刑罚实行法定原则，我国刑法"侵犯知识产权罪"中并无假冒授权品种罪，但有"生产、销售伪劣种子罪"（《中华人民共和国刑法》第 147 条）。我国《种子法》第 48 条规定，禁止生产经营假、劣种子。农业农村、林业草原主管部门和有关部门依法打击生产经营假、劣种子的违法行为，保护农民合法权益，维护公平竞争的市场秩序。下列种子为假种子：（一）以非种子冒充种子或者以此种品种种子冒充其他品种种子的；（二）种子种类、品种与标签标注的内容不符或者没有标签的。下列种子为劣种子：（一）质量低于国家规定标准的；（二）质量低于标签标注指标的；（三）带有国家规定的检疫性有害生物的。因此，《种子法》《植物新品种保护条例》规定的"假冒授权品种"被《种子法》的"假、劣种子"所覆盖和吸收。因此，《植物新品种保护条例》有关"假冒授权品种"的刑事责任被《种子法》的生产经营假、劣种子的刑事责任所取代。[1]（但罚款处罚假、劣种子高于假冒授权品种，不利于知识产权保护）。

《种子法》第 74、75 条第 2 款均规定，因生产经营假、劣种子犯罪被判处有期徒刑以上刑罚的，种子企业或者其他单位的法定代表人、直接负责的主管人员自刑罚执行完毕之日起五年内不得担任种子企业的法定代表人、高级管理人员。《中华人民共和国刑法》第 147 条规定，生产假农药、假兽药、假化肥，销售明知是假的或者失去使用效能的农药、兽药、化肥、种子，或者生产者、销售者以不合格的农药、兽药、化肥、种子冒充合格的农药、兽药、化肥、种子，使生产遭受较大损失的，处 3 年以下有期徒刑或者拘役，并处或者单处销售金额 50% 以上 2 倍以下罚金；使生产遭受重大损失的，处 3 年以上 7 年以下有期徒刑，并处销售金额 50% 以上 2 倍以下罚金；使生产遭受特别重大损失的，处 7 年以上有期徒刑或者无期徒刑，并处销售金额 50% 以上 2 倍以下罚金或者没收财产。最高人民法院、最高人民检察院《关于办理生产、销售伪劣商品刑事案件具体应用法律若干问题的解释》第 7 条规定，《中华人民共和国刑法》第 147 条规定的生产、销售伪劣农药、兽药、化肥、种子罪中"使生产遭受较大损失"，一般以 2 万元为起点；"重大损失"，一般以 10 万元为起点；"特别重大损失"，一般以 50 万元为起点。第 10 条规定，

---

〔1〕 参见北京市顺义区人民法院刑事判决书（2008）顺刑初字第 326 号。

实施生产、销售伪劣商品犯罪，同时构成侵犯知识产权、非法经营等其他犯罪的，依照处罚较重的规定定罪处罚。

2. 县级以上人民政府农、林业行政部门的及有关部门的工作人员的刑事责任

《植物新品种保护条例》第 44 条和《条例征求意见稿》第 48 条均有县级以上人民政府农业农村、林业草原行政部门的及有关部门的工作人员滥用职权、玩忽职守、徇私舞弊、索贿受贿，构成犯罪，依法追究刑事责任；尚不构成犯罪的，依法给予行政处分的规定。《种子法》第 89 条规定，违反该法规定，构成犯罪的，依法追究刑事责任。该规定的犯罪主体包括农业农村、林业草原主管部门的工作人员或者种子生产经营活动中的当事人。[1]对于农业农村、林业草原部门及其工作人员主要涉及受贿罪、单位受贿罪、滥用职权罪或玩忽职守罪等。

---

〔1〕　参见刘振伟等主编：《中华人民共和国种子法导读》，中国法制出版社 2022 年版，第 316 页。

第五章

集成电路布图设计专有权

　　集成电路，也称 IC 卡，芯片，是计算机硬件的核心，微电子技术的核心、信息产业发展的基础，高端制造业的核心，是推动《中国制造 2025》、互联网+战略方案落实的重要支撑。[1]布图设计本身就是针对半导体集成电路的，每一种半导体集成电路都必然与一套特定的布图设计相对应。建设知识产权强国，需要完善集成电路布图设计法规。

　　为什么要对布图设计进行保护？在我国《布图设计条例》颁布之初，学者罗宏认为，由于科学技术的发展，社会分工不断完善，新产品对于各种集成电路的需求不断增加，并使之成为不可缺少的元件，而且需求越来越大。因为他们的集成度越来越高、体积越来越小、成本越来越低，性能越来越好。这些优点是源自创作设计人员精湛的电路设计和精湛的布图设计。从发明构思、设计电路、选定元件、连接方式、计算参数、实验测试、调整参数，到制成纲表、布图设计，这一系列创造性的智力成果均可以用知识产权法律来保护：从发明构思到制成纲表部分可以用《专利法》来保护，布图设计可以用《布图设计条例》来保护。[2]或者说，正是这样一种特殊权利类型的存在，为 IC 设计企业保护尤其是具有独创性的布图设计包括布图设计的局部创新提供了保障，避免了在其他知识产权类型覆盖之外的领域，独创性的布图设计尤其是局部创新被大量抄袭。[3]因此，保护布图设计，就是保护集成

---

　　〔1〕　参见周子学：《以供给侧改革推进集成电路产业加速发展》，载《产业经济评论》2016 年第 1 期。

　　〔2〕　参见罗宏：《中国知识产权法律体系中的新成员：〈集成电路布图设计保护条例〉》，载《中国专利与商标》2001 年第 4 期。

　　〔3〕　参见柯晓鹏：《应认真对待的权利——集成电路布图设计专有权典型案例及启示》，载《中国集成电路》2015 年第 Z1 期。

电路。

我国颁布《布图设计条例》赋予权利人专有权是为了满足加入《TRIPS协定》的要求，以《华盛顿公约》为主要参考文件，《TRIPS协定》为最为重要的参考文献而制定的完全满足《TRIPS协定》要求的国内保护立法。

但集成电路知识产权立法，曾被称为是一种具有象征意义的立法，人们并没有踊跃选择这种保护模式。[1]据载，集成电路产业 60 余年来的发展，全球范围内孕育和诞生了 6 项诺贝尔物理奖的重大发明。美国作为集成电路的制造大国，在其 1984 年《半导体芯片保护法》颁布之后，诉至法院的相关案件屈指可数。此种情况在我国同样存在。我国自《布图设计条例》实施以来至 2015 年 12 月 31 日，共登记并公告布图设计总计 10 860 件（包括国外的企业和个人在我国登记的所有集成电路布图设计专有权）。[2]集成电路布图设计专有权的复审案件为零，撤销案件累计有 11 起，[3]或 12 起；[4]进入司法裁判的民事纠纷案件只有 54 件，其中合同纠纷 16 件，专有权权属、侵权纠纷 38 件；另有行政法律文书 2 件[5]（所有件数均将不同审次分别作为一件）。为此，有学者就提出我们是否应当对现行知识产权立法的合理性进行反思的问题。[6]甚至有学者提出了集成电路布图设计独立保护制度的存废问题。[7]

集成电路知识产权保护之所以出现此种状况，在于现实需求与已有法律框架间存在差距。由于集成电路产品更新换代速度不断加快，使得简单复制超大规模芯片的布图设计难以跟上更新的速度。随着计算机辅助设计技术的运用，大量的设计工作由工具软件直接生成，单纯复制布图设计未必能立即

---

　　〔1〕　参见郭禾：《中国集成电路布图设计权保护评述》，载《知识产权》2005 年第 1 期。

　　〔2〕　参见俞慧月：《中国集成电路布图设计登记公告数据的统计分析》，载《集成电路应用》2016 年第 12 期。

　　〔3〕　参见李莉、徐静文：《浅析集成电路布图设计撤销程序》，载《中国发明与专利》2015 年第 3 期。

　　〔4〕　参见陈仰平、王倩：《从司法判例看集成电路布图设计图样的形式规范》，载《中国发明与专利》2016 年第 2 期。

　　〔5〕　参见傅启国等：《我国集成电路布图设计专有权保护现状及发展趋势》，载《中国发明与专利》2022 年第 11 期。

　　〔6〕　参见郭禾：《中国集成电路布图设计权保护评述》，载《知识产权》2005 年第 1 期。

　　〔7〕　参见曾志超：《集成电路布图设计独立保护制度存废之辩——以海峡两岸相关法律制度为例》，载《科技与法律》2012 年第 5 期。

给复制者带来丰厚的利润；再则，相关工艺设计在集成电路产品的设计中发挥着越来越重要的作用。技术因素使得原有法律保护模式难以应对。也有学者将之原因概括为技术进步、成本因素等。[1]

在近来发生的中美贸易纠纷中，芯片制裁是美国制衡中国的重要手段。芯片至今为止仍然是高新技术领域的重要代表，其核心技术仍由美国等个别发达国家所掌握。中美贸易纠纷揭示了中国要成为世界强国，必须掌握包括芯片在内的核心技术，在掌握现有的核心技术基础上，应当从跟踪世界先进技术向引领世界技术发展方向前进。为了保护集成电路布图设计专有权，鼓励集成电路技术的创新，促进科学技术的发展，有必要加强集成电路布图设计专有权的保护，调整保护模式，促进集成电路产业的发展。

基于我国目前《布图设计条例》是以《华盛顿公约》和《TRIPS 协定》为基础的，因此，研究我国对集成电路知识产权的保护，有必要先从国际保护出发进行。

第一节　集成电路布图设计国际保护

美国是半导体集成电路最为发达的国家，也是第一个通过颁布国内法对集成电路进行知识产权保护的国家。早在 1978 年美国就提出了集成电路保护问题的动议，在 1984 年颁布了《半导体芯片保护法》。其保护的客体被称为掩模作品（Mask Work），[2]日本在其国内法《半导体集成电路的线路布局法》中使用的是线路布局（Circuit layout）概念，瑞典在其国内法中使用的是布图设计（Layout Design），欧共体指令使用的是形貌结构（Topography，也被译作拓扑图）。美国国内立法的基本目的在于防止未经许可复制他人的掩模作品。日、瑞典也采用了美国模式。美、日、瑞三国是世界上最早进行立法保护集成电路的国家。

---

〔1〕　参见曾志超：《集成电路布图设计独立保护制度存废之辩——以海峡两岸相关法律制度为例》，载《科技与法律》2012 年第 5 期。

〔2〕　掩模作品称谓在技术层面上已经落后。现在的制造商将掩模图形存储于计算机中，通过控制电子束扫描进行表面曝光，或者通过低能加速器进行离子注入等技术将掩膜图形集成于半导体材料之中，已经完全不再使用传统的掩模版来制造集成电路。因此，掩模作品是集成电路初期发展的法律概念，是布图设计的初期形式。

1986 年在美、日等国的倡议下，WIPO 开始制定《关于集成电路的知识产权条约》。因该条约采用了美国模式，1989 年 5 月 26 日缔结于美国华盛顿，又被称为《保护集成电路知识产权的华盛顿公约》（Treaty on Intellectual Property in Respect of Integrated Circuits），简称《华盛顿公约》（Washington Treaty）。到 2021 年 12 月 20 日共有签字国 10 个。它们是：中国（1990 年 5 月 1 日）、利比里亚（1989 年 5 月 26 日）、加纳（1989 年 5 月 26 日）、印度（1990 年 5 月 25 日）、危地马拉（1989 年 5 月 31 日）、圣卢西亚（2000 年 12 月 18 日）、埃及（1989 年 12 月 5 日申请，1990 年 7 月 26 日批准）、塞尔维亚（1989 年 5 月 26 日）、波斯尼亚和黑塞哥维那（2007 年 3 月 8 日）、赞比亚（1989 年 5 月 26 日）。[1] 尽管该公约于 1989 年签署，但据 WIPO 网站载明资料显示，至今尚未生效。我国是 1989 年首批签字国。因 1994 年 4 月 15 日签字，1995 年 1 月 1 日生效的《TRIPS 协定》第六节集成电路布图设计（拓扑图）第 35 条与集成电路知识产权条约的关系规定，全体成员同意，依照"集成电路知识产权条约"第 2 条至第 7 条（其中第 6 条第 3 款除外）、第 12 条及第 16 条第 3 款，为集成电路布图设计（即拓扑图，下称"布图设计"）提供保护；此外，全体成员还同意遵守下列规定。因《TRIPS 协定》对知识产权保护的强制性高标准，承认了公约的主要内容，并发展和提高了该公约的保护水平，使得国际上对集成电路布图设计提供保护的国家比公约签署国要多得多，从而使得该公约是否生效已变得意义不足。因此，本节对集成电路布图设计国际保护，我们将从《华盛顿公约》《TRIPS 协定》相结合的视域进行研究。

一、基本概念的定义

（一）集成电路

"集成电路"是指一种产品，在它的最终形态或中间形态，是将多个元件，其中至少有一个是有源元件，和部分或全部互连集成在一块材料之中和/或之上，以执行某种电子功能。

集成电路的元件分为有源元件和无源元件。有源元件，英文为 Active

---

　〔1〕　参见 WIPO 管理的条约：缔约方 华盛顿条约（尚未生效），载 https://wipolex. wipo. int/zh/treaties/ShowResults？search_ what＝C&treaty_ id＝29，最后访问日期：2023 年 7 月 12 日。

component，我国台湾地区或一些其他外行人士也称为主动元件，是指能够控制能量的元件，如晶体管，场效应管等。有源元件主要功能是输入信号、为无源元件提供能量，但其工作还必须要有外加电源，且自身也要消耗能量。

与有源元件相对应的是无源元件（被动元件）。无源元件，是电子术语，主要是电阻类、电感类和电容类元件，指在不需要外加电源的条件下，就可以显示其特性的电子元件。

电阻是电流通过导体时，导体阻碍电流的性质。在电路中起阻流作用的元器件称为电阻器，简称电阻。电阻器的主要用途是降压、分压或分流，在一些特殊电路中用作负载、反馈、耦合、隔离等。电阻在电路图中的符号为字母 R。电阻的标准单位为欧姆，记作 Ω。常用的还有千欧（KΩ），兆欧（MΩ）。

IKΩ = 1 000Ω

1MΩ = 1 000KΩ。

电容器是电子线路中最常见的元器件之一，它是一种存储电能的元器件。电容器由两块同大同质的导体中间夹一层绝缘介质构成。当在其两端加上电压时，电容器上就会存储电荷。一旦没有电压，只要有闭合回路，它又会放出电能。电容器在电路中阻止直流通过，而允许交流通过，交流的频率越高，通过的能力越强。因此，电容在电路中可以发挥耦合、旁路滤波、反馈、定时及振荡等作用。电容器的字母代号为 C。电容量的单位为法拉（记作 F），常用有 μF（微法）、PF（即 $\mu\mu$F、微微法）。

1F = 1 000 000μF

1μF = 1 000 000PF

电容在电路中表现的特性是非线性的。对电流的阻抗称为容抗。容抗与电容量和信号的频率反比。

电感与电容一样，也是一种储能元器件。电感器一般由线圈做成，当线圈两端加上交流电压时，在线圈中产生感应电动势，阻碍通过线圈的电流发生变化。这种阻碍称作感抗。感抗与电感量和信号的频率成正比。它对直流电不起阻碍作用（不计线圈的直流电阻）。所以电感在电子线路中的作用是：阻流、变压、耦合及与电容配合用作调谐、滤波、选频、分频等。

电感在电路中的代号为 L。电感量的单位是亨利（记作 H），常用的有毫亨（mH），微亨（μH）。

1H＝1 000mH

1mH＝1 000μH

电感是典型的电磁感应和电磁转换的元器件，最常见的应用是变压器。

集成电路英语是 Integrated Circuit，简称 IC，或称微电路（microcircuit）、微芯片（microchip）、芯片（chip），是由许多电子元件制作在一块微小的芯片上，成为一个具有特定功能的电路个体。从《华盛顿公约》对集成电路的定义看，把握集成电路的概念，需要注意：

1. 它既可以是一个最终产品，又可以是一个中间产品。

2. 它是一个或多个有源元件与若干无源元件的部分或全部互连集成在一块材料之中和/或之上。这个"一块材料"即指芯片。芯片，又称微电路，是指内含集成电路的硅片。因此，芯片既是指集成电路，又指集成电路的硅片，即集成电路的基片。

3. 它的作用是执行某种电子功能。

（二）布图设计（拓扑图）

"布图设计（拓扑图）"是指集成电路中多个元件。其中至少有一个是有源元件，和其部分或全部集成电路互连的三维配置，或者是指为集成电路的制造而准备的这样的三维配置。据此规定定义可知，布图设计又称拓扑图，或者布图设计是指集成电路元件互连形成的拓扑图。

拓扑学（TOPOLOGY）是一种研究与大小、距离无关的几何图形特性的方法。网络拓扑是由网络节点设备和通信介质构成的网络结构图。在选择拓扑结构时，主要考虑的因素有：安装的相对难易程度、重新配置的难易程度、维护的相对难易程度、通信介质发生故障时，受到影响的设备的情况。

其基本术语有：①节点。节点就是网络单元。网络单元是网络系统中的各种数据处理设备、数据通信控制设备和数据终端设备。节点分为转节点（其作用是支持网络的连接，它通过通信线路转接和传递信息）和访问节点（是信息交换的源点和目标）。②链路。链路是两个节点间的连线。链路分"物理链路"和"逻辑链路"两种，前者是指实际存在的通信连线，后者是指在逻辑上起作用的网络通路。链路容量是指每个链路在单位时间内可接纳的最大信息量。③通路。通路是从发出信息的节点到接收信息的节点之间的一串节点和链路。也就是说，它是一系列穿越通信网络而建立起的节点到节点的链路。

拓扑结构图是指由网络节点设备和通信介质构成的网络结构图。网络拓扑定义了各种计算机、打印机、网络设备和其他设备的连接方式。换句话说，网络拓扑描述了线缆和网络设备的布局以及数据传输时所采用的路径。网络拓扑会在很大程度上影响网络如何工作。

网络拓扑包括物理拓扑和逻辑拓扑。物理拓扑是指物理结构上各种设备和传输介质的布局。物理拓扑通常有总线型、星型、环型、树型、网状型等几种。

总线结构。总线结构是比较普遍采用的一种方式，它将所有的入网计算机均接入到一条通信线上，为防止信号反射，一般在总线两端连有终结器匹配线路阻抗。总线结构的优点是信道利用率较高，结构简单，价格相对便宜。缺点是同一时刻只能有两个网络节点相互通信，网络延伸距离有限，网络容纳节点数有限。在总线上只要有一个点出现连接问题，会影响整个网络的正常运行。目前在局域网中多采用此种结构。

星型结构。星型结构是以一个节点为中心的处理系统，各种类型的入网机器均与该中心节点有物理链路直接相连。星型结构的优点是结构简单、建网容易、控制相对简单。其缺点是属集中控制，主节点负载过重，可靠性低，通信线路利用率低。

环型结构。环型结构是将各台连网的计算机用通信线路连接成一个闭合的环。环型拓扑是一个点到点的环型结构。每台设备都直接连到环上，或通过一个接口设备和分支电缆连到环上。在初始安装时，环型拓扑网络比较简单。随着网上节点的增加，重新配置的难度也增加，对环的最大长度和环上设备总数有限制，可以很容易地找到电缆的故障点。受故障影响的设备范围大，在单环系统上出现的任何错误，都会影响网上的所有设备。

树型结构。星型网络拓扑结构的一种扩充便是星型树。每个 Hub 与端用户的连接仍为星型，Hub 的级连而形成树。然而，应当指出，Hub 级连的个数是有限制的，并随厂商的不同而有变化。树型结构是分级的集中控制式网络，与星型相比，它的通信线路总长度短，成本较低，节点易于扩充，寻找路径比较方便，但除了叶节点及其相连的线路外，任一节点或其相连的线路故障都会使系统受到影响。其只适用于低速、不用阻抗控制的信号，比如在没有电源层的情况下，电源的布线就可以采用这种拓扑。

网状结构。网状结构分为全连接网状和不完全连接网状两种形式。全连接网状中，每一个节点和网中其它节点均有链路连接。不完全连接网中，两节点之间不一定有直接链路连接，它们之间的通信，依靠其它节点转接。这种网络的优点是节点间路径多，碰撞和阻塞可大大减少，局部的故障不会影响整个网络的正常工作，可靠性高；网络扩充和主机入网比较灵活、简单。但这种网络关系复杂，建网不易，网络控制机制复杂。广域网中一般用不完全连接网状结构。

混合型拓扑。就是两种或两种以上的拓扑结构同时使用。优点是可以对网络的基本拓扑取长补短。缺点是网络配置难度大。

蜂窝拓扑结构。蜂窝拓扑结构是无线局域网中常用的结构。它以无线传输介质（微波、卫星、红外等）点到点和多点传输为特征，是一种无线网，适用于城市网、校园网、企业网。

逻辑拓扑描述的是设备之间是如何通过物理拓扑进行通信。

物理拓扑与逻辑拓扑是各自独立的。例如所有类别的以太网在设备之间通信时使用的是逻辑总线型拓扑，无论线缆的物理布局如何都是如此。物理拓扑图由于是根据网络设备的实际物理地址进行扫描而得出，所以它更加适合的是网络设备层管理，通过物理拓扑图，一旦网络中出现故障或者即将出现故障，物理拓扑图可以及时详细地告诉网络管理者是哪一台网络设备出了问题。例如，当网络中某台交换机出现了故障，通过物理拓扑图，网管系统可以告诉管理者在网络里众多的交换设备中是哪一台交换机的哪一个端口出现了问题，通过这个端口连接了哪些的网络设备，便于网管人员进行维护。而对于逻辑拓扑来说，它更加注重的是应用系统的运行状况，它反映的是实际应用的情况。

布图设计就是以拓扑图形式表达的一种智力成果。这一成果成为《TRIPS协定》保护的知识产权客体，先后成为我国《民法总则》和《民法典》保护的知识产权客体。

（三）权利持有人

"权利持有人"是指根据适用的法律被认为是集成电路布图设计保护范围内所保护的受益人的自然人或者法人。

（四）受保护的布图设计（拓扑图）

"受保护的布图设计（拓扑图）"是指符合《华盛顿公约》保护条件的布图设计（拓扑图）。

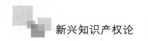

《华盛顿公约》保护条件包括实体条件即独创性和程序性条件即登记。只有符合实体条件并依法经过登记的布图设计（拓扑图）才能获得法律保护。

二、集成电路布图设计保护对客体的要求

根据《华盛顿公约》第3条"条约的客体"规定，集成电路布图设计保护的客体必须符合以下要求：

（一）保护布图设计（拓扑图）的义务

1. 提供对布图设计以知识产权保护的义务，特别是对《华盛顿公约》第6条即保护范围确认的侵权行为提供法律救济。每一缔约方有义务保证在其领土内按照本公约对布图设计（拓扑图）给予知识产权保护。它尤其应当采取适当的措施以保证防止按照第6条的规定被认为是非法的行为，并在发生这些行为时采取适当的法律补救办法。

2. 对权利持有人实行深度、平等保护。即无论集成电路是否被结合在一件产品中，该集成电路的权利持有人的权利均适用。

3. 对集成电路的布图设计（拓扑图）可以实行范围限定保护。虽有第2条（1）款的规定，但任何缔约方，其法律把对布图设计（拓扑图）的保护限定在半导体集成电路的布图设计（拓扑图）范围内的，只要其法律包括有这类限定，均应有适用这类限定的自由。布图设计（拓扑图）并不单纯限于半导体集成电路，缔约方有对布图设计限定在半导体集成电路范围内提供保护的自由。这种自由应得到国际社会的尊重。

（二）原创性要求

1. 受保护的布图设计（拓扑图）应具有原创性。《华盛顿公约》规定缔约国提供保护的义务适用于具有原创性的布图设计（拓扑图），即该布图设计（拓扑图）是其创作者自己的智力劳动成果，并且在其创作时在布图设计（拓扑图）创作者和集成电路制造者中不是常规的设计。

2. 由常规的多个元件和互连组合而成的布图设计（拓扑图），只有在其组合作为一个整体符合独创性的条件时，才应受到保护。

三、对集成电路布图设计（拓扑图）保护的法律形式

《华盛顿公约》规定，每一缔约方可自由通过布图设计（拓扑图）的专门法律或者通过其关于版权、专利、实用新型、工业品外观设计、不正当竞

争的法律，或者通过任何其它法律或者任何上述法律的结合来履行其按照本条约应负的义务。因此，对集成电路布图设计（拓扑图）的法律保护形式，《华盛顿公约》并未进行限定，可以有下列形式。

1. 专门法律。即专有权保护，通过缔约国制定专门保护集成电路布图设计（拓扑图）的法律提供保护。这是目前世界上多数国家采用的保护模式。从世界各国立法情况看，专有权保护，既有著作权法的保护条件和方式，又有专利法的保护条件与方式，是两者的交融。[1]其实质上是以著作权法的受保护条件和专利法保护程序，给予布图设计以类似于专利的保护，是著作权法和专利法相结合而形成的独立的知识产权法保护模式。[2]

2. 通过版权法提供保护。芯片或集成电路要保护的布图设计是一种具有立体结构的电路模型，既不同于文字、数字或符号的表达，也不同于一般图形作品，难以归入著作权法的客体作品之中。再则，著作权保护表达，但不保护产品的实用功能和实用性的成分，任何一个集成电路都具有不可分割的实用功能，因而，从客体上难以获得著作权保护。这是《TRIPS 协定》规定许可版权保护但世界上几乎没有采用版权保护的基本原因。也有学者认为，集成电路布图设计是集成电路的组成元件及其线路的三维配置方案，固化在掩模版或芯片时，表现为一系列图形的组合；存储于磁盘（存储器）中时，表现为一系列的数字编码，在不同的载体上有不同的表现形式，符合著作权保护的作品的要件。但各国的立法对其保护并未采用著作权法模式，其原因在于集成电路布图设计的表现形式有限、集成电路布图设计的更新换代快、著作权法上的长期保护不利于产业的发展、布图设计的作用与著作权保护的作品明显不同。[3]

3. 通过专利法提供保护。《TRIPS 协定》中的专利法系指发明专利法。授予发明专利应当具备新颖性、创造性和实用性。集成电路布图设计是在原有布图设计的基础上略有变化而已，难以达到不属于现有技术的新颖性要求；集成电路布图设计的目的，在于特定的芯片中，排列相关的电子元件，使之

---

〔1〕 参见唐广良、董炳和：《知识产权的国际保护》，知识产权出版社 2002 年版，第 271 页。

〔2〕 参见任啸雷、李杰俊：《集成电路布图设计法律保护模式比较》，载《科技信息》2011 年第 25 期。

〔3〕 参见任啸雷、李杰俊：《集成电路布图设计法律保护模式比较》，载《科技信息》2011 年第 25 期。

达到一定的效果（电子功能），着重于集成电路的集成度，集成度越高，即单块芯片上所容纳的元件越多越好，与此相应其技术难度越大。但无论技术难度如何，其所使用的方法大同小异，目前的技术条件下使用的软件类似，难以通过创造性对具有突出的实质性特点和显著的进步的高度要求。此外，还有学者提出，专利申请与审批时间长，成本高，使得集成电路无法在专利法上得到及时保护，也是不采用专利模式保护的重要原因。[1]

4. 通过实用新型提供保护。但实用新型同样要求新颖性和创造性，集成电路布图设计难以达到实用新型的新颖性要求，也难以达到具有实质性特点和进步的创造性要求。

5. 通过工业品外观设计提供保护。外观设计，是指对产品的形状、图案或者其结合以及色彩与形状、图案的结合所作出的富有美感并适于工业应用的新设计。授予专利权的外观设计，应当不属于现有设计（新颖性）；授予专利权的外观设计与现有设计或者现有设计特征的组合相比，应当具有明显区别（创造性）。集成电路布图设计因其功能性难以具有"富有美感"的要求，即使个别涉及富有美感但难以符合外观设计的新颖性和创造性要求。

6. 通过制止不正当竞争法提供保护。

《反不正当竞争法》制止的商业诋毁或贬损行为、虚假宣传或误导行为、混淆行为，以及商业秘密、盗用企业名称等，在集成电路布图设计产业中一般具有特殊性。唯有布图设计的图形上可以刻上文字或图形，使企业名称权的行使多了一种方式，因此《反不正当竞争法》只能在此情况下对企业名称权提供有限保护，无法延及布图设计本身，不能充分保护布图设计。

7. 通过其他法律提供保护。

8. 通过 1~7 法律的任何结合提供保护。

四、国民待遇

（一）国民待遇

在与第 3 条第 1 款（A）项所述的义务不冲突的条件下，每一缔约方在其领土范围内在布图设计（拓扑图）的知识产权保护方面应给予下列人员与该

---

[1] 参见任啸雷、李杰俊：《集成电路布图设计法律保护模式比较》，载《科技信息》2011 年第 25 期。

缔约方给予其本国国民同样的待遇：①是任何其它缔约方国民或在任何其它缔约方的领土内有住所的自然人。②在任何其它缔约方领土内为创作布图设计（拓扑图）或生产集成电路而设有真实的和有效的单位的法人或自然人。

（二）代理人、送达地址、法院程序

虽有国民待遇的规定，但就指派代理人或者指定送达地址的义务而言，或者就法院程序中外国人适用的特别规定而言，任何缔约方应有不适用国民待遇的自由。

（三）国民待遇和代理人、送达地址、法院程序对政府间组织的适用

缔约方是政府间组织，国民待遇中的"国民"是指该组织任何成员国的国民。

五、保护范围

（一）需要权利持有人许可的行为

《华盛顿公约》第6条第1项规定了需要权利持有人许可的两种行为。

第一种行为是任何缔约方应认为未经权利持有人许可而进行的下列行为是非法的：（1）复制受保护的布图设计（拓扑图）的全部或其任何部分，无论是否将其结合到集成电路中，但复制不符合即原创性所述原创性要求的任何部分布图设计除外。（2）为商业目的进口、销售或者以其它方式供销售保护的布图设计（拓扑图）或者其中含有受保护的布图设计（拓扑图）的集成电路。

因此，条约将复制、为商业目的进口、销售或者以其他方式供销售保护的布图设计（拓扑图）或者其中包含的受保护的布图设计（拓扑图）的集成电路纳入了需要权利持有人许可的行为之中。应当说明的是，条约对集成电路的保护，不仅延及布图设计本身，还延及包含受保护的布图设计的集成电路，无论布图设计是否包含在物品中都要提供知识产权保护；权利人享有的许可权中的复制权，不以商业目的为前提，但进口、销售或者以其他方式供销售保护的布图设计（拓扑图）及其包含受保护的布图设计（拓扑图）的集成电路，须以商业为目的。其中，"以其它方式供销售"本质上应当是指许诺销售（本书称之为许诺销售）。这是权利持有人对集成电路布图设计享有的条约赋予的基本权利或保护范围，或最低限度的保护。

《华盛顿公约》对复制权的保护之所以不以商业目的为前提，在于集成电

路布图设计是人类智力劳动的创作产物，它们的创作既需要非常有能力的专家，还需要巨大的投资（财务支持），是专家的智力劳动和巨大投资相结合的产物。但集成电路布图设计的复制可能只需要花费巨大投资的一小部分（一般仅占开发投资的 1%～10%[1]）。复制可通过对每一个集成电路层进行拍摄并根据获得的信息为产品准备模板而完成。这种复制的可能性是对布图设计进行立法保护的主要原因，[2]也是对复制行为保护不以商业目的为前提的重要原因。

第二种行为是对于未经权利持有人许可而进行的除第一种所述以外的其它行为，任何缔约方亦有确定其为非法的自由。即在条约赋予权利持有人基本的权利或保护范围之外，是否赋予权利持有人其他权利，由缔约方法律自行确定。该规定赋予了缔约方按照国内法提高对集成电路布图设计法律保护水平的自由，从而为世界各国丰富多彩各具特色的知识产权保护提供了国际法律基础。

但条约的上述规定，因整个条约并未生效，于《TRIPS 协定》签署之际，在美国等发达国家主导下，对集成电路布图设计的保护范围进行了调整。《TRIPS 协定》第 36 条规定，在符合下文第 37 条第 1 款前提下，成员应将未经权利持有人（本节中"权利持有人"一语，应理解为含义与"集成电路知识产权公约"之"权利的持有者"相同。）许可而从事的下列活动视为非法：为商业目的进口、销售或以其他方式发行受保护的布图设计；为商业目的进口、销售或以其他方式发行含有受保护布图设计的集成电路；或为商业目的进口、销售或以其他方式发行含有上述集成电路的物品（仅以其持续包含非法复制的布图设计为限）。

依照上列规定，在符合"无需获权利持有人许可的活动"条件下，对集成电路布图设计的保护包括三项：（1）为商业目的进口、销售或以其他方式发行受保护的布图设计；（2）为商业目的进口、销售或以其他方式发行含有受保护布图设计的集成电路；（3）为商业目的进口、销售或以其他方式发行含有上述集成电路的物品（仅以其持续包含非法复制的布图设计为限）。

---

[1] 参见刘文：《论集成电路布图设计保护法的特点》，载《学术交流》2002 年第 2 期。

[2] 参见世界知识产权组织编著：《世界知识产权组织知识产权指南——政策、法律及应用》，北京大学国际知识产权研究中心翻译，知识产权出版社 2012 年版，第 95 页。

经与《华盛顿公约》比较可知，《TRIPS 协定》之（1）（2）实质上是对《华盛顿公约》第一种行为的第 2 项进行了分割化规定，第（3）项是对《华盛顿公约》第一种禁止行为的第 2 项增加了一项，而不是对"所列的禁止从事的行为增加了一项"[1]。《TRIPS 协定》中的"以其他方式发行"与《华盛顿公约》中的"以其它方式供销售"意义相同，都应属于许诺销售的范畴。另一方面，基于《TRIPS 协定》以保护知识产权的贸易为基础，未对复制权的保护明确予以规定，但并不是对复制权不予保护，《TRIPS 协定》对复制权和第二种行为的保护，包含在第 35 条规定之中。因此，《华盛顿公约》与《TRIPS 协定》结合起来，利用集成电路布图设计需要权利人持有人许可的行为包括：

（1）复制受保护的布图设计（拓扑图）的全部或其任何部分，无论是否将其结合到集成电路中，但复制不符合第 3 条（二）款即原创性所述原创性要求的任何部分布图设计除外；

（2）为商业目的进口、销售或以其他方式发行受保护的布图设计；

（3）为商业目的进口、销售或以其他方式发行含有受保护布图设计的集成电路；

（4）或为商业目的进口、销售或以其他方式发行含有上述集成电路的物品（仅以其持续包含非法复制的布图设计为限）；

（5）对于未经权利持有人许可而进行的除第一种所述以外的其它行为，任何缔约方亦有确定其为非法的自由。

（二）不需要权利持有人许可的行为

公约第 6 条第 2 款规定，不需要权利持有人许可的行为包括三种情况：

1. 合理使用。条约规定，虽有第 6 条第 1 款的规定，如果第三者为了私人的目的或者单纯为了评价、分析、研究或者教学的目的，未经权利持有人许可而进行第 6 条第 1 款（A）（1）项所述行为的，任何缔约方不应认为是非法行为。

即在权利人享有法律赋予的权利的同时，如果第三者为了私人的目的或者单纯为了评价、分析、研究或者教学的目的，未经权利持有人许可而进行

----

[1] 世界知识产权组织编著：《世界知识产权组织知识产权指南——政策、法律及应用》，北京大学国际知识产权研究中心翻译，知识产权出版社 2012 年版，第 279 页。

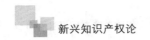

复制行为的，任何缔约方不应认为是非法行为。该规定本质上是指布图设计的合理使用。

2. 反向工程。条约规定，本款（A）项所述的第三者在评价或分析受保护的布图设计（拓扑图）（"第一布图设计（拓扑图）"）的基础上，创作符合第 3 条第 2 款（原创性）规定的原创性条件的布图设计（拓扑图）（"第二布图设计（拓扑图）"）的，该第三者可以在集成电路中采用第二布图设计（拓扑图），或者对第二布图设计（拓扑图）进行第 1 款所述的行为，而不视为侵犯第一布图设计（拓扑图）权利持有人的权利。

即第三人在他人布图设计基础上创作出符合原创性要求的布图设计，并对之进行复制或商业性使用，是被允许的。这就是集成电路的反向工程。其"反向工程"的概念，在集成电路产业方面，是利用现有布图设计从而达到对其改善的目的。尽管使用它可能涉及现存布图设计的复制，但因此完善而被创造的新的布图设计是技术上的进步，有利于公共利益，[1]因而反向工程是被允许的。

3. 独立创作。对于由第三者独立创作出的相同的原创性布图设计（拓扑图），权利持有人不得行使其权利。

第三人独立创作出的与权利持有人相同的原创性布图设计（拓扑图），即第三人通过自主创作行为所创作的与他人受保护的布图设计（拓扑图）相同的布图设计（拓扑图），这种独立创作的布图设计，属于"巧合"，与著作权领域的基于原创性产生的相同作品一样，其他著作权人不能向创作出的相同作品主张权利，布图设计权人也不能向通过原创性劳动创作出来的相同布图设计主张权利。

（三）对集成电路布图设计保护的限制

1. 善意买主

公约第 6 条第 4 款"善意获得侵权的集成电路的销售和供销"规定，虽有第 1 款（A）（2）项的规定，但对于采用非法复制的布图设计（拓扑图）的集成电路而进行的该款所述的任何行为，如果进行或者指示进行该行为的人在获得该集成电路时不知道或者没有合理的依据知道该集成电路包含有非

---

[1] 参见世界知识产权组织编著：《世界知识产权组织知识产权指南——政策、法律及应用》，北京大学国际知识产权研究中心翻译，知识产权出版社 2012 年版，第 95~96 页。

法复制的布图设计（拓扑图），任何缔约方没有义务认为上述行为是非法行为。

《TRIPS 协定》第 37 条第 1 项规定，对于第 36 条所指的从事任何含有非法复制之布图设计的集成电路或含有这类集成电路之物品的活动，如果从事或提供该活动者，在获得该物品时不知、也无合理根据应知有关物品中含有非法复制的布图设计，则不论第 36 条如何规定，任何成员均不得认为该活动非法。成员应规定，在上述行为人收悉该布图设计原系非法复制的明确通知后，仍可以就其事先的库存物品或预购的物品，从事上述活动，但应有责任向权利持有人支付报酬，支付额应相当于自由谈判签订的有关该布图设计的使用许可证合同应支付的使用费。

据此规定，善意买主从事的任何含有非法复制的布图设计的集成电路或含有这类集成电路的活动，不仅不属于非法行为，而且在其知道该布图设计原来属于非法复制（即收到权利人的明确通知后）仍可以就其事先的库存物品或预购的物品进行进口、销售，但在其知道后有责任向权利人支付相当于自由谈判签订的有关该布图设计的使用许可费的报酬。

《华盛顿公约》和《TRIPS 协定》比较，两者的最大差别是后者规定了善意买主在知道其复制系非法的情况下，应向权利持有人支付适当的报酬，即在买主善意的情况下对权利持有人实行填平原则。而在《华盛顿公约》中则不存在此类规定，对权利人显失公平。

2. 非自愿许可

《华盛顿公约》第 6 条第 3 款 "关于未经权利持有人同意而使用的措施" 规定：

（A）虽有第 1 款的规定，但任何缔约方均可在其立法中规定其行政或者司法机关有可能在非通常的情况下，对于第三者按商业惯例经过努力而未能取得权利持有人许可并不经其许可而进行第 1 款所述的任何行为，授予非独占许可（非自愿许可），而该机关认为授予非自愿许可对于维护其视为重大的国家利益是必要的；该非自愿许可仅供在该国领土上实施并应以第三者向权利持有人支付公平的补偿费为条件。

（B）本公约的规定不应影响任何缔约方在适用其旨在保障自由竞争和防止权利持有人滥用权利的法律方面采取措施的自由，包括按正规程序由其行政或者司法机关授予非自愿许可。

（C）授予本款（A）项或（B）项所述的非自愿许可应当经过司法检查。本款（A）项所述的条件已不复存在时，该项所述的非自愿许可应予以撤销。

《TRIPS 协定》第 35 条排除了该款的适用，将集成电路布图设计的非自愿许可修改为：《TRIPS 协定》第 37 条第 1 项规定，上文中第 31 条（a）至（k）项规定的条件，原则上应适用于有关布图设计的任何非自愿许可证，或政府使用的或为政府而使用的、未经权利持有人授权的活动。该规定中的"上文中第 31 条（a）至（k）项规定的条件"系指专利强制许可或非自愿许可的条件。即在于专利强制许可条件下，集成电路布图设计亦应实行强制许可或非自愿许可。《TRIPS 协定》第 31 条"未经权利持有人许可的其他使用"规定，如果成员的法律允许未经权利持有人许可而就专利的内容进行其他使用（"其他使用"，系指除第 30 条允许之外的使用。），包括政府使用或政府授权的第三方使用，则应遵守下列规定：（a）对这类使用的（官方）授权应各案酌处；（b）只有在使用前，意图使用之人已经努力向权利持有人要求依合理的商业条款及条件获得许可，但在合理期限内未获成功，方可允许这类使用。一旦某成员进入国家紧急状态，或在其他特别紧急情况下，或在公共的非商业性场合，则可以不受上述要求约束。但在国家紧急状态或其他特别紧急状态下，应合理可行地尽快通知权利持有人。在公共的非商业使用场合，如果政府或政府授权之合同人未经专利检索而知或有明显理由应知政府将使用或将为政府而使用某有效专利，则应立即通知权利持有人；（c）使用范围及期限均应局限于原先允许使用时的目的之内；如果所使用的是半导体技术，则仅仅应进行公共的非商业性使用，或经司法或行政程序已确定为反竞争行为而给予救济的使用；（d）这类使用应系非专有使用；（e）这类使用不得转让，除非与从事使用的那部分企业或商誉一并转让；（f）任何这类使用的授权，均应主要为供应授权之成员域内市场之需；（g）在适当保护被授权使用人之合法利益的前提下，一旦导致授权的情况不复存在，又很难再发生，则应中止该使用的授权。主管当局应有权主动要求审查导致授权的情况是否继续存在；（h）在顾及有关授权使用的经济价值的前提下，上述各种场合均应支付权利持有人使用费；（i）关于这种授权之决定的法律效力，应接受司法审查，或显然更高级的主管当局的其他独立审查；（j）任何规范这类使用费的决定，均应接受司法审查，或接受该成员的显然更高级主管当局的其他独立审查；（k）如果有关使用系经司法或行政程序业已确定为反竞争行为的救济方才允许的使用，则成员无义务适用上述（b）项及（f）项所定的条件。确定这类情况的使用费额度时，可考虑纠正反竞争行为的需要。一旦导致授权的情况可能再发生，主管当局即应有权拒绝中止该授权；（1）如果这类授权使用是为允许开发一项专利（"第二专利"），而若不侵犯另一专利（"第一专利"）又无法开发，则授权时应适用下列条件，"1）第二专利之权利要求书所覆盖的发明，比起第一专利之权利要求书所覆盖的发明，应具有相当经济效益的重大技术进步；2）第一专利所有人应有权按合理条款取得第二专利所覆盖之发明的交叉使用许可证；3）就第一专利发出的授权使用，除与第二专利一并转让外，不得转让。"应当强调说明的是，其中第（I）项规定，不适用于集成电路布图设计的非自愿许可。

3. 权利用尽

公约第 6 条第 5 款"权利的用尽"规定，虽有第 1 款（A）（2）项的规定，任何缔约方可以认为，对由权利持有人或者经其同意投放市场的受保护的布图设计（拓扑图）或者采用该布图设计（拓扑图）的集成电路，未经权利持有人的许可而进行该款所述的任何行为是合法行为。

即只要是布图设计权人或其授权的人，将对于受保护的布图设计及其包含该受保护的布图设计的集成电路投放市场后，对该布图设计及其包含该受保护的布图设计的集成电路的任何商业行为不再享有权利，即权利用尽。他人的商业行为，不构成对权利持有人的侵权。

六、实施、登记、公开

（一）要求实施的权能

布图设计（拓扑图）在世界某地已单独地或作为某集成电路的组成部分进入普通商业实施以前，任何缔约方均有不保护该布图设计（拓扑图）的自由。

（二）要求登记的权能：公开

1. 布图设计（拓扑图）成为以正当方式向主管机关提出登记申请的内容或者登记的内容以前，任何缔约方均有不保护该布图设计（拓扑图）的自由，对于登记申请，可以要求其附具该布图设计（拓扑图）的副本或图样，当该集成电路已商业实施时，可以要求其提交该集成电路的样品并附具确定该集成电路旨在执行的电子功能的定义材料；但是，申请人在其提交的材料足以

确认该布图设计（拓扑图）时，可免交副本或图样中与该集成电路的制造方式有关的部分。

2. 需按上列 1 提交申请的，任何缔约方均可要求该申请在自权利持有人在世界任何地方首次商业实施集成电路的布图设计（拓扑图）之日起一定期限内提出。此期限不应少于自该日期起两年。

3. 可以规定按上列 1 进行登记应支付费用。

（三）在生效时存在的布图设计（拓扑图）的保护

任何缔约方有权对本条约对该缔约方生效时已存在的布图设计（拓扑图）不适用本条约，但以本规定不影响该布图设计（拓扑图）在该缔约方的领土内在当时根据本条约以外的国际义务或该国的立法所可能享受的保护为限。

七、权利保护期

《华盛顿公约》第 8 条规定，保护期限至少应为八年。该规定仅仅是一个保护期的下限。《TRIPS 协定》排除了该项规定。

《TRIPS 协定》第 38 条"保护期"规定：①在要求将注册作为保护条件的成员中，布图设计保护期不得少于从注册申请的提交日起、或从该设计于世界任何地方首次付诸商业利用起 10 年。②在不要求将注册作为保护条件的成员中，布图设计保护期不得少于从该设计于世界任何地方首次付诸商业利用起 10 年。③无论上述①②如何规定，成员均可将保护期规定为布图设计创作完成起 15 年。因此，《TRIPS 协定》规定的保护期比《华盛顿公约》规定的保护期有两大进步：

一是明确规定了保护期的起算时间，以注册为保护条件，则可有两种起算时间，即从注册申请的提交日起或从该设计于世界任何地方首次付诸商业利用起算；不以注册为保护条件，则仅有一种起算时间，即以该设计于世界任何地方首次付诸商业利用起算。除此之外，还可以该设计创作完成时起算。

二是明确了不同起算时间确定的保护期。以注册申请的提交日起或从该设计于世界任何地方首次付诸商业利用起算，保护期均为 10 年；以创作完成起算保护期为 15 年。

基于集成电路布图设计技术更新周期短的特征，《TRIPS 协定》的确定性保护期足以充分保护权利持有人的合法权益。

最后需要特别说明的是，华盛顿条约不得影响任何缔约方根据《巴黎公约》或者《伯尔尼公约》所承担的义务。

第二节　我国集成电路布图设计专有权的保护

为了保护集成电路布图设计专有权，鼓励集成电路技术的创新，促进科学技术的发展，同时，也为了履行加入 WTO 保护集成电路知识产权的义务，1997 年我国签字加入《华盛顿公约》之后颁布了《布图设计条例》，自 2001 年 10 月 1 日起施行，开始了我国集成电路布图设计法律保护之路。随后，为了落实《布图设计条例》，国家知识产权局颁布了《布图设计条例细则》，于《布图设计条例》同日施行，构成了我国集成电路知识产权保护的基本法律制度。我国对集成电路知识产权的法律保护制度，是在对《华盛顿公约》和《TRIPS 协定》的国内法律化，我国对集成电路知识产权采用专门保护办法，按照国民待遇原则对外国集成电路布图设计专有权进行保护，由国务院知识产权行政部门即国家知识产权局负责布图设计专有权的管理工作。

一、布图设计条例的基本概念与受保护条件

（一）布图设计条例的基本概念

1. 集成电路，是指半导体集成电路，即以半导体材料为基片，将有一个是有源元件的两个以上元件和部分或者全部互连线路集成在基片之中或者基片之上，以执行某种电子功能的中间产品或者最终产品。在我国有学者认为，《布图设计条例》对集成电路的定义，将其界定为以"以半导体材料为基片"，未跟上科学发展已出现的生物芯片、微流体芯片等的步伐，是一个缺陷。[1]"以执行电子功能"是集成电路定义中的实质性限定，在判定是否符合基本定义时，应当判断是否符合"以执行某种电子功能"的规定。[2]

2. 集成电路布图设计（以下简称布图设计），是指集成电路中至少有一个是有源元件的两个以上元件和部分或者全部互连线路的三维配置，或者为制造集成电路而准备的上述三维配置。

---

〔1〕　参见李志研：《我国集成电路布图设计专有权制度评析》，载《安徽工业大学学报（社会科学版）》2003 年第 4 期。

〔2〕　参见黄道许：《集成电路布图设计基本定义的审查标准适用探析——从一件布图设计专有权撤销案件审查实践出发》，载《中国发明与专利》2019 年第 2 期。

3. 布图设计权利人，是指依照《布图设计条例》的规定，对布图设计享有专有权的自然人、法人或者其他组织。

4. 复制，是指重复复制作布图设计或者含有该布图设计的集成电路的行为。

5. 商业利用，是指为商业目的进口、销售或者以其他方式提供受保护的布图设计、含有该布图设计的集成电路或者含有该集成电路的物品的行为。

商业利用的概念，表明了集成电路知识产权保护的效力范围。对于集成电路的保护，发展中国家与发达国家有着不同的意见，存在重大争论。发展中国家认为应将对集成电路知识产权的保护，限定于复制布图设计和利用布图设计制造集成电路两个层次上；美、日等集成电路技术强国主张应延伸至安装有受保护的集成电路的产品上。因《TRIPS 协定》完全采用了美、日等技术强国主张，将效力范围延伸至第三个层次，我国为加入 WTO，采用了与 TRIPS 协定一致的效力范围。

6. 布图设计专有权，全称集成电路布图设计专有权，是指依照《布图设计条例》规定，布图设计权利人基于其创作的具有独创性的集成电路布图设计经登记而享有的专有权。也有学者将其概括为是指布图设计的创作者或其他权利人对布图设计享有的复制和商业利用的权利。[1]根据《民法典》第123 条的规定，布图设计专有权是基于集成电路布图设计而享有的专有的权利。

（二）布图设计受保护的条件与保护范围

受保护的布图设计应当具有独创性，即该布图设计是创作者自己的智力劳动成果，并且在其创作时该布图设计在布图设计创作者和集成电路制造者中不是公认的常规设计。受保护的由常规设计组成的布图设计，其组合作为整体应当符合独创性的条件。对布图设计的保护，不延及思想、处理过程、操作方法或者数学概念等。

布图设计的全称是集成电路布图设计。这是集成电路图设计专有权的保护客体。了解该保护客体的全部法律特征，应当从其全称出发进行研究。

布图设计是为集成电路发挥其"某种电子功能"服务的。一个不能发挥"某种电子功能"的布图设计是不存在的，也不能投入商业利用，也不能获得

---

[1] 参见李志研：《我国集成电路布图设计专有权制度评析》，载《安徽工业大学学报（社会科学版）》2003 年第 4 期。

知识产权保护。因此，布图设计权客体在法律上就具有功能性和独创性两种法律属性。集成电路布图设计专有权的基础是集成电路，其"以执行电子功能"实质性限定条件的判断应该放在独创性判断之前。[1]如果不符合"以执行电子功能"的规定，将不继续判断是否具备独创性。如果登记的文件不完整齐备，使得布图设计创作者和集成电路制造者认为根据布图设计的部分模块或组合的整体不能实现"执行某种电子功能"，那么布图设计的该部分模块或该组合的整体不能作为判断独创性的基础；如果一个集成电路布图设计包含多个相对独立的模块，而其中部分模块根据复制件或图样的信息，不能实现相应的功能，则该部分模块不能作为判断布图设计是否具有独创性的基础。

在独创性法律保护条件中，采用或借鉴的是著作权保护的概念与条件，但受保护的布图设计的独创性具有不同于作品受到著作权保护可版权性的独创性，它不仅要求布图设计是创作者自己的智力成果，还要求在其创作时该布图设计在布图设计创作者和集成电路制造者中不是公认的常规设计。因此，布图设计的独创性必须达到不同于公认的常规设计的程度，即不是平庸的或司空见惯的。而著作权法只要求独立创作并非剽窃的较低程度。独创性是著作权要求的创造性的体现，布图设计的独创性高于著作权的独创性。专利法要求的创造性是比现有技术有较大提高即实质性特点或突出的实质性特点，布图设计的独创性虽然高于著作权的独创性程度要求，但并不要求达到专利法要求的创造性高度，因此，在创造性上布图设计提出的要求介于著作权法和专利法之间。

在功能性法律保护条件中，采用的是专利法的概念与条件。

布图设计有著作权法和专利法保护对象的双重特征。布图设计的外在形式，表现为一系列的图形。当这些平面图形按照特定形式或规则被固定在硅片表面下不同深度中后，便可以形成三维立体结构，实现特定功能，即这种外在表现形式为图形的布图设计有其内涵的实用功能，其最终的价值是通过特定的电子功能得以实现的。其客体的双重属性导致了布图设计权的内容设计上具备了类似著作权和专利权的属性。

布图设计专有权取得的实质条件或前提条件是独创性。布图设计的独创

〔1〕　参见黄道许：《集成电路布图设计基本定义的审查标准适用探析——从一件布图设计专有权撤销案件审查实践出发》，载《中国发明与专利》2019年第2期。

性包含两层含义：自己设计完成；不属于创作时公认的常规设计。布图设计的独创性，在绝大多数情况下是指整个布图设计中的某一或某些部分的布图设计具有独创性，或指由常规设计组成的布图设计其组合作为整体具有独创性，只有在极少数情况下是指整个布图设计具有独创性。受保护的独创性部分应能够相对独立的执行某种电子功能，可以体现在布图设计任何具有独创性的部分中，也可以体现在布图设计整体中。布图设计中任何具有独创性的部分均受法律保护，而不论其在整体设计中是否占有主要部分，是否能够实现整体设计的核心性能。但在登记制下，授权阶段可以确定布图设计的整体内容，但布图设计的独创性部分并未被清晰地说明或划定。在侵权诉讼中，认定布图设计的独创性及其部分，是一个艰难而复杂的技术事实查明程序。

有学者认为，在具体的审理过程中，判断其独创性应以完善的举证程序为保证。①原告（权利人）应确定如下事实：陈述并划定其布图设计的独创性部分，并详尽说明业界中的常规设计是什么？布图设计中的独创性部分与常规设计的区别是什么？独创性如何体现、使用独创性布图设计对于产品性能和功能的提高、成本较少等起到了哪些作用。这些陈述与说明应有相关的证据来证明。②被告（被控经营者）针对原告陈述的事实和提供的证据，可以提出权利人主张的事实和提供的证据不成立，并用相应证据进行证明。如独立创作、常规设计等。③双方当事人完成举证后，办案法官查明两个事实：一是权利人主张的独创性能否成立？如成立，被告复制、销售的布图设计之相应部分是否相同或实质相似，从而按照接触+实质相似判断侵权成立与否。[1]

二、布图设计专有权的内容、归属与保护期

（一）我国布图设计专有权的内容

布图设计专有权经国务院知识产权行政部门登记产生。未经登记的布图设计不受布图设计条例保护。经登记产生的布图设计权利人享有下列专有权：

1. 复制权。对受保护的布图设计的全部或者其中任何具有独创性的部分进行复制；

---

〔1〕 参见祝建军：《对集成电路布图设计专有权司法保护有关问题的思考》，载《知识产权》2016年第9期。

2. 商业利用权。将受保护的布图设计、含有该布图设计的集成电路或者含有该集成电路的物品投入商业利用。

我国《布图设计条例》对布图设计采用设权模式进行保护，与《华盛顿公约》《TRIPS 协定》和各国的保护模式是一致的。基于保护客体的特殊性，专门权保护制度是一种不同于著作权，也不同于专利权的新型权利，即布图设计权。布图设计权的两项权能，分别属于著作权（复制权）和专利权（商业利用权），由此可见，集成电路知识产权保护兼采著作权保护与专利权部分内容于一身，由此表明，集成电路知识产权保护在知识产权保护体系中具有著作权和专利权之间的特殊地位。这是由于其客体具有著作法和专利法保护对象的双重属性所决定的。[1]

（二）布图设计专有权的归属

1. 一般归属：布图设计创作者

布图设计专有权属于布图设计创作者，布图设计条例另有规定的除外。

由法人或者其他组织主持，依据法人或者非法人组织的意志而创作，并由法人或者其他组织承担责任的布图设计，该法人或者非法人组织是创作者。布图设计专有权属于法人或者非法人组织的，法人或者非法人组织变更、终止后，其专有权在条例规定的保护期内由承继其权利、义务的法人或者非法人组织享有；没有承继其权利、义务的法人或者非法人组织的，该布图设计进入公有领域。

由自然人创作的布图设计，该自然人是创作者。布图设计专有权属于自然人的，该自然人死亡后，其专有权在布图设计条例规定的保护期内依照继承法的规定转移。

2. 特别归属

（1）合作创作的权利归属

两个以上自然人、法人或者非法人组织合作创作的布图设计，其专有权的归属由合作者约定；未作约定或者约定不明的，其专有权由合作者共同享有。

（2）委托创作的权利归属

受委托创作的布图设计，其专有权的归属由委托人和受托人双方约定；未作约定或者约定不明的，其专有权由受托人享有。委托创作在实务中也被

---

〔1〕　参见郭禾：《中国集成电路布图设计权保护评述》，载《知识产权》2005 年第 1 期。

称为委托开发。如 2014 年 6 月 5 日深圳市星火原光电科技有限公司（委托人）委托泰凌微电子（上海）股份有限公司（受托人）通过 COMS 技术设计空调专用微处理器控制芯片，并签订《技术开发合同》，随后于 2014 年 6 月 9 日又签订补充协议《专用集成电路产品委托开发设计合同》，该合同也约定了设计开发费金额。[1]

根据上述规定，我国学者提出，《布图设计条例》缺失职务布图设计权利归属的规定。[2]

（三）布图设计的保护期

布图设计专有权的保护期为 10 年，自布图设计登记申请之日或者在世界任何地方首次投入商业利用之日起计算，以较先日期为准。但是，无论是否登记或者投入商业利用，布图设计自创作完成之日起 15 年后，不再受我国法律保护。

在学术界有人认为，保护期的起点时间应为"申请日"，其"在世界任何地方首次投入商业利用之日"主要是为了解决"权利用尽"问题。[3]笔者认为，基于布图设计专有权以登记为产生条件，以申请日为保护期起点肯定是无问题的。但在申请日之前，如果业已在世界任何地方投入商业利用，则该投入利用日的意义是需要进行研究的。"权利用尽"是以权利存在为前提的。如果不存在权利，则无用尽问题。仅仅将"商业利用日"作为"权利用尽"考量因素，存在逻辑上的矛盾。笔者认为，保护期起算日有两种选择，一是申请日，这是投入商业利用日等于或晚于申请日的情况下，保护期的起算日；二是投入商业利用日，这是在投入商业利用日早于申请日情况下的保护期起算日。

三、布图设计的登记

国务院知识产权行政部门负责布图设计登记工作，受理布图设计登记申请。中国单位或者个人在国内申请布图设计登记和办理其他与布图设计有关

---

[1] 参见最高人民法院民事判决书（2020）最高法知民终 394 号。

[2] 参见李志研：《我国集成电路布图设计专有权制度评析》，载《安徽工业大学学报（社会科学版）》2003 年第 4 期。

[3] 参见于春辉、欧宏伟：《审理侵犯集成电路布图设计专有权纠纷案件若干问题研究——天微公司诉明微公司侵犯集成电路布图设计专有权纠纷案评析》，载《科技与法律》2010 年第 6 期。

的事务的，可以委托专利代理机构办理。在中国没有经常居所或者营业所的外国人、外国企业或者外国其他组织在中国申请布图设计登记和办理其他与布图设计有关的事务的，应当委托国家知识产权局指定的专利代理机构办理。申请登记的布图设计涉及国家安全或者重大利益，需要保密的，按照国家有关规定办理。《布图设计条例》在布图设计专有权的产生上实行的是登记保护主义，即对布图设计的保护以登记为前提，至于其是否投入商业使用，则在所不问。布图设计的登记是确定保护对象的过程，是获得布图设计专有权的条件，而不是公开布图设计内容的过程，也不是以公开布图设计为对价而获得专有权保护。

（一）申请布图设计登记应当提交的文件与要求

申请布图设计登记，应当提交下列文件。

1. 布图设计登记申请表

布图设计登记申请表应当写明下列各项：申请人的姓名或者名称、地址或者居住地；申请人的国籍；布图设计的名称；布图设计创作者的姓名或者名称；布图设计的创作完成日期；该布图设计所用于的集成电路的分类；申请人委托专利代理机构的，应当注明的有关事项；申请人未委托专利代理机构的，其联系人的姓名、地址、邮政编码及联系电话；布图设计有布图设计条例第 17 条所述商业利用行为的，该行为的发生日；布图设计登记申请有保密信息的，含有该保密信息的图层的复制件或者图样页码编号及总页数；申请人或者专利代理机构的签字或者盖章；申请文件清单；附加文件及样品清单；其他需要注明的事项。

2. 布图设计的复制件或者图样

按照此规定提交的布图设计的复制件或者图样应当符合下列要求：（1）复制件或者图样的纸件应当至少放大到用该布图设计生产的集成电路的 20 倍以上；申请人可以同时提供该复制件或者图样的电子版本；提交电子版本的复制件或者图样的，应当包含该布图设计的全部信息，并注明文件的数据格式。（2）复制件或者图样有多张纸件的，应当顺序编号并附具目录。（3）复制件或者图样的纸件应当使用 A4 纸格式；如果大于 A4 纸的，应当折叠成 A4 纸格式。（4）复制件或者图样可以附具简单的文字说明，说明该集成电路布图设计的结构、技术、功能和其他需要说明的事项。

电子申请的图样提交规范为：一份申请文件或中间文件应当以一个 Zip 压

缩包的形式上传，Zip 压缩包内不得有文件夹，包内文件应当为 tiff/tif 格式的文件。tiff/tif 文件应当以 1. tiff、2. tiff、3. tiff 等连续的数字命名。上传文件不得大于 150M。

在司法实践中，专有权保护范围的确定是审判的难点之一[1]或一大难题[2]。实践中，通常都将图样作为专有权保护范围的第一证据。但在图样不完整、不清晰的情况下，既有将"样品"视为同等重要的证据，[3]也有完全不认可"样品"效力的情形。[4]这是一个在很大程度上影响判决结果的基础性问题，但尚未达成共识。最高人民法院知识产权审判案例指导认为，登记时已投入商业利用的集成电路布图设计，其专有权的保护内容应当以申请时提交的复制件或图样为准，必要时样品可以作为辅助参考。[5]在样品与复制件或图样的纸件具有一致性的前提下，可以对样品剖片，通过技术手段精确还原样品包含的布图设计的详细信息，提取其中的三维配置信息，确定纸件中无法识别的布图设计细节，用以确定布图设计的内容。[6]

图样是布图设计保护的基础，应当以图样为准来确定布图设计专有权的保护范围，而样品与简要说明可以作为辅助材料、帮助确定布图设计的保护范围以及更加清晰地理解布图设计的要点。但由于技术的发展、芯片集成程度越来越高，放大 20 倍以上也很难清晰展示布图设计保护的范围，同时因布图设计审查已经上线，复制件或者图样的纸件应当至少放大到用该布图设计生产的集成电路的 20 倍以上，已没有实际意义。[7]电子申请条件下，可以较好地解决图样不清晰的问题，且电子申请成本低、有更多的申请人会上传彩色的图样，能更清晰地展示布图设计的保护范围。但电子申请应放开对文件格

〔1〕 参见陈仰平、王倩：《从司法判例看集成电路布图设计图样的形式规范》，载《中国发明与专利》2016 年第 2 期。

〔2〕 参见于春辉、欧宏伟：《审理侵犯集成电路布图设计专有权纠纷案件若干问题研究——天微公司诉明微公司侵犯集成电路布图设计专有权纠纷案评析》，载《科技与法律》2010 年第 6 期。

〔3〕 深圳市中级人民法院民事判决书（2006）深中法民三初字第 255 号；深圳市中级人民法院民事判决书（2009）深中法民三初字第 184 号。

〔4〕 江苏省高级人民法院民事判决书（2013）苏知民终字第 0180 号。

〔5〕 最高人民法院民事裁定书（2015）民申字第 785 号。

〔6〕 最高人民法院民事判决书（2019）最高法知民终 490 号。

〔7〕 参见陈仰平、王倩：《从司法判例看集成电路布图设计图样的形式规范》，载《中国发明与专利》2016 年第 2 期。

式的限制，对系统进行适应性升级，便于申请人提交原始的图形文件。[1]

应当说明的是，《布图设计条例》未就总图以及分层图做出进一步规范，是其缺陷之一。各层次布图设计完成后，通过叠加就可以得到总图。但总图因层次图叠加次序可能存在多种组合，通常难以拆分为唯一的、确定的分层图。只提交总图无法体现出布图设计的保护要点的。布图设计申请的登记的主要作用是证据的保存。但在司法实践中，分层图具有直接的、重要的、不可或缺的作用。因此，申请人在提交布图设计申请时，应提交包含布图设计所有层次的分层图，而对总图的提交，可不做强制性规定。[2]为此，需要适当调整相关规定。

在目前的《布图设计条例》规定下，纸质布图设计的复制件或图样，是必须提交的。而对电子版布图设计的登记态度是可以或"自愿"提交，样品仅仅是要求已经投入商业利用的布图设计必须提交。只有登记完整的纸质布图设计复制件才能满足布图设计登记制度公告后供社会公众查询的目的，单独的布图设计电子版或芯片无法完成登记目的。如在原告昂宝电子（上海）有限公司诉被告南京智浦芯联电子科技有限公司纠纷案中，原告的布图设计已进入商业利用，提供了芯片样品，但是提交的纸质复制件中无有源元件。江苏省高级人民法院以其纸质图样不符合布图设计的定义为由，对原告诉求不予支持。[3]原告向最高人民法院申请再审，最高法院认为，无视布图设计登记对纸质复制件或图样的要求，必然使社会公众通过查询方式获知布图设计内容的相关规定形同虚设，直接依据样品确定布图设计保护内容，极有可能引发轻视纸质复制件或图样法律地位的错误倾向，引发登记行为失范，产生不良导向的作用。原告没有按照规定提交完整齐备的复制件或图样，属于履行登记手续不符合法律规定情形，应自行承担相应的法律后果，裁定驳回再审申请。[4]

---

〔1〕　这里似乎存在需要研究或回答确定权利范围的是总图、分层图还是独创性部分问题。参见于春辉、欧宏伟：《审理侵犯集成电路布图设计专有权纠纷案件若干问题研究——天微公司诉明微公司侵犯集成电路布图设计专有权纠纷案评析》，载《科技与法律》2010 年第 6 期。

〔2〕　陈仰平、王倩：《从司法判例看集成电路布图设计图样的形式规范》，载《中国发明与专利》2016 年第 2 期。

〔3〕　南京市中级人民法院民事判决书（2013）宁知初字第 43 号；参见江苏省高级人民法院民事判决书（2013）苏知民终字第 0180 号。

〔4〕　最高人民法院民事裁定书（2015）民申字第 745 号。

笔者认为，强调复制件或图样的法律地位，应与时俱进。该复制件或图样应有纸质或电子两种形态，为此，需要对《布图设计条例》等规定进行调整。

3. 布图设计已投入商业利用的，提交含有该布图设计的集成电路样品

布图设计在申请日之前已投入商业利用的，申请登记时应当提交 4 件含有该布图设计的集成电路样品，并应当符合下列要求：（1）所提交的 4 件集成电路样品应当置于能保证其不受损坏的专用器具中，并附具填写好的国家知识产权局统一编制的表格；（2）器具表面应当写明申请人的姓名、申请号和集成电路名称；（3）器具中的集成电路样品应当采用适当的方式固定，不得有损坏，并能够在干燥器中至少存放十年。

4. 国务院知识产权行政部门规定的其他材料

申请布图设计登记应当提交的上列文件，应当以书面形式或者以国家知识产权局规定的其他形式办理。

按规定提交的各种文件应当使用中文。国家有统一规定的科技术语的，应当采用规范词；外国人名、地名和科技术语没有统一中文译文的，应当注明原文。

按规定提交的各种证件和证明文件是外文的，国家知识产权局认为必要时，可以要求当事人在指定期限内附送中文译文；期满未附送的，视为未提交该证件和证明文件。

（二）不予受理与补正

1. 不予受理

布图设计登记申请有下列情形的，国家知识产权局不予受理，并通知申请人：①未提交布图设计登记申请表或者布图设计的复制件或者图样的，已投入商业利用而未提交集成电路样品的，或者提交的上述各项不一致的；②外国申请人的所属国未与中国签订有关布图设计保护协议或者未与中国共同参加有关国际条约；③所涉及的布图设计属于《布图设计条例》第 12 条规定不予保护的；④所涉及的布图设计属于《布图设计条例》第 17 条规定不予登记的；⑤申请文件未使用中文的；⑥申请类别不明确或者难以确定其属于布图设计的；⑦未按规定委托代理机构的；⑧布图设计登记申请表填写不完整的。

2. 文件的补正和修改

除上述不予受理的外，申请文件不符合布图设计条例和细则规定的条件

的，申请人应当在收到国家知识产权局的审查意见通知之日起 2 个月内进行补正。补正应当按照审查意见通知书的要求进行。逾期未答复的，该申请视为撤回。

国家知识产权局可以自行修改布图设计申请文件中文字和符号的明显错误。国家知识产权局自行修改的，应当通知申请人。

（三）初步审查

1. 不予登记、登记与驳回

（1）不予登记。

布图设计自其在世界任何地方首次商业利用之日起 2 年内，未向国务院知识产权行政部门提出登记申请的，国务院知识产权行政部门不再予以登记。

（2）申请日。

国家知识产权局收到布图设计登记应当提交的申请文件之日为申请日。如果申请文件是邮寄的，以寄出的邮戳日为申请日。所以"布图设计已投入商业利用的，提交含有该布图设计的集成电路样品"，就是为了依法确定是否登记授予申请人布图设计专有权。

（3）驳回决定。

经过初步审查，申请登记的布图设计有下列各项之一的，国家知识产权局应当作出驳回决定，写明所依据的理由：①明显不符合《布图设计条例》第 2 条第（一）（二）项规定的即不符合集成电路、集成电路布图设计规定内涵的；②明显不符合《布图设计条例》第 5 条规定的，即不延及思想、处理过程、操作方法或者数学概念等；③申请人按照国家知识产权局的审查意见补正后，申请文件仍不符合布图设计条例和细则的规定的。

（4）登记与授权。

布图设计登记申请经初步审查没有发现驳回理由的，国家知识产权局应当颁发布图设计登记证书，并在国家知识产权局互联网站和中国知识产权报上予以公告。布图设计专有权自申请日起生效。国家知识产权局对布图设计公告中出现的错误，一经发现，应当及时更正，并对所作更正予以公告。

国家知识产权局颁发的布图设计登记证书应当包括下列各项：①布图设计权利人的姓名或者名称和地址；②布图设计的名称；③布图设计在申请日之前已经投入商业利用的，其首次商业利用的时间；④布图设计的申请日及创作完成日；⑤布图设计的颁证日期；⑥布图设计的登记号；国家知识产权

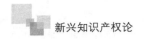

局的印章及负责人签字。

布图设计的登记是确定保护对象的过程，是获得布图设计专有权的条件，而不是公开布图设计内容的过程，也不是以公开布图设计为对价而获得专有权的保护。登记公告后公众可查阅的是纸件，对于已投入商业利用的布图设计纸件中涉及的保密信息，以及电子版本，除侵权诉讼或行政处理程序的需要，不得查阅和复制。登记公告前后，对含有布图设计全部信息的电子版本和已投入商业利用的布图设计纸件中的保密信息均无对公众无条件全部公开的要求。[1]

布图设计专有权的保护范围应当以布图设计授权文件所确定的三维配置为准。权利人所提交的复制件或图样，或者提交的集成电路样品可用于确定受保护的三维配置，且三者所确定的布图设计保护范围相同。复制件或图样附具的文字说明，可以用来解释布图设计。[2]

2. 复审与诉讼救济

布图设计登记申请人对国务院知识产权行政部门驳回其登记申请的决定不服的，可以自收到通知之日起 3 个月内，向国务院知识产权行政部门请求复审。

国家知识产权局专利复审委员会（以下简称《专利复审委员会》）负责对国家知识产权局驳回布图设计登记申请决定不服而提出的复审请求的审查，以及负责对布图设计专有权撤销案件的审查。

复审的请求。向专利复审委员会请求复审的，应当提交复审请求书，说明理由，必要时还应当附具有关证据。复审请求书不符合布图设计条例第 19 条有关规定的，专利复审委员会不予受理。

复审请求不符合规定格式的，复审请求人应当在专利复审委员会指定的期限内补正；期满未补正的，该复审请求视为未提出。

复审程序中文件的修改。复审请求人在提出复审请求或者在对专利复审委员会的复审通知书作出答复时，可以修改布图设计申请文件；但是修改应当仅限于消除驳回决定或者复审通知书指出的缺陷。修改的申请文件应当提交一式两份。

复审决定。专利复审委员会进行审查后，认为布图设计登记申请的复审

---

[1] 最高人民法院民事判决书（2019）最高法知民终 490 号。
[2] 江苏省南京市中级人民法院民事判决书（2009）宁民三初字第 435 号。

请求不符合《布图设计条例》或者《布图设计条例细则》有关规定的，应当通知复审请求人，要求其在指定期限内陈述意见。期满未答复的，该复审请求视为撤回；经陈述意见或者进行修改后，专利复审委员会认为该申请仍不符布图设计条例和布图设计条例细则有关规定的，应当作出维持原驳回决定的复审决定。

专利复审委员会进行复审后，认为原驳回决定不符合布图设计条例和细则有关规定的，或者认为经过修改的申请文件消除了原驳回决定指出的缺陷的，应当撤销原驳回决定，通知原审查部门对该申请予以登记和公告。

专利复审委员会的复审决定，应当写明复审决定的理由，并通知布图设计登记申请人。

国务院知识产权行政部门复审后，作出决定，并通知布图设计登记申请人。布图设计登记申请人对国务院知识产权行政部门的复审决定仍不服的，可以自收到通知之日起 3 个月内向人民法院起诉。

复审请求的撤回。复审请求人在专利复审委员会作出决定前，可以撤回其复审请求。复审请求人在专利复审委员会作出决定前撤回其复审请求的，复审程序终止。

3. 撤销与救济

布图设计获准登记后，国务院知识产权行政部门发现该登记不符合布图设计条例规定的，应当予以撤销，通知布图设计权利人，并予以公告。布图设计权利人对国务院知识产权行政部门撤销布图设计登记的决定不服的，可以自收到通知之日起 3 个月内向人民法院起诉。

撤销程序。布图设计登记公告后，发现登记的布图设计专有权不符合《布图设计条例》第 2 条第（一）即集成电路定义、（二）即集成电路布图设计定义项、第 3 条即国民待遇、第 4 条即独创性、第 5 条即延及思想、处理过程、操作方法或者数学概念等、第 12 条或者第 17 条即在世界任何地方首次商业利用之日起 2 年内，未向国务院知识产权行政部门提出登记申请的，国务院知识产权行政部门不再予以登记的规定，由专利复审委员会撤销该布图设计专有权。

专利复审委员会负责对布图设计专有权撤销案件的审查。

撤销布图设计专有权的，应当首先通知该布图设计权利人，要求其在指定期限内陈述意见。期满未答复的，不影响专利复审委员会作出撤销布图设计专有权的决定。专利复审委员会撤销布图设计专有权的决定应当写明所依据的理由，并通知该布图设计权利人。对专利复审委员会撤销布图设计专有权的决定未在规定期限内向人民法院起诉，或者在人民法院维持专利复审委员会撤销布图设计专有权决定的判决生效后，国家知识产权局应当将撤销该布图设计专有权的决定在国家知识产权局互联网站和中国知识产权报上公告。被撤销的布图设计专有权视为自始即不存在。

以上就是我国集成电路布图设计专有权的撤销与救济程序。

撤销程序的启动和执行是国家知识产权局的依职权的行政行为。但国家专利复审委员会在有限的撤销案件中，并非复审委员会自身发现而启动撤销程序的。而是"撤销意见提出人"即布图设计专有权人以外的、有利害关系的其他人发现并提出的。但因为《布图设计条例》及其实施细则并未赋予社会公众对布图设计专有权提出异议的权利，从而造成享有权利的国家专利复审委员会难以或无法发现应当撤销的布图设计专有权，而"撤销意见提出人"又无权提出异议，从而使布图设计专有权的相关利害关系人在程序中地位不明确或没有法律地位，当复审委员会作出不利于"撤销意见提出人"的决定时，"撤销意见提出人"则无法获得法律救济。根据前述规定，专利复审委员会"发现"是启动程序的前提与原因，或关键因素，只有"积极行政"和"主动行政"才有可能"发现"，但现实是因人员不足等因素，难以主动履行职责；另一方面，因集成电路布图设计具有高度技术密集性和知识密集性，仅靠复审委员会即使积极主动行政也难以"发现"，从而造成利益平衡的尴尬。虽然学术界有人认为，启动程序的主体是专利复审委员会，但发现过程可以是专利复审委员会自行发现和他人向专利复审委员会提出撤销意见后专利复审委员会发现，[1]在某案行政诉讼中，北京一中院认为，根据"撤销意见提出人"提出的意见发现后启动并不违背程序，[2]这是《布图设计条例》的一个重要缺陷。[3]解决此困境的关键在于赋予社会公众对布图设计专有权的异议提出权和救济权。也有学者认为，该程序适用设定错位，与利益平衡

---

〔1〕 参见樊晓东：《集成电路布图设计撤销案件审理中若干问题研究：评首例集成电路布图设计撤销案》，载《中国专利与商标》2010年第4期。

〔2〕 北京市第一中级人民法院行政判决书（2012）一中知行初字第47号。

〔3〕 参见李莉、徐静文：《浅析集成电路布图设计撤销程序》，载《中国发明与专利》2015年第3期。

原则相违背，应参照专利法专利权无效宣告制度设计，修改布图设计专用权撤销制度为无效宣告制度。[1]这是一个值得探讨的问题。

4. 复议请求

当事人对国家知识产权局作出的下列具体行政行为不服或者有争议的，可以向国家知识产权局行政复议部门申请复议：①不予受理布图设计申请的；②将布图设计申请视为撤回的；③不允许恢复有关权利的请求的；④其他侵犯当事人合法权益的具体行政行为。

5. 保密义务

在布图设计登记公告前，国务院知识产权局的工作人员对其内容负有保密义务。

6. 缴纳费用

《布图设计条例》第35条规定，申请布图设计登记和办理其他手续，应当按照规定缴纳费用。缴费标准由国务院物价主管部门、国务院知识产权行政部门制定，并由国务院知识产权行政部门公告。

（1）应缴纳的费用项目。

向国家知识产权局申请布图设计登记和办理其他手续时，应当缴纳下列费用：①布图设计登记费；②著录事项变更手续费、延长期限请求费、恢复权利请求费；③复审请求费；④非自愿许可请求费、非自愿许可使用费的裁决请求费。此等各种费用的数额，由国务院价格管理部门会同国家知识产权局规定。

（2）缴费手续。

《布图设计条例》及其细则规定的各种费用，可以直接向国家知识产权局缴纳，也可以通过邮局或者银行汇付，或者以国家知识产权局规定的其他方式缴纳。

通过邮局或者银行汇付的，应当在送交国家知识产权局的汇单上至少写明正确的申请号以及缴纳的费用名称。不符合本款规定的，视为未办理缴费手续。

直接向国家知识产权局缴纳费用的，以缴纳当日为缴费日；以邮局汇付

---

[1]　参见李铁喜、杨云君：《论〈集成电路布图设计保护条例〉第二十条第三十三条的完善》，载《长春大学学报》2021年第7期。

方式缴纳费用的，以邮局汇出的邮戳日为缴费日；以银行汇付方式缴纳费用的，以银行实际汇出日为缴费日。但是自汇出日至国家知识产权局收到日超过 15 日的，除邮局或者银行出具证明外，以国家知识产权局收到日为缴费日。

多缴、重缴、错缴布图设计登记费用的，当事人可以向国家知识产权局提出退款请求，但是该请求应当自缴费日起一年内提出。

（3）缴费期限。

申请人应当在收到受理通知书后 2 个月内缴纳布图设计登记费；期满未缴纳或者未缴足的，其申请视为撤回。

当事人请求恢复权利或者复审的，应当在法定期限内缴纳费用；期满未缴纳或者未缴足的，视为未提出请求。

著录事项变更手续费、非自愿许可请求费、非自愿许可使用费的裁决请求费应当自提出请求之日起 1 个月内缴纳；延长期限请求费应当在相应期限届满前缴纳；期满未缴纳或者未缴足的，视为未提出请求。

学术界有人对我国集成电路布图设计登记制度提出异议，认为该制度存在举证证明登记备案的布图设计的内容之成本高、布图设计登记备案公示方法所起的公示作用不充分等八个方面的问题，并提出了相应修改意见，值得重视。[1]

四、布图设计专有权的行使

（一）布图设计权利人的专有权行使

布图设计专有权的行使方式，包括权利人自己复制并投入商业运用之中，以实现其正当知识产权带来的利益。但因布图设计投入商业运用之中，通常需要投入巨大资本资源，除了部分权利归属于法人或非法人组织外，自然人，包括依法享有专有权的法人、非法人组织，并无能力将之专有权投入商业领域之中。专有权人要获得知识产权的利益，须通过许可、转让其权利的办法，借助于第三人的力量实现。因此，《布图设计条例》第 22 条规定，布图设计权利人可以将其专有权转让或者许可他人使用其布图设计。转让布图设计专

---

[1] 参见祝建军：《集成电路布图设计登记备案制度存在的问题与修改建议》，载《知识产权》2019 年第 9 期。

有权的，当事人应当订立书面合同，并向国务院知识产权行政部门登记，由国务院知识产权行政部门予以公告。布图设计专有权的转让自登记之日起生效。许可他人使用其布图设计的，当事人应当订立书面合同。

（二）权利限制

1. 合理使用。下列行为可以不经布图设计权利人许可，不向其支付报酬，即构成合理使用：①为个人目的或者单纯为评价、分析、研究、教学等目的而复制受保护的布图设计的；②在依据前项评价、分析受保护的布图设计的基础上，创作出具有独创性的布图设计的；③对自己独立创作的与他人相同的布图设计进行复制或者将其投入商业利用的。

2. 权利用尽。受保护的布图设计、含有该布图设计的集成电路或者含有该集成电路的物品，由布图设计权利人或者经其许可投放市场后，他人再次商业利用的，可以不经布图设计权利人许可，并不向其支付报酬。

3. 非自愿许可。在国家出现紧急状态或者非常情况时，或者为了公共利益的目的，或者经人民法院、不正当竞争行为监督检查部门依法认定布图设计权利人有不正当竞争行为而需要给予补救时，国务院知识产权行政部门可以给予使用其布图设计的非自愿许可。

国务院知识产权行政部门作出给予使用布图设计非自愿许可的决定，应当及时通知布图设计权利人。给予使用布图设计非自愿许可的决定，应当根据非自愿许可的理由，规定使用的范围和时间，其范围应当限于为公共目的非商业性使用，或者限于经人民法院、不正当竞争行为监督检查部门依法认定布图设计权利人有不正当竞争行为而需要给予的补救。非自愿许可的理由消除并不再发生时，国务院知识产权行政部门应当根据布图设计权利人的请求，经审查后作出终止使用布图设计非自愿许可的决定。

取得使用布图设计非自愿许可的自然人、法人或者其他组织不享有独占的使用权，并且无权允许他人使用。取得使用布图设计非自愿许可的自然人、法人或者其他组织应当向布图设计权利人支付合理的报酬，其数额由双方协商；双方不能达成协议的，由国务院知识产权行政部门裁决。

布图设计权利人对国务院知识产权行政部门关于使用布图设计非自愿许可的决定不服的，布图设计权利人和取得非自愿许可的自然人、法人或者其他组织对国务院知识产权行政部门关于使用布图设计非自愿许可的报酬的裁决不服的，可以自收到通知之日起 3 个月内向人民法院起诉。

4. 善意买主。善意买主在我国属于侵权抗辩理由。《布图设计条例》第33条规定，在获得含有受保护的布图设计的集成电路或者含有该集成电路的物品时，不知道也没有合理理由应当知道其中含有非法复制的布图设计，而将其投入商业利用的，不视为侵权。行为人得到其中含有非法复制的布图设计的明确通知后，可以继续将现有的存货或者此前的订货投入商业利用，但应当向布图设计权利人支付合理的报酬。

例如，在南京微盟电子有限公司诉泉芯电子技术（深圳）有限公司纠纷案中，经北京芯愿景公司鉴定，被诉芯片与原告芯片版图相似度为96.91%（若是由同一家 Foundry 使用同一个布图设计所生产出来的芯片，理论上相似度应为100%。但是，在实际鉴定中，由于芯片制造环节、图像图源测量以及 HxComparator 软件的局限性等方面的原因，相似度不可能达到100%。至于误差多少属于合理范围，目前并没有一个标准。但根据北京芯愿景公司对于同一个 GDS 的不同芯片个体进行十多次测试，其中最大误差值为9.1%，最小误差值为1.7%，误差均值为4.2%。该经验数据可作为合理范围的分析因素），被告抗辩其销售的产品来源于深圳市京众电子有限责任公司。一审法院以原告享有布图设计专有权，被告未经许可为商业目的销售含有原告享有布图设计专有权的集成电路芯片构成侵权为由，判决被告赔偿经济损失及合理费用40万元。[1]被告不服提起上诉，二审法院查明并经原告确认，原告曾销售包含被诉布图设计芯片产品给深圳京众公司等事实，认为被告上诉称其销售的被控侵权产品合法来源于京众公司主张成立，遂撤销原判，改判驳回原告（被上诉人）的诉讼请求。[2]该案二审判决的法律依据就在于《布图设计条例》第33条第1款即"在获得含有受保护的布图设计的集成电路或者含有该集成电路的物品时，不知道也没有合理理由应当知道其中含有非法复制的布图设计，而将其投入商业利用的，不视为侵权"的善意买主规定。南京微盟电子有限公司不服二审判决，向最高人民法院提起再审申请，最高法院再审审查认为，集成电路布图设计公告内容仅包括著录项目信息，不包括布图设计的具体内容。有证据证明通过合法途径获取被诉侵权产品，不知道也没有

---

〔1〕 深圳市中级人民法院民事判决书（2012）深中法知民初字第1120号。
〔2〕 广东省高级人民法院民事判决书（2014）粤高法民三终字第1231号。

合理理由知道其中包含有非法复制的布图设计的，合法来源抗辩理由成立。[1]

善意买主只能是获得含有受保护的布图设计的集成电路或含有该集成电路的物品的商业利用者（不包含布图设计的复制者）；善意买主要获得不视为侵权免除赔偿责任的保护，需要证明其投入商业利用的被控侵权产品来自其他经营者，且在获得时在主观上为善意，即不知道也没有合理理由知道其中含有非法复制的布图设计。[2]本案善意买主所以能获得不视为侵权的法律保护在于原告未有证据证明买主不具有善意，即行为人得到其中含有非法复制的布图设计的明确通知后，可以继续将现有的存货或者此前的订货投入商业利用，但应当向布图设计权利人支付合理的报酬。

我国不视为侵权规定，在理论界受到了质疑，该规定同样存在适用设定错位，与利益平衡原则相违背的问题，应参照专利法有关规定，将其修改为"不承担赔偿责任"[3]，这同样是一个值得深入研究的问题。

与《华盛顿公约》和《TRIPS协定》对布图设计专有权限制相比，我国没有反向工程和独立创作限制的法律规定。但并非在我国反向工程和独立创作都可以构成不侵权的合理抗辩理由。在我国即有学者根据《布图设计条例》第23、24、25、33条，解读出来我国集成电路布图设计专有权的限制，包括了反向工程和独立创作。[4]也有学者仅仅解读出合理使用、权利用尽、非自愿许可三种限制[5]等，从前述可见，这些论述对布图设计专有权的限制研究是不充分的。

（三）布图设计专有权的放弃

布图设计权利人在其布图设计专有权保护期届满之前，可以向国家知识产权局提交书面声明放弃该专有权。

布图设计专有权已许可他人实施或者已经出质的，该布图设计专有权的

---

〔1〕　最高人民法院民事裁定书（2016）最高法民申1491号。

〔2〕　参见祝建军：《不视为侵犯集成电路布图设计专有权的条件》，载《人民司法（案例）》2017年第14期。

〔3〕　参见李铁喜、杨云君：《论〈集成电路布图设计保护条例〉第二十条第三十三条的完善》，载《长春大学学报》2021年第7期。

〔4〕　参见汪洪主编：《软件和集成电路知识产权保护指南》，中国商业出版社2013年版，第9~10页。

〔5〕　参见郭禾：《中国集成电路布图设计权保护评述》，载《知识产权》2005年第1期。

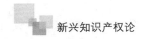
放弃应当征得被许可人或质权人的同意。

布图设计专有权的放弃应当由国家知识产权局登记和公告。

第三节　侵害集成电路布图设计专有权的法律责任

一、纠纷类型与司法管辖

1. 纠纷类型

《最高人民法院关于开展涉及集成电路布图设计案件审判工作的通知》第1条"关于受理案件的范围"规定，人民法院受理符合《民诉法》第108条、《行诉法》第41条规定的起诉条件的下列涉及布图设计的案件：①布图设计专有权权属纠纷案件；②布图设计专有权转让合同纠纷案件；③侵犯布图设计专有权纠纷案件；④诉前申请停止侵权、财产保全案件；⑤不服国务院知识产权行政部门驳回布图设计登记申请的复审决定的条件；⑥不服国务院知识产权行政部门撤销布图设计登记申请决定的案件；⑦不服国务院知识产权行政部门关于使用布图设计非自愿许可决定的案件；⑧不服国务院知识产权行政部门关于使用布图设计非自愿许可的报酬的裁决的案件；⑨不服国务院知识产权行政部门对侵犯布图设计专有权行为处理决定的案件；⑩不服国务院知识产权行政部门行政复议决定的案件；⑪其他涉及布图设计的案件。

2. 司法管辖

集成电路布图设计纠纷第一审民事、行政案件由知识产权法院，省、自治区、直辖市人民政府所在地的中级人民法院和最高人民法院确定的中级人民法院管辖。法律对知识产权法院的管辖有规定的，依照其规定。其中，第一审行政案件主要由北京知识产权法院审理；最高人民法院确定的中级人民法院主要包括经济特区所在地（深圳，珠海，汕头，厦门，新疆维吾尔自治区的喀什、霍尔果斯）和大连、青岛、温州、佛山、烟台市的中级人民法院作为第一审人民法院审理。

二、侵权行为及其法律责任

（一）侵权行为的认定

除布图设计条例另有规定的外，未经布图设计权利人许可，有下列行为之一的，构成侵权：

1. 复制受保护的布图设计的全部或者其中任何具有独创性的部分的。由于集成电路布图设计的创新空间有限，受保护的集成电路布图设计中任何具有独创性的部分，无论其在整个布图设计中的大小或所起的作用均受法律保护。在布图设计侵权判断中，对于两个布图设计构成相同或实质性相似的认定，一般认为应采用较为严格的标准。在侵权诉讼中，由原告对其请求保护的布图设计具有独创性提供初步证据进行举证证明，被告可以反驳原告布图设计具有独创性并承担举证责任。如某公司在侵权诉讼中举出初步证据证明，其布图设计与 6 个独创点，鉴定意见认为，检测 JA5088 集成电路产品中的布图设计与赛芯公司 BS. 12500520. 2 集成电路布图设计中主张的独创点 5 对应的布图设计相同，独创点 1、2、3、4、6 对应的布图设计实质相同。赛芯公司 BS. 12500520. 2 集成电路布图设计中主张的独创点 1、2、3、4、5、6 对应的布图设计具有独创性。法院对鉴定意见予以认定。[1]在独创性举证上，既不能要求原告穷尽与所有现有设计的比对，同时对被告的反驳证据也仅要求提供一份有效的常规设计证据。[2]

权利人的集成电图布图设计与被控侵权集成电图布图设计的相同，不能用绝对化的思路去认定。由同一芯片制造商使用同一个布图设计生产出来的芯片，版权相似度理论上应当为 100%。但是，在实际鉴定实践中，由于各环节的误差，相似度不可能达到 100%。因此，不能仅以两者版图的相似度未达到 100% 就认定两者来源不同。在某案中，在版权相似度高达 96.91%，且相似度仍在合理误差参考均值范围之内的情况下，结合涉案产品相应时段的大量对账单，送货单及增值税发票，足以认定被控侵权产品系被告合法购买自案外人的系列产品。[3]甚至在只有 1% 相似的情况下，即未经许可直接复制了钜泉公司芯片布图设计中 的 "2 个点" 进行商业销售也构成了侵权。[4]在理论和司法界有人提出应以 "图样" 为准确定专有权保护范围。[5]笔者认为，

─────────────

〔1〕 最高人民法院民事判决书（2019）最高法知民终 490 号。

〔2〕 上海市高级人民法院民事判决书（2014）沪高民三（知）终字第 12 号。

〔3〕 广东省高级人民法院民事判决书（2014）粤高法民三终字第 1231 号。

〔4〕 参见徐晓丹：《1% 的相似性能构成侵权么?》，载《软件和集成电路》2015 年第 6 期。

〔5〕 参见陈仰平、王倩：《从司法判例看集成电路布图设计图样的形式规范》，载《中国发明与专利》2016 年第 2 期。

"图样"是包含布图设计中的常规设计部分和独创设计部分的集合体，以"图样"为标准确定保护范围，有扩大集成电路布图设计专有权保护范围之嫌。在司法实践中，判断布图设计的独创性及侵权判断标准，大致有四种做法：①不查明涉案布图设计的独创性，直接将登记的布图设计与被控侵权布图设计进行相似度对比，然后根据该相似度对比的比例，来判断是否构成侵权。②在经营者自认布图设计相同情况下，认定涉案布图设计具有独创性，并认定被控经营者构成侵权。③权利人主张布图设计的整体具有独创性，在被控经营者提不出相反证据的情况下，认定布图设计具有独创性，并根据登记的布图设计与被控侵权布图设计对比相同或相似的比例，判断被控经营者是否构成侵权。④在案件当事人充分举证的基础上，通过司法鉴定查明被控侵权的布图设计与权利人登记的布图设计是否相同或实质性相似，假如存在相同或实质性近似则该部分的布图设计是否具有独创性，以此判断被控经营者是否构成侵权。[1]

该学者总结我国司法实践提出，认定集成电路布图设计主要有三种观点并提出了自己的建议：①直接认定登记备案的布图设计具有独创性。基于根据《布图设计条例》的规定，申请人申请布图设计登记时，其不需要对布图设计的独创性做出任何说明和解释，做出登记备案的行政机关也不会对布图设计的独创性进行任何审查和判断。以此认定独创性将有可能在一定程度上导致原、被告双方利益失衡。②先中止案件将独创性与否的争议交由法定机关在撤销程序中解决后，再恢复案件的审理。基于撤销程序可由国家法定机关依职权主动提起，或由于相关当事人向国家法定机关提出撤销申请而引起，司法机关没有法律依据可依职权将案件中布图设计的独创性争议问题交由行政机关进行处理。由于行政机关在撤销程序中是对整个布图设计而非部分布图设计是否符合《布图设计条例》的规定进行判断，因此，当布图设计申请人选择以整个布图设计中的某一或某些部分布图设计具有独创性作为权利基础而提起布图设计专有权侵权之诉时，行政机关无法对某一或某些部分布图设计是否具有独创性，而对整个布图设计启动撤销程序的，因为即使某一或某些部分布图设计不具有独创性，也不意味着其他部分不具有独创性。因此，

---

[1] 参见祝建军：《对集成电路布图设计专有权司法保护有关问题的思考》，载《知识产权》2016年第9期。

上述解决布图设计独创性方法的路径，不具有普遍适用性。③根据原、被告的陈述意见及举证判断涉案登记备案的布图设计是否具有独创性。这是可以实现各方利益平衡的观点和方法。笔者基本认可其观点，但认为登记备案的布图设计，具有可推定该布图设计具有独创性的效力，而非直接认定具有独创性的效力。原告仅以登记证书证明该布图设计具有独创性具有不周延性，至少还需要说明该布图设计的独创点有多少及是什么。在被告没有相反证据否认原告主张的独创性的情况下，可以认定该原告主张的布图设计具有独创性。因此，独创性认定最终需要原被告进行举证由法院综合双方证据情况进行认定。即对独创性的审查，应首先确定适格客体，然后以权利人提出的独创性部分为依据进行综合判断。[1]

2. 为商业目的进口、销售或者以其他方式提供受保护的布图设计、含有该布图设计的集成电路或者含有该集成电路的物品的。若被告仅仅改变芯片产品名称而未改变芯片产品，对其合法获得的芯片产品进行重新贴标后销售，仍然属于《布图设计条例》意义上的商业利用行为。[2]

（二）侵害集成电路布图设计专有权的法律责任

侵害集成电路布图设计专有权，行为人必须承担停止侵权行为、赔偿损失的法律责任。

侵犯布图设计专有权的赔偿数额，为侵权人所获得的利益或者被侵权人所受到的损失，包括被侵权人为制止侵权行为所支付的合理开支。我国《布图设计条例》没有规定惩罚性赔偿制度，但有学者提出可以参照著作权法的惩罚性赔偿规定，实行惩罚性赔偿制度。尽管笔者认为，该观点既无法律依据，又无司法实践的支持，从目前法律规定而言是不当的，但我国知识产权惩罚性赔偿制度，已在《著作权法》《商标法》《专利法》《种子法》《反不正当竞争法》中确定，唯有集成电路布图设计专有权还未施行惩罚性赔偿制度。但集成电路布图设计的保护，除有《布图设计条例》专门法保护外，还有《反不正当竞争法》作为商业秘密保护途径。目前，可以寻求《反不正当竞争法》之商业秘密法之途对之进行惩罚性赔偿。尽管有人

〔1〕　参见雷艳珍：《我国集成电路布图设计专门法保护中的基本问题——以布图设计保护范围的确定为中心》，载《法律适用》2023年第2期。

〔2〕　广东省高级人民法院民事判决书（2014）粤高法民三终字第1231号。

认为，行政登记用于确定布图设计内容，而非公开布图设计内容，[1]但依法享有专有权的集成电路布图设计是否构成商业秘密，则是一个需要思考的问题。这种状况是与我国芯片发展及其国际竞争的实际需要不相适应的。

对布图设计的保护不延及思想，仅仅保护布图设计的表现形式，采用的是著作权法的保护范围。在司法实践中，如何判定侵权，实践中通常参考著作权法对作品保护的判定原则，即以"接触+实质性相似"进行判断。[2]布图设计相同表现为集成电路中的元件、元件空间布局、元件连接关系、连接线路排布与走向、元件及线路的尺寸规格等均相同。

三、纠纷处理途径

未经布图设计权利人许可，使用其布图设计，即侵犯其布图设计专有权，引起纠纷的，由当事人协商解决；不愿协商或者协商不成的，布图设计权利人或者利害关系人可以向人民法院起诉，也可以请求国务院知识产权行政部门处理。国务院知识产权行政部门处理时，认定侵权行为成立的，可以责令侵权人立即停止侵权行为，没收、销毁侵权产品或者物品。当事人不服的，可以自收到处理通知之日起 15 日内依照《行诉法》向人民法院起诉；侵权人期满不起诉又不停止侵权行为的，国务院知识产权行政部门可以请求人民法院强制执行。应当事人的请求，国务院知识产权行政部门可以就侵犯布图设计专有权的赔偿数额进行调解；调解不成的，当事人可以依照《民诉法》向人民法院起诉。

1. 当事人协商解决。

2. 请求国家知识产权局处理。国家知识产权局受理侵权纠纷案件的条件。根据《布图设计条例》第 31 条的规定请求国家知识产权局处理布图设计专有权侵权纠纷的，应当符合下列条件：①该布图设计已登记、公告；②请求人是布图设计权利人或者与该侵权纠纷有直接利害关系的单位或者个人；③有明确的被请求人；④有明确的请求事项和具体的事实、理由；⑤当事人任何

---

〔1〕 参见雷艳珍：《我国集成电路布图设计专门法保护中的基本问题——以布图设计保护范围的确定为中心》，载《法律适用》2023 年第 2 期。

〔2〕 参见于春辉、欧宏伟：《审理侵犯集成电路布图设计专有权纠纷案件若干问题研究——天微公司诉明微公司侵犯集成电路布图设计专有权纠纷案评析》，载《科技与法律》2010 年第 6 期；祝建军：《对集成电路布图设计专有权司法保护有关问题的思考》，载《知识产权》2016 年第 9 期。

一方均未就该侵权纠纷向人民法院起诉。

3. 向人民法院提起诉讼。布图设计权利人或者利害关系人有证据证明他人正在实施或者即将实施侵犯其专有权的行为，如不及时制止将会使其合法权益受到难以弥补的损害的，可以在起诉前依法向人民法院申请采取责令停止有关行为和财产保全的措施。关于诉前申请采取责令停止有关行为措施的适用对于申请人民法院采取诉前责令停止侵犯布图设计专有权行为措施的，应当参照《最高人民法院关于对诉前停止侵犯专利权行为适用法律问题的若干规定》执行。关于中止诉讼人民法院受理的侵犯布图设计专有权纠纷案件，被告以原告的布图设计专有权不具有足够的稳定性为由要求中止诉讼的，人民法院一般不中止诉讼。侵害集成电路布图设计专有权纠纷案件中，涉案集成电路布图设计专有权被撤销，权利人据以提起诉讼的权利基础处于不确定状态的，人民法院可以裁定驳回起诉，并允许权利人在有证据证明撤销涉案集成电路布图设计专有权的行政决定被生效判决撤销后另行起诉。[1]

四、有关程序的中止和恢复

当事人因布图设计申请权或者布图设计专有权的归属发生纠纷，已经向人民法院起诉的，可以请求国家知识产权局中止有关程序。请求中止有关程序的，应当向国家知识产权局提交请求书，并附具人民法院的有关受理文件副本。

在人民法院作出的判决生效后，当事人应当向国家知识产权局办理恢复有关程序的手续。自请求中止之日起一年内，有关布图设计申请权或者布图设计专有权归属的纠纷未能结案，需要继续中止有关程序的，请求人应当在该期限内请求延长中止。期满未请求延长的，国家知识产权局自行恢复有关程序。

人民法院在审理民事案件中裁定对布图设计专有权采取保全措施的，国家知识产权局在协助执行时中止被保全的布图设计专有权的有关程序。保全期限届满，人民法院没有裁定继续采取保全措施的，国家知识产权局自行恢复有关程序。

---

[1]　最高人民法院民事判决书（2021）最高法知民终 1313 号。

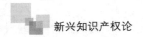

五、国家工作人员的法律责任

国务院知识产权行政部门的工作人员在布图设计管理工作中玩忽职守、滥用职权、徇私舞弊，构成犯罪的，依法追究刑事责任；尚不构成犯罪的，依法给予行政处分。